发现孩子的天赋

给家长的提示和建议

任太龙 ◎ 著

DISCOVER CHILDREN'S TALENTS

人民日报出版社
北京

图书在版编目（CIP）数据

发现孩子的天赋 / 任太龙著. —北京：人民日报出版社，2021.11
ISBN 978-7-5115-7140-3

Ⅰ.①发… Ⅱ.①任… Ⅲ.①亲子教育 Ⅳ.①G781

中国版本图书馆CIP数据核字（2021）第204791号

书　　名：发现孩子的天赋
　　　　　Faxian Haizi de Tianfu
作　　者：任太龙

出 版 人：刘华新
责任编辑：王慧蓉
封面设计：李尘工作室

出版发行：人民日报出版社
社　　址：北京金台西路2号
邮政编码：100733
发行热线：（010）65369527　65369846　65369509　65369510
邮购热线：（010）65369530　65363527
编辑热线：（010）65369844
网　　址：www.peopledailypress.com
经　　销：新华书店
印　　刷：涞水建良印刷有限公司

开　　本：710mm×1000mm　　1/16
字　　数：400千字
印　　张：22
版次印次：2021年11月第1版　　2021年11月第1次印刷

书　　号：ISBN 978-7-5115-7140-3
定　　价：68.00元

从天赋出发，给孩子教育培养穿上更合脚的鞋

——致深爱孩子并正在焦虑的家长们

（代自序）

● 任太龙

在本书写作的过程中，恰好电视剧《小舍得》播出了。

在各种各样的教育内卷中，过早到来的残酷竞争，使原本平和阳光的校园发生着令人不可思议的改变：冷漠的学习气氛、紧张的同学关系、繁多的培训机构、陷于焦虑的家长，还有被逼得不知所措、抑郁的孩子……

透过剧情那种直逼心窝的压抑，使人如芒在背、寝食难安：以全身心投入深爱着自己孩子的家长，究竟要把孩子带向何方？

家长也并不想那样子。可是家长们总害怕自己的孩子会落到别人后边。

纠结和焦虑无时无刻不缠绕着家长脆弱的小心脏。甚至家长自己都找不到北，却还要必须承担起引导孩子成长发展的责任。

我更深感自己所做工作的必要和紧迫。

在各种带"长"的头衔中，家长是唯一不需要红头文件就能上任，而又没什么红头文件可以免去的。家长是一种天然的责任，也最具主动负责精神。面对一种无法逃避的社会性焦虑袭来的时候，家长们纷纷主动迎了上去，超常规的"鸡娃"行为让人瞠目结舌：

——给孩子报班的年龄越来越小，从1岁左右报早教已不稀罕；

——报的项目越来越多，体能、音乐、舞蹈、美术、英语、围棋、射箭、马术、游泳、轮滑、跆拳道等，似乎都要把孩子打造成全能型人才；

——上的班次越来越高频，一个孩子报五六个班次已不在话下，一天转几个场子上课已司空见惯；

——孩子补课费用越来越高，全家省吃俭用，把总收入的大部分都花在了孩子补课费用上；

——孩子睡觉时间越来越晚，不少孩子熬夜做题已成家常便饭；

——家长配合培训机构打"游击"的行为也越来越默契：每每遇到有关部门查处奥数班，家长总能主动配合，打好"掩护"……

家长们的追求如此之高、付出如此之多，但结果常常并不尽如人意：有相当一部分孩子并没有随着父母的倾情投入而奋起，却令人痛心地走向了"躺平"。等到中考成绩出炉时，万一孩子落榜，家长顿时感觉一切"归零"了。那种失落、迷茫、痛苦袭上心头，才发现到头来是一场空。

这就是一些家长的可悲循环：越是深爱孩子就越是有压力，越是有压力就越容易走向焦虑，越是焦虑就越感到紧张和恐慌，越是紧张恐慌就越是不知所措……

家长心里那个急呀！

焦虑，是因为无法确定适合孩子特质的教育起点方位，不知道孩子来到这个世界，究竟是站在哪里，该从何处出发；因为无法找准发挥孩子自身优势的个人发展方向，虽说条条大路通罗马，却不知道适合孩子的路究竟是哪一条；还因为没能获得孩子自身天赋发掘发展的适当方法，多数家长都在盲人摸象、不得要领。

所以，家长最迫切的需要是，寻找适合自己孩子的教育方法，找准孩子教育的起点方位和发展方向，使孩子尽可能地少走弯路，适得其所。

所以，我愿做一次尝试、探索，希望能帮助家长去寻找发现、发掘、发展乃至实现孩子天赋的路径——从孩子自身的天赋出发，使更多的孩子能接受更适合自己的教育和培养。

当然，本书并不能直接为每个家长找到方位、确定方向，也不能给出具体应对的方法。本书所给出的提示和建议，是一种思维切口、思维路径，是提示应该怎样寻找钥匙，以打开孩子的心智和天赋之门。长达数年的准备过程中，我遍访了自己可以接触到的教育学、脑科学、心理学、儿童保健、中小学和幼儿园等多方面的专家、老师，得到了130位专业人士和部分家长的响应和支持，反复听取吸收孩子家长的想法和意见，聚焦以下9个问题为家长们做出提示、给出建议：

1. 理念。孩子天赋才是起跑线，天赋教育才是适合的教育；

2. 概念。着重分析26种天赋类型的特征和那些与天赋紧密关联的心智能力；

3. 方法。天赋开发第一步骤：孩子天赋的辨识发现，一般方法和陪伴观察；

4. 非智力因素的正向发挥。天赋开发第二步骤：天赋发掘。解析12种性格类型和20种非智力因素；

5. 家长功课。普遍应用型天赋的观察培养，孩子行为习惯、思维方式、情商、人格特质的培养；

6. 家庭选择。天赋开发第三步骤：天赋发展。常见的纠结与问题解决；

7. 家长的自我管理。家长应该做出的样子、不该犯的错误和日常自我管控；

8. 孩子的自我管理。天赋开发第四步骤：助推天赋实现。内容要点，主要方法和问题的解决；

9. 家庭与幼儿园学校的配合。天赋开发第一二三四步骤大集成，幼儿园学校的优势，家庭的配合，家长对教育改革的期待等。

本书共梳理了超过500个孩子教育和天赋开发中大大小小的典型问题，逐一进行解析。还有160位老师和家长的189条访谈记录，提供了大量的鲜活事例和智慧锦囊。从多侧面多维度解读现代教育与开发孩子天赋的内在联系，试图按照现代教育规律对家长的家庭教育行为做出必要的提示，提出系统化、可操作的建议。

令人欣喜的是，在本书交付出版之际，传来了家长们期盼已久的重磅好消息：中共中央办公厅、国务院办公厅《关于进一步减轻义务教育阶段学生作业负担和校外培训负担的意见》正式印发出台了。随即教育部打出了一系列"双减"组合拳：课后服务来了、学科类校外培训停了、教育行业"去产业化"开始了，家长们期待的明净教育天空重现了……

2021年10月23日，新时代中国特色社会主义的家庭教育，树起了一座新的里程碑。十三届全国人大常委会第三十一次会议表决通过了《中华人民共和国家庭教育促进法》。第一次把强化国家和社会为家庭教育提供指导、支持和服务上升到国家立法层面。今后，对孩子的家庭教育培养，将不再仅仅是一种家庭义务，更是家长们的法律责任。怎样当好父母、当好家长，将成为具有法定义务的"必修课"。这为发挥家庭教育培养作用提供了更大空间和可能，必将会有力地促进更多家长、家庭从盲目和焦虑中解放出来，转而更多地去努力发现、发掘、发展和实现孩子的天赋，促进孩子更好、更有质量的人生发展。

卸下焦虑，正当其时。从现在开始，每个家长都可以尽最大可能，从自己孩子的天赋出发，给孩子的教育培养穿上更合脚的鞋，使孩子成长走得更稳、更健康、更契合自身个性优势。这样，不仅家长们将得到更多的宽松和解放，而且能还给孩子一个快乐的童年，以更加自如的状态去创造属于自己的发展和未来。

我坚信，"双减"春风必将为适合每个孩子的教育吹拂出更多的绿洲。

CONTENTS ✦ 目 录

第一章
理念更新：天赋发现才能正确认识孩子的起跑线 / 3

孩子成长的第一盏明灯：家长该有的理念 / 4
孩子的天赋在哪里？——不可不辩的家长话题 / 14
关于天赋，那些需要澄清的误读与认知 / 17
别在迷惑中摸黑寻找：孩子成长早期的家长理念与行为 / 22

第二章
天赋的类型、特点及相关心智能力 / 29

人类对天赋的探索与多元智能理论 / 30
关于儿童潜能的 20 个测试项目 / 32
人的天赋类型、内涵、特点分析 / 35
与孩子天赋紧密关联的心智能力 / 52

第三章
天赋开发第一步骤　天赋的辨识发现：方法和评估要点 / 63

辨识发现孩子天赋的一般方法 / 64
在家长陪伴和释放孩子天性中的观察发现 / 71
对孩子天赋潜能的最初辨识与评估 / 83
启发激励孩子的天赋发现，从哪些方面入手？ / 87
学会抓住七个环节 / 91
悟性开发 / 95
那些曾经失败的方法和教训 / 98

第四章
天赋开发第二步骤（Ⅰ） 天赋发掘：非智力因素的正向发挥 / 103

性格因素 / 104

观念、理念因素 / 111

心理品质因素 / 116

意志力因素 / 123

排除影响非智力因素正向发挥的外部干扰：家长与孩子的不良沟通 / 131

第五章
天赋开发第二步骤（Ⅱ） 天赋发掘：家长的功课 / 141

分项目提示：12种普遍应用型天赋的观察、培养和发展 / 142

重视孩子行为习惯的养成 / 153

培养有利于孩子天赋发挥的思维方式 / 157

从小重视对孩子的健康情商塑造 / 162

培养塑造健康的人格特质 / 168

第六章
天赋开发第三步骤（Ⅰ） 促进孩子天赋发展：家庭选择 / 175

家庭常纠结的选择题 / 176

打通孩子天赋发展的堵点痛点 / 185

规避、排除孩子天赋发展的干扰和阻碍 / 192

找准男孩、女孩天赋培养的不同线路 / 197

家庭支持和家庭保障 / 201

让老人带孩子变成助推孩子天赋发展的"加油站" / 206

第七章
天赋开发第三步骤（Ⅱ） 促进孩子天赋发展：家长的自我管理 / 211

家长应该给孩子做出什么样子？ / 212
家长不该犯的错误：不当管教行为检视 / 219
其他需要家长做好的日常自我管控 / 232
妥善处理好孩子天赋实现过程中的琐碎问题 / 240

第八章
天赋开发第四步骤 助推孩子天赋实现：督促孩子自我管理 / 251

孩子自律和自我管理的基本要点 / 252
孩子自我管理需要家长用心解决的 30 个小问题 / 267
孩子自我管理中与他人的矛盾和问题 / 280

第九章
家庭与学校协同配合打通孩子天赋实现路径 / 287

幼教机构和学校促进孩子天赋发现发展的路径与要点 / 288
幼教机构和学校对孩子天赋发展的培养优势 / 304
家庭和学校应该怎么协同配合？ / 310
家长对深化教育改革有哪些新期待？ / 321
从"家长群"视角看家校协同 / 328

参考书目 / 335

致　谢 / 338

天赋是上天对人的恩赐，是给予每个人的宝贵礼物。

人生，有的出彩成功，有的平庸平淡。成功或者平淡，在众多复杂的原因里，个人的天赋潜能能否得到完美的发挥和实现，是最重要的内在原因。

中国已经进入高等教育普及的时代。那种进入大学乃至中专门就能有个好出路、就能有良好职业发展的时代已经成为过去且一去不复返了。人们普遍认为，从今往后，童年时期天赋开发的水平高低，就大体框定了他（她）成年后人生发展轨迹的范围和所能达到的高度。

所以我们看到，越来越多的家长以越来越大的热情投入对孩子的亲子教育。报名早教班的年龄越来越小，报班的名目越来越多，课程越来越密集、频繁……家长们够"拼"，孩子更得"拼"。越来越多的孩子被迫丢失着童年的快乐，越来越多的家长把自己绑在孩子的各种早教、培训的战车上被整得筋疲力尽。家长们巨大的热情背后，其实有太多的无奈和焦虑，有太多的酸甜苦辣，也还有太多的盲目性。

如何减少盲目性、增强针对性、提高有效性，就是摆在家长们面前一道绕不过的题。

于是，就有了本书写给家长们的提示与建议。

第一章 理念更新：
天赋发现才能正确认识孩子的起跑线

我们总在感慨当下很多家长对孩子教育的急切、焦虑和盲目，但客观地说，这绝不是哪个家长的错。因为我们知道，家庭的教育行为与社会对教育的认知和风向是紧密关联的。社会风向是社会认知的直接反映，教育行为是教育理念的必然结果。没有谁是毫无理念诱导就糊里糊涂去拿孩子下注的。因而我们应该认识到，家长盲目的教育行为背后，是对教育理念出现了某种程度的模糊、茫然、迷乱和偏差。要改变家长教育行为的盲目，必须先从教育理念上正本清源。

本章给家长们的提示和建议都着眼于：家庭应该树立怎样的教育理念、怎样树立教育理念？

孩子成长的第一盏明灯：家长该有的理念

家长是孩子人生最重要的引路人。在孩子幼年、童年，家长所做出的选择，常常会决定孩子一生的命运。

每个孩子的天赋都是一种独特的资源，这种资源蕴含着无限可能、无限潜能。其开发和实现水平，取决于家长的理念、认知和行为选择，以及家长所引导塑造出来的孩子的理念、认知和行为选择。其中，家长的理念发挥着先导作用。那么，家长究竟应该秉持什么样的观念呢？每个家长都会有所差异，但一些基本要素应该是相同的。

理念1：要深刻理解天赋是什么

天赋，顾名思义是上天所赋予的天分、天资。我们可以先看看工具书关于天赋的释义。《辞源》："自然所赋予。"《辞海》："自然所赋予；生来就具有的。"《现代汉语词典》："1.自然赋予，生来就具备；2.天资。"据此，我们在本书中探讨的天赋内涵大体上可以这样表述：天赋是与生俱来的、天生具备的某种相对擅长的优势潜能、能力或者发展倾向。每个人的天赋都具有独一性、特殊性，存在于人特定的生命体。就孩子来说，常常体现为孩子某一个或者几个方面特有的特质、潜能、擅长的优势发展倾向。

天赋是先天而来的宝贵财富，但有天赋并不意味着成功，可以说还差着十万八千里。天赋在孩子生命体内就如同一粒种子，如果仅仅有这颗种子，而没有能够让它发芽的土壤、阳光、空气和水，没有人给它浇水、施肥、培育，那么再好的种子也是不会生根发芽、开花结果的。只有经过充分的发现发掘，好的天赋才有可能成为踏向人生成功的阶梯。请注意，这里说的是"阶梯"，不是成功。仅仅有了阶梯，如果你的家庭没有很好地为你设置攀登的条件或者你不努力攀登，你都是不可能登顶的。要知道，人生路上，是没有人为你准备好登山的缆车或者电梯的。人生成功，需要优秀的天赋异禀和后天发掘发展的完美融合——正如爱迪生所说的那样：天才是 1% 的灵感加 99% 的汗水。那个 1% 是走向成功不可或缺的基础条件，但离开后天的发掘和 99% 的艰苦努力，其结果可能什么都不是。所以天赋是有必要进行开发的，那种认为天赋是先天资质，与后天培养无关的想法是完全不正确的。

理念 2：孩子教育的起跑线，是发现孩子自身的天赋，而不是别的

人常说不能让孩子输在起跑线上，但有不少家长对这个起跑线的认知出现了错位。起跑线不是越早报班、越多报班，也不是"打破头"挤进所谓名幼儿园、名学校。人生真正的起跑线应该是孩子最突出最擅长的那份天赋。还是爱迪生的那句话：那 1% 的灵感是最重要的。这个"最重要的 1%"说的就是孩子的天赋。如果这个 1% 没有被恰当发现，那么流再多的汗水也终归还是汗水，不会因为流汗多就变成天才。与天赋不对路的教育，必然是低效低质甚至无效的教育。借用网上一句话："不要在机场等一艘船。"当家长的，如果没能发现孩子最突出的天赋，没能给孩子最突出的天赋找到一种恰当的发掘培养、最适合的发挥舞台，就等于没有找到孩子的起跑线。如果连起跑线都没有找准，又怎么可能赢在起跑线上呢？

理念 3：要发现孩子的天赋，先要做个合格家长

天赋潜能是由遗传基因决定的，而天赋的发现、发掘、发展与实现则必须依靠后天教育的方法、路径和环境。这其中又有一多半取决于家庭。用父母的爱和正确的方法去挖掘孩子的天赋，让孩子的天赋与爱同步发掘培养，促进孩子天赋的发展和实现，是家长的责任。

合格家长的基本要求应该是，在孩子教育的第一竞争空间——家庭，能够主动、切实地承担起发现发掘孩子天赋的责任，懂得并能够恰当运用发现孩子天赋的方法，积极有效地与幼教机构、学校等协同、互动配合，较大程度、较好水平地发现发掘了孩子的天赋潜能，使其在最佳年龄段、以最适当的方法把这种天赋转化为孩子成长中的能力和优势，为孩子成长打开属于自己的那扇最敞亮的门。

做合格的家长，要懂得"育儿就是育己"的道理。在现代社会，只要求孩子学习进步而家长不学习、不进步是行不通的。要发现孩子的天赋、培养好孩子必须先自己进步。孩子的成长过程，其实更需要家长先成长一步。

理念4：错过发现孩子天赋的时机，是家长的失职

能恰当把握孩子天赋发现最佳时机的，主要靠家长。好的家长，就是能给孩子找到有效激活其潜能、最能发挥其天赋路径的家长。如果一个本来有着很好天赋的孩子，却没能得到应有的发掘，可能因此耽搁孩子人生许多机遇，那么主要责任应该是在家长。从某种意义上讲，就是不合格的家长。越有这样的责任感，就越不能盲目，越要掌握正确的方法。经验证明，孩子很多天赋的发现时机，多数是在3～6岁，还有一部分是在15岁之前。虽然过了15岁仍有一些天赋可以发掘，但总体而言，多数人已经进入了天赋的稳定发展期。同时，即使在15岁以后仍可以发现孩子的天赋，但在起步上的落后有可能导致步步落后。当然不排除有一些人的天赋发现机会伴随一生，什么时候都不会晚。这里是就绝大多数人而言，发现天赋需要在孩子低年龄段去做。时机是不等人的，如果一旦错过，想等下一班车，时间会告诉你：在天赋发现上是没有下一班车的。你后悔吗？可是到哪儿去找后悔药呢？

理念5：孩子千差万别，发掘孩子天赋需要"一孩一策"

每个孩子都是独特的精灵。没有谁比家长更了解自己的孩子，也没有谁能比家长更清楚自己的孩子最适合什么。"一孩一策"就是仔细了解、综合研究孩子父母双方家族基因传承情况，具体分析孩子的身体和心智发育情况、孩子的性格和兴趣、孩子的开悟和灵感、孩子成长过程中的问题和特点、孩子的强项和短板等天赋特点，最好认真听听儿童教育专家或者老师的意见建议，给孩子制订一个天赋开发目标或者计划方案，做出适合孩子的安排，有计划、按步骤、针对性地推进实施。扭转和改变那种"填鸭式""灌输式"学习，努力建立一种适合孩子自身特质的"天赋+知识+能力"的个性化培养模式。在孩子成长的每一个阶段，都能让孩子接受相对适合的教育培养。在教育培养过程中，如果感觉有不适合孩子的地方，还要及时按照新情况做出调整。

理念6：恰当处理好"长"与"短"的关系

发现孩子的天赋，当然重点是强调发现孩子的天赋之"长"，但对家长而言，还有非常重要的一点是不能忽视去发现、弥补孩子的天赋之"短"。有人会说，天赋之"短"就是没有天赋。这里之所以这么说，只是为了便于家长们对照理解，并不是说天赋之"短"也是一种"天赋"。

所谓天赋之"短"，是指孩子不擅长的弱项或者性格、心智、能力等方面存在的明显短板。如何有效规避孩子的天赋之"短"，或者及早采取措施弥补孩子的天赋之"短"，从某种意义上讲，甚至比发现天赋之"长"还显得更为重要。每个家长都希望自己的孩子在成长上少走弯路。那就更不能一开始就把路走弯，从而导致一辈子再也回不到那条"最适合的好路"上去。如果因此改变了孩子的人生轨道，留下那种"终生的教训和遗憾"，对家长、孩子和社会都是一种不该发生和不可挽回的损失，这是谁都不愿看到的。

理念 7：找准天赋开发与文化课的契合点，促进二者协同

孩子成长到一定年龄，几乎每个家长都在两难选择中得出一个结论：就是一定要摆对孩子的天赋开发和文化课的关系。家长们困惑：突出天赋？文化课落下了怎么办？保文化课？把孩子的天赋优势项目按下暂停键甚至由此放弃、功亏一篑是不是太可惜了？其实，这种把二者割裂开、对立的思维方式，从源头上就是一种错误的迷思。文化课中本身就包含着对天赋的激发，在相当程度上代表和体现着人的天赋水平。个人天赋只有和文化课的学习紧密结合起来才能更好地促进发展，二者不是相互排斥、相互否定的，而是相辅相成、相得益彰的关系，是内在的统一。文化课学习不能代替天赋开发，天赋开发也不能代替文化课学习，家长不宜过早进行"二选一"，为了一方面而过早"牺牲"另一方面。至于文化课和某些特长项目之间可能存在暂时性矛盾或者冲突，其实关键在于家长怎么合理安排、恰当调整，是完全可以处理好的。

理念 8：无论孩子具备什么样的天赋，都一样宝贵，绝没有高低贵贱之分

有的孩子心智天赋突出，如记忆力、珠心算、科学等超群，也有的孩子非心智天赋出众，如体能、运动、乐感等天赋。家长一定不要以为心智天赋就必然比非心智天赋优越或者优秀，也一定不要以为因为孩子非心智天赋突出而心智水平一般就觉得低人一等，更不要觉得孩子某种天赋的成长发展趋势适合"蓝领"就一定比"白领"要差。如果家长戴着有色眼镜去看待不同天赋的差异，从心理源头上把不同的天赋分了三六九等，骨子里有了那种不应有的天赋歧视，不仅给自己徒增了无谓的烦恼，更会直接影响自己的行为选择，进而贻误孩子的天赋开发和实现。

事实上，每一种突出的天赋都有其开发和实现的价值，都值得家长骄傲和自豪。比如，孩子某项运动天赋突出，但你又坚信他不可能成为世界冠军，那怎么办？同样值得珍视。因为即使孩子仅在一个城市、一个地区能进入前列，同样意味着他将会有很好的职业发展。所以不管孩子有哪一方面的天赋，家长都要客观看待、正确认识、积极引导，创造条件去促进其发展和实现。要相信，再不起眼的天赋，若能发挥到极致都是不得了的。

理念9：对开发孩子天赋的目标要恰当定位，特别是期望值不宜太高

发掘发挥孩子的天赋，最重要的目标是努力成就孩子"最好的自己"。印度哲人克里希那穆提在他的《你就是世界》中曾指出："教育最根本的作用，就是帮助学生了解自己，找到自己擅长、热爱做的事。"这应该是发现发掘孩子天赋的核心价值所在。

以"了解自己""擅长"和"热爱"为主轴所成就的"最好的自己"，并不是人人都能成为"人中龙凤"。而是尽可能地让孩子的天赋潜能得到淋漓尽致的展示和发挥，创造属于自己的人生辉煌。人中龙凤毕竟是凤毛麟角、屈指可数，一开始把目标、期望值定得过高，到头来多数是失望越大。最切合实际的目标，是使孩子有能力实现各得其所，将来所从事职业、事业与自己的知识、素养、能力和个人的天赋优势能够最适匹配。即找到并且发挥好自己最强最突出的天赋，实现自己的人生梦想和价值。这就是开发孩子天赋的真正意义所在。带着很强的功利心，执着于追名逐利、急功近利的家长，经常是输不起的。家长没必要那样折磨自己，最好的态度是积极努力，顺其自然。

理念10：发现孩子的天赋，不是鼓励家长给孩子"增负"

家长一定要恰当处理保护孩子快乐的童年、给孩子松绑减负和开发孩子天赋的关系。绝不应该过早地把孩子压得喘不过气来。而要尽可能地给孩子自由，不要用各种培训捆住孩子手脚；要与孩子分享，使孩子拥有更多的童年快乐和生活乐趣；要让孩子自己选择，对学校课程外的科目项目，孩子要不要学、学些什么，要听取和尊重孩子的想法。家长安排孩子参加各类早教、培训，都不应该给孩子增添过重的额外负担，要顺应孩子身体、心智发育规律，确保给孩子留出足够的快乐玩耍时间。对6岁以下的孩子，不应超过《3～6岁儿童学习与发展指南》明确的范围和标准。小学、初中义务教育阶段的孩子，应该严格落实国家减轻中小学生负担的要求，不能让国家要求在家长那里拐了弯、跑了偏。在孩子身心发育成长的关键阶段，无论如何不能把孩子韧性的皮筋拉到极限。要知道，拉到极限的后果，孩子无法承受，家长同样无法承受。

理念11：越是希望发现发掘孩子天赋，越要懂得适当放手

管孩子的最好状态是放手而不"撒手"。孩子是必须要管的，但绝不要管得太多。该管的必须管，不该管的一定要放手。越来越多的事实告诉我们，家长管得太多，直接诱发和导致了两个突出问题：一是虚荣低能而又爱炫的"大头症"表现增多，有的甚至到了成人年龄还如同"巨婴"，家长包办过多而把孩子管"傻"的例子不乏其人。这显然不利于孩子健康成长，更会阻碍孩子天赋发展和成才成功。二是现代社会的快节奏和新压力，使心理问题有向低龄化蔓延的趋势，一个重要原因还是家长对孩子的事包办太多，无意之中把社会焦虑在这种包办过程中带给了孩子，出现了焦虑感的代际传递，加剧了孩子的压力和焦虑。所以家长一定要学会在培养孩子自理自立中逐步放手。让孩子根据自己的兴趣爱好选择学什么或不学什么，让孩子自己打理日常生活，也让孩子对自己所做的事情学会承担……要坚信你放了手，天塌不下来，孩子不会比你包办着差，而只能是越来越强。要想孩子长大少出问题，家长务必学会早点放手、大胆放手、真正放手。

理念12：发现孩子天赋，需要先说成长，然后再说成才与成功，摆对"成长、成才和成功"的关系

首先是追求孩子的健康成长，然后在这个基础上追求成才与成功。三者的关系一定是成长第一，然后才是成才和成功，顺序不能搞错，更不能颠倒。任何脱离了健康成长的成才与成功都是没有意义的，甚至是有害的。家长们应该明白，唯有健康成长才是孩子的一切，才是其他一切的根本条件和前提。健康成长具有决定性意义和绝对意义的不可替代性。所以在任何时候都不可以舍本逐末，绝不可以在不顾孩子健康成长的情况下去一味追逐所谓的成才与成功。在培养孩子的问题上，家长不应该有任何急功近利的念头和做法，任何指望孩子快速地"成为什么、取得什么、达到什么"的想法都是不可取的。有了健康成长，即使孩子没能达到你所期待的那种成才、成功，也并不意味着家长培养孩子就失败了，更不意味着孩子的人生就失败了。

理念13：对于一些发掘了天赋，却不一定能成就孩子"最好的自己"，也不是做了无用功

能不能成为最好的自己，需要多方面的条件与机缘，不是具备某一个条件就万事大吉了。应该客观地承认，发现了天赋，却没能成为"最好的自己"，这种结果是可能存在的，但这不意味着天赋发现就是无用功。这时候家长就会问：发现孩子天赋的意义和价值又在哪里？我们还是应该说，即使孩子没能达到"最好的自己"，家长为发现孩子天赋所做的一切依然是有意义的。因为它至少可以使孩子成为相对"比较好的自己"。能使他有能力更好地展现自己、更好地做自己的事、更好地享受生活，也是一个很好的结果。家长因为曾经用心了、努力了而没有遗憾，孩子个人潜能优势得到了一定程度的发掘和实现，他的人生和生活虽说不一定能到达光辉的顶点，但也会属于更靠近美好和幸福的一种状态。这不正是人生的本来意义吗？

理念14：每一个原生家庭都有机会让孩子天赋展现，都能带孩子走进春天

这两年关于原生家庭的话题很多。有人把孩子教育教养的种种问题都归结到原生家庭。给人的感觉好像是如果孩子的原生家庭条件不够好、教养不够好，那么孩子也必然不会好。此种论调实际上是一个话题陷阱，是很荒谬的，却很容易把人带到沟里去。确实，我们承认不同的原生家庭物质条件不同、家长的教育背景不同、个人修养不同、生活习惯不同，会在孩子身上留下很深的印记。但这绝不意味着家庭条件不好的原生家庭，孩子的天赋就一定不会得到发现，孩子的成长发展就没什么希望。

每一个家长都应该明白，孩子的原生家庭不可以选择，而孩子的成长道路却可以有很多选择。虽然"条条大路通罗马",但此路和彼路上的行程与风景却会完全不同。任何家长都没有理由对自己给孩子创造的原生家庭自我否定、自暴自弃。孩子来到这个世界,家长就应该自觉承担起责任。家长可以通过提升自己的修为、强化自己的学习来改善原生家庭的学养。通过发现、发掘、发展、实现孩子的天赋,每个孩子都可以有人生出彩、都可以有机会走上更美好的成长和发展之路。

总归结

以上所有理念,九九归一落脚到根本,就是家长们一定要弄明白,你究竟应该把孩子培养成一个什么样的人?

相信所有家长都是抱着一种美好的愿望出发的,所有美好的愿望都应该有一个美好的归宿:是把孩子培养成家长所期待的那种人,是让他走好自己的人生路。那么,家长所有的理念就可以归结为:

——努力培养孩子成为一个身心健康并快乐成长的人。引导和鼓励孩子总有积极阳光的心态、坚忍不拔的品质、勇敢担当的精神,是一个能够微笑面对困难、坦然迎接挑战,且能够坚持笑到最后的人。

——努力培养孩子成为一个具有能力并踏实靠谱的人。引导和鼓励孩子总有那种能胜任岗位的素养、可信赖的处人处事习惯、认真负责的做人做事态度,是一个在激烈的社会竞争中总站稳脚跟,立于不败之地的人。

——努力培养孩子成为一个能够适应社会生活并积极发挥作用的人。引导和鼓励孩子总有那种既能随遇而安,又能努力拼搏奋斗的劲头,是一个无论遭遇什么境况都不会沉沦、不会堕落的人。

——引导和鼓励孩子成为一个善于在团队生存并始终具有旺盛人气的人。引导和鼓励孩子总能在团队中担当适当的角色、找到合适的位置,是一个在团队中尽情展现和发挥天赋、与团队共同进步,而不是被团队淘汰的人。

要让孩子走好自己的人生路,家长对孩子的所有教育、引导,所有促进孩子天赋发现、发掘、发展和实现的努力,都应该尽所有可能去做到:

——千万不能助长他以自我为中心、绝对自私、不懂感恩的倾向。努力在各种家庭行为中引导孩子去关注、在意别人,通过持续努力让孩子逐步懂得、接受并形成对别人表达爱和善意的习惯。决不把孩子培养成一个只顾自己、毫不顾及别人的人。

——千万不能助长他只会矫情却不会做事的倾向。要随时加以引导，使孩子能在思想深处意识到，那种只喜欢做表面文章，总想找捷径、爱表功，把走形式看得比做实事更重要的是走不远的。达到人生辉煌境界的人，永远离不开"踏实"两个字。决不把孩子培养成一个心比天高、眼高手低、能力低下的人。

——千万不能助长他心理极端狭隘、钻牛角尖认死理的倾向。要及早、持续地强化心理疏导，不断解开他心中的各种"结"，防止把小"结"变大、大"结"结死。引导孩子向开朗、阳光的方向转变。防止把孩子培养成一个心胸狭窄、易走极端，会把自己和别人推向悬崖、绝路的人。

——千万不能助长他与团队不融合、不合拍的倾向。社会越发展，对团队合作的依赖程度就越强。天赋再优秀的人也不能是与团队、与他人格格不入的人。想尽各种办法促进孩子从小就与伙伴、团队融合，在团队中生存进步。防止把孩子培养成形影孤单、没有伙伴的人。

也许，可能会有家长说，呵呵，这么多，也太烦琐了吧！

那么，建议家长们尽可能地帮助孩子接受适合他的教育，努力把孩子自身的天赋潜能开发到比较好的状态（当然最佳状态更好），使之尽可能地找到相对适合发挥的条件和机会。去成为适合自身天赋优势的自己。

 老师/家长 声音

天赋开发与教育密不可分。A同学数学天赋出众，长期处于学校同年级单科领跑位置，且一直遥遥领先。但2020年年初因为疫情，学生们不能到校集中上课，统一安排在家上网课。4个月过去，学校复课，谁知一场考试下来，老师傻眼了，A同学的数学成绩竟然成了年级倒数！糟糕的家庭教育，贻误孩子的优秀天赋，其实就这么简单直接！

所以，我要呼吁家长们，千万不能让孩子因为家庭教育没跟上，把孩子好天赋给抹杀了、湮灭了！那样太可惜，太让人心疼了！

这个事还告诉我们：开发孩子天赋，需要教育的引领。当家庭教育缺失的时候，学校就要补上。但学校补，依然需要家庭的配合。家长们，一定要切实负起责任来！

——唐玫，小学校长，高级教师

我的儿子学了不少特长，比如游泳、钢琴、拉丁舞，但都不是他的天赋。他的天赋是沟通，语言表达出色。但凡接触过的老师都喜欢他。他参加合唱，很善于表现，对各种环境都能如鱼得水、游刃有余，这样就会生活轻松。家长的观念也要改变，好好想想究竟希望孩子成为一个什么样的人？天赋发现不一定是非要孩子有多大的成就，能让他轻松快乐也是很有意义的。

——田冬梅，小学教师，一年级行政主任

我儿子从5岁报各种班学习，后来发现他最喜欢画画，但他画得天马行空。老师说："尊重孩子，从欣赏孩子的创造力开始。"我们就学着保护孩子的才能。他口头表达超好，能吸引很多人，讲什么都津津有味，街舞也跳得很嗨。我们从来不对他寄予过高的期望，但给他充分的放松空间。每周至少让他疯狂玩一天，决不因为想让他学什么就牺牲他的玩。家长不在公共场合训斥他，孩子成长就很快乐。

——白慧，县老龄办干部

我两个女儿，大的10岁，小的3岁。我对孩子没有过高的期望值，只希望孩子成为健康、开心、幸福的平凡人。给孩子报了舞蹈和美术班，是希望孩子的生活更丰富一些。大女儿跳舞节奏感很好，但身体硬，软功确实有点为难她，所以我的想法就是让她锻炼身体，提升一下个人气质。现在她学美术、动漫，对色彩有感觉。我自己也学画画，孩子看到妈妈也在学，就会向我靠拢。这样真的很开心。

——樊冰洁，文具店店主

孩子的天赋在哪里？——不可不辩的家长话题

1. 在孩子身上

这是毫无疑问的铁律。天赋作为孩子特有的、先天或者说基因条件所赋予的内在特质，存在于每一个孩子身上。每个人都有一些独有的天赋潜能，每个人都是独一无二的因为孩子在成长环境、外部条件、受教育水平等方面的差异，孩子的天赋发挥水平会有很大不同。天赋在大多数孩子的整个儿童时期，都只是表现为一种潜力潜能，还远远没有表现为一种现实能力，更没有形成天赋优势。如果不认真地、系统地加以发现、发掘，努力促进孩子的天赋发展，那么随着年龄的增长，有相当部分的天赋会被逐步淡化、消退甚至湮灭。天赋在孩子身上没错，但想要孩子的天赋得到好的发展、发挥和实现，则需要后天的发现、发掘、教育引导和精心培养。

2. 在家长心上

天赋并不是直接摆在桌子上的苹果，经常表现为一种似有似无、若隐若现的状态。只有有心、用心的家长不断去观察、体悟，发现、发掘，进行有效开发，积极促进孩子的天赋发展与实现，才有可能把天赋变成孩子的优势。随着社会的进步，同时也面对越来越激烈的竞争，现在的家长普遍越来越重视孩子的天赋开发。1～2岁报早教，3～4岁报语言、体能，5～6岁从早到晚赶场子上课已经司空见惯，成为不少家庭的常态。花的钱越来越多，耗费的精力越来越多。人们不禁要问："收获如何呢？"客观地说，并不是每个家长都有称心如意的收获。投入产出比不佳的太多了。有的甚至还适得其反，给孩子以后的正常教育和成长留下不该有的心理压力和阴影。所以家长对发现孩子的天赋，不仅是"要用心"，而且要"会用心"。如果家长没有把准方向、找对方法，不能及时恰当地发现和把握，发掘孩子天赋的最佳时机可能就会稍纵即逝。

3. 在家长为孩子设计的方向上

家长都"望子成龙""望女成凤",这种愿望和心情是人所共有的。有相当部分的家长都为孩子设计了美好的成才之路,家长的期望和意志,无疑是发现、发掘孩子天赋不可或缺的环节。这个环节最重要的是,家长给孩子设计的方向,一定要和孩子真正的天赋优势相一致。不能"盲人摸象",不能相互脱节,更不能找错定位。爱因斯坦曾经说过:"每个人都是天才,但如果你用爬树能力来断定一条鱼有多少才干,它整个人生都会相信自己愚蠢不堪。"人都知道种下小麦种子却想要它长出或者收获玉米是不可能的,而与孩子的天赋背道而驰的发掘开发也是注定不会成功的。如果家长设计的方向发生了偏离,轻则让孩子劳累几年、劳而无功,重则有可能由此带错孩子的人生方向。相信这都是家长们所不愿看到的。

4. 在教育引导的方法上

要发现孩子的天赋,确定了正确的方向之后,方法是否对路有效,就成了决定性因素。正如爱因斯坦所说的那样:"每个孩子生下来都是天才,但往往在他们求知的岁月中,是错误的教育方法扼杀了他们的天赋。"教育引导方法之重要,不言而喻。这里所说的方法,不是某项单一、具体操作的方法,指的是一个系统的、综合性的方法、路径、习惯的总和。既包括总的思路、目标、对策、办法,也包括一些具体的操作方式、路径选择、节奏把握、重心重点;既包括家长单方面的设计和选择,也包括家园共育、家校协同。这些方法要能够激发和调动孩子天赋发挥的所有因素:既有生理的也有心理的,既有智能方面也有体能方面,既有内因也有外因,既有家庭因素也有幼儿园、学校和社会因素。总之,很复杂也很难讲清楚,任何家长都无法保证每一个方法都是对的。当然,尽管如此,我们还是应该尽最大努力去厘清一些基本的方法,以帮助家长们更多更好地采取相对正确的方法。哪怕仅仅是给年轻的家长们提供一丁点思路上的启发,也是有益的。

5. 在孩子行为习惯的养成上

孩子虽有优秀天赋,但要把天赋变成人生优势不是一天两天就能炼成的,需要"百炼才能成钢"。古往今来，多少家长、多少过来人都有这样的经验或者体会：有的孩子很小时候就在某一方面表现出优秀的"天赋"潜能，可随着孩子成长，家长逐渐发现，他的天赋潜能并没有转换成特殊专长或者特别优势，他还是那么平平庸庸，无所作为。究其原因，根子在孩子的行为习惯上。如果一个孩子身上沾染了一些不良习惯，年龄越大越难改，越难改就越耽搁孩子。离开了好的行为习惯的培养，离开长期的坚持，家长多年的忙碌、孩子的辛苦可能被不良行为习惯的负面作用所抵消。所以，好的行为习惯要从小开始培养，而且越小开始越好。养成对好习惯的路径依赖，孩子是会受益终身的。

6. 在孩子学习成长的环境氛围上

孩子的天赋开发与孩子成长的家庭环境、早教幼教机构、学校以及他所接触到的社会氛围紧密关联。积极健康、阳光向上的家庭氛围，和谐欢乐、进取进步的学校氛围，平和有序、公平正义的社会氛围，对于孩子天赋的发掘、孩子的健康成长都是不可或缺的。所谓"在走向成功的所有1000个因素中，具备了999个可能都不足以成功，而失败的因素只要1个就够了"。每个家长都应该用心防止那种看似不起眼的外部因素带来不利干扰。当然，家长对孩子处在怎样的氛围，可能既无法选择又无法掌控，也许会感到无奈和无能为力，但并非完全束手无策。比如，可以主动施加影响、主动调节关系、主动化解出现的分歧和问题等，去积极争取良好氛围的形成，还是会有作用的。

 老师/家长 声音

天赋是孩子与生俱来的优秀特质。比如记忆力超人、好嗓子、身高优势等，这些都不是老师能教给的，但其潜能是完全可以通过后天激发来挖掘培养的。要知道在学校进行的是普遍教育，课堂教学只能激发孩子潜能的一部分，而不是全部。想要仅仅依靠课堂挖掘每个孩子的天赋潜能是不可能的。家庭的作用很重要，发现孩子有天赋，需要家长好好用心挖掘，加强培养，更主动、更有效地与学校紧密结合，使家庭、孩子、学校连成一个能够无缝衔接、有机配合的统一体。

——耿春选，中学副校长

我既是老师，又是家长。我的孩子很小时候语言天赋突出。从小班到中班，就能认识2000多个字。后来在孩子要求下，我给她报了主持人培训班，训练效果非常明显，大大增强了孩子的自信。我的态度是：做家长的，就是要不断放大孩子最突出的那一点，把好的天赋塑造成她自己的人生优势。

——吕宝荣，幼儿园园长

我女儿9岁，本学期写作业有些拖沓。前些时候痴迷上了动漫，特别热衷于临摹动漫卡。我们要求她先完成作业，就支持她临摹。这样一来，她写作业变得用心而且非常快。学习和她的兴趣都兼顾了。我还把她唱歌的视频放到平台上，有人点赞更鼓起了她的信心。家长发现、相信、支持孩子的天赋，孩子才能有自信。创造一种鼓励孩子天赋发展的家庭氛围，孩子天赋才能发展。

——唐莹，青少年校外活动中心教师

每个家长都在带孩子不停转场。小蝌蚪（女儿）舞蹈坚持了6年，游泳坚持了4年，乐器换了4种。现在坚持的只剩"机器人"。春夏秋冬，寒来暑往，她比我更难更累。我只是接送，她得上场，回家还得赶作业。经历过后，才发现没白练的童子功，至少我们尝试过个中滋味，在曲折与磨砺中多了一份坚韧与体悟。

——周景民，国企干部

关于天赋，那些需要澄清的误读与认知

1. 天赋不是少数杰出人士的专利和特权

在很多人的心目中，天赋很神秘、很高大上，似乎离自己很远。其实这完全是一种误解。人类历史已经反复印证过，天赋其实存在于每个人的身上。我们不要一听"天赋"二字，就在潜意识中否定自己和自己的孩子，好像普通人

就根本与天赋无缘似的。家长们应该知道，人的天赋确实存在突出还是一般、多还是少的差异，但绝不是只有少数优秀的人才能有天赋异禀。相反，如果普通人的天赋潜能得到了较好开发，人就会变得优秀起来。开发越充分，人就越优秀。如果纵有良好天赋而没有进行有效开发，自然就谈不上什么天赋发展和天赋实现了。那样发展的结果就是肯定不优秀，时间长了还会"生锈"。少数杰出的人之所以杰出，是因为具备优秀天赋，又使天赋得到了充分的开发、发展和实现。而一般人之所以相对平庸，其内在根源往往是由于自身天赋没能得到适当的、充分的开发，这是一个基本规律。可以说，只有被埋没、浪费的天赋，没有白费的开发。每一个家长都应该给孩子抓紧机会，及早发现发掘孩子的天赋。

2. 不要一提天赋，感觉就是音体美，好像天赋与文化课无关

不少家长简单地以为，天赋开发就是开发音乐、舞蹈、体育、书法、美术等特长，似乎与文化课关联不大。还有个别人以为相互矛盾、互相排斥。以为要保证文化课成绩，就要舍弃一些天赋开发；而重视开发孩子的天赋，则多是因为对孩子文化课信心不够充足。这实际上把二者割裂开来甚至对立起来了，又是一种糊涂的偏见。其实很多天赋，比如，语言天赋、逻辑与数理天赋、建构天赋、创新天赋、记忆天赋等，与孩子的文化课都是紧密融合在一起的，根本不能分开。也可以说孩子天赋开发与学习成绩互为基础条件。家长及早重视孩子这些天赋的开发，是给孩子文化课奠定基础、开辟道路，而文化学习又为天赋发展提供支持。同时，即使音体美劳这些看似与文化课不直接关联的天赋开发，对文化课也并非妨碍关系，而只能是促进关系。

3. 兴趣不等于天赋

天赋是一种内在特质，而兴趣则受孩子成长阶段、外界吸引、周围环境以及身边的人等影响，有阶段性、易受感染性以及群体活动中交互影响的特点。因此，兴趣可以因人的内心感觉和外部环境因素交汇融合而产生，并受外部影响而持续。兴趣中可能包含着天赋因素，却不能与天赋等同，有时还会存在很大差异。孩子有兴趣的项目并不等于就是他擅长的项目，而天赋则一定表现为某种擅长。兴趣是天赋发展的"发酵剂"，能够对天赋的开发提供有效协同和有

力支持。没有或者失去兴趣，会直接影响天赋开发的效果，也很可能阻断孩子天赋开发的进程。所以天赋的开发离不开孩子的兴趣，但如果以为兴趣就是天赋，则有可能影响家长的准确判断，有时会把孩子的天赋开发引向歧途。

4. 特长不等于天赋

特长一定程度上代表了孩子的一部分天赋，但不是全部。也有一部分孩子在家长的逼迫之下，学会了一技之长，算是一种特长。而他在那一方面的天赋却并不突出。有的孩子钢琴、小提琴或者书法、画画等技法上可以到很高的水平，考级成绩很好，但他的演出或者作品就是缺少一种灵气、一种感觉，或者缺乏个性，或者缺少灵动，总是僵硬的、呆板的，可以成为一种很好的匠人，却不能成为出色的艺术家。这就是特长与天赋的差异。特长和天赋如同两个有着大量交集的圆，当特长和天赋这两个不同的圆完全重叠或者大部分重叠时，天赋会转化为显著的特长优势，特长也会在促进天赋发挥中感觉如虎添翼。但客观事实是，这两个圆经常是不完全重叠甚至是大部分不重叠的。如果简单地把特长等同于天赋，就会产生对天赋的误判，耽误孩子真正的天赋发展。

5. 爱好不等于天赋

有人会问，兴趣爱好不就是一回事吗？兴趣和爱好既紧密联系，又有一些细微区别。兴趣体现的是对事物的喜好和倾向性关切的态度，而爱好不仅有喜好、关切的兴趣，还参与参加进去，把兴趣变成了具体行动。可以说，兴趣是爱好的前奏，爱好是兴趣的延伸。但爱好同样不等于天赋。因为有兴趣参与了，成了个人爱好，并不意味着这一定是他优于别人的潜能特质。所以爱好不能与天赋潜质画等号。当然，一个人虽然在某个学科、项目上天赋潜能可能不一定很突出，也并不影响他可以对此有独特爱好。就好比一个音乐天赋平平的人，并不影响他爱好卡拉OK；一个运动天赋很一般的人也并不影响他爱好打乒乓球网球等。只是，如果一个人的爱好和天赋恰好都聚焦在同一个点上，那么他的爱好就更容易取得突出成就。

6. 悟性不等于天赋

悟性对于天赋开发是极为重要的。悟性如同捅破窗户纸后透进阳光的那个"小窟窿眼"。人如果悟到或者悟透了某种东西,经常会产生一种茅塞顿开、醍醐灌顶、酣畅淋漓的通透感。在天赋发现中,人的心灵顿悟能力——人称为悟性,是内生性、基础性的重要条件之一,起的是一种"催化剂""加速器"的作用。在特定条件下,悟性对人的天赋发挥会产生强烈的"化学反应",进而引发"爆炸性"效果。而缺少悟性,就会给天赋开发形成直接的阻塞作用,给天赋开发添"堵"。最极端的结果是,"不开窍"可能决定一个人一生都彻底与优秀、卓越无缘。但是,再好的悟性也代替不了天赋发现、发掘。天赋开发需要一个艰苦的、长期的、坚持不懈的过程。增强悟性可以提高这个过程的效率、效果,缩短这个过程的时长,却不可能跨越这个过程。在这个问题上,没有什么捷径可走。家长能做的,是尽可能地通过开发孩子的悟性与孩子的天赋开发相辅相成、相得益彰,把悟性与天赋紧密地融合起来,发挥更好的协同促进作用。

7. 发现孩子的天赋,对不同的孩子应该有不同的侧重点

不同的侧重点就是强调家长一定要注意把握,采取的对策办法要恰如其分地针对自己的孩子、适合自己的孩子。家长要在孩子的天赋之"长"和天赋之"短"的综合衡量中找准最适合的方向和方法。如果孩子只是某一科目项目天赋特别突出,而其他方面都表现一般,或者属于那种天资一般、能力普通的孩子,在尽可能挖掘孩子的天赋潜能的同时,家长还要重视尽可能地补齐天赋短板或者是弥补天赋缺陷,努力避免孩子的天赋短板变得更短、天赋缺陷显得更缺。及早预防和避免孩子将来走向社会、进入职场,因为存在明显的短板差距而无法胜任岗位或者无法融入团队。从某种意义上讲,这对孩子的发展甚至比发挥天赋之长还更加至关重要。

 老师/家长 声音

发现孩子的天赋,可以促进孩子多方面发展,而不是"自古华山一条路"。好像没上高中、没上大学就没路了。家长、社会,还包括老师、学生都要有包容的心、开放性思维。不要觉得考高中、大学就是唯一出路。有的孩子没考上高中,家长不要气馁,用包容的态度去让孩子发挥天赋。有个学烹饪的学生,当时没发现他这方面突出,后来在烹饪学校当老师,干得非常好。从这个意义上讲，学校把"人人进步，各得其所"作为育人目标，也应该是孩子的天赋培养和发挥的最佳结果。

——吴俊，中学副校长

天赋以遗传为基础，比如，猴子能上树而猪不能。天赋的发挥则是先天优势和后天培养的结合。如果对某个孩子的天赋有了确认的判断，我们该怎样对待这个事实？判断决定判断者的应对方式，而判断又取决于价值判断。如果按照天赋价值大于零、等于零和小于零来判定，那么会相应有三种对待方式：促进、放任、抑制。人所追求的，都是发挥天赋的正向价值，就要促进孩子天赋的正向发挥，促进天赋发展和天赋实现。怎么实现呢？比如，可以促进天赋与兴趣、与特长融合。但天赋和兴趣不同，有人游泳很有天赋，而兴趣在做生意上。与特长也不同，特长可能是刻苦训练的结果。如果天赋与兴趣、与特长恰好契合了，那么天赋就能得到更好的发展和发挥。老师和家长应该做的，就是更多地促进这种契合。

——付小俊，小学语文教研组长

天赋是一个人可能不需要经过太多学习，就能比别人更擅长的优势和能力，是同等条件下优于别人的地方。我的外甥女不爱运动，但视觉能力好、形象思维好，记忆力强。精细动作动手能力也非常好，1岁多就能用小剪刀等。我是做幼儿教育的，我自己都感到困惑，究竟怎样才能把孩子最好的优势开发出来？有没有非常确切、可靠的方法和路子？

——王秀（化名），幼教集团副总经理

我大女儿5岁半，特别会吃。夏天吃葡萄，不同的品种她一吃就能比较出来。也许不经意表现出来的就是天赋，没必要把天赋想得太重。不同孩子表现天赋的点会不太一样，家长应该做的是把孩子最积极的那一面开发出来。我丈夫做的是射箭培训，他说："他自己喜欢每天射300箭和逼他每天射300箭，效果是完全不同的。"我大女儿现在学舞蹈，坚持得很好。这对她的心智、意志力都是很好的锻炼。

——上官思瑶，个体创业者

别在迷惑中摸黑寻找：
孩子成长早期的家长理念与行为

1. 0～6岁黄金期，是真的还是假的？黄金期能做什么？该做什么？怎么做？

所谓0～6岁黄金期是一个笼统的说法，总体没说错。国际国内许多教育家和儿童心理学家都认为，从婴儿到少年时期是人成长中最关键、最重要的几年。人类智商成长曲线也表明，从孩子出生到6岁，智力增长最快，是智力开发的最佳时期，所以在黄金期给孩子适当安排一些早教是必要的、有益的。但0～6岁是一个成长的过程，所有的早教、幼教都应该与孩子身体、心智发育成长过程相一致、相适应。只有符合孩子大脑依次发育的规律，才是真正抓住了黄金期，才能达到预想期望。

2. 学前阶段，玩重要还是学重要？

当然是玩重要。玩是孩子幼儿阶段最重要的精神需求。家长一定要保证给孩子童趣留出足够的时间、空间。况且，幼童玩耍本来就是孩子心智发育、智力开发的"刚需"，加之现在的玩具、游戏都纷纷添加了益智的内容和功能，让孩子玩好就更不能忽视。很多家长担心，既然0～6岁是黄金期，如果不抓紧这关键几年让孩子学，孩子不就在起点上落后了？所以总想让孩子超前学点什么。其实这种观念是不正确的。学前阶段让孩子多玩、玩好，并不是简单地排斥学或者否定学。而是强调要摆对二者的关系，强调应该首先尊重和顺应儿童身心发育成长的规律，讲究学的方法。比如，可以在适当地玩中辅之以学或者说是寓学于玩，把孩子玩的过程当成学的过程。也可以适当安排一些小科目、项目的学习训练。但一是不宜多，二是不勉强，三是尽量掺在玩耍游戏中进行，可能会效果更好。

3. 各种早教，有用还是没用？

这是很多家长纠结的两难选择。现在的各种早教班动辄几千元甚至上万元的费用，大把的钱，花得家长心疼肺疼。但不花这个钱，那么落在别人家的孩子后面又怎么办？花钱报班，是家长的心理安慰还是确有好处？有好处又体现在哪里？

谁都不想让孩子输在起跑线上。所以家长才暗中较劲，拼命给孩子报各种班。但过上若干年后发现，其实这些报过学过的，至少有一半没有什么用处。究竟有多少报班是无用功？抑或还有副作用？客观地说，一般而言，根据孩子不同年龄段的发育和成长情况，针对性地报一些语言类、体能类、益智活动类的早教班，的确是有一些好处的。因为孩子有些潜能的开发，如果错过了最佳年龄段，可能一辈子都找不回来。这就是最大的好处。问题是，家长一定要找到最佳的投入切口，找到最佳的投入产出比。不能只一味花钱，结果得到的却是早教真的没用。如果因为报班太多，或者超出了与孩子年龄段相适应的能力范围，或者让孩子过于疲惫，过早地承担了过重压力，反而使孩子某种程度地失去学习兴趣、产生挫败感，早早地产生一种厌倦、一种逆反，那就得不偿失了。

4. 幼儿园，该不该上点文化课？

这也是家长们的一个纠结。上，政策不允许。不上，孩子吃亏。上了公办园，幼小衔接会不会吃亏？说不会，有的民办学校明里暗里做入学测试，实际上把没上过的孩子堵在了门外。说会，到哪里去找正规的幼小衔接班？也有人问，有没有这种必要？这真的没有标准答案。应该说，标准答案在家长心里。这就是你要判断孩子心智、体能发育，是不是可以了？如果觉得孩子心智发育程度可以接受了，那么汉语拼音、识字认字、简单运算、古诗词等算不算文化课？现在，国家对义务教育的"双减"政策已经出台了，减负是大趋势。这种背景下，学文化课还是进入小学以后再开始更为妥当。幼儿园，还是让孩子们再快乐一些吧。

5. 发掘孩子天赋，有没有捷径？

有没有什么轨迹可循？要不要寻找一些参考线索或者依据？寻找孩子天赋的源头依据，起决定性作用的是遗传基因，这是最重要的参考依据。家长要发现孩子的天赋，就应该首先看家族遗传有无特殊优势或者明显弱项。根据遗传基因确定怎样传承优势或者避免弱项，是具有科学依据、最为可信的窍道捷径。

除了家族传承因素之外，还要从孩子自身的行为特点和规律寻找现实依据。要注意观察孩子在玩耍、游戏和其他活动中，对什么事物、活动特别敏感、特别兴奋或者有特殊兴趣？窍道确实是有一些的，但这只能是一个好的切入点。如果家长想完全靠找捷径，那肯定是走不通的。

6. 孩子天赋、潜能开发该不该有个顺序？

孩子成长的规律，决定了孩子的天赋和潜能开发应该按照合理的顺序来进行。一些儿童教育家的研究结果显示，孩子在每一个成长阶段，都有特定的敏感期或者是关键期。也就是说，早教安排顺序应该与同阶段的敏感期相对应，在不同阶段做不同的早教安排，会有更好的效果。

比如，1岁以前，随着孩子味觉、口腔、手臂、手眼协调等的发育，注意建立孩子对外界的反应、互动。

2岁以前，是孩子自我意识初现期，也是最初的感知运动阶段、模仿敏感期，孩子通过各种身体反应对外界已开始有所感知。可以适当进行简单认知和模仿训练。

3～4岁，开始接受简单图文，开始掌握数的概念。既是注意力发展的关键期，也是对学习自我约束、形成初级观察力的敏感期，还是初步动手能力发展、开始建立独立性的关键期。可以进行语言、音乐乐感、审美、动手能力训练。

4～5岁，是对知识学习产生直接兴趣的关键期，可以开始掌握一定的学习和生活观念，开始进行动作协调性、平衡运动训练等。

5～6岁，开始具有初步的悟性，抽象逻辑思维开始萌芽。进入这一阶段，孩子开始进行抽象运算并开始形成综合数学能力，开始产生并初步建立学习心态、学习习惯和学习的成功感，进行语法、抽象词汇和综合语言能力、初步的数学逻辑以及游泳等训练。

6～7岁，开始建立社会组织能力，开始建构超常能力结构并快速发展。同时其观察能力、创造性开始走向成熟。是孩子多路思维也是操作能力开始形成的关键期。可以开始学习编程等课程，进行初步的抽象思维训练。

7岁以后，随着孩子年龄增长和心智逐步发育、健全，孩子的接受能力、领悟能力都开始完善，对这种顺序的要求渐渐淡化。多数孩子的天赋开发也开始脱离最初的盲目和摸索，转向了重点开发或者训练一些特定项目，进入相对稳定状态。

7. 益智玩具和益智游戏怎么玩才好？

益智玩具和益智游戏越来越多，但怎样才能更加益智？并不是把图形或者造型拼出来就是好的益智。在拼装过程中如果做到以下几点，也许会效果更好：

教孩子自己辨识要使用的零件、工具以及拼装指示图，以启发和培养孩子辨识能力；引导和教会孩子按用途、功能对所要使用的零件进行分类整理，以在游戏中培养好的习惯；引导和教会孩子注意拼装过程中各种零件的对应关系，启发初步的逻辑思维；引导孩子在每次拼装完成后进行自我总结，从小培养孩子的概括归纳思维。

8. 多大开始学习编程为好？

幼童编程课本质上是一种思维启蒙课。根据儿童认知理论，一般认为，6～7岁的孩子开始有初步的逻辑思维，有人主张4岁开始学编程，但4岁孩子既没有必要的数学基础，也缺乏相应的思维能力。而编程要通过代码、工具、运行结果等去不断地进行梳理抽象的逻辑思维，孩子太小去学编程显然有点勉为其难。所以，学习编程从6岁左右开始比较合适。如果孩子智力发育确实超前，从5岁左右开始学习也未尝不可，但不建议更低龄的孩子过早去学。毕竟学编程应该综合考虑孩子的心智发育程度和接受能力。

9. 鼓励和引导孩子看什么样的动画片？怎么看？

动画片是孩子的精神天堂。但动画片也存在鱼龙混杂，某些有违禁内容，并不都适合孩子看。比如有恐怖、暴力、血腥、过于科幻甚至涉嫌黄色的镜头或者内容，就不适宜儿童看。适宜孩子看并能够产生积极意义的动画片，大体有这么几类：语言类，能给孩子做语言示范的；爱心类，从小滋润孩子良心的；益智类，启发孩子思维能力的；知识类，能让孩子看到多彩世界的；公益类，鼓励孩子爱护生态环境的；等等。看动画片时，家长最好能陪着一起看，万一遇到孩子害怕、不喜欢的镜头，要随时给予安抚、疏导。孩子具备语言交流能力后，可以和孩子交流片子的内容及印象深刻的片段，提升看的效果。

10. 幼童时期该不该给孩子一定压力？给多大压力为好？

幼童时期是孩子无忧无愁、充满欢快的年龄，应该是毫无压力的。但实际上从孩子对外界对其他事物有所感知开始，客观上就要开始或多或少感受到一点压力。比如，有没有安全感的压力、孩子的要求被不被重视和回应的压力等。家长想及早对孩子进行一些启蒙教育或天赋开发，也会给孩子带来一些压力。比如，家长想让上幼儿园、想给报班上课而孩子不想去，这就是压力。家长一定要注意的是，对幼童所给的压力一定要是浅压力，而不是重压力；一定是瞬间短暂压力，而不是持续压力。要通过哄着、逗着、吸引着来达到目的，而不是通过吓唬、打骂，让孩子委屈恐惧来达到目的。

11. 怎样做到发现孩子天赋与保护孩子的天性、活力和创造力相一致？

一说到发现孩子的天赋，很多家长首先想到的是给孩子报班，让孩子学什么、练什么。强调"教"而忽视"育"。不可否认，发现孩子天赋的过程，是一个促进孩子学习、进步、成长的过程。需要务必注意的是，不能因为要让孩子学习，就耗损、磨灭孩子的天性、活力和创造力。一定不能一味只是学学学、练练练，把孩子训练成"学习机""计算器"。那样会把孩子充满活性的天赋训练成呆板、僵硬的技能，实际上是在扼杀孩子真正的天赋潜能，是极为有害的。

把发现孩子的天赋与保护孩子的天性、活力、创造力相协调，关键是在学习训练中把孩子的思维充分调动起来，发挥孩子自身动能。切忌有意无意地把孩子和小朋友、小伙伴隔离开来，要最大限度地保证孩子和小朋友、小伙伴一起玩耍的时间。

12. 如何把孩子天赋培养与健康人格融合起来？

把发现孩子的天赋与人格培养、心理引导有机结合，使天赋向特长、专长优势转变的过程同时也是健全孩子心智、养成健康心理、形成健康人格的过程。每个孩子的家庭环境、家庭背景不同，孩子感受到的氛围可能是完全不同的世界。家长要特别重视避免幼童时期因过重压力、家庭矛盾、外界打击等给孩子留下心理阴影，防止和避免给孩子留下心理疾病的"病根"。同时，如果发现孩子有过度争强好胜、嫉妒心强、恶意记恨等倾向，家长就应当及早调教疏导，防范孩子不健康心理在性格形成中占了上风，防范不健康心理形成积累和恶性膨胀。

13. 谁来承担发现孩子天赋的职责使命？

家长，当然首先是家长。当下社会上如雨后春笋般蓬勃兴起的各种早教班、开发培训机构，不可否认它们具有一定的促进孩子天赋发现、发掘作用，但最终起决定性作用的依然是家长。

幼儿园，能否承担这样的使命？幼教专家指出：如同每个孩子都具有无限可能一样，幼儿园在发现孩子天赋方面的作用同样具有无限潜能。对孩子"生活＋活动＋教育"的特殊模式和优势，以及发现孩子天赋的最佳年龄段要求，都决定了幼儿园的作用是不可比拟的也是无可替代的。

幼儿园这一环节的重要性不言而喻。家长和幼儿园协同配合的重要性不言而喻。

孩子进入小学以后，一直到整个小学和初中阶段，家长和学校如果能形成持续的良性互动和呼应，就能放大发掘孩子天赋的成果。至少不要遏制、抑制、埋没孩子的天赋发现发掘，不要白白浪费了孩子身上潜在或者具备的优秀天赋资源。

对某个孩子来说，承担发现孩子天赋的主要责任是家长。而对整个社会来说，家长、幼教机构、学校，真的是一个都不能少。

老师／家长 声音

一些家长对孩子的教育培养寄予了过高过重的功利意识，成了孩子心理问题的一大来源。家长只盯考试分数，别的一概不问，因此诱发了很多孩子厌学、抑郁、自残……孩子不是家长的私有品，将来更是一个要在社会生存的人。家长要想想，如果我明天离开世界，我的孩子怎么生存？应该具备哪些品质、思维能力和本领？最重要的不是分数，孩子的生命价值、文化价值远远高于分数。家长的指导思想端正了，才能真正找对方向。

——高杨杰，"名校+"小学教育联合体总校长、正高级教师

我女儿1岁左右时听到音乐就会跟着音乐动，现在参加音乐舞蹈班，进入状态非常好，节奏感很好，还会自编舞蹈。舞蹈给了她很多的展现机会，让她的生活充满了乐趣。我是老师，发现班里只要是有一门特长的孩子，往往表现更自信、更阳光。而除了文化课什么都不会的孩子，就显得比较孤独。有个孩子的国画作品获得全国一等奖，在班里状态特别好，自信心爆棚。那种受关注所激励出来的阳光心态，是用其他任何东西都换不来的。

——杨康，中学一级教师

每个人都有多种天赋集于一身、都有潜在优势。但家长不能心太急，对任何一种天赋都要抱着包容、等待的心态，耐心地去观察孩子有没有或有什么天赋，去寻找与孩子天赋最近的发展区域。是把它变成求生技能，还是事业优势？我家孩子在音乐方面优势不太突出，我们给报了笛子培训，练了一年多，有明显进步。我们想，这是不是就激发了他的天赋？现在不好下结论。我还是觉得要耐心观察、等待，不急于要个什么定论。

——王强，小学校务管理部长

我们讨论家长的理念，心情是有些压抑的。之所以从这个话题切入，是因为目前社会上所有关于教育的急切、焦虑、行为失常都与理念有关。有理念落伍的，有理念激进的，有理念扭曲的，还有理念模糊不清的……不同的人从不同的角度、不同的需要出发，加之与个人的利益取舍结合起来，不断放大又不断相互传染，淡化乃至抹去了社会教育理念中原本应有的一些界限，加剧了社会的教育焦虑。

从理念上对家长正本清源，以及促进调整由此引出的行为选择，实在是一个不容回避的社会课题。

第二章 天赋的类型、特点及相关心智能力

　　谁知道人有多少种天赋？谁知道人的天赋能创造多少奇迹？迄今为止，是没有谁能够准确回答的。这就如同问天上有多少颗星星？地上有多少只蚂蚁？无从数清也无从回答。

　　其实，人类社会从来不需要去数森林里有多少片树叶，而是只要知道大树和树叶生长的规律，各自的功能、作用和价值就足够了。我们无法知晓人究竟有多少种天赋，也没有必要去全部知晓。但有必要了解、把握天赋的主要类型、内涵和基本特点。

　　愿本章的提示，能使家长们在对各类天赋有一个大致认知的基础上，为辨识发现自己孩子的天赋找到或者确定一个参照。

人类对天赋的探索与多元智能理论

股神沃伦·巴菲特曾经提出过一个培养孩子天赋特长的三部曲：第一，了解和识别孩子天赋特长；第二，训练和加强孩子天赋特长；第三，让孩子发挥和创造天赋特长的价值。这三句话说起来超级简单，但要把它变成每个家庭、每个孩子可以兑现的结果，却是异常地艰难和复杂。

人类历史和科学发展已经证明，天赋人人都有。但在现实生活中，天赋，则显得很神奇很神秘，让人心生渴望，让人捉摸不定。很多人甚至是大多数人的天赋终其一生也没能被发现，更谈不上发挥多大作用。由于天赋的特性——总体确定而具体不确定，知道有它又不知道在哪里有。看不见摸不着，存在于每一个个体且存在极大差异，没有可掌控的实操规律，没有可依据的量化标准，天赋发现其实是一个极其复杂的过程。即使是在科学技术高度发达的今天，人们对天赋的认知、探求，依然是仅仅停留在一种大体把握和质的确定上，在很多具体问题上，往往是众说纷纭。难以有多少更加深入而精确的研究，根本没能深入人天赋构成的精妙、神奇、斑斓的内部世界。虽然大的方向是明确的，也有一些基本共识，但这些成果多数尚停留在概念、定性甚至只是推论、构想上；虽然不少理论成果也具有较大指导意义，但远不如其他一些重大科技成果那样精准和确切。

直到20世纪后期的1983年，美国心理学家和教育学家、哈佛大学教育研究院霍华德·加德纳（Howard Gardner）教授才首次突破了此前人对智力天赋评价的唯一商数模式——IQ智商评价模式的框架限制，他的划时代著作《智能的结构》（又译《心智的架构》）一书中提出的多元智能理论，开创了一个崭新的天赋智力研究和评价体系。

多元智能理论的最大贡献是发现和揭示了人的智力是多元并存的。多元智能是由一组能力组合而成，可以划分区隔为八个方面的智能能力。分别是：逻辑数理智能、语言智能、人际交往智能、身体运动智能、视觉和空间智能、音乐智能、自我认识智能以及观察认识自然智能。在加德纳看来，人的各种智能能力是以复杂的方式协调存在于每个人的个体。八种智能在不同的人身上会有不同方式、不同程度的组合，从而使得每个人的智力各具特点，体现出很大差异，往往会表现为某一种或者某两三种智能比较突出。这就构成了这个人的特殊天赋。

加德纳的多元智能理论所确认的人的八大智能能力，奠定了当代智力开发和多元教育思维的基石。值得注意的是，八项能力在人的天赋发现中的作用和影响是有很大差异的，有几项能力并不是以某种特殊天赋表现出来。比如自我认识能力，也有人称为内省能力，可以表现为疗愈天赋较强，同时也与其他天赋密切关联，并为其他天赋的发挥提供支撑，是重要的基础性智能；人际交往智能，毫无疑问是人际天赋的表现，它需要很强的认识他人的能力，也体现在沟通能力、组织领导等其他方面；观察认识自然的能力，与人的艺术、审美、空间、建构、创新等方面的天赋能力都有着深刻联系，对于每个人都是不可或缺的，但我们又很难说它是表现为哪一种特定的优秀天赋。

多元智能理论为人类智能理论研究开创了新境界，也是目前国际上得到普遍认可的智能理论。但总体而言，加德纳也还只是提供了一个崭新的理论框架，只是为我们打开了一种认识的思维窗口，是给出了一种新的思路和分类方法，而并不是如同牛顿三大定律那样的科学定理，也没有可以量化的指标或者体系来确切衡量。

应该说，人类对自身智能的研究还远达不到可以量化测评的程度，所以至少在目前对人的天赋进行的所有评估、测试都不可能有多么确切的结论。最多是定性而不可能是定量的一种界定而已。

必须客观地承认，迄今为止，人类对智能和天赋的研究依然是很初级的。

但是，无论多么艰难，人类对天赋的研究从未停止。人们对依托天赋优势，实施"天赋教育"的追求也从未停止。

 老师/家长 声音

按照多元智能理论，每个人或多或少、或大或小都有天赋。只是每个人的天赋特点、专长领域、优势科目项目、表现方式等会有差异和不同。有的人

发现孩子的天赋

可以一生展示，有的人逐步展现。发现孩子的天赋，就是要更早地把孩子的优势开发出来，既注重全面发展，又注重个性化成长。有人说，每个孩子都是不同的种子。世界上没有完全相同的叶子，学校、老师、家长就要努力发现每粒种子、每片树叶的个性和特点，使各自的优势得到充分展现。发现孩子的天赋是一个系统工程，是由自我发现、家长发现、学校发现、社会发现等多个层面的发现集合而成。其中，家长发现处于关键的位置，家长应该首先承担起这个责任。

——石峰虎，中学常务副校长、高级教师

很多家长把大量的精力都放在孩子的应试上了，其实并不是最好的选择。适合孩子的教育才是最好的教育。我家孩子天生唱歌好，音色很好，小学时经常在校合唱队做领唱。因当时小升初要学习奥数就放弃了唱歌。到现在孩子回想当年的学习生活，感觉就像个考试机器，缺乏对生活热爱的培养。家长要懂得抓住孩子天分、潜质的敏感期，并克服困难和外界干扰去挖掘它，而不是让孩子做无谓的消耗。

——毛小完，中学高级教师

我怀孕时经常参加篮球活动，孩子1岁多就会拍球。但仅仅有这个肯定是不够的。我觉得天赋应该是自身能力加上后天的培养。我们幼儿园就经常开展环创等活动，让孩子广接触，在多领域发展，通过非智力因素的影响和针对性引导，把孩子的天赋激发起来，后天培养就会见到成效。

——孙滋婕，幼儿园园长

关于儿童潜能的 20 个测试项目

对于了解和识别孩子的天赋，美国当代著名心理学家、教育学家、智力三元理论的创立者、耶鲁大学教授罗伯特·斯腾伯格（Robert J. Sternberg）博

第二章 天赋的类型、特点及相关心智能力

士,以观察孩子日常表现为依据,创设了著名的20个测试项目,并按照对应的行为表现,推测孩子的天赋所在。这20个测试项目在国际上流传很广,也得到了较为普遍的认同。

斯腾伯格博士对他的测试进行分析后得出的结论认为:

(1)如果孩子"在背诗和有韵律的句子时很出色,当你说话用错了词时他会纠正你,善于精彩地讲故事",则说明孩子可能有很好的语言天赋。

(2)如果孩子"唱歌时音阶总是很准,喜欢听各种乐器并能分辨出不同乐器发出的声音,能对不同的声音发表评论",则说明孩子可能有很好的音乐天赋。

(3)如果孩子经常问诸如:"时间从什么时候开始,为什么小行星不会撞到地球,打雷、闪电和下雨是怎么回事等问题,并善于把各种杂乱的东西按规律整理分类",则说明孩子可能在数学、逻辑方面有天赋。

(4)如果孩子"只要是他走过一次的地方就很少迷路,他外出旅行时总能记住沿途的标记、说我们曾经来过这里;能画出路线清晰的地图",则说明孩子可能有很好的空间认识的天赋。

(5)如果孩子"走路姿势很协调,随着音乐所做的动作优美,很小就会自己系鞋带、骑车,善于模仿各种身体动作和面部表情",则说明孩子身体动觉能力很好,具有运动员、舞蹈家的天赋潜质。

(6)如果孩子"特别喜欢扮演角色或者编出一些剧情,善于把动作和情感联系起来,善于对别人能完成或不能完成的事做出准确的评价",则说明孩子具有很好的自我认识能力。

(7)如果孩子"很注意你在愁闷或高兴时的情绪变化并做出反应,喜欢扮演角色或者编出剧情,常说某某像某某",则说明孩子具有很好的认识他人的能力。

按照斯腾伯格博士的测试,他把孩子的天赋潜能归纳为七类,即语言能力、音乐能力、逻辑数学能力、空间想象能力、身体运动能力、了解自己的能力、了解他人的能力。

斯腾伯格博士是教育学家同时也是心理学家。他的研究成果代表着当今世界对天赋研究认识的前沿水平。他提出的人类智力三元理论,是当代智力理论的代表性成果之一。他进行的儿童天赋测试和分析结论,与他的智力三元论本

质上是契合的、一致的。人的七类天赋最终都能归结到成分智力、体验智力、情境智力的三元组成上。

但是，即使如此前沿的关于天赋发现的研究成果，斯腾伯格对天赋发现使用最多的表述也是"推测""可能"，而并不是"确定"。

尽管如此，我们不能因为人类对天赋发现的研究依然很初级，就不去努力发现孩子的天赋。

有兴趣的家长，当然可以按照罗伯特·斯腾伯格博士提供的测试方法，通过日常生活观察，对自己的孩子做一些对应测试。

随着科技的进步，现在市场上已经出现了儿童天赋基因检测服务，通过对孩子DNA进行取样、测序、基因芯片等技术手段，将与天赋有关联的基因进行基因分型，把分型结果与天赋基因研究成果所描述的情形进行匹配评估。据说是有一定科学依据的。真相如何，这里不好贸然下什么结论，但愿科技持续进步，用科技新成果不断验证吧。

 老师/家长 声音

脑功能开发是人天赋开发发展的物质基础。已经开始实施的《中国脑计划》，其目的之一就是促进全体公民乃至整个民族脑智力水平的提升。一方面，要持续进行传统的脑力训练开发，不断去唤醒更多处于沉睡状态的脑细胞，更充分地挖掘脑力心智的各种潜能，使孩子们的脑功能达到更好的状态，表现得更聪明、更有创造力。另一方面，还要提升脑认知水平，强化人工智能和类脑研究，建立"人机、脑机接口"，使天赋开发和发展与现代信息技术、信息社会高度融合。可以预见，我们下一代、下下一代的天赋开发将会达到前所未有、无法想象的程度和水平。

——赵钢，知名神经内科专家、大学医学院院长、二级教授、主任医师

学校在发现发展孩子天赋上可以做很多工作。曾经有个学生，弹钢琴天赋突出，参加各种比赛获奖很多，但情绪管理差。我们召集所有代课老师进行研判，认为他可以成为钢琴家，应该按艺术家去培养。一致认为要包容他的这些"毛病"，寻找与他共情的"切口"。就这样，他上了音乐学院附中，高中时参

加了维也纳青少年钢琴比赛，现在美国上大学学钢琴。对有天赋的孩子，放大他的长处，缩小他的弱点，就是"发现＋保护＝发展天赋"。

——刘岚，小学教育集团总校长、高级教师

过去我们对学生更多的评价是在试卷、在成绩。可这远不能代表孩子的全部。前些时候，参加学校口语大赛校内选拔时，因为小升初摇号了，我们还担心学生口语素养能不能跟上，结果实际一赛，我听了很震惊，是出乎意料的好。说明家长们重视对孩子的天赋培养，孩子的素质能力就会有整体提升。

——徐天宇，中学初一部主任、优秀班主任、教学能手

人的天赋类型、内涵、特点分析

天赋是多样的。世界有多么丰富，天赋就有多么精彩。天赋的千差万别，决定了人们几乎没有可能说清人类究竟有多少种天赋。况且随着社会的发展，天赋还处于一种动态的更新、更迭状态。上一代人具有的某种天赋，比如，人工点钞、卖肉"一刀准"、物品称重"一抓准"、手工打铁、手工纺线、木制农具，还有街头打把式卖艺等天赋特长，随着时代的发展，在社会上没了用武之地，可能会由于失去展现的机会而退化、消失。还有的人会随新社会潮流展现出一些新的天赋才能，比如，现在的网络游戏、带货推广等。所以，我们只能对天赋类型做一个粗线条、轮廓式的概括和区分。本书大致将天赋分为心智型天赋、非心智型天赋和混合叠加型天赋三个类型。

心智型天赋，体现的是人某种心智能力的过人之处，如语言天赋、沟通天赋、记忆天赋、科学天赋、逻辑与数理天赋等。

非心智型天赋，则又包含本能性天赋和技艺型天赋。人生而具有多种本能，比如，从出生就有的啼哭、吸吮等，还有嗅觉、味觉、条件反射等，本能性天赋是某种以本能为基础的超常潜能和特质。比如，品酒师就是以味觉天赋为基

础，对酒的质感、口味有着超人辨识和感知能力。技艺型天赋是某种技巧、技能上所具有的常人所无力企及的特殊能力。比如，一些超常的运动技能、表演技能、手工制作技能等。

混合叠加型天赋，则既有心智因素所决定，又必须有非心智因素的加持，二者相互依赖、互为条件、缺一不可，交叉、叠加、混合后形成某种特殊擅长。比如，球类、体操、跳水等体育竞技比赛，对每一个参与者而言，都须把心智和技艺同步发挥到极致，才有可能取得最好的成绩。混合叠加型天赋与社会生活关联极为密切，应用也最为广泛。

在现实生活中，心智型天赋和非心智型天赋经常也是交织在一起而存在的。在心智型天赋中包含非心智的因素，而非心智型天赋中也包含心智的成分和作用。我们只能按照其主要方面做一个简单划分。在研究分析心智型天赋时，不否定或者排斥非心智因素的微妙影响。分析非心智型天赋时，同样也要肯定心智因素的作用。这是人作为高级生命体的特殊特质，也是天赋自身神奇性的必然特征。——所谓心智与非心智不可能截然分得那么彻底、那么分明。混合叠加型天赋则交织程度更深，呈现出"你中有我、我中有你"的状态，心智因素和非心智因素往往同时发挥作用，心智和非心智任何一个构成要素的缺失或者不足，都可能无法形成相应天赋。

这里，我们就生活中较为常见的26种天赋类型和特点做一简要分析。

1. 疗愈天赋

疗愈并不是一种治疗，不是针对病患者的医学术语，而是指生命心灵状态向本真、自然、幸福、健康的一种回归。人在生活中，总会有一些事物、情形对人的情绪、习惯等在心灵深处发生影响和干扰，使人受到某种无形的局限、遮盖等。去掉这种局限、遮盖，回归到一种充满阳光、幸福自然的状态，便是疗愈。每个正常人都天生具备这种心灵上的自我唤醒、自我修复、自我回归能力，便是疗愈天赋。

虽然疗愈天赋人人都有，但具体到每个人身上，个体差异却是非常大的。遇到同样的问题，疗愈能力很强的人可能转眼就会烟消云散。而对疗愈能力较差的人来讲，可能就会辗转反侧，久久不能释怀。发现人的疗愈天赋，增强人的疗愈能力，可以促进人有更好的心态，以更加积极的状态面对人生。尽早激活孩子的疗愈天赋，有助于促进孩子心理健康，塑造健康人格。

2. 同理心天赋

同理心天赋的基本含义应该是，人与生俱来的一种理解他人、产生共鸣和共情感染的能力。是将心比心去换位思考，感同身受去情感代入。人的社会属性决定了同理心和共情能力已经深深地嵌入了人的生长基因。孩子的同理心、共情能力是天生具备的，只是同样因为有个体差异，在每个人身上的表现会有不同。同理心强，一般更容易与人沟通、取得理解和共识。同理心弱，往往更多地站在自己的立场、角度考虑问题，相应在取得别人理解和别人沟通方面就可能存在理解障碍或者容易遇到更多困难。

从小培养孩子强化同理心，防止孩子同理心消退，从根本上讲，是在培养和强化孩子的社会能力。当然，随着年龄增长，人受到各种利害关系、欲望诱惑、立场观点、角色角度等影响和左右，人的同理心会受到一定程度的消磨，那是另一回事了。

此外，同理心和共情能力实际上是两个各有侧重的概念。二者的相同之处是都表现了情感代入。不同之处简单说，同理心更偏重"将心比心"，更强调理性场景的换位思考。而共情更偏重"感同身受"，更强调情绪、情感场景的感觉和处理。这里把两个概念放在一起讨论，是考虑二者内涵重叠较多，在大的方向上有较多共同性，故对二者差异作了忽略。

3. 语言天赋

语言是表达的载体。语言天赋就是一个人掌握、运用语言技巧，恰当、准确、得体地表达自己想法、意图的优势能力，体现着高度的语言驾驭技巧和驾驭艺术。语言天赋的高低决定着表达的质量和效果。在别人看来，这就是情商、智商、思维方式和思维水平的外在表现，也是人社会生存能力和社会活动能力的外在表现。

运用语言的能力体现在听、说、读、写四个方面。其中"说"占有最突出的位置。一个人在社会上、在工作单位、在朋友圈混得好不好，很大程度上取决于他能不能好好说话、怎样说话、说的话能不能被别人接受认可。或者说能在多大程度上用语言影响别人。语言天赋对于人的社会生存带有基础性。

人有语言能力但不等于有语言天赋。有语言天赋的人更善于巧妙表达。但有语言天赋的人也并不是听说读写四方面都强。口头表达能力强的并不一定书面表达也强。书面写作能力很强的，却不一定嘴上也能说得好。这就是语言天赋的多面性特点，了解和把握这个特点，有助于对孩子语言天赋的深度理解和针对性开发。

语言天赋还表现为对多种语言、方言的模仿和运用能力。

4. 沟通天赋

只要与人打交道，就离不开沟通。沟通天赋是人要善于通过语言、肢体、表情、行为等与他人表达意愿、交流联系、达成共识的特质。会不会沟通、怎样沟通，经常决定着事情发展的方向、程度和效果，也决定着人的社会能力甚至前途命运。

沟通天赋本质上体现的还是人的心智能力，与情商关联更为紧密。具有良好沟通天赋的人，往往善于通过沟通展现人格影响和感染他人的魅力。更懂得得体地运用沟通拉近与他人的关系，恰当地以沟通取得他人理解，巧妙地运用沟通获得他人认同。懂得并能娴熟运用沟通的技巧和艺术，准确而恰到好处地把握沟通的分寸和尺度，对不同的沟通对象总能找到和使用合适的沟通方法，从而达到最佳的沟通效果。

从童年时代就重视激发、激活孩子的沟通天赋，就是给孩子从小积累好人缘，是孩子长大后"人见人爱"的内在理由。

5. 逻辑与数理天赋

天生对数字、数理敏锐、独到而具有感悟力。具有很强的分析探究能力、超人的概括归纳能力和严谨的推演思维能力，善于研究找寻事物的运作原理、根据和方式，善于从众多复杂的线索中找到事物的内在联系和内在规律。逻辑与数理天赋突出的人，都具有很强的数学、运算、判断、论证能力，经常使用归纳、综合、分析比较、抽象概括等思维和推理方式，说话做事、处理问题往往概念明确、条理清晰、层次分明、逻辑关系准确、论据论证缜密。其给出的结论经常是严丝合缝，无懈可击。

如果孩子从小逻辑与数理天赋突出，常表现为爱探究原因、总能分析理由、总是提出或者归纳概括带有规律性的问题等。他具备高智商，抽象思维能力突出，发表见解经常建立在准确判断、概括提炼、严谨推理的基础之上，因此常有过人之处。一些在别的孩子看来很难很高深的问题，对他而言总是一点就通。这就说明孩子天分非凡，培养潜力巨大，一定要认真对待，万万不要白白浪费、错失孩子的优秀天赋。

6. 直觉天赋

遇到事情或者问题，不经过一步一步、按部就班的分析、推理步骤和过程，运用跳跃式思考，直接迅速地根据自己的内心感知和直觉从整体上或提出假设、猜想，或做出预感、预言、判断，直奔主题、直达本质。这种思维方式称作直觉思维，天生具备这种思维优势禀赋的，是直觉天赋。

直觉天赋与逻辑天赋的严谨、缜密恰好相反，它自由、灵活，带有自发性、偶然性、不可靠性等特点。直觉天赋的优势在于它基于灵感和顿悟，具有简约性；基于丰富的想象力和发散性思维，富有创造性；基于深厚经验和知识积累基础之上的直觉，体现自信力。亚里士多德指出："直觉是科学知识的创始性根源。"17世纪法国著名哲学家笛卡尔也认为：通过直觉可以作为发现的起点。爱因斯坦凭借超人的直觉天赋，创立了"光量子假说"，欧几里得基于直觉思维创立了"五个公设"的欧几里得几何学。著名的"哥德巴赫猜想"也是在没有经过科学计算验证的情况下做出的猜想，同样源于直觉。直觉天赋能够帮助人快速做出优化选择，帮助人做出富有创造性的预见。有卓越直觉天赋的人不多，而有卓越的直觉天赋又有深厚的知识和经验做支撑的，更少之又少。

7. 学习天赋

似乎天生就是学习的"料"，具有对知识的接受、记忆、理解、领悟、掌握、运用和融会贯通的超强能力。善于学习是其最大的强项，不把学习当成多大的压力，因此相对而言更喜欢主动学习，也总能在学习方面占据主动位置。不论是在学生时期还是以后进入社会，学习天赋优势明显的人总能很容易地带动其他能力的同步提升，形成良性循环，成为工作事业上的佼佼者。

学习天赋是人各种天赋中的基础性天赋，等同于手里握了一把"万能钥匙"。可以帮助他去打开所有希望打开的大门。学习天赋突出的人，从小就具备一些特质：接受理解能力强，很多在别人看来很难的知识点，到他那里一点就通；记忆力惊人，不需要下很大功夫去死记硬背，有过目不忘的超级本事；领悟深刻，总能抓住最本质最关键的"点"；对知识掌握运用娴熟准确，从来不会混淆概念、张冠李戴，有超乎常人的清晰感；融会贯通能力超强，能很轻松地打破学科之间的壁垒和界限，把不同的学科联系起来学习，能站到知识综合的制高点上"一览众山小"。所以他在学习上总是游刃有余。当然，并非所有学习天赋强的人，都具备以上所有特质，有的人只具备其中一两个特质，也会很厉害。

说明一下，"学习"是个内涵很宽泛的词，既包含对知识的学习，也包含对技艺的学习。这使我们讨论学习天赋时可能会无法把握边界。虽然这里较多侧重于对知识的学习天赋，但同时很多要点对技艺的学习天赋也是适用的。

8. 科学天赋

具有科学天赋的人，对各种未知、各种难题、各种新发现都具有浓烈的兴趣和执着的投入感。从小就表现出集多种能力品质于一身：超乎常人的观察洞察能力、强烈的好奇心、执着的探索精神、深刻而与众不同的理解和善于整理、归纳、概括的能力特质。如果你的孩子很小时候就热衷于各种拆卸组装、爱做各种实验，总喜欢寻找和发现问题，对天文地理、宇宙奥秘、机械原理、自然秘密等充满热情，并为之专注着迷，那么恭喜你！你的孩子极有可能是一个具有良好科学天赋的好"苗子"。

随着全社会科学素养的提高，加之科学型、益智型玩具的大量普及，孩子的科学智力开发普遍提前，现在的孩子对科学的兴趣越来越浓了。这使很多家长会觉得自己的孩子可能就是具有科学天赋。家长应该注意深度观察的是，作为一种心智型天赋，科学天赋的发现、培养和发展，都与科学知识的积累和思维方式的改进有着密不可分的关联。所以科学天赋表现出来的并不完全是先天禀赋，而是"先天异禀+后天知识+思维能力"进行有机组合后形成的新的优势能力。后天发掘，才是科学天赋能够发挥优势、展现价值的关键。

9. 音乐天赋

具有音乐天赋的孩子，对节奏和音符有着超乎常人的、特殊的敏感，对音乐具有超强的感知、理解、领悟和把握能力。他的耳朵对音乐具有极好的听觉辨识、记忆能力和复原、再现能力，乐感准确、恰当而到位；或音色纯正、音质优美而富有感染力；或者在最适合的音域范围有着出色的表现，有很好的声音穿透力。虽然天赋异禀对一个人是否具有音乐天赋起决定性作用，但音色、音域等重要音乐才能也都是可以通过后天训练来改善和强化的。

音乐天赋的基础是乐感天赋。有的孩子天生就对音乐有很强的辨别、记忆、把握和再现能力，对音准、节奏、调式、风格、和声乃至伴奏乐器的种类、演唱演奏者气息、技巧等细微之处都能很好地识别，并且能深刻记忆和准确再现。有这种天资的孩子，后天乐感学习能力也强。如果家长可以确认孩子具备很强的乐感心智技能，那么其音乐天赋的开发就容易取得显著成就。

10. 艺术天赋

艺术天赋是一个人在艺术方面具有的与生俱来的灵性和超人特质，是人在文学、音乐、表演、舞蹈、戏剧、影视、曲艺、书法、绘画、雕塑、建筑等领域所具有的特殊才艺潜能和擅长。艺术天赋是一个笼统的概念，具体一般指在艺术的某一方面、某一特定项目上所具备的特殊才能。一个人不可能在所有的艺术领域都有着突出天赋。因为艺术涉及的范围实在是太宽泛了，即使在某一领域，有的人穷其一生依然难以达到其至高境界。

艺术天赋与个人气质结合最为紧密，因而常常具有鲜明的个性色彩。孩子年龄小的时候，其艺术天赋个性色彩相对不明显，但他对艺术的兴趣、感觉是突出而明显的。在各种天赋中，艺术天赋是比较容易被发现的。但艺术天赋仅有发现是远远不够的，还必须有大量的时间投入，有长期坚持的、勤奋刻苦的训练才有可能把这种天赋转化成个人的能力和特长。否则，天赋就只是一道美丽的彩虹，会随年龄增长而消失得无影无踪。

11. 创作天赋

人通过主动活跃的形象思维在文学、美术、音乐、影视、设计等方面创造出崭新作品所独有的能力，是创作天赋。不同的创作有不同的表达方式，文学作品以语言文字、美术作品以画作、音乐作品以乐曲和旋律、设计师以图纸和建筑构筑……尽管表达方式迥异，但所有的创作天赋都体现着创作者对社会生活的深刻感悟，倾注了浓重的个人体验和情感，进而通过创作独特的作品来传递自己的思维成果，表达自己创造的形象和意境。具有创作天赋的人，内心世界丰富多彩、个性特质鲜明生动，眼睛里或美感绚烂、或幽怨激愤、或诗意灵动，总有一种特别属于他。

创作天赋是上天对人类的特殊赏赐，具有主动自发外溢的特点。有创作天赋的人，经常是在孩童时代就有不凡的表现：说话总带有鲜明的个性色彩、作文总透出特别的感觉和创意、回答问题常在人意料之外而又是情理之中，俏皮中透着灵性，平淡中难掩才情。才思会如同趵突泉的泉水，汩汩向外涌动，每一次写作、画画等都能创造出耳目一新的作品和形象。如果你的孩子具备了上述特质，那就值得家长重点关注并增加他的各种观察、体验、启发、引导，激发其创作冲动，激活更多的创作灵感，使其更好地向创作天赋展现的路子靠近。

12. 表演天赋

作为艺术天赋的一种，真正的表演并不是人们印象中的那种故意摆弄、装腔作势、八面玲珑，与我们常说的"善于表演"内涵完全不同。表演艺术所需要的天赋要求是，演出者要从自我角色进入另一个别人给定的角色，具备能进入给定角色内心世界并把角色向观众、公众真实展示的移情能力，具备按照给定角色性格发展内在逻辑再现其必然行为的丰富想象力，还要具备恰当把握给定角色应当表现出的语言、动作的直觉感应和直觉表达能力。表演天赋更能展现人的综合气质和个人鲜明精神特质的融合。

表演天赋在孩童时代突出表现在他超强的模仿力和很强的自信心上。这种孩子往往记忆力非常好，对自己感兴趣的人、动物的语言、行为只要看到一次，就能深刻记忆，还可以反复模仿，并乐于向他人展示，不羞涩、不害怕别人笑话，也不怕丢人出丑。这种特质都是有表演天赋的人所需要具备的。同时，他还会表现出比较明显的情感代入，善于主动移情于所模仿的角色，容易与所模仿角色产生共鸣，也善于吸引、感染他人产生共鸣。

13. 耕植天赋

善于精准把握大自然的气息，与大自然呼吸相通、脉动相连，天生具有耕植、种养的灵性和能力，更善于通过种植、养殖收获丰硕的劳动果实，是耕植天赋的典型特质。有耕植天赋的人更懂得热爱自然，对自然、植物、动物、中药材本草等都具有更为通透的理解和领悟，能更好地把握农时、节令、气候、土壤、耕作、施肥、灌溉等特点和规律，把主客观因素有机统一起来，把种养、耕植做到更好的状态。

亲近自然是儿童时代的本能，对自然、植物、动物等具有浓厚的兴趣，是孩子的天性。如果孩子不满足于一般的兴趣，而且对不同植物、动物的不同习性、特征等有强烈的探究欲，具有超强的辨识和认知能力，非常善于掌握并主动解决相关问题，就表明孩子具有较好的耕植天赋。如果把这种天赋与自然、生物等课程学习结合起来，就能更好地调动孩子的兴趣，从课堂走向自然，促进学习拓展，延伸学习领域。让学习为天赋助力，天赋为学习加分。

14. 体能与运动天赋

体能天赋与运动天赋有着天然的、紧密的联系，但其实也还是有着微妙差异的。

体能水平集中反映人体形态学特征和人体机能特征，它通过力量、速度、耐力、协同、平衡、柔韧、灵敏等运动素质来表现人的运动能力。体能天赋突出的人往往具备至少一项或几项出色的运动能力。

运动天赋则体现为能够适应不同运动对人体形态学特征和人体机能特征的不同要求，所具备的在某个运动项目上的特殊天分，如体操运动要求很强的柔韧性、羽毛球运动要求很强的协同性、短跑运动则需要很好的爆发力等。此外，运动天赋要转化为运动竞技能力，除了必须具备相应体能天赋以外，还要求必须与运动技能、战术能力、心理素质和相应知识能力有机组合，其运动天赋才能得到充分发挥。

体能天赋与运动天赋是相辅相成关系。体能是基础，运动是外化表现。想要孩子在运动方面有所发展，必须立足于孩子自身的体能条件，符合特定运动项目对身体形态、身体机能和运动素质的基本要求，就如同我们不能要求李宁去打篮球，也不能要求姚明去做体操一样。只有对了路，孩子的体能天赋和运动天赋才有可能得以最好地实现。

15. 审美天赋

审美天赋包含了"审"和"美"两个方面，是人对社会、自然进行认识、理解、感知、评判的行为，是欣赏、领会、感觉、享受事物或者艺术作品的美，是人主观对客观的认识和评价。审美天赋是人对社会美、自然美、事物美所具有的敏锐感知和非凡把握能力。审美天赋说起来好像很"虚"，因为每个人眼中的"美"可能都有不同的标准，所谓"一千个人眼中有一千个哈姆雷特"，这就有点不好衡量了。但由于审美活动无所不在、无孔不入，存在于我们生活的方方面面，在任何时候、任何地点都会遇到，不可避免。

不少孩子从很小就具有审美意识，玩玩具要挑颜色、穿衣服要挑样子、外人抱要对眼缘。这都是审美天赋在孩子成长早期的自然流露。只要遇到孩子有了这样的行为提示，就说明他已经开始有了审美要求，家长就应该予以关注和引导。帮助孩子建立发现美、感知美、欣赏美、享受美、创造美、维护美的观念和能力。这既是人成长过程中品位气质形成建立的不可或缺的重要一环，有时又能为孩子职业发展增添一种选择上的可能路径。

16. 建构天赋

"建构"是一个建筑学词语，本义是指建筑起一种构造。建构天赋是从人天生具备的在建构方面的思维，到人在头脑中想象、构想、设计建构物的智慧、灵感，再到为建构蓝图和设计、实施方案的能力特质。它是先天天资与后天知识的集合，体现着人的空间想象能力、结构设计能力、力学计算能力和美学应用能力的集成。因为对应当具备的知识体系有着更高的要求，建构天赋的发现一般需要在孩子掌握一定的知识积累基础之上才能得到较好展现。

儿童时期建构天赋的发掘，主要是空间感的建立、对空间关系的初步认知和空间想象能力的初步形成等。带孩子外出，可以观察孩子对道路、建筑物、山川河流等地貌特征进行空间辨识和认知的能力，不断增加其空间想象、构思的丰富感和层次感。在家庭中，则可以让孩子多做一些积木搭建、玩具拼装、物件组合等活动。以利于孩子初步认识建构所需要的结构特征、各种架构之间力的传递关系，以及如何使建构符合美学法则等。对孩子喜欢做一些拆解、拆卸活动的，还可以让孩子通过解构过程来从另一个角度认识建构，从而为发现孩子建构天赋、拓展孩子建构能力不断增加积累。

17. 游戏天赋

社会的发展，游戏已经不再是一种单纯的娱乐活动。有的游戏甚至可以带来不菲收入。不少天生具备超强游戏能力的人纷纷脱颖而出，把游戏天赋发挥到了极致。几乎每一个游戏种类都聚集了众多的超级玩家。各种网络线上游戏、线下的斗地主，还有我们"传统国粹"之一的麻将桌上，到处都是高手林立、强者云集。按照传统观念，一些人把游戏天赋视作旁门左道，不以为然，其实这还真是一种高心智型天赋。

游戏天赋是人"瞬间辨识和记忆力＋动态视力＋快速反应＋逻辑判断与推理能力"有机组合形成的优势能力。特别是高水平的网络游戏，游戏的设计者都经过了多少次反复地练习、验证，堵住各种可能的漏洞，却堵不住天资优秀的游戏者过关斩将的超人本领。因为儿童时期学习任务很重，为防范其陷入游戏沉迷，还必须对孩子玩游戏给予适度的限制。但即使如此，有游戏天赋的孩子仍然会表现出不凡的能力：上手非常快、成绩超级好。家长在孩子游戏时，最好是一起参与，以在过程中深入观察。如果孩子确实在这方面能力出众，则可以适当放宽对孩子的游戏限制，并请专业教师给予必要的辅导，成为孩子天赋开发的一个项目。

18. 手工天赋

手工天赋指的不是一般的、泛泛意义上的手工能力。具有手工天赋的人天生"心灵手巧"，动手能力和制作能力超群。这种人制作出来的作品、完成的手工工作总是能突出地体现在一个"巧"字上，且精细精致精美，无论什么产品，都会给人一种强烈的艺术感。具备手工天赋的孩子，他的生活自立能力会非常强，人生发展、就业的路子也会非常之宽。从外科医生、牙科医师到实验室的科学家，从机械工程师、工人、精密仪器管理操作、高级工匠到雕塑、篆刻、剪纸和其他手工艺术家，走到哪里都会感觉"天生我材必有用"。

与其他天赋稍有不同，手工天赋可能在某些方面会体现出一些"性别特征"，有些手工由女性去做可能更适合，而另一些事则可能更适合男性。除了男女生理条件的差别之外，还有一些历史传承、文化习惯、区域特点等的影响。此外，手工天赋在很多情况下并不是单一发挥用武之地的，经常需要与其他方面的才能相结合，才会有更好的出路。比如，做雕塑需要与艺术天赋结合，从事牙医需要具有医学专业基础等。

19. 技艺天赋

对某种技能、技艺、做工有着深刻领悟和精准把握，经常能拿出某种绝招绝活。从他手里出来的活，总能胜人一筹、高人一着、让人放心、受人追捧。生活中常见的杂技高手、魔术大师，以及各类明星工匠、能手等，大多都带着这种技艺天赋的独特魅力。

具有这种天赋的人，有对机械原理大彻大悟的，有对物品特征烂熟于心的，有对做工手法心领神会的，还有对分寸把握炉火纯青的……无论是机械加工的车、钳、铣、铆、焊或者高级加工中心机床，还是烹饪、美发、家政服务，无论是木匠、漆艺，还是裁缝、编织，都能把活做到极致、把平凡做出精彩，成为当之无愧的能工巧匠。

技艺天赋是心智与非心智混合叠加型天赋，在社会上应用极为普遍和广泛。但在一些家长那里，却经常是一种不得已而为之、退而求其次的选择。即使是收入很高的技术白领，在有的家长看来，总还是希望孩子首先选择家长自己心里的"高大上"职业。这完全是一种陈旧观念在作怪。如果孩子确实在文化课上相对薄弱，而技艺天赋又比较明显时，及时发掘发展孩子这方面的优势，应该也是一种非常好的选择。

20. 觉察天赋

天生具备对他人和对事物的超人觉察能力，对人细微的心理变化和事物的缘由起因、微妙差异有着敏锐的感应感知，遇到问题总能比常人观察更加细致到位、认知更加深刻透彻、判断更加精细准确，是觉察天赋的显著特质。在一些人身上，觉察天赋还以特殊敏感的味觉、触觉、嗅觉或者常人难以理解的直觉表现出来，使人感到神奇。

极个别人还表现为一定程度的灵异超能，以至于有人以"特异功能"自居。

从古到今，觉察天赋突出的人经常有意无意地站到"高人一等"的位置，似乎成为一种神秘的存在。占卜、预测、看风水，鉴识、辨物、做考证，除了他们更善于把握事物规律和人的心理外，也有个别是故弄玄虚、弄妖作法，大多数都是觉察天赋在发挥优势作用。

觉察天赋说到底是一种超乎常人的心理感知和事物辨识能力。有些人在儿童时期可能会在不经意间流露出这种能力，多数情况下不会引起家长或者老师的注意和重视。因为"童言无忌"，孩子说话可能会很随意，引不起重视是正常的。但如果这种情况多次发生并得到验证，家长就该予以关注了。可以有意识地增加对孩子的辨识、认知能力训练，强化心理辨析能力培养，逐步锻炼和提升孩子的察觉能力优势。

21. 商业与营销天赋

面对瞬息万变的市场，有着超级敏感的嗅觉和灵感，总能精准捕捉市场信息，把准市场脉搏、把握市场时机，及时进行应对策划、恰当制定营销策略，以猛虎扑食般的速度和力量，把市场推广和营销做到极致，在商战中赢得先机和主动。具备这种超凡能力的人，表现的就是一种优秀的商业与营销天赋。

具备商业与营销天赋的人最突出的能力是在"乱花渐欲迷人眼"的市场纷乱中看到曙光，在迷局中找到方向。如果市场平稳，他总会棋高一着；如果市场动荡，他总能沉稳应对；如果市场复杂多变，他总能恰到好处地抓准时机，在夹缝中闯出一条活路。儿童时期极少有机会展现其商业与营销才能，但有这种天赋的孩子时不时会在日常生活中冒出那种营销意识和营销天才的气泡。比如，参加集体活动时很会推广自己、推荐自己的方案，因为他的宣传推荐，其所在的团队往往能获得较高的人气，得到老师和同学的认同和支持。

有营销天赋的孩子，其语言天赋、社交天赋通常也比较突出，家长要综合观察，注意他在应对困难局面时，是如何推广推荐自己并扭转局面、从不利转为有利的。

22. 理财天赋

这几乎是人人都希望自己能够具备的一种天赋，遗憾的是具有这种天赋的却总是少数人。理财天赋出色的人，财商出众，具有很强的打理、筹划、运作、聚集财富资产的能力。总能以独到的眼光、前瞻的判断、科学理性的运作，使财富资产实现保值增值，创造出更多更有质量的资产收益。

有理财天赋的人如果从事金融、保险、证券和其他资产经营类职业，更容易把工作做得风生水起、事业兴旺。特别善于承担化解不良资产、盘活僵死资产等重任，从而避免资产损失，实现更多优质资金收益。如果打理自己家庭财产资金，也会把小日子过得滋润富足。没有钱时，他善于运用借贷、融资等可用工具渡过难关；有钱时，他善于用足各类市场机会，把小钱变成大钱、把死钱变成活钱。他能在不牺牲自己信用的情况下，凭借自己对行情、政策、趋势的精确把握，就能在同等资金条件下，创造出不一样的业绩和收益。

同样，儿童时期的孩子也很少有条件展现理财天赋。但一旦家长给机会，就会发现不同。比如，孩子压岁钱的管理使用，如果是有理财天赋的孩子，他可能就不会把钱压箱底或者存银行，说不准会玩出个什么新鲜的花样来。

23. 法理天赋

对法律法规和法律的精神、原理、事务具有超乎常人的深刻领悟和非凡的洞察力，总能以法治的思维、视角、方法去审视社会生活中的各类矛盾、问题，对存在争议的事项从不人云亦云、随大流，经常给出"意料之外、情理之中、法理之上、法律之下"的答案和结论。他天生就具有那种维护社会公平正义的神圣感和使命感，无论遇到什么情况，都会很自然而然地站到法律、制度和规则的一边。

具备法理天赋的人从小就热心于规则、制度的设计、制定和执行，对秩序感情有独钟。有的甚至从小学一年级当个小小班干部开始，就已经显现出这方面的特质。他善于观察和思考班级的一些现象，主动给老师建议应该制定什么办法，怎么落实……这种孩子长大后，如果从事立法工作，会非常科学缜密；如果从事执法工作，会非常严谨规范；参与诉讼，会从法理和法律精神出发，善于收集证据、抓住对方弱点、赢得主动；从事审判、仲裁、公证等，则会非常善于抓住事物本质、直击要害，把别人眼里的不可能变成铁一般的"能"，或者把别人认为的"能"认定成不容辩驳的"不能"。

孩子有没有法理天赋，在比较小的年龄能看到一些迹象和苗头，唯家长要用心去观察发现。

24. 幽默天赋

天生自带一种喜感。眉宇间带着幽默气息、谈吐中不乏妙语连珠。一言一语、一举一动都在透露着令人捧腹的笑点，带给人难以抗拒的愉悦。他走到哪里，哪里就会有欢声笑语、轻松快乐。因而他总是很自然地成为人们关注的对象，愿意结交的伙伴，成为大家快乐的中心和源泉。

幽默天赋绝非能让人开心那么简单。幽默总是具有春风化雨、点石成金的神奇力量。具有幽默天赋的人，在人际交往中有着一种逢山开路、遇水架桥的过人本领。无论遇上什么样的烦心懊恼，无论处于什么样的艰难困苦，都能以乐观的态度、向上的信心举重若轻。在一些特殊的场合，也许几句幽默诙谐的话语，就可以轻易舒缓非常紧张与尴尬的局面，以四两拨千斤的力道，轻松化解矛盾问题。所以幽默天赋总是自带一种力量。幽默不是良药胜似良药，不仅可以帮人精神疗伤，而且可以给人精神支持。

幽默天赋是高智商和高情商的天然合成物，是人际关系的自然黏合剂。它本身并不是一种什么具体技能，但又时常发挥着一般技能所达不到的效果。或许可以说，幽默天赋是一种无可替代、不可多得的精神技能。因而幽默天赋也是广结人缘、提升人气的最好资源。具有幽默天赋的人，天然自带人格魅力，对他人有吸引力。

具有幽默天赋的孩子，往往眼光独到、表达特别，不以平常的视角去看待问题，说出话来总会让人欢乐开怀。家长要注意保护并激发孩子这种天赋才能，一定不要使之慢慢退化。

25. 社交与人际天赋

社交，是人类社会属性的基本特征。只要有人的地方，就会就有人际关系、就有社交。作为与生俱来的一种超常禀赋，具有社交和人际天赋的人，在社会活动中经常占有主动和有利的位置。他们善于表达，处理复杂的人际关系游刃有余。总能更好更顺利地获得别人的认可，也更受其他人欢迎、推崇和支持。因此，这类人在工作和事业上，较少受到人际方面的不利干扰，更容易取得成就和成功。

善于处理人际关系并做好社会交往，是高情商的标志性表现。有的孩子从很小就非常突出："融四岁、能让梨，香九龄、能温席"，都是社交和人际天赋优秀的经典事例。这一方面，更需要关注的是社交和人际天赋短缺或者有明显短板的孩子，因为这一短板很可能成为他将来发展进步的障碍。如果孩子在与周围环境建立联系方面不热心、不主动，比较不易和小朋友打成一片，对外界信息的吸收、转化能力较弱，不善于处理同伴、前后左右的关系，就一定要引起家长的关注和重视，针对性进行一些训练、调整，及早培养孩子提升人际和社会交往的能力，避免以后成为孩子人生发展的短板。

26. 组织领导天赋

世界上没有谁天生就是领导，但领导者的潜质确实不是人人都有的。毛泽东同志少年时代就写出了"独坐池塘如虎踞，绿荫树下养精神。春来我不先开口，哪个虫儿敢作声？"的霸气诗句，就是他组织领导天赋的自然流露。具有卓越组织领导天赋的人，身上往往自带着一些鲜明的个性特质：特立独行的高度自信，强烈的进取意识和获胜欲望，高度独立的价值判断和决断能力，很强的影响力、感染力和带动力。构成了他有效调动自身以外所有外部资源的一种神秘力量。

组织领导天赋在儿童时期一般表现在几个方面：一是眼光独到准确，有很好的判断力；二是魅力非凡、敢作敢闯；三是勇于承担、肯负责任。在孩子堆里，经常处于引导、指挥、组织、控制、协调的位置，能够灵活运用各种方法，促进孩子们整合、协同。无论环境怎么变化，这种孩子总能脱颖而出，扬长避短，带动团队活动并掌控局面。对组织领导天赋明显的孩子，家长更需要抓紧的，就是检点好孩子的学习。否则，由于心思、精力所限，他也许会因受到另一种拖累而难以超越自我。

"横看成岭侧成峰，远近高低各不同"。从不同的侧面，我们看到了不同天赋的不同特质。人类社会千姿百态，人的天赋是数不完、写不尽的。即使同一个天赋类型，不同天赋项目的差异也是很大的。比如，运动天赋的篮球和跳水，对人的天赋个性要求明显不同；同样是有音乐天赋的人，对拉小提琴和搞声乐，天赋特点也相去甚远；顶级的厨师、木匠、刺绣，还有铸造、焊接、陶艺等都需要有很高的技艺天赋，但各自的天赋内涵和特征相差十万八千里……

所以，本书只能是找出一个可以大体把握的方向，以便于家长们辨识、判断和选择培养方向时参考。

 老师/家长 声音

孩子的天赋是多种多样的，就像百花园一样，应该竞相绽放。我们不能按照一个模板去培养和发展。现在确实有一些家长只盯着分数，在某种程度上左右着孩子也裹挟了学校。我们学校篮球队获得了区冠军，孩子很高兴，家长却说，"你先把文化课学好再说"。但不管怎样，学校还是尽可能地促进孩子发展个性优势。学校的钢琴室对学生开放，还有学生乐队、社团等，尽力拓宽学生的天赋发展途径。

——马号武，中学校长、高级教师

很多家长把发展孩子天赋当成业余爱好，不当成主业。强调学习最重要。有个孩子有很出色的音乐天赋，学乐器学到六年级时，家长还是给停了，因为家长认为文化课成绩重要。现在这个孩子上大四了，学的理工，成绩平平。但如果学音乐，他也许就会更快乐。所以家长要想清楚，究竟想让孩子成为什么样的人？要和学校有共识，相互配合，才能彰显天赋开发的意义。

——王霞斌，小学教师

个人天赋能否实现、怎样实现，与时代、社会是紧密关联的。随着时代发展、社会变化，有些天赋可能社会已经不需要了。比如，木轮车现在没有了，再好的木轮制作天赋都没有用武之地了。骑马不再是主流交通方式，再出色的拴马桩加工天赋也很难实现了。天赋的发现与实现，要与社会、时代相同步，才能体现出天赋的价值。

——张凡，小学教学部副部长

我见到过很多有天赋的孩子。他们的那种超级潜能真的让人不敢置信。比如，有个爱画恐龙的孩子，可以一笔成画。还有一个小朋友，一笔画马，那种艺术潜质确实让人惊讶。但如果家长和幼儿园对孩子的天赋发现和后续发掘跟不上，有的宝贵天赋是会退化的。有个孩子 2 岁多时可以讲 200 多个故事，现在快 5 岁了，这种能力反而弱化了。这就说明天赋开发的重要。因为只有把天赋变成孩子的能力才能彰显天赋的价值。

——江林，幼儿园园长

与孩子天赋紧密关联的心智能力

1. 注意力

儿童注意力不集中的问题是带有普遍性的。这也是很多孩子学习不得要领、成绩不好的共性问题。最典型的表现是，听课有一下没一下，总在走神，无法连贯学习。他学到的知识点是散乱的、互不关联的。因而学习成绩不好就成为必然。其根源既有生理发育规律上的客观原因，也有教育引导上的主观原因。

提升孩子注意力，既要遵从其生理发育规律，排除多动症等病理性原因，又要结合孩子的具体表现，进行适当调节和针对性训练。主要要点有：尽可能使他身体和精神条件处于放松状态；调动和激发他的兴趣；吸引他的注意；吸引他持续注意；排除对他注意力的干扰。

具体可以采取：

做好调节和保障。确保孩子足够的睡眠，晚上一定要早入睡。防止劳累过度造成注意力分散。考虑到低龄孩子耐受力差的实际，在集中注意力达到一定时间后，要立即安排休息和放松，以保证孩子在下一个学习时段能够集中注意力。努力做到该放松时能放松，该集中时能集中起来。

在学前阶段，家长要主动对照、把握好孩子成长的每一个敏感期，用好孩子阶段性兴趣窗口。入学以后，不要简单批评指责孩子学习成绩不好，而要在理解、尊重孩子的基础上，重视并处理好孩子关心、在意的问题，调动和激发孩子的乐趣和兴趣，促使他主动集中注意力。

吸引孩子从注意到持续注意，主要是寻找他喜欢、感兴趣的事情、话题和方式，使学习过程变得轻松起来，与他达成契合。如可以一边讲故事一边提问题，还可以让孩子声情并茂大声朗读加上动作表演，调动孩子眼耳嘴手与大脑同步协调、促进身心投入的专注程度等。

在孩子做某件事、专注某个问题时，不要和他谈论别的话题，不要打断他的专注，不指派他去做别的事情。排除对孩子注意力的干扰，更重要的是培养孩子养成专注的习惯。任何干扰，都是对这种专注力习惯养成的一种破坏。

2. 观察力

孩子对自己所观察的事情是全神贯注，还是浮皮潦草？是能注意到其个性特征，还是笼统看过了事？是在分析研究其内在构成和因果联系，还是就事论事、说说拉倒？——作为孩子一项重要的心智能力，观察力学习训练的第一老师应该是家长。

观察力是"观"与"察"的统一。很多人的"观察"之所以收获寥寥，就在于他们只有"观"而缺乏"察"。该看的看过了，但要么大而化之，要么盲人摸象，至于其独特之处、内在联系、发展规律等则不得而知。这种有"观"无"察"，不构成观察力。

观察力是学习力的重要组成部分，也是一个人能够高人一等的"秘籍"。观察力强的人更善于把学到的知识和自己的观察融汇起来，形成自己的见解。因此，他学到的知识是"活"的，能够灵活运用、融会贯通，也更容易巩固提高。

观察力不足，原因很多。既有性格、习惯等方面的原因，也有因不懂和缺乏方法导致。家长对提升孩子观察力所能做的，主要是对习惯培养和观察方法的指导。

在习惯培养上，重在引导孩子强化对观察的专注力，改掉走马观花、蜻蜓点水的习惯。帮助孩子带着问题、静下心，去进行深入的细节观察、分项观察、比较观察，还可以边观察边做记录，随时积累观察收获。观察结束后，再进行回顾整理，进而养成好的观察习惯。

在观察方法上，可以培养孩子把观察和调查结合起来，把会观察和会思考结合起来。能够提出问题、弄清来由，做到有"观"有"察"。察总体、察特征、察问题、察联系、察规律，独立分析总结，自己给出结论。

3. 记忆力

其重要性不言而喻。记忆力差是令人苦恼的。如果能有良好记忆力加持，人学习进步、各种天赋展现发挥就会如神力相助，事半功倍。记忆力的强弱，先天基因起决定性作用。对于大多数人而言，超强记忆力是可望而不可即的。但记忆力是可以通过后天训练得以改善和提升的。这为众多平常人打开了希望之窗。

以下一些强化改善记忆力的科学方法可以不妨一试。只要家长引导孩子努力去做，并能坚持一段时间，应该是会有效果的。

理解记忆。通过理解掌握需要记忆内容的含义，并联系其他已经掌握的相关知识进行记忆。

归纳记忆。将需要记忆的内容归纳为若干要点，将记忆化繁为简，有利于快速记忆。

分类记忆。按照所学知识的类别、特点划分成若干条块，形成模块化记忆。

类比记忆。将需要记忆的内容与孩子熟知的知识等进行类比，通过强化熟悉感来加强记忆。

对比记忆。在对比中加深对需要记忆内容的认识和感悟，达到增强记忆的效果。

交流记忆。通过与他人进行交谈、讨论乃至进行观点交锋，形成深刻印象。

重复记忆。这是长效记忆的重要秘诀。每过一段时间就重复记忆一次。经过多次反复、重复记忆后，有些内容长久都不会忘记。

消化记忆。在深入理解的基础上，经过主动消化吸收，把知识点转化为自己的语言和表达方式。这实际上是记忆的升华，是从知识记忆向能力转化的一个标志。

还要提醒的是，要达到好的记忆效果，不能单纯只靠默记、背诵，必须是手脑眼嘴并用，眼睛看着、嘴上念着、脑子想着、手上写着。偷懒就不会有好效果。

4. 判断力

判断力是逻辑与数理天赋的基础能力，也是若干其他天赋得以展现发挥的基础能力。判断力并不是单纯的心智能力，而是"天赋+知识+经验"组合后所形成的一种新的能力。我们姑且称为"经验知识型心智能力"。在面对重大困难、重要抉择的关键时刻，人判断力的高下，经常决定着事情发展的走向，甚至扭转和改写历史的进程和结局。

精准的判断力是成功者的进门证。而缺乏判断力，则经常会有一系列连锁表现：遇到问题退避三舍、避之不及；面对问题再三掂量、毫无主见；处理问题优柔寡断、犹豫不决；解决问题唯唯诺诺、缩手缩脚。判断力缺乏，会成为人生事业、职场和社会角色的拖累。每个家长都应该重视对孩子的判断力培养。

培养孩子判断力，应该多要着眼三个方面。

（1）切实增加知识积累。孩子从知识的空白处成长，书本知识和实践知识都是需要的。家长不要一味强调学习书本知识而忽视实践知识。在提升孩子判断力方面，实践知识的作用有时比书本知识还要大。况且孩子对很多书本知识是没有概念的，一旦在实践中给一个具体的验证，书本知识就具象化了，就能在孩子的印象和记忆里生根。

（2）增加经验积累。孩子成长的过程就是经验积累的过程，他的经验会来自生活的点点滴滴、方方面面。家长能做的，是不断给孩子提示，帮助他认识、留心、记住、巩固所经历的经验，使之逐渐成为孩子行为习惯的一部分。比如，让孩子注意安全、遵守秩序等，经验积累多了，就能使孩子一遇到相应情况，有能力做出相应判断。

（3）强化逻辑思维训练。逻辑思维最基本的前提是，形成清晰而准确的概念。训练孩子的逻辑思维，最怕的也是因概念模糊不清、模棱两可、似是而非导致无从做出正确的判断，从而有意无意地削弱了他的判断力。

5. 思考力

思考力是观察力、记忆力、判断力、感悟力、想象力等诸多"力"的大整合，是逻辑思维和形象思维的大融合，犹如各个支流汇入了"思考力"这条大江大河，会产生一种奔腾不息的力量和磅礴汹涌的气势。但是，思考力也是人各种心智能力中最复杂、最让人捉摸不定、最难以把握轨迹的。因而人类对思考力的探索研究也难以有非常精准确定的成果。

思考力大体是由思维方式、思维能力、思维层次、思维维度等四个方面构成。它们之间紧密关联、互为依托，共同决定着人的思考力水平。其中思维方式处于基础地位，好的思维方式可以助推提升人的思维层次、拓展人的思维维度、强化人的思维能力。

近年来，关于思维和思维方式的话题大热，各种"黄金思维""钻石思维"概念不计其数。建议家长们从孩子成长和天赋发现的需要出发，还是从最基本的抓起为好。

引导孩子远离偏执、固化、直线型的思维方式。执拗思维、倔强思维，认准一条道走到黑的思维，从古到今吃亏者不在少数。对有这种性格基因的孩子，一定要及早加强引导，努力从这种思维中走出来。

引导孩子不要总是纠结某一点上不放，要学会跳出固有格式去思考，增加思维的维度。长期的习惯，会形成画地为牢式的思维路径依赖，这是造成思维僵化、固化的根源。启发孩子不断打破这种思维路径依赖，是家长自身也是家长必须引导孩子去做的。

引导孩子不要把眼睛总盯着某一个具体事具体人，而要学会放眼全局、登高望远，提高思维的层次。这又回到所谓的眼界、格局问题上了，就是首先要从总盯具体事具体人上把思维解放出来。

引导孩子学会转换角度、转换角色进行全方位、多侧面的换位思考，提高综合思维的能力。遇到问题会思考、善思考，从而为天赋发挥打开一个新的窗口。

6. 想象力

人脑就像广阔的天空，随时都可以任思绪自由飞翔。一旦打开闸门，想象就会带你走进一个无比神奇的境界。可以信马由缰，可以海阔天空，可以恣意放浪。无拘无束的想象力，随时可能点燃灵感的火花，随时可能发现创造的闪点。想象力所具有的无限可能性，确实为天赋发挥提供了种种无法想象的空间。

想象力如此美妙，但并不是想拥有就能拥有。而启发想象力最好的时段是在童年。家长一定不要错过。

如果说要开发人的想象力，可能很多人都会觉得不着边际。想象力不能像解方程那样求解，不能像三段论那样论证，没有什么公式、定理可以把它框定出来。想象力的核心是要"想"，不想。就什么都没有。

（1）设想、联想、假想。陪孩子会随时随地遇上新的事物和问题，家长在引导孩子观察的时候，先不着急给出孩子以什么样的结论或者答案，而是可以和孩子一起，共同进行设想、联想、假想："如果怎样……那么将会怎样？"偶尔一次两次的诱导和启发，可能看不出明显的效果，但如果经常进行这样的启发诱导，就会刺激孩子增加想象，是大有好处的。

（2）空想、遐想、猜想、梦想、幻想、冥想。家长任何时候都不要阻止和打击孩子那些听起来、看上去毫无根据的猜想、遐想，甚至是毫无厘头的空想、梦想、幻想，不要随意做出否定的结论。那样会把孩子正在萌生或者刚刚萌生的想象给打压回去，不知不觉中挤压了孩子的想象力，也挤压了想象潜藏的无限可能。虽然多数孩子不练瑜伽，但并不等于不能冥想。偶尔孩子有了并无自觉意识的冥想，家长都可以与他分享感觉、探讨人生，进一步激发孩子去自由想象。

（3）奇思异想、胡思乱想。要鼓励孩子把他的奇思异想、胡思乱想的东西说出来，在和家长分享的同时，也让孩子体会和感觉想象力的美妙。家长也可以借以点评等方式去激发孩子更敢想、愿想、会想，美美地去想。

7. 感悟力

是悟性所表现出来的能力。是对所学习、训练科目项目的"开窍"，是深刻领会其中道理以后所能达到的顿然醒悟、豁然开朗，是体现着思维"通透性"的内在能力。与观察力、判断力、思考力相贯通。感悟力贵在"心领神会"，经常是"只可意会，无法言传"。特别是在艺术、心理、运动、直觉、人际交往等方面，经常会表现为一种"无师自通"。感悟力的奇妙，可能就在于永远找不到科学的、精准的答案。

提高孩子感悟力的关键在于打通他思维通道的"堵点"和消除心理感应的"盲点"。这种"堵点""盲点"多源于知识层次不够和经验积累的缺乏。对孩子来说，很多知识、经验都是空白的。这些空白使孩子在学习、训练中对所需要领悟的事物没有认知、没有形象感，也没有参照物，这就相当于蒙住眼睛去摸索。打通思维堵点和心理盲点，就相当于给孩子解开蒙眼的黑布。

知识积累是基础。尽可能地帮助孩子涉猎更多的知识面。有些家长觉得孩子上学以后，文化课是最重要的，涉猎其他"没用的知识"，会分散孩子精力。这是一种糊涂的观念。世界上没有哪一种知识是多余的或者没用的，最多只是暂时不能直接利用而已。知识面广的孩子具有更开阔的视野，也具有更强的领悟力。

经验积累同样重要。从某种程度上讲，经验积累也是一种知识积累。这就是人总在强调"向书本学习"的同时，也反复强调"向实践学习"的道理所在。孩子经历的经验，多是感性和表面的，没有什么理性总结。但对孩子而言，这足够了。只要他参与了、经过了，就会在脑海中留下记忆，就是一种收获。收获积累多了，就会产生叠加效应和溢出效应，为孩子"茅塞顿开"加上一把看不见的力。

用各种方法、手段激发孩子的心理感应，唤起更多的心理共鸣。可以采取吸引孩子注意力、激发孩子讲述、与孩子讨论乃至争论、根据动画片或者一些典型事件情节、故事进行演绎表演等多种多样的方式去激发孩子的心理感应，激发孩子打开感悟力的"窗口"。

8. 操作控制力

手工天赋、技艺天赋、建构天赋、运动天赋出众的孩子，对使用机械、工具、电子产品等的操作控制力会明显优于其他小朋友。在日常玩玩具、搭建积木，参加诸如荡秋千、骑滑板车、自行车、轮滑等也会上手比别的孩子快、做得更好。操作控制力的核心是脑神经控制与手、身体的协同配合能力。其要点是：速度（用最短的时间完成），精准度（保证精确到位），动作协调性（眼到手到、脑到身到）。要求的结果是：恰如其分、恰到好处。

问题是说起来容易做起来难。很多人不管怎么努力，"恰如其分、恰到好处"这8个字就是怎么都实现不了。而现代社会中，从高精尖设备控制、先进制造业、高技术产业发展到日常的汽车驾驶、数字产品操作等都对操作控制力提出了与以往完全不同的要求，应用范围也越来越宽泛，以至于过去很多需要专人操作的设备现在成了人人必须会的基本技能。更强的操作控制力已经成为人的社会适应性的基本能力。

操作控制力考验人的快速反应能力、动作敏捷程度和操作精准能力，是

"心智+体能"。操作控制力的训练可以从低龄阶段开始，从没有危险性的家庭适应性玩耍、游戏活动项目开始。

手脑配合训练。对孩子不习惯动作的训练、反向动作的训练、改变动作习惯、尝试以新的方式完成某项操作、逐步提升动作复杂程度、发出口令或其他信号刺激孩子做出快速反应等，都可以促进手脑配合。这些活动可以融合到日常生活中，不露痕迹地进行。

眼手配合训练。可以进行球类的传球、接球，乒乓球接发球，碰碰车，儿童游戏设备中的射击、追逐、捕捉、赛车等项目训练，促进孩子的动作敏捷、灵活、协调，提升操控能力和熟练程度。

手脑眼身协调协同训练。通过训练反应能力、动作协调、平衡性等为目标的多种运动项目、舞蹈、器械等，进行速度训练、步伐步法训练、柔韧训练、肩背训练、身体协调动作训练，为更强的操作控制力奠定更好的身体机能基础。

9. 创新创造力

创新是一个几乎涵盖社会生活所有领域的题目。所有创新都脱离不了各领域的具体问题。创新不能孤立存在，创新创造力也不是单独显现的优势异禀，而是在与其他某种天赋优势进行组合后形成的一种新的能力优势，是其他某种天赋优势的延伸和升华。创新的本质要求是突破现状、超越已知、实现开创、崭新构建。创新涉及领域太多了，比如科技创新、体制创新等。但归根结底最基本的应该是思路创新和方法创新。

是否具备创新创造力，最关键的一点就是能否具备创新思维。关于创新思维，讨论很多、众说纷纭。但总体而言，创新思维具有的遐想思维、求异思维、发散思维、逆向思维、多向思维、立体思维、转换思维、替代思维、否定思维、综合思维等，在大的方面还是有共同点的。具有创新创造力的人，并不是要具备上述所有思维，而是有那么一种或者几种非常突出的思维特质，他可能就具备创新创造力潜质。

在方法上，很多人相对认同美国斯坦福大学思维设计课中关于创新理论的"核心五步骤"：Discovery（发现）、Interpretation（呈现）、Ideation（概念形成）、Experimentation（实验）、Evolution（进展）。当然，这五步论主要是就科技创新而言的，并不能适用于所有创新。但对具有创新创造力的人来讲，这五步论会有助于其创新创造力的提升。

（1）引导孩子在司空见惯中否定和求异，助推发现。创新创造的第一步是对习以为常的否定性思考，是在看似理所当然的习惯中看到可以或者应该改变的"那一点"。能把问题提出来，就是发现，就是创新创造的契机和起点。

（2）让孩子在发散思维中建立立体思维，更好呈现。激发孩子遐想、联想、畅想，建立属于孩子自己立体的而不是平面的、多维的而不是直线的、活跃的而不是固化的思维，并促进孩子把他的思考呈现出来，创新创造力就会在这里生成、积累、汇合，蓄积进一步爆发的能量。

（3）通过逆向思维、多向思维形成确切概念。家长要教会孩子学会逆向思维、多向思维，形成并验证概念，使之明晰而确切，在创新创造上踩实每一个攀登的台阶。

（4）在转换思维中做好实验、测验、检验。带着质疑、严谨求证，把思维从遐想、畅想转换到科学验证上，使创新创造从想法变成可实现的做法。

（5）重视每一个进展和所取得的成果。引导孩子建立综合思维，进行系统性、整体性思考，通过多角度、多层次的想象进行跨越学科、时空、领域的思维整合：综合—综合分析—新的更高层次的综合，一步一步形成、蓄积孩子的创新创造力。

需要家长们注意的是，绝大多数孩子的创新创造都是从微创新、微创造开始的，在大人们眼里，也许根本谈不上创新。家长一定要从孩子成长的角度去看待，即使一个在成人看来很不起眼的创意、很不成功的创新，都要从塑造、激发孩子创新创造力出发，给予热情鼓励。

10. 自省力

通过自我意识进行自我省察、检视、反思，查找自我言行存在的不足和差距，基于自我觉醒而进行自我改进的能力是自省力。自省力体现着人是否具备和具备多大的自我革新、自我进取能力，是天赋能否得到充分发挥和展现的内在原因。自省力强，人进取进步的内在动力就强，进取进步的效果就明显。古人说："天行健，君子以自强不息；地势坤，君子以厚德载物"，强调的都是自省力。一个人即使具备了其他所有心智能力，但如果不具备自省力，那么也是很难走向成功的。缺少自省力会在不知不觉中成为一种否定性因素，总是会在人成长的关键时刻发挥意想不到的作用。

缺少自省力的人看不到自己的差距和问题,因而就经常把握不准前进的方向和位置。孩子不会天然地自带自省力,需要家长帮助孩子去建立。

孔子说:"吾日三省吾身",直到今天也并不过时。"为人谋而不忠乎?"是处世方法论自省;"与朋友交而不信乎?"是处人方法论自省;"传不习乎?"是学习方法论自省。一个人如果能够经常自我反省,做到忠人之事、敬业负责,与朋友交往言而有信、真诚对待,学习上勤奋复习、温故知新,那么想不优秀都难。

家长帮助孩子建立自省力,最重要的是帮助孩子养成自我检点的习惯。如果可能,最好是每天陪孩子一起做一次自我检视。如果做不到,那么可以采取过一段时间或者在一些特殊的节点(如考试过后、每周末、月末、学期结束等)陪孩子一起做自我回顾和自我检视。

(1)我的学习、做事态度端正吗?是非常认真还是浮皮潦草?哪些事我认真做了?做得比较好?哪些事我没有认真对待或者应付了事?我存在的差距和态度不够认真有什么联系?今后怎么做才能解决好这些问题和不足?——要忠人之事,先从忠己之事开始做起,自省力就会有一个好的开始。

(2)我说好的事、预定的目标做到了没有?如果没有做到,原因是什么?怎样改进才能让目标不落空?——不依靠他人督促而努力做到落实计划和目标,在自省中建立守信意识和信用习惯。

(3)我能不能做到学而时习之?随时复习、随时巩固、随时提高?哪些方面没做到?怎样改进和提高?——通过自省而不断优化和完善学习习惯,这个过程本身就是自我觉醒、自我提高、自我进步的过程。

 老师/家长 声音

老师接触不同的孩子,一对比很容易发现孩子的长处。更重要的是,老师可以通过努力促进孩子自我发现。我们学校有个孩子,所有花钱的事父母都不让孩子参加。但孩子画画很有天赋,我们就鼓励孩子坚持练习,后来以艺体特长生进入了重点中学。还有一个中学的"钱学森班",为促进孩子自我发现开辟了途径。孩子自我发现多了,可以选择"跨越式学习",进而实现阳光幸福

发现孩子的天赋

地去成长。

——卢菲，小学副校长

如果发现孩子天赋失败了，可能和家长有很大关系。家长要多鼓励孩子，不要总说孩子不行，不能总给孩子负面心理提示或暗示。我是学钢琴的，也希望孩子学，但刚开始时方法不对，孩子排斥、抵触，无奈之下只好放弃。后来我调整方法，正面引导，孩子心理上接受了，就又开始学了。因为是孩子主动学，所以效果不错。可见家长的正确引导、用心保护对于发掘孩子天赋是很重要的。

——杨珂，中学音乐教师

我和孩子他爸都是名牌大学毕业，都算高级白领，不知道为什么儿子却从小学习一塌糊涂，各门功课都比别的孩子慢。我们在家里也经常引导他学习，可不管怎么教，就是不开窍。真的愁死我们了！儿子应该智商也不差，只要不学习，在其他事情上脑子反应也是蛮快的，特别是在运动方面表现突出。我们不知道这是不是他的天赋，也不知道该怎么开发。

——曹景云（化名），新材料研究院高级工程师、博士

人的天赋系统极为复杂，即使具有相同天赋的人，每个人身上表现出的特质也会有所不同。我们在这里讨论了一些对于家长们并不熟悉的概念，都是基于人们现实存在的天赋所做的描述。如同画像，这种描述可能存在不够准确、恰当之处。仔细想想，这就像人们打靶一样，需要有人给先立一个靶标放在那里。本章关于26种天赋类型和若干相关心智能力的描述和分析，就是先立了一个靶标。如果没有这个靶标，子弹又该朝哪儿飞呢？

第三章 天赋开发第一步骤
天赋的辨识发现：方法和评估要点

一个人的天赋能不能在他的人生、事业中形成优势、发挥作用，其基本前提是能不能在他的童年、少年时期得到较好的辨识和发现。再超群的天赋，如果在早期没有得到辨识发现，没能进行必要的开发培养，就不可能有多少发挥优势的条件和机会。况且，人的天赋如果长时间没有得到开发，还会随着年龄的增长、时间的推移而渐渐退化、湮没，甚至因此彻底改变人生的发展方向，成为一辈子的遗憾。

所以，所有家长都应该高度重视孩子天赋开发的第一个重要步骤：天赋的辨识与发现。

这一步骤的意义在于：不让孩子天赋在自然成长中被迷失、被遮盖，而是通过主动的辨识发现，尽可能地找准孩子的天赋"潜能"。

发现孩子的天赋

辨识发现孩子天赋的一般方法

发现孩子天赋是一个极为复杂、微妙的课题。没有哪一种方法可以独立完成如此重任。这有点像写作文。你说作文有没有方法呢？老师会告诉你，大体则有，具体则无。没有哪一篇文章是靠作文的具体方法框出来的，也没有哪个孩子的天赋是靠一把尺子量出来的。但这并不是说完全没有方法。这里所说的方法，是对一般规律的简要概括，不是精确衡量，没有掐尺等寸。是给家长提供一个轮廓式的参考和提示，而不是包治百病的灵丹妙药。

1. 观察法

这里主要是指家长对孩子的观察。当然承担这种责任的不仅仅是家长，还应该包括老师和其他承担监护责任的人。观察是发现孩子天赋最常用、最直接的方法。家长要从孩子1～2岁开始，注意留心孩子对什么特别敏感或者对什么表现出特殊兴趣。观察孩子对音乐、游戏、色彩、造型等方面的反应和感觉，并不断注意孩子成长过程中兴趣点和要求、喜好的变化。同时注意观察孩子成长是否符合家长对孩子天赋发展期望方向的适应性条件。比如，发掘孩子篮球方面的天赋，需要身高、弹跳力等身体条件，而练钢琴、小提琴需要手指修长灵活，发展体操方向需要身材娇小、身体柔韧灵巧，短跑需要爆发力强，声乐则需要天生有个好嗓子……通过这种基础性观察，都可以为发现孩子天赋寻找依据。

2. 沟通法

只要有时间，就找机会与孩子聊天，哪怕根本形不成有效沟通。在孩子2岁以前，哄、逗孩子就是一种沟通方式。家长要连续不断地通过语言启发、互动聊天，即使没有实质意义上的沟通效果，但家长会通过沟通发现孩子对什么感兴趣，什么对他最有吸引力，哪个方面可能是他的弱项短板。只要留心，这种沟通都是有意义的。孩子具备一定语言能力之后,更要坚持与孩子聊天沟通,千万要防范和避免孩子产生沟通障碍。如果出现孩子有话可以和同学说、可以和老师说,但就是不愿和家长说的现象,家长要立即反省自己,并想一切办法来修复。绝不能出现随着孩子年龄增长,却和家长越来越情感陌生、心理疏远的情况,那就会与发现发掘孩子天赋越走越远。

3. 音、体、美体验法

音乐、体能或者孩子力所能及的运动能力、审美等天赋发现,最好能放在一定的情境之中,在体验中去找感觉。比如,可以在家中给孩子放放音乐,带孩子参加音乐会和观看演出,给孩子适当讲解和点评,以加深孩子的理解和领悟;带孩子参观展览、博览会和参加身边的文化艺术活动,帮助和指导孩子欣赏美术、摄影、书法作品,点点滴滴帮助他积累品鉴、赏析优秀文化作品的内在素养;带孩子参加体能训练和一些体育项目训练,强化他的体能、运动感觉和运动能力。如此等等,可能更直观、更确切,体验更深刻,其观察发现也更真实可靠。

4. 示范法

不要忽视小孩的模仿力,并要善于利用孩子的模仿力。大人给讲一千遍要点,不如给孩子做一遍示范。边做边讲,效果又快又好。需要注意的是,无论是家长还是老师给孩子示范以后,一定要注意观察孩子的响应情况。如果孩子能很好地模仿,或者把语言、音乐等腔调拿捏很准、学得很像,或者把动作做得有模有样、比较到位,则大体可以判断孩子具备相应天赋。如果孩子不模仿、无动于衷,并不是等于孩子不具备相应天赋,要分析是否年龄段还没到,或者是孩子当下的兴趣点没能激发等,需要进行多次示范,反复验证,才能大体判断孩子是否具备相应天赋。

5. 多项尝试法

对于兴趣不明显、天赋表现不突出的孩子,可以让孩子多参与一些科目、项目、活动,进行多侧面、多种方式的尝试,家长进行多方面的比较、比选,以期找到孩子的相对优势。当然,说多项尝试,并不是把所有的学科或者项目都去试上一遍，而是根据孩子的发育生长情况和他平时的兴趣关注，选择家长认为可以适合孩子的几类学科或者项目，进行一些尝试性的学习和训练。对孩子一试就"来电"，感觉超强的，家长就要格外重视，延长尝试时间，加大练习频率，观察实际成效。对多次尝试效果不明显，或者怎么都调动不起来孩子兴趣和感觉的，则可以让孩子有所接触即可。

6. 游戏法

游戏法对低年龄段孩子的天赋发现是非常有帮助的。可以是孩子自己游戏，可以是孩子和家长共同游戏，还可以是孩子和小朋友一块儿游戏。有心的家长会时时留意自己孩子在游戏时，哪些表现比较突出？哪些是他的弱项？哪些会使他高度兴奋？哪些会使他胆怯退缩？家长可以发现，孩子总有一些乐此不疲的游戏，一玩就是多长时间也不肯放下，专注度很高、吸引力超强，而且几乎天天要玩。能这样专注去投入某种游戏，正是孩子心智、天赋的外在表现。孩子高度专注的游戏，往往能表现出孩子某种独特的天赋潜能，家长应格外关注。

7. 启发提问法

在孩子具备一定的语言沟通能力后，孩子经常会表现出强烈的好奇心，总在问"为什么呀？"这就是发现孩子天赋的很好切口。对孩子提出的"为什么"，家长最好不要仅止于给孩子一个答案，而要用好这些机会，启发孩子更多天马行空的想象，激励他更积极地寻找属于自己的答案。比如，可以让孩子再仔细看看、再好好想想，可以给孩子提示性发问，让孩子来做回答，以促使孩子更多地进行主动感知、认知、观察和判断，调整他进行观察认识的角度，把更多的事和更多的自然、社会现象联系起来去综合认识和思考。经常性的启发提问，对不断强化孩子天赋发现的心智基础是有益的。

8. 动手动脚法

鼓励孩子自己动手去做，帮大人跑腿。只要能确保孩子安全，其他问题都不是问题。不要怕孩子给弄坏、弄脏，放手让孩子动手动脚。让孩子直接参与、自己去做，既能增强孩子的兴趣，又直接锻炼孩子的动手能力，还能为孩子积累经验。需要注意的是，一定要确保孩子的绝对安全。在孩子动手之前，要认真检查相关的电源、工具、设施固定等情况，仔细清理可能存在的隐患。凡有任何不可靠隐患的，不好确认其绝对安全性的，都坚决不让孩子去做。除此之外，孩子动手之于激活天赋潜能，有百利而无一害。说不准哪一下就能得到意外惊喜。

9. 专项训练法

天赋再好，也要有师傅引进门。没有经过专业开发，天赋潜能就不能变成天赋优势。"野路子"没有出路，自练的"狗刨"进不了正规的游泳比赛。孩子成长到一定阶段，可以确定某一方面具备一定优势后，家长就可以给孩子安排专门训练了。如很多家长专门请老师给孩子教钢琴、小提琴、舞蹈、书法、国画等，这也是孩子天赋开发中常走的路子。需要注意的是，专项训练的重点是练好童子功、基本功，做到规范、到位，千万不能养成一大把长大后难以纠正的坏习惯、小毛病。同时还要提醒，家长一定不要把注意力放在让孩子考级、拿奖这些上来。童年的孩子，最重要的是成长，不是拿奖。观念和位次一定要摆对。

10. 约束管教法

"玉不琢不成器，人不学不知义"。没有哪个孩子能不经约束管教就自然成才。缺了必要的约束管教，就没有孩子的健康成长。这些年一个怪异的现象是，很多年经家长对孩子管教约束不得要领，却又不支持学校和老师进行约束管教。在网络高度发达的今天，网上一炒，搞得沸沸扬扬，动辄舆情讨伐，铺天盖地。有的老师因此丢了饭碗，弄得越来越不敢管教。孩子的约束管教体现了不应有的断层地带。如果孩子完全无拘无束了，那么天赋又将从何处发掘？这种背景下，家长更应该主动加强对孩子的约束管教，特别是在习惯养成、品质塑造方面，约束管教绝不可以缺位。

11. 兴趣引导法

人常说"兴趣是最好的老师"。家长认定某一个学科、某个项目前途广阔或前景看好，想让自己孩子去学，其前提是孩子要有兴趣。如果孩子毫无兴趣，那么家长的愿望再好也等于零。如果家长要强加给孩子是不会有好结果的。相反,对孩子感兴趣的学科、项目,家长就要有意识地安排或者引导孩子多做、反复做,并不断去激活这种兴趣,使之热情持续。如果孩子兴趣越来越浓,或者不减退,就说明他在这个方面具有主观动能。如果能把兴趣坚持下去,就能为孩子天赋开发提供源源不断的内动力。这也是最轻松、最简单的天赋辨识发现方法。

12. 伙伴合作法

"家长"二字,所赋予其确切的角色定位,就是管孩子的。事实上的不对等,决定了家长就是家长,孩子就是孩子。在发现孩子天赋中,经常需要家长主动调整一下角色,和孩子做"朋友"、充当孩子合作伙伴。特别是在学前低年龄段时期,在孩子的玩耍、游戏和其他活动中,家长可以扮演孩子的助手或者对手,形成合作的"搭档",形同一种好伙伴。同时还要注意与孩子在游戏或者活动中经常调换角色、位置,注意观察孩子语言、行为、动作的微妙变化。孩子藏在这些微妙变化中的一些优秀天赋就会在不经意间展示出来,为家长选择孩子的培养方向提供依据。

13. 联想讨论法

联想与想象是紧密关联而又有所差异的两种思维发散方式。虽然二者都是通过发散思维活动构想出眼前并不存在的事物或情境,但联想一般基于眼前现有的事或者物而关联想到其他事物、形象或者情境。而想象则不基于任何参照物,是一种真正的"天马行空"。想象力更能体现创造力,联想力则拓展人的多维思维空间,进而引申激发孩子多维度的思维潜能。因此,联想力同样是激活孩子天赋的重要一环。随着孩子的成长,家长与孩子交流讨论会逐步增多并逐步深入。从他关心的话题切入,展开多重联想式讨论,引出关联话题,启发孩子充分联想,用更积极的方式去影响和促进孩子的思维构建。

14. 课堂互动教学法

学校在课堂教学中充分调动孩子的主动性,多角度、多环节增加对孩子提问,让孩子更多参与课堂互动,既可以帮助孩子集中注意力,又能促使孩子更加积极地投入学习、激活天赋特质。近年来,不少中小学推广了情境互动教学法,在增强课堂互动、强化课堂教学效果方面取得了很好的进展。通过课堂互动,让孩子成为课堂的主角,把孩子的注意力吸引过来,把他们的思维都调动起来,孩子们不再仅仅是被动的接受者,而是教学中主动参与的不可或缺的环节,不少学校一直在持续探索,并且取得了可喜成果。

15. 家校互补法

近年来,一些幼儿园、学校推进了"家园共育""家校协同",其目的都是希望发挥家庭和学校(幼儿园)两种优势、两个作用,并且把这两种优势、两个作用能结合起来,产生"1+1＞2"的效果。对发现孩子天赋来说,家校互补尤为重要。家长要始终保持与学校的紧密联系,随时掌握孩子在学校的情况和学校教学动态,以便配合学校做好一些补充性功课。学校也及时了解孩子学习中的个性化特点和要求,使学校教学、活动、课业检查评价等更具针对性。真正实现孩子学习和天赋开发的家庭与学校互补格局,形成发掘孩子天赋的协同效应。

以上提示、介绍的这些一般方法,只是做了一些简单概要的区分,为的是便于各位家长更好地理解和把握、更好地找准切入点。有的还超出了家长能够把握的范围。现实生活中,这些方法需要交叉、融合在一起,很难有一个泾渭分明的界限。很多家长常常是把两个、三个或若干个方法叠加使用的,那样更能帮助家长和老师进行综合判断,在发现孩子天赋中具有更强的应用价值。

老师/家长 声音

天赋每个孩子都有,那么究竟是这种天赋还是那种天赋?是非常突出还是不太突出?这就有一个辨识、甄别、发现的问题。现在确实有必要厘清人的天赋有什么类型,各自有什么特点,应该如何做好教育培养等一系列基本问题。让家长、学校能够更恰当地、更有针对性地做好对孩子天赋发现、发掘。我们知道,发现得早、发现得准,就能抓住孩子天赋发展的好时机,就可能成就更多的优秀人才。反之,如果孩子天赋没有及时被发现,就可能使一个潜在的人才和机会擦肩而过。对孩子、对家庭、对社会都是很可惜的。

——解慧明,教育科学研究院院长、正高级教师

发现孩子的天赋

有个孩子在学校文化节上设计了一个二维码用来筹款，还把老师"套"进去了。我们发现这个孩子热衷设计、编程，就创造机会支持他参加省青少年科技大赛、环球自然日比赛等，先后获得一等奖和金奖。我们又推荐该同学在全区品质教育论坛专题交流"网红学生养成记"，讲述他的学习和创造。现场展示他自己制作的小机器人。为有天赋孩子的天赋绽放创造平台，孩子就有更多机会脱颖而出。

——刘岚，小学教育集团总校长、高级教师

我管娃偏佛系。理念上追求孩子身体、心理健康，尊重女儿意愿。在学前就是放开让她玩耍，没有刻意让学什么。结果进入小学后，有一段时间她不愿上学，抵触各种教学。这时候，我开始寻找她身上的各种闪光点，在家里制作了爱心激励榜，尽可能让她更多呈现。她爱画画，就给报了美术班。经过一段时间培养，她的画获了奖。在这样一点一点地激励下，孩子变化特别明显。对孩子来说，任何闪光点都是成长。

——刘轶楠，教育局干部

"孩子是脚，教育是鞋"，真正好的教育，不是有家长以为的那样，让孩子必须成为这个或者那个。教育的真谛是让孩子做最好的自己，但很多家长不是这样做的。有的父母只顾按照自己的意愿打造孩子，却几乎根本不想这种安排是不是对的？有时候反而成了发现孩子天赋的障碍。有的孩子爱拆玩具，实际上是孩子的一种探索，而家长却认为是一种破坏。有的家长会限制甚至打骂孩子。我们想想，究竟是什么局限了孩子的天赋发现？是不适当的教育。合脚的鞋子才是好鞋，我们应该有这样的理念。

——李瑞英，幼儿园教师

有个自闭症孩子，虽然存在严重的语言表达和交流障碍问题，但这种特殊孩子的天赋表现却更加明显。他的记忆能力超群，时不时给人一个惊喜。所以我觉得，每一个有天赋的孩子都应该得到珍惜，对特殊儿童的天赋，不能成为被遗忘的角落，而应该予以特殊的关注。这也应该是一种社会的价值取向。

——薛丹，保育院教师

在家长陪伴和释放孩子天性中的观察发现

释放孩子的天性，强调的是遵循孩子的本性。是顺应孩子成长的规律，把孩子与生俱来的禀性往积极的路子上引导，激活孩子的探索欲、学习力、创造力和责任感。让孩子在开心玩好、亲近自然、不受压抑的状态下找到发挥自己天赋的窗口和机会。

同时，释放孩子天性，不是撒手不管，不是毫无约束，更不是放任自流。是放而有法、放而有度。年幼的孩子缺乏辨别能力，家长陪伴孩子在释放天性中发现天赋，是一种有效的方法。

1. 做好陪伴

陪伴是最好的启蒙教育。但陪伴仅仅就是陪着吗？答案是否定的。陪伴的核心要求是家长必须有必要的自我牺牲，做到一切围绕孩子、一切服从孩子。陪伴的第一任务是读懂孩子，是了解并能正确满足孩子的核心需求，真正用心去关注、响应孩子的关注点，做到与孩子共情，努力使陪伴成为能发现孩子天赋的陪伴。

（1）陪玩。在孩子学前阶段，只要条件许可，能陪孩子玩时就一定争取陪着。家长和孩子一起玩要注意角色，最好能以伙伴朋友角色出现在他的身边。在陪玩中观察与发现、引导与发掘孩子的好奇心。但大人陪伴不应该替代孩子间结伴玩耍，一定要鼓励孩子和小朋友在一起玩耍，同时家长注意观察、发现孩子的性格特点和天赋长短板。

（2）陪转。要格外重视非智力因素对孩子成长的重要性，重视生活和环境对孩子天赋开发的意义。寻找一切机会、创造各种条件让孩子开阔眼界，走向田野、公园、文化街区、风景名胜区、自然保护区等，也可以带着逛逛卖场超市商业街、看看山川河流农家乐，参加野外活动以及游乐场的各种体验活动，亲近自然，结交小朋友，认识动物，体验游戏，追逐打闹，刺激孩子的兴奋点。

（3）**陪看**。多带孩子以充满新鲜感的眼睛看世界。既要陪孩子看动画片、电影、手机小视频等，也要多陪孩子看一些街头表演、剧场节目和群众性文化活动，还可以带孩子多看艺术展演、体育比赛、展会灯会等。孩子年龄稍大一些，更要多带孩子去博物馆、展览馆、科技馆等，以丰富孩子经历见识的内容，增加孩子见多识广的积累。陪看过程中，如果可以参与互动的，还可以鼓励孩子参加互动，从中寻找发现孩子的关心点。

（4）**陪聊**。不急于教孩子认字、背诗、数数，而是不断转换话题，想方设法与孩子进行多角度、多方面的闲聊。如果发现了孩子的兴趣点，就沿着他的兴趣再去加深、拓展。把孩子的情绪、思维调动起来的过程，就是激发孩子天赋活力的过程。

（5）**陪做**。包括玩沙子、堆雪人、做手工、干家务等。凡是孩子愿意参与动手做的，只要没有危险，就都可以放开让孩子参与；凡是孩子可以独立完成的，都要鼓励孩子自己动手、独立去做。比如，可以让孩子自己穿衣脱衣、自己叠小被褥等；也可以与孩子一起共同动手、擦桌扫地、干家务零活、完成手工制作作品。

（6）**陪练**。陪同并尽可能参与共同进行音体美等专项训练，不只是单纯的接接送送。对不适宜家长参与训练的，也要尽可能坐在旁边认真观察孩子训练的情况。看孩子哪些方面表现好，哪些还有不足，如何改进提高。既要经常听取老师的意见，又要与孩子共同交流探讨学习训练体会，与孩子热络沟通，增加与孩子的共同话题。

（7）**陪读**。孩子具有一定阅读能力以后，家长可以带孩子阅读，也可以指导阅读，还可以与孩子一起阅读。注意从小激发引导孩子的阅读兴趣，通过给孩子讲解、与孩子分享，刺激他的阅读热情，培养阅读习惯。家长可以和孩子一起去读同样的书，然后沟通交流各自的体会。在陪读中既能促进孩子积累知识，又能促进孩子心理释放，一举两得。

 老师/家长 声音

有的家长到幼儿园接送孩子，不是和别人比人家给孩子穿了什么，就是比人家报了什么班，总觉得自己也不能落后……家长的攀比心理，不但不利于孩子的天赋开发，反而是一剂心理毒药。攀比给孩子花了多少钱、花钱干什么，实际上是找错了目标、找错了起跑线。攀比，会刺激家长的盲目性，很容易把孩子天赋开发引入歧途。

——王群，幼儿园园长、高级教师

一个孩子在家里把纸杯摆得满屋子都是。有压扁的、有撕裂的，家长看了很生气，教育孩子不能这么做。其实，儿童在他的活动中表现出的行为背后都是有需求的。家长找到了这种需求，就是找到了发现孩子天赋的一个支点。比如，摆纸杯就是孩子在建构上的一种探索。我们在项目活动时，让孩子们寻找时间的印记，有孩子说时间像铅笔，用完就没有了；有孩子说时间像空气，摸不着看不见但无处不在……真的是应了那句话：你有多深，你看到的孩子就有多深。

——谭盼，保育院教师

2. 有效陪伴

陪伴容易，有效陪伴难。有人整天在全职陪着孩子，但并没有在发现孩子天赋上比别人效果更好。这就是"朝夕相处比不上高质量的陪伴"。陪伴不仅是一种责任，更是一种很讲艺术的"技术活"。如果孩子在玩，而家长却在一边只顾玩手机，那么这种陪伴不但无效，反而会在不经意间藏下很多隐患和问题。

强调有效陪伴，就是要陪得确实有效果。在陪伴中学会不断以各种方法，去激发孩子自身潜能，启发和激活孩子的思维，使陪伴过程变成发现发掘孩子天赋的过程。

对0～3岁孩子的陪伴。

要做好对0～3岁孩子的有效陪伴，主要是注意以下几个方面。

（1）恰当地给孩子营造安全感。 幼童在这一阶段的需求，是生理需求、安全需求和爱的需求。在保障孩子吃饱睡足的基础上，重要的就是给孩子营造一种安全感。家长通过抱孩子、抚摸、哄逗、吸引孩子注意力等和孩子亲近，都是注意用温和的方式。在孩子没有语言能力的阶段，与孩子沟通要特别注意肢体、表情、语感等，不宜动作幅度过大、过快、过于剧烈，不要惊吓到孩子。有了这种安全感，孩子才更容易对外界产生兴趣、有所认知。

（2）**逐步减轻孩子对家长的依赖**。首先是逐步减轻孩子对家长的心理依赖，特别是对妈妈的心理依赖。从孩子初步具备一些自我活动能力开始，就要促进他逐步降低对家长的依赖程度。不能让孩子形影不离，更不要走着站着都抱在怀里。父母可以尝试有意识地让孩子视线看不到自己，使他逐渐适应大人不守在身边。要通过鼓励孩子建立自我意识，逐步让孩子心理上脱离依靠大人的潜意识。同时，通过让孩子自己玩耍、自己吃饭、自己脱衣穿衣等，鼓励孩子减少对家长的行为依赖。孩子从减轻依赖到脱离依赖的过程，其实就是不断成长的过程。

（3）**有意识地帮助孩子形成自立感**。建立自立感和脱离依赖感是一个话题的两个方面。除了上面提到的生活自立，更重要的是促进孩子及早建立精神自立。家长要帮助孩子寻找并适应给他自己一个正确的位置。比如，可以在涉及孩子的事情上征求孩子的意见，鼓励孩子提出自己的想法，尊重孩子的意愿。如果孩子提出不当要求或者无法满足的要求，不要简单否定，而是更多和孩子沟通商量，或者切换话题、转移孩子注意力，先搁置然后再说。要注意防止孩子潜意识中对自己存在感和自立感产生自我否定，那样会阻碍孩子自立感的建立。

（4）**培养孩子对新鲜事物的捕捉感觉**。0～3岁的孩子对外界充满新鲜感。家长逗孩子要想方设法增强对他的吸引力。不要总是用一种或者几种常见、一直在玩的玩具逗孩子，最好能经常用孩子没有见过的或者已经隔了一段时间没见到的东西吸引孩子注意，形成一种具有新鲜感的视觉或者听觉刺激，以能有效地吸引和调动孩子的兴趣，引起孩子的兴奋和关注。吸引、锻炼孩子的注意力去追寻、捕捉，逐渐把孩子对事物的新鲜感转化为捕捉新鲜事物的感觉和能力。这对于以后挖掘孩子天赋大有益处。

（5）**帮助孩子建立初步的兴趣认知、观察和动手能力**。这一阶段孩子对外界的观察和兴趣认知，基本都是在哄、逗、玩中实现的。关键是家长要会哄、会逗、会玩，会抓住孩子的注意力。这就要仔细研究孩子究竟喜欢什么、想要什么、对什么感兴趣、给什么能开心，不能是家长的自娱自乐。如果没有把孩子的兴趣点找准，就谈不上后面的认知、观察等。而如果孩子对家长的哄逗有明显的响应，注意力能紧随家长的念叨、动作和手上的玩具，就要抓住机会教孩子观察、认知，让孩子自己动手参与。

 老师/家长 声音

孩子出生时，脑神经元已经够用，但并不是说可以什么都不用管了。相反，儿童成长中的早期干预是很有必要的。通过干预，可以促进孩子营养、心理、语言、行为、动作发育等的全面改善，为以后的天赋开发奠定良好的基础。不同年龄段有不同的侧重点，如0～3岁的重点是语言和动作，3～6岁主要是行为习惯。当然，最好能在专业机构帮助下进行。为了保证和巩固早期干预的效果，家长需要做好自我提高。学会当好合格的父母，做好早期干预和康复的家庭配合。

——赵钢，著名神经内科专家、大学医学院院长、二级教授、主任医师

天赋培养的起始点越早越好。我个人的体会是，从孕期开始有规律的胎教都是很有意义的。我怀孩子时，特别重视这种有规律的胎教，孩子从很小就对音乐、英语很敏感。还有对2～3岁的孩子早教，其实最重要的是培养孩子的行为习惯，也包括调整家长的行为习惯。让孩子接触得早、接触得多，孩子成长状态就会更好。

——康一庆，小学教师

孩子从出生那一刻起，就是独一无二的存在。他和其他小朋友一起成长，一起经历人生不同阶段，但每个孩子成长都有他自己的节奏。我在养育孩子路上一件记忆深刻的事情是：比他小三个月的小朋友已经开口唱完整的英文歌曲了，而我们的孩子才开始说完整的汉语句子。作为家长，我们从来没有着急过，知道孩子一定不差，他只是在按照自己的节奏一步步追上来。家长一定要对自己的孩子有信心，不盲目攀比，更不能用自己孩子的短处去和别人家孩子的长处比，这样可能会伤害到孩子的自信心。家长能做的就是用心培育，静待花开。

——李元元，大学教师、博士

发现孩子的天赋

幼教阶段的学习方式灵活多样，孩子表现的机会、场合特别多，天赋发现的途径也很多。我带的班上曾经有两个男孩，数学才能表现突出，对数字超级敏感，可以过目不忘，见到数字就能安静下来，数独游戏玩得很好。但社交能力就比较弱，不愿与人交流。对这些情况，我们会及时和家长沟通，给家长提出教育建议。类似情况很多，幼儿园在孩子天赋发现上，确实可以做很多。

——郝健宇，保育院教师

对3～15岁孩子的陪伴。

从3岁开始一直到15岁左右，也就是从幼儿园到整个义务教育阶段，家长的有效陪伴则应持续在以下方面用足功夫。

（1）激发好奇心。孩子的世界里，充满着未知，也充满着好奇。有强烈的好奇心就有对世界的探究欲望和内在驱动力。家长对孩子的发问，除了要认真对待、想方设法给他满意的答案以外，更要与孩子一起探讨，引发孩子不断提出更多更深入的问题。还要多带孩子去他没有去过的地方，看他没有见过的场景，玩他没有玩过的游戏……以持续激发孩子更强烈更持续的好奇心。要相信，激发孩子好奇心是天赋发现发掘的一把好钥匙。

（2）激发天赋灵感。经常陪伴孩子去听去看去见识更多新鲜、美好、有趣的事情、情境、画面、故事等，并随时与孩子分享内心的感觉，用孩子最喜欢的语言和方式逗乐他、启发他，带动他眼睛为之发光、精神一振、充满遐想，时常能有一种灵感在跳动，天赋灵感经常能处于激活状态。孩子的思维就会极大地活跃起来。家长要养成保护孩子瞬间灵感的习惯，随时用心记录下来，以帮助孩子不断巩固提升、追逐梦想。

（3）启发观察力。在玩耍、游戏、逛街、旅游、陪看、陪读等各种活动中，很多东西都是一闪而过，孩子留下的印象是浅淡的，甚至没有什么印象。为此，在一项活动结束后，可以随时找机会，趁热打铁，给孩子复述、还原场景、和他讨论，也可以和孩子共同回忆复述，或者让孩子自己回忆复述等，引导孩子观察，寻找他眼睛里最有趣的事、最明显的特点、最记忆深刻的图像画面等，进行观察训练，逐步养成孩子善于观察的习惯。

（4）激发想象力。某种程度上讲，想象力是创造力的源头。儿童是最富有想象力的，家长的使命是激活它并努力使之保持。家长陪伴孩子时，要帮助孩子天马行空地设计情节、提出问题、设想结果，要让孩子知道，想象的天空上没有红绿灯，是完全自由的。家长的本事，就是调动孩子充分联想，展开他想象的翅膀，任其自由翱翔。这也是在发现天赋中引导天赋，在鼓励孩子不断设想、不断提出问题中激活孩子创造力的制胜一招。

（5）**促进阅读力**。无论孩子具备何种天赋优势，也无论家长准备怎样促进孩子天赋开发，让孩子大量阅读都是必不可少的重要环节。家长要想方设法刺激孩子的阅读兴趣，通过阅读分享、交流等改善孩子的阅读感觉，刺激阅读欲望。尽可能多地让孩子扩大阅读面、增加阅读量、有更好的阅读体验、收获更多的阅读快乐。在拓展阅读涉猎的内容上，除了各类知识读物以外，应该强调经典文学作品的阅读。因为孩子将来无论从事什么职业，他都应该有足够的语言和文化的阅读储备。只有不断增加孩子的知识积累和文化积淀，才能为孩子天赋开发奠定厚积薄发的内在基础。

（6）**启发分辨力**。分辨，说起来容易做起来难。要做到对事物的精准分辨，难乎其难。但分辨力又是重要的基础能力之一，如果不重视不具备，极可能会经常事倍功半甚至劳而无功。分辨力训练过程，实际是一个思维提升的过程。从什么对什么错、什么好什么差、什么重要什么次要开始，逐步在孩子心里建立一套自己的分辨评判标准和方法。使他懂得遇上事情或问题时，应该选择什么、坚持什么、反对什么，从而助力他天赋的正确发挥。

（7）**调动模仿力**。善于模仿是儿童的天性，家长一定要主动开发、调动好孩子的模仿力。给他说念，带他歌唱，和他蹦跳，"左三圈，右三圈，脖子扭扭，屁股扭扭"，这些功夫都不会白费。就是要不断给孩子创造模仿的机会。模仿多了，孩子有意无意地就会加入一些自己的东西。这实际是潜意识下甚至无意识中的某种提升和创新。家长不要小看这种模仿的作用，模仿能力本身就是孩子天赋的一种表现，更重要的是，模仿可以为其他天赋的展现打开窗口。

（8）**启发逻辑思维能力**。从孩子进入小学开始，只要有机会，就注意启发孩子把所思考的内容有意识地联结、组织在一起，引导孩子理解、梳理其内在联系和因果关系，并能够有条理、有根据地进行恰当的判断、概括、归纳、推演、总结，建立一种属于自己而又是必然结论的思维方式。长期坚持这种训练的孩子，遇到问题往往能够透过现象看本质，具有过人的辨识能力和逻辑思维能力。这是在发现孩子天赋中放大其天赋。持之以恒这样做，孩子会受益一生。

（9）启发说辩力。强大的思维能力必须依靠良好的表达能力做支撑，人的优秀天赋才能够得到更好展现。否则，"茶壶里煮饺子，倒不出来"就会成为制约孩子更加优秀的一大障碍。说辩力，一是"说"，能够恰当准确地表达自己想要表达的意思；二是"辩"，具有辩论、辩驳、论证的能力。家长可以随时给出一些话题，对孩子点评示范，把这种训练融合在日常生活和学习中，不露痕迹但可以经常激发孩子思维和说辩习惯，渐渐习以为常，就会在无形中提高了他的能力。

（10）启发幽默感。幽默本身是要有天赋的，但不等于没有幽默天赋的人就完全没有幽默。幽默是在众多的人群中如影随形的黏合剂，是总会受人欢迎的内在理由。从小启发孩子学会幽默说话，走到哪里都自带喜气，无论是促进孩子天赋发挥，还是对孩子的成长发展都是大有好处的。家长可以每天用给孩子讲一个幽默故事，每个故事都让孩子品味其中的笑点、幽默点在哪里等方式，训练孩子的幽默思维，掌握一些幽默技巧。尽可能地激活他有趣的灵魂，随时可以用幽默的方式与人拉近距离，把气氛变得轻松起来、活跃起来。那样，孩子自己也就很自然地得到了放松，与人交往的压力就小，无形之中就已经占据了主动。

（11）促进脑筋急转弯。从促进孩子建立多维认知和开放式思维的角度出发，可以有意识地对孩子进行一些逆向思维、脑筋急转弯、逻辑关系等思考方法的训练，促进孩子从多侧面、多角度、立体而不是平面的、多维交织而不是直线的去认知和思考问题，帮助打开孩子思维受到的框定，进而形成开放式思维方式，为孩子天赋开发再拓开一片新的天地。

 老师/家长 声音

天赋的早期教育激发非常重要。有个朋友的孩子出生时有产伤，所以孩子妈妈更加注重对孩子的语言潜能激发。从她一出生，就不停地和她说话、唱歌，使她更多在被动接受中感觉语言。结果她8~9月时就会说话了。稍大一点，孩子妈妈又通过不停地给她讲故事，让她复述，来刺激她的语言和思维能力。再大一点，孩子对色彩的敏感度增加，就让孩子学习画画……现在，孩子掌握中、英、法、日和西班牙语五国语言，有很多能力是幼儿时期打下的基础。孩子幼儿阶段，重点不是教什么知识，而是不断激发孩子的各种潜能。

——张瑜，中学副校长、高级教师

有个孩子对音乐总是慢半拍，家长给报了个街舞班，跳了时间不长，孩子就发生了明显变化。现在不仅不再慢半拍了，而且节奏踏得很准，跳得也很溜。可见有些天赋短板是可以通过学习训练补起来的。家长要给孩子寻找和安排能刺激孩子天赋培养的环境，使孩子有机会去参与、去长进。把天赋基于某种能力之上，短板自然就不短了。

——李华，幼儿园园长

也许是因为生活中美术无所不在的缘故吧，应该说大多数孩子都有一些画画的兴趣和潜能，家长要学会保护和鼓励。孩子在家里涂涂画画，家长一定不要去指责、干涉，不要说孩子"画得不像"等。审美能力和理解能力关联是很紧密的，如果家长们想安排孩子学画画，最好到孩子六七岁以后，具备了一些基本的认识理解能力以后再去学，可能就更容易取得好的效果。

——袁玥，中学美术教师

有一段时间社会上补习班确实很多，导致孩子玩的时间越来越少，孩子感觉越来越不快乐。怕自己孩子落在别人后边，家长和家长也在竞争。实际上那些补习班绝大多数都是搞提前教学，让孩子超前学习。看上去考试分数比没上补习班似乎要好一些，但孩子的感觉是妈妈不爱我了，而且打乱了孩子正常的学习节奏。从总体上看，其实是不划算的。

——郝静静，小学班主任

3. 需要家长留心的注意事项

陪伴越多，就会发现越多。发现越多，家长积累的经验就越多，发现孩子天赋的窗口就越大。有质量的陪伴，家长需要注意以下方面。

（1）**保持陪伴的温度**。孩子再小，也是有感觉、活生生的人。对孩子的陪伴一定要始终保持必要的温度。不要觉得"小屁孩什么都不懂"。在他小时候，遇到问题也许不能明确辨识，有了不舒服也说不清楚，但绝不等于他没有情绪和无感。而且，孩子的心情、情绪也会有晴天、有阴天，不同的天气需要用不同的方法，就如晴天要防太阳刺眼和皮肤晒伤、雨天要打伞防止淋湿一样。如何做到准确辨别孩子的情绪，也是需要家长用心的。家长对孩子的情绪在很多情况下都没注意到。有的注意到了，方法上也简单粗暴，这都是需要家长改进的。保持陪伴稳度，还要学会回应孩子。比如，看到孩子心情好，也许是受到了老师表扬，也许是某项成绩不错，总之愿意和家长诉说。如果家长敷衍应付，孩子就会点到为止。如果家长热烈回应，孩子诉说的欲望就会更强，越说越有感觉。反之，如果孩子心情不好，家长就要更多体谅，帮助孩子清理不良感觉，促使孩子心理平复。所谓陪伴的温度，就要这样贯穿在陪伴的细节和过程之中。

（2）**发现孩子弱点和性格短板**。每个孩子都有弱点，本来极为正常，但有的家长视为大忌。采取自我安慰、不愿面对甚至逃避护短的"鸵鸟心态"，这是缺乏自信的表现。孩子有弱点、有性格短板不可怕，可怕的是家长讳疾忌医的心态使孩子错过矫正弱点的最佳时机和年龄段。所以家长一定要正确对待、客观面对、敢于正视，理性并积极恰当应对。及早采取对策弥补，或者更早规避相应问题，避免孩子在人格成长上走弯路。不能听任其弱点和短板长期持续，以至于发展固化成为孩子将来成年后的终身性格短板。

（3）**发现孩子强项，并对若干强项不断进行比较，以期发现孩子更强项**。多数孩子的天赋和强项不是单一的，总有那么几项表现相对突出，而且这些强项是相互关联、相互支持的。比如，孩子语言天赋比较突出，相应可能音乐天赋、表演天赋、社交天赋等都会比较好，那么究竟哪一方面才是孩子最突出、最优秀的那个天赋呢？家长就要注意发现他最强、潜力最大的是哪一项，确定什么学科项目才能把孩子的天赋优势最强化最优化，怎样安排才最有效。选对了路，才能最适合、最容易出成效。

（4）**善于用好碎片时间**。很多家长都忽略了用好碎片时间的巨大意义。总以为一小会儿时间什么都干不成，所以碎片时间大多给孩子放了羊。其实孩子学习做事的突出特点，就是能够集中注意力的时间很短。用好陪伴的碎片时间非常有意义，对学前阶段的孩子，每次单项活动或者学习时间不要超过15分钟。超过一定时长的学习或者活动就要注意休息和调节。要注意在乘车、游玩、游戏、饭后等间隙或者过程中，见缝插针地引导孩子观察，或者利用新鲜、有趣的事物吸引孩子的注意力，刺激孩子兴趣，适时地、不露痕迹地给予一些"微填充""微启发"，讨论探究一些"微话题"，从而把碎片时间变成一种潜移默化的启发时间、教育时间、引导时间。

用好碎片时间，明白道理容易，真正做到难；偶尔做一做容易，坚持巩固形成习惯难。家长们既要非常用心，又要有坚持的恒心。持之以恒，就会有多重收获。

（5）随时发现和掌握孩子不同成长阶段的兴趣点和心理需求，并及时做出相应的策略调整。孩子随年龄的增长，兴趣点、心理需求和天赋潜能的外在表现都一直是在动态变化的。家长在陪伴中，要注意时时处处留心、并努力适应孩子心理需求的这种变化。特别是孩子需要表现出他的存在感和自主意识的时候，家长一定要及时根据孩子的变化，调整和他玩耍游戏、学习训练的内容和方式，讲究方式方法，避免强制强压孩子服从，并在渐进积累孩子天赋发现成果的同时，引导孩子树立正确的是非判断和价值观。

（6）努力让多重天赋集于一身的孩子实现天赋的协同集成放大。谁都希望自己的孩子成为集多种天赋于一身的"超级优秀者"。很多孩子也确实拥有多种天赋于一身。那么如何实现集成放大就成为家长必须开动脑筋的重要选择。这真的是一个技术活，选择不当，累了孩子不要紧，要紧的是可能因此毁了孩子天赋发掘，错失了创造孩子美好前程的最佳时机。

如何实现协同集成放大？这是家长陪伴中应该认真关注的问题。孩子具有的多重天赋并不是齐头并进的，找到找准最突出、最具发展潜力的"那一个"才是影响到孩子前途的关键因素。把握这些差异，才能找准方向；只有找准方向，才能正确选择。所以要看准主要目标，重视多重天赋集成，才能挖掘出孩子最突出的潜能，实现天赋发挥的最优化，才能成就孩子成为最好的自己。

（7）处理好对孩子管教和培养的关系。孩子成长的过程就是家长不断管教的过程。家长是孩子管教责任的直接承担者，管教的目的不是要把孩子管住，而是通过管教培养来促进孩子成才和学会做人。

管教和培养目标一致但侧重点不同：管教重在让孩子确认规则，建立行为规范，给予必要的限制和引导；而培养的本义则是创造适宜的条件促使其发生、成长，是按照一定目的对孩子进行长期教育和训练，给予资源、养分、扶助。负责任的家长既要做好管教、明确规则、严守底线，更要抓紧培养、情感亲近、传道授业。管教和培养二者相辅相成、缺一不可，只抓管教而忽视培养是缺乏远见的，只抓培养而忽视管教则是不负责任的。把管教与培养紧紧联结在一起，在管教中培养，在培养中管教，就是在为促进孩子天赋发展铺平道路、扫清障碍。

（8）在与孩子"鬼心眼"的心理小博弈中占据主动。不要以为孩子小，家长说什么就是什么，或者家长怎么说就理所当然怎么办。家长可能想不到的是，孩子的"鬼心眼"同样会和家长有心理博弈。诸如说谎、赌气、执拗、略施小心计等，一定程度上都是在与家长进行某种形式的心理博弈，是通过心理较劲争取实现自己的目的。

家长不可以轻视这种无形的家庭心理小博弈的深刻影响。如果家长无原则地宠溺，孩子总在这种博弈中取得主动，就会助长孩子向家长讨价还价、索取更多而更加放任自己，以至于为以后埋下家长无原则让步、孩子心理逆反、行为放纵等一系列问题的种子。而如果家长占据主动，则会有利于孩子更容易接受引导、服从管教，奠定一个正向发展的良好基础。

家长要占据主动，就是要对孩子的"鬼心眼"宠爱而不溺爱、尊重而不纵容，不做无道理的迁就、不和无原则的稀泥。在引导中让孩子明辨是非，在管教中让孩子找对方向。

 老师/家长 声音

有个女孩快过10岁生日了，妈妈问："宝贝，想要什么？妈妈要给你送个生日礼物。"女儿想了想问："我可以自己选吗？"妈妈说："当然了！"女儿说："那我要生日那天不上钢琴课！"妈妈愕然。有多少妈妈给孩子报的兴趣班，体现的是家长的兴趣，而根本不是孩子的兴趣！所以家长要真懂自己的孩子，应该知道孩子真正想要的是什么。

——王群，幼儿园园长、高级教师

我的儿子3岁左右时数立体方块就又快又准。我们试了很多次，发现他的珠心算和空间想象能力很强。后来学数学，他总在班上拔尖，高中时参加竞赛也得奖。后来他学了文科，数学一直在班里名列前茅。他的答案经常与标准答案的解题思路不同，换一种方法，还更简捷。但体育天赋就显得弱一些，给他报乒乓球班，练发球都会打瞌睡。家长对孩子的这些观察，对发现孩子天赋、选择正确的方向确实很有意义。

——贾黎英，小学分校区五年级教研组长

我觉得孩子天赋如同长相，是父母给带来的。但后天的教育影响很大。有个男孩，老师发现他运动天赋很强，就跟他妈妈沟通了这个情况。可是他妈妈对孩子溺爱，属于放任型的，就没有重视孩子这个天赋的开发。随着孩子年龄增长，他的这个强项已经不再显著，感觉确实给弄丢了。

——乔玮，幼儿园教师

我儿子6岁，专注力非常好。我给他报了主持人班，一开始他并不喜欢，我很尊重孩子自己的意愿，不逼他，而是给他多找平台。经过我不断给他加热，孩子慢慢地就喜欢上了。可见只有接触了，才知道他喜欢不喜欢。我的体会是，坚持很重要，像烧开水一样，既要不断给加热，又要耐心等待、坚持。坚持了就会有效果。

——张冬玲，信息技术有限公司会计

对孩子天赋潜能的最初辨识与评估

家长们对发现发掘孩子天赋是渴望的。令家长经常困惑的是，究竟什么才是孩子的天赋？什么才是最突出、最优秀的天赋？拿什么来衡量判断？现实中孩子的天赋表现千差万别，找到一个标准答案还真不容易。当然，这并不意味着就束手无策了。虽然我们无法确切地说明每一个孩子天赋发现的具体方法，但在大的方面，还是有一些规律性可循的。比如，可以从以下方面重点观察。

1. 对孩子某个方面与同龄人的接受能力和运用水平进行观察比较

如果孩子明显比别的孩子突出，一教就会、一点就通，甚至有一种无师自通的感觉，进入状态非常好，那么可能就是孩子在这个方面先天基因优势的一种显现，显示孩子具备相应的天赋异禀或者潜质。对这种孩子，家长要持续从孩子的第一反应、兴奋程度、身体协调、语言表达等多方面进行观察比较。如果孩子反应平平或者还不如别的孩子，那么一般而言可以判断是缺乏此类天赋或者此类天赋不突出。比较观察的方法相对简单直接，但缺陷是这种直观比较往往停留于表象，只是一个大致的、轮廓式的推测性判断，因而也容易误判。如果要得出更加可靠的判断，还应该结合其他方法，综合后再确认。

2. 看孩子是否具有浓厚的兴趣，能否倾情投入其中，并且看兴趣能否持续

有的孩子听到音乐一响，不由自主地就会跟着跳呀扭呀，有的甚至不知疲倦，一跳半小时、一小时不停歇，乐在其中、深感陶醉。这可能是具备音乐天赋、舞蹈天赋的表现，就为家长发现孩子天赋提供了直接的行为依据。还有体育、艺术、数理、组织领导等天赋，都可以通过观察孩子的兴趣是否浓厚、身心投入程度是否很高来找到答案。如果孩子兴趣很大，同时又能持续不衰退，则说明有较大的天赋开发潜能。要知道，虽然孩子说不清自己究竟擅长什么，但对自己的擅长经常会散发出一种由内而外、掩盖不住的自信，这种自信的直接表现就是浓厚而持续的兴趣。相反，如果孩子没有兴趣或者缺乏兴趣，家长硬要按自己的想法去开发，其效果往往也就很一般。

3. 看孩子的响应程度

如果家长给孩子安排的学习科目或项目，孩子积极性很高，非常主动，与孩子生理特征条件相符合且接受程度比较高，则大概率具备相应的优秀天赋。有的时候孩子对某个项目的兴趣并不明显，对一些孩子没接触过的科目、项目，可能他在接触之前完全是毫无感觉。但家长一旦安排了孩子参加学习或者训练，孩子响应程度很高、默契感很强，有非常好的心理感觉，对相应科目、项目高度认同，上手非常之快，脑手眼嘴等身体各项机能都能很轻松地做到协同配合，还与孩子相应年龄段的体能、心智水平又比较匹配，那么就应该是发掘孩子此类天赋的恰当时机，具备了良好的天赋开发条件。因为孩子高响应度往往是他内在潜质的表现，一定不要轻易放过。

4. 看孩子是否能够有创造性、个性化的表现

具有某一项特殊天赋潜能的孩子，往往都是不满足于老师教给的那一些知识、技能的。他经常会冒出一些独特的想法、新奇的动作、特别的思路、出人意料的小成果。即使一个很普通的小题目、小计算、小手工，他都会显得思路简洁而特别、办法个性而高效，仿佛有一种神来之笔、神来之手的感觉。富有创造性、展现个性化，往往是孩子天赋潜质一种不经意的流露，是一种自然的显示。这类孩子在相应方面的天赋发挥就会有较大的发展空间。而如果孩子总是死记硬背、僵硬呆板、脱离不了模仿和照搬，那么孩子则相对缺乏相应天赋。对缺乏天赋或者表现平平的，家长可以持续观察，不断寻找孩子最突出的那一部分潜质。要相信，总有一款是属于自己孩子的。

老师/家长 声音

如果孩子成长中错过了天赋发现的最佳年龄段，是家长的失职。要发现孩子的天赋，说难也不难，最基本的方法就是注意观察。家长要做有心人，不能整天嘻嘻哈哈，只顾逗孩子玩，哄孩子高兴，而疏于对孩子的观察。家长要读一读育儿和家庭教育方面的书，掌握一些基本知识，勤观察孩子在不同阶段的表现和特点。孩子的天赋是会在日常生活中流露出来蛛丝马迹的。比如，有的孩子不到1岁就会跟音乐的节奏，天生就有很强的乐感；有的很小就有很强的数学、计算才能等，这都需要家长用心观察、注意发现。

——解慧明，教育科学研究院院长、正高级教师

一个3岁孩子，明明不是音乐家或者画家，怎样判断他是否具有音乐天赋或者绘画天赋呢？显然不可能以他是否能完成相关活动或者相关作品来判定。这时就需要基于生理和心理来细分了。可以测量他的音准、节奏、旋律反应，可以测量他的空间认知、造型、色彩等能力，这些基于细分生理、心理的

发现孩子的天赋

条件测定，可以帮我们衡量和判断这个3岁孩子到底有没有音乐天赋或者绘画天赋。

——付小俊，小学三年级语文教研组长

我们知道天赋与遗传有关。如果家长不能及早发现，不采取措施加以固化，孩子身上的天赋就会逐步递减、弱化。0～6岁的关键期，家长一定不能缺位。要创造条件，多带孩子参加探索性游戏和实践活动。通过活动引领，使孩子接受更多文化和科学的熏陶、浸染，提供更好的成长环境。在孩子最需要的阶段，家庭教育的智慧是不可缺少的。

——牛建琴，幼教集团保教部部长

我们种花前，都会先弄清是什么种子，然后才谈得上浇水、施肥等。发掘孩子天赋，家长首先要知道孩子天赋在哪里？是什么？才能取得好效果。我小时候喜欢美术，但家人偏让我学钢琴，弄得我非常痛苦。我觉得天赋开发有三个环节：发现、引导、培养，其中发现是第一环节。没有发现或者发现得不确切，是不会有好效果的。

——钱乐，幼儿园保教主任

我的女儿6岁，活泼开朗。谁也想不到之前的她曾一度"默不作声""害羞胆怯"。我无数次自责对孩子的陪伴太少，于是狠下心辞职做了全职妈妈。我带着她听脑筋急转弯、观看科学实验、学习音乐舞蹈、参加户外探索，通过言语上的引导、鼓励、赞美，慢慢地发现她一次又一次令人惊喜的改变。现在的她很自信，无论在谁面前，都可以即兴表演。逻辑思维能力也很不错，经常把博士爸爸"怼"得哑口无言。这说明孩子幼童时期的可塑性是很强的，家长一定不要错过孩子的最佳培养发展阶段。

——高泽斐，全职妈妈

启发激励孩子的天赋发现，从哪些方面入手？

1. 进行适应性训练

孩子成长中，总要经历环境变化、空间换位、接触人群变换等各种各样的新情况，必要的适应性训练，既是孩子心理素质提升的一部分，又是孩子开始进入社会的必修课。比如，第一次离开家庭、第一次过集体生活、第一次参加团队外出等，家长都要尽可能地让孩子自己去调整适应，使孩子由本能适应转变成习惯性适应。这种习惯越强，孩子对条件变化、环境转换、陌生人群的适应性就越强。其心理素质就在无形之中得到了锻炼提升，天赋开发发挥的内心支撑力就变得强大。

2. 感知认知启发和教育

从婴儿期开始，就可以用鲜艳的色彩、轻快的音乐、动感的玩具、有吸引力的造型等，尽可能地让孩子眼耳嘴和四肢都能被调动起来、参与进去，使孩子深刻感受和记忆，并反复重复，以弥补孩子年幼时记忆短暂的不足，巩固加深孩子的记忆和印象。随着孩子年龄增长，家长要不断拓展孩子认知感知的涉猎范围，叠加和丰富感知认知的层次层级，加深孩子认知感知的积累，从而又不断把孩子的认知感知转化成他的知识和经验积累，为发现孩子天赋做足必要的基础性储备。

3. 法治和规则教育

要在孩子心里深深植下牢固的法治和规则意识，靠的是一个潜移默化的过程。不要以为幼童时期孩子不懂事，法治和规则教育可有可无。而恰恰是孩子越小，法治和规则教育越早，对孩子健康人格的形成就越有益。也不要以为法治和规则教育与天赋开发八竿子打不着。在现代社会，任何个人天赋如果脱离了法治规则的约束,都可能如脱缰的野马,在狂奔中失足摔跟头,甚至付出更高的代价。家长要让孩子明确知晓社会生活中必须遵守的基本规则,知道个人说话、做事的行为边界,并与孩子一道自觉、主动遵守,形成习惯。要特别注意,千万不要在没人监督的情况下,带孩子越线违规,给孩子带不好的头,比如没人管时也不要乱闯红灯。所谓"慎独慎微",就是要从这些小事开始做起,做到严格认真不走样。

4. 让孩子自由想象

总爱激发孩子联想、激活孩子想象力的家长,经常会收获到一些意想不到的惊喜。孩子的一些天赋常常隐藏在平平淡淡之中,而一旦触碰到他的兴奋点,就可能激发他充满想象,天马行空、纵横驰骋。这时候往往就是孩子某种天赋显现的窗口。有幼教经验的家长,总是不断寻找由头、寻找话题让孩子把看似平常的事情或现象,让孩子想象出、描绘出自己的眼中和内心特有的画面、情境以及乐趣,把看似毫不相关的事物联系起来,从而构想出一个他自己的独特场景、情节和有趣故事。

5. 进行思维诱导

从孩子具备初步的语言交流能力开始,可以经常采用对孩子提示、提问,再提示、再提问,让孩子多看看、多想想等各种方式,反复启发孩子加深对他所看到现象和听到事物的理解,帮助孩子进行梳理、分析、归纳,或者帮助孩子展开联想、进行推导、厘清事物之间的相互联系,层层剥笋、步步深入,从而促使孩子做出自己的认知、判断、概括、评价。还可以进一步加以引申,帮助孩子建立相关的形象、空间、建构等思维,使孩子能够逐步从简单到复杂、从具象到抽象、从平面到立体、从单一到综合进行思维,逐步进入并建立起他自己的思维世界。

6. 进行逻辑训练

早期的逻辑训练有助于孩子建立一生受益的思维方式。从孩子3～4岁开始,可以通过游戏、趣味活动、儿童读物等,尝试让孩子进行最初的简单逻辑感训练。比如,玩积木拼装,可以尝试先让孩子对他的玩具进行分类整理,以训练他的初步分类思维。孩子到 5～6 岁时，开始初步的运算、数理、推导、逻辑等训练，把逻辑训练融入日常活动。初步建立孩子的条理感、层次感和逻辑感，使孩子的日常生活在有趣的基础上，又能推动他建立形成判断、思辨、推演、论证能力，实现逻辑思维能力上的"晋级"。为孩子以后逐步形成严谨而系统化思维方式，不间断地夯实基础、强化积累、提升能级。

7. 加强体能训练

灵活性、柔韧性、弹跳、耐力、爆发力、平衡能力，对孩子来说，真的是拥有的越多越好。在有的家长看来，自己孩子活蹦乱跳，成天欢实得像个"永动机"，似乎有使不完的劲儿，所以体能是没问题的。这种认识至少是不全面的。欢实，只能说明孩子身体机能的基础条件不错，并不等于体能好。体能潜力的发掘，还要着眼于是否具备较好的力量、速度、耐力、柔韧、灵敏等运动素质，以及对人的身体形态和机能改善产生深刻影响和促进作用。这都离不开正规而规范的训练。体能训练，主要着眼于提升的是孩子运动能力，要发现发掘孩子的运动天赋，使这些天赋不至于随着年龄增长而消退，并力争使这些优秀天赋能为孩子成长、发展助力。因而是不能轻视的。

8. 重视审美训练

及早让孩子具备一双能够发现美、认识美、欣赏美的眼睛，使孩子具备鉴别美、创造美、引领美的素养和能力，有利于促进对孩子创造力和目标追求的塑造。这种塑造进行得越早，在孩子内心扎的根越深越牢固，孩子自身对目标设计的标准就会越高，他的审美创造力就越强。这是一种内在的正相关联系。家长要经常引导孩子发现、辨别、欣赏美，自然美、建筑美、艺术美、音乐美、空间美、装饰美等，点点滴滴增加、积累孩子的审美经验，引导、调动孩子的审美情趣，与孩子分享对美的感悟，提升孩子的审美能力，建立一种与孩子之间的审美灵动。

9. 进行动作协调性训练

这是促进孩子左右脑均衡发育、锻炼的有效方法，也是促进孩子将来参加各类文化、娱乐、健身、运动的一张基础性"入门证"和"通行证"。训练内容主要包括重心平衡训练、身体协调训练、肌力与肌耐力训练、速度与速耐力训练、动作韵律性训练等。对于儿童来讲，这些初始性练习并不是一定要去专业机构训练，只要家长掌握一些基础规范和方法，其实在家里随时可以以游戏方式进行。比如，有意识地引导孩子去做不习惯的动作或者改变已习惯动作，就可以使孩子动作协调性有所改善。当然，去专业机构参加训练，可以改善更快、动作更规范、效果也更好，且更容易巩固。

10. 加强与团队合作训练

在团队合作中提升孩子认识他人的能力。家长一定要经常地让孩子和同龄的小朋友在一起玩。家长自己和孩子玩是不能代替小朋友的，更不能代替孩子和小朋友组成的小团队。孩子小的时候，他和小区、村里小朋友玩的小团队多数都是自发组成，是松散型而不是有组织的，家长就更要鼓励、引导着孩子融入团队、融入集体，并在团队、集体中充当、扮演他乐意担当的角色。鼓励他在团队中自由发挥，与小朋友配合玩游戏、做活动。通过在一起玩和小伙伴建立友谊，切实在团队合作中感受团队快乐，承担团队责任，取得团队认同，赢得在团队中的地位。这些团队合作训练，对孩子进入幼儿园、学校后参加集体活动、融入集体生活是非常有益的。

 老师/家长 声音

孩子教育的第一空间是家庭，而不是学校。现在教育源头上的问题是，很多家长对孩子教育没有方法、束手无策，家长本身不成熟，耽误的是自家孩子，不是别人的子弟。在家校协同上，有的家长更是能力低、效率低、成本高。有的父母每天和孩子在一起，但并不意味着他就一定了解自己的孩子。这也是孩子天赋开发的第一道障碍。

——雷午末，小学校长、高级教师

我的二儿子今年5岁多，我坚持让他每周徒步走10公里左右。孩子是自然之子，一定要让他亲近自然，把户外活动给足。有的孩子自闭，发展到一定程度就是不可逆的，无法彻底康复。孩子出现问题的背后，根源都在家长。老是把孩子关在家里,一天到晚都不下楼,孩子不出问题才怪。户外活动的作用大到你无法想象。比如篮球运动对集中孩子注意力的作用,真是太强大了。家长能给孩子的,不一定是多少知识,而是发现孩子的多种可能。

——刘宁,中学一级教师

孩子对自己的天赋优势项目往往有着超强的感悟力。天赋就是在孩子身上的种子,需要有人给浇灌、培育,才能发芽、生长、开花、结果。家长和幼儿园、学校要主动担起这种责任。有些天赋,比如艺术,可能也讲不出多少道理,主要靠感觉。家长和老师要当好园艺师。在学前阶段,孩子不同的敏感期,会对不同的事物表现出兴趣,很难持续较长时间。家长、老师就要从孩子某一种持续专注的兴趣中找到点什么,也许这就是他优于常人的地方。孩子3~6岁在幼儿园的持续培养,是非常重要的。

——张莉1,幼教集团幼儿教委会主任

有个学体育的家长,他的孩子也有较好的运动天赋。他给孩子报的班以体育类运动项目比较多。孩子经过一段时间的训练后,在专注力、运动能力上可以说是更好更快更突出。比同龄孩子运动能力强很多不说,心智发育上也优于别的孩子。所以家长一定不要忽视体育运动天赋对智力开发的意义。

——张莉2,幼儿园教师

学会抓住七个环节

1. 鼓励孩子多玩

孩子6岁以前的第一任务应该是玩好,而不是要识多少字、背会多少诗词。只要孩子喜欢,就让他尽情地玩。能尝试、适合尝试的项目,都鼓励孩子积极参与。玩,是孩子童年最重要的生活内容。从6岁开始乃至整个小学阶段，都要让玩耍在孩子生活中占有较大比重。家长的任务，就是让孩子参加多个项目、多种形式地玩。参与的项目越多、涉猎越广泛，孩子早期的思维培育效果就越好。玩好，孩子的兴趣、关注点、活动能力等天赋潜力就会自然地、而非刻意摆布地得以展现，童年的天赋发现经常就会自然地暴露在家长面前。

2. 既趁热打铁，又善于冷处理

孩子刚刚接触一个新的项目、科目，经常会新鲜感、热乎劲十足，家长在这时候趁热鼓劲，尽力激发孩子的热情，能够取得比较好的效果。时间长了，孩子的热情可能就会开始消退甚至产生厌倦、抵触，家长也不要心急，要学会和善于冷处理。可以适当冷却一段时间，以观察他的兴趣、注意力是否变化转移和怎样变化转移，引导孩子逐步把精力转向潜能相对明显、注意力能持续集中的项目或专业上。在经过冷处理后，使孩子对特定项目、特定专业的学习逐步趋向稳定。

3. 促进孩子对天赋的自我发现

孩子天赋的自我发现是最直接、最有效的发现，也是最容易找到开发路径的发现。但孩子毕竟是孩子，他成长中的心智能力还不可能脱离家长的帮助去实现自我发现。怎样让孩子找到感觉，心生向往，有愿望、有激情、有内生动力，需要家长做更多的功课、花费更多的心血。要做到：认真倾听孩子意愿，让孩子充分表达，特别重视他的想法和道理；不轻易阻拦并且支持孩子尝试新事物、新科目、新活动；支持孩子对他喜欢的事情或者科目投入精力和进行延伸；不要随意否定孩子的"胡思乱想"；当家长与孩子想法不一致时，先尊重孩子。

4. 给孩子勇气

我们在生活中会遇到这种情况：一个明明在某个方面具有很高水准的人，真正到了场面上应该是他大放异彩的时候，却突然发挥失常，让人大跌眼镜。在才艺表演、主持、比赛、辩论会、面试等现场，这种现象屡见不鲜。我们常把这种情况归结为心理素质差。这都是平时缺乏相应锻炼的结果。事实证明，孩子良好的天赋，很多情况下非常需要良好的心理素质加持，才能得到充分发挥。要想不让孩子长大后遭遇这种尴尬，就要及早帮助孩子克服、消除面对他人或者走上台前的害羞、慌乱、紧张感，使孩子建立强大的心理气场，敢于面对各种难题挑战，能够自如地应对各种状况，不惧场面、不怕失误、不怕出错、不怕当众出丑，不慌乱、不失态。

5. 让孩子展示

请孩子给当"老师"。强化孩子对自我认识的能力。家长要积极引导孩子人性中好为人师的那一面，经常主动以"学生"姿态听孩子"讲课"，或者鼓励孩子经常扮演自己喜欢的角色来展示。让孩子用自己的语言表达和讲述，讲述自己看到听到的事情，演示自己学到的本领，尽情发挥自己的想象，去进行他富有个性特点的表演。热情鼓励孩子自由地、无拘无束地展示自己的才艺，并且告诉孩子怎么样效果还能更好。同时还要寻找、创造更多机会，带孩子在各种场合露面、展示、主动表演、主持节目和活动，给孩子鼓劲，让孩子在不同场合、不同环境下进行展示，促使孩子逐渐习惯于这种展示，自信地表现自己。

6. 帮助孩子在现有基础上不断升级

生活中不是事事都有"考级"，而孩子成长中心智能力的持续升级是看得见、摸得着的。随着孩子身体和心智的发育，加上一些家长安排孩子参加各种早教、专项培训课程等，其感知、认知、语言、运动、才艺等各种能力都会处于持续提升的状态。虽然这是一个自然进步的过程，但如果家长的影响和作用发挥得好，那么这种提升就会更快一些、步伐更大一些，效果也更容易得以巩固。懂教育的家长会帮助孩子在既有基础上每天进步一点点，不断有新的突破、上新的台阶，助推孩子天赋潜能向现实能力优势转化并步步升级。

7. 有意识、针对性地建立孩子的天赋系统

所谓天赋系统，就是着眼于发掘、发挥、调动孩子自身所具有的各种天资禀赋，这些天资禀赋相互影响、相互带动促进，形成集多种知识、能力、才艺于一身，集成发力的系统性优势。因而能力更全面、优势更突出，更具综合

发现孩子的天赋

竞争力和整体带动力。

在建立天赋系统过程中，家长们可能会感到，孩子的有些天赋、潜能、知识、才艺乍看起来好像互不搭界，比如，运动和美术、音乐和建构、数学和外语，这些学科、项目乍一看好像几乎没什么交集。但有经验的人都有体会，孩子知识积累、才艺训练到了一定水平之后，经常是"一通百通"，孩子忽然之间似乎就变成了全才、通才。所谓建立天赋系统，就是这么神奇。

 老师/家长 声音

多年前我在上语文课时，一个学生却在偷看大学微积分，课后我把他叫到办公室了解，原来他酷爱数学、不喜欢语文。一个"广袤无垠"成语，竟有三个字不会写。我不强求他，在支持他学好数学的同时，激励他尽可能补齐语文短板。后来他获全国奖项，被保送清华。还有一个学生酷爱写作，我就每天给他批改一篇文章，一点一滴滋养，孩子的写作天赋慢慢激活了。学会发现和保护孩子的天赋，就是在成就未来的人才。

——徐雄，中学校长、高级教师

我当了33年班主任，对发现孩子天赋感触非常深。记得我带过一个班，三年级时有个孩子好像突然变得呆滞了。我叫来孩子询问，感觉实际上是孩子不会和别人沟通，不知道怎么与人相处。我经过再深入了解，发现这个孩子嗓音是少有的音质好。就立即推荐他参加学校的合唱团，还鼓励他妈妈给他报了合唱班，抓住这个契机，又进一步鼓励孩子努力学习。后来他和班里同学也都变得融洽起来，还担任了课代表，由一个孤独症孩子变成了一个阳光、自信的孩子。

——关名伟，小学高级教师

孩子到幼儿园中班以后，开始喜欢自我展现。比如，喜欢管人、当老师。我们就给每个孩子展现的机会。做活动时，把孩子分成几个小组，轮流让每个孩子当组长。有的孩子就特别擅长，老师讲清意图后，马上就能用自己的话，把小组的孩子组织起来，把一件件事安排下去。这些情况，家长在家里是看不到的。幼儿园能发现孩子各方面的不同，老师要做善于发现者，只要给方向引导、给环境支持，而不用强加，就能起到很好的作用。

——王雯祯，保育院教师，市级教学能手

我觉得每个人都有天赋，关键在于家长怎么去挖掘。我小时候喜欢画画，因为家长没坚持就不了了之。我儿子也喜欢画画，我就陪他学这个特长，把我搞得手忙脚乱，但咬咬牙就坚持过来了。有一次儿子展示他的画，别人都不敢相信。孩子有了自信，就不怯懦、不羞于见人。我女儿柔韧度好，又对音乐有感知力，我就让她学舞蹈。我认为能让孩子发光发亮的是有个特长。

——田林，全职妈妈

悟性开发

1. 悟性与天赋是天然的姊妹

离开悟性谈天赋，经常会找不到北；离开天赋说悟性，又常常不着边际。悟性与天赋是一种正相关的内在联系，拆不散、掰不开。相对于天赋而言，悟性虽然切切实实地存在，但它似乎比天赋更神秘、更玄虚、更深不可测。悟性看不见、摸不着，却在孩子天赋开发中占有极为重要、关键的地位。

悟性是一种理解力，是一种领会力，是一种深层次的触类旁通、融会贯通力。与人常说的"开窍"大体相类似。它需要综合个人的知识积淀、经验积累、感知认知和内心体悟来实现。所谓"心有灵犀一点通"，就是对极好悟性的形象诠释。

2. 家长需要长进悟性

经验证明，人的悟性是可以不断长进的。随着年龄的增长、经历的增加、经验的积累，悟性就会随之增强。当然，这是对有心人而言的，这里所说的家长悟性，主要是指家长在观察发现孩子天赋上，是否具备恰当领会和深刻理解的能力。家长在孩子成长的整个过程，都应该用心去体悟孩子最突出的天赋究竟在哪里。如果家长悟性不够，最可能受拖累的就是孩子。家长对孩子天赋的认识、体悟水平，决定着家长给孩子的方向选择。对了，孩子可能受益一生。错了，孩子可能被耽误一生。所以，每个家长都要用心提升、强化自己的悟性，不能心不在焉、无所长进。

3. 孩子需要开发悟性

一般而言，孩子对自己突出的天赋都有着比较强的悟性。这种悟性，有力地支撑着孩子在某一方面脱颖而出。但这并不是说，只要孩子有哪种天赋，就一定是有相应的悟性。还有大量的事实是，孩子的悟性是需要开发的，需要把相应的知识、窍门、技巧、感觉等让他接受、给他启发、帮他理解领会、促使消化吸收并转化提升。开发孩子悟性，重在"点破窗户纸"，引导、促进、帮助孩子"开窍"。使其醍醐灌顶、茅塞顿开、豁然开朗，一滴水可以见太阳，窥一斑而知全貌。

家长应该明白的是，孩子的悟性开发是一个渐进、持续的过程，也是一个多重悟性逐步积累并不断升华的过程，因此也是一个不可停顿的过程。不能以为孩子有了一定悟性、有了明显长进就大功告成，而要看作只是一个良好的起点。孩子的悟性开发需要坚持、坚持、还是坚持。

4. 家长悟性和孩子悟性的相互促进

当家长真正触摸到了孩子的天赋所在，而孩子对自身天赋的悟性也达到较高水平，就具备了发现孩子天赋进入更高境界的基础条件——如果家长和孩子能够达成一种默契，那么就有可能把家长和孩子这两个悟性摞在一起，实现有效协同。遇到什么问题，家长和孩子之间往往是一两句话、一个眼神或者手势彼此就能心领神会，就会找到更有效的方法，达到更有力的促进。犹如神力加持、乘风破浪、势不可当。孩子的天赋开发往往就会有一个超出预期、令人羡慕的成就。

老师/家长 声音

有个老师在课堂上出了一道题：3+1=？有个孩子写的答案是6。但老师没有说孩子你错了，而是鼓励说："好孩子，你提出了一个很有创意的答案！现在请同学们看一看，在什么条件下这个答案是成立的？"于是，全体同学开始寻求"3+1=6"如何能成立的条件。一会儿就找出了很多：10-3+1=6；2+3+1=6……学生们的思路打开了，课堂气氛非常热烈。最后老师说："你们的答案很好，但必须有这些条件，如果没有就只能等于4。"孩子虽然算错了，但他的自尊心没有受到伤害，老师反而还用这个机会对全班同学做了一次思维拓展训练。增强孩子的悟性，要有开放式的教育思维。

——李文耀，中学党总支书记、高级教师

孩子不知道他将来会干什么，也不宜让孩子过早考虑学习以外的东西。小学、初中阶段，要激励孩子享受学习，而不是让孩子为学习痛苦。所以针对性因材施教、分层教学也是一种有效方法。有个七年级的孩子，一开学就厌学，我们就在课堂鼓励，再加上学校通过社团、文艺汇演、运动会、校园文化活动等多方面发现、调动、激发孩子的长处，把孩子的学习热情点燃了，孩子天赋就自然而然地显露了出来。

——孙淑惠，中学高级教师、省级教学能手

我从自己孩子的成长发展感受到，孩子天赋是先天基因条件和后天发现发挥的组合。2岁多就报了舞蹈，她自己要报的，但她的身体先天条件并不太适合舞蹈，后来就放弃了。我们发现她自己爱在墙上画画，就鼓励她学画，很快就找到了感觉。这就说明先天的天赋潜能，需要后天很好地发现，才能得以比较好地发挥。在亲子互动的过程中，一点一滴去发现孩子，实际上也是家长成长的一个过程。

——孙晋萍，中学教师

有的家长只在乎孩子的学习成绩，对孩子心理健康不闻不问，更不知道从何下手。有个四年级的孩子,动不动就和家长冷战,一个月不和家长说话。宁愿和老师说,也不愿和家长说。原因是他家里有了老二以后,对他就是只问学习成绩,其他一概不管。孩子在这种冷漠的家庭氛围中,没有开心快乐,天赋开发似乎就无从谈起了。

——宋娜,小学教师

那些曾经失败的方法和教训

1. 家长强制包办

不和孩子商量,不听孩子的想法,也不深入研究分析孩子的优劣势。家长只按自己的想法给选个学科或者项目,报了名、交了钱就让孩子去上课或者训练。孩子喜欢不喜欢、适合不适合,家长通通都没有认真考虑。却硬是要霸王硬上弓、一意孤行,逼着孩子去上课训练,弄得孩子不是心不在焉、听不进去,就是哭哭啼啼、郁郁寡欢。在孩子眼里,这种学习训练简直就是一种灾难。那样,耗费了家长金钱不说,还弄得孩子精神上背负额外压力,身体上受到额外折磨,却收获不多。有的甚至空空而归,还白白浪费了发现孩子天赋的大好时机。

2. 家庭和幼儿园、学校各管各

家长与幼儿园、学校的联系只谈孩子听话不听话、表现好不好、成绩怎么样,很少与老师分享讨论孩子有哪些性格特点、突出的优势劣势,以及怎样更有效地引导教育等,没有与老师就天赋开发进行实质性沟通交流,在孩子天赋开发上实际处于相互脱节、分离状态。家长得不到幼儿园、学校的专业指导,幼儿园、学校的专业优势又仅仅只发挥于校园之内。家长和幼儿园、学校两个优势没能真正统一起来,家长想当然地去安排对孩子天赋的开发,实际还是相对盲目、自发的,根本没能摸着门道。即使有一些收获,也难以达到最佳状态。

3. 盲目跟风、攀比、报班

从众、跟风、随大溜是发现发掘孩子天赋过程中家长最容易犯又最不该犯的大忌。一些家长不是恰当把握自己孩子的性格、天赋特点，总是听别人说怎样如何，或者是经不住培训机构的诱导、忽悠，还有家长之间听说某个孩子报了什么班什么课，盲目听从人家，谁谁怎么说、人家培训单位怎么宣传，唯独欠缺自己的思考和研判。有的学着学着发现孩子并不喜欢或者并不适合，却还要硬着头皮让孩子继续学。结果是孩子学得没兴趣，家长陪着没感觉。时间长了，把家长和孩子都弄得不在状态，反而把发现天赋的希望和机会给冲淡了。

4. 普遍撒网，遍地开花，学了很多但门门不精

有的家长唯恐自己的孩子落到别人后边，早早就有一种强烈的紧迫感和危机感。在孩子很小、并不适合的时候就给孩子报了一个又一个培训班，弄得孩子这个场子下来，还没喘口气，又得到那个场子，赶场子像打仗一般。执迷于家长自己所谓"尽心"。到头来是损失了钱财、浪费了时间，既累了家长，又苦了孩子，贪多嚼不烂。孩子真正的优秀天赋还是没找到，收获的效果并不尽如人意。有的反而埋下了孩子以后厌学的心理阴影。这种"赔了夫人又折兵"的做法，不仅当下不划算，还为以后孩子培养留下负面影响，家长们一定要努力避免。

5. 孩子天赋和家长意志不在同一频道，但家长却执意坚持

这种家长愿望与孩子天赋不对路的现象并不在少数。有的学科、项目本来是孩子的天赋短项，或者孩子完全不感兴趣，而家长偏偏觉得孩子学了会有出息、有发展前途，就执意想让孩子学。这种情况下，如果作为给孩子补补短板、适当促进孩子能力平衡也许是有些益处的，但要把孩子出路的"宝"押在这里显然就押错了地方。有的家长对自己认定的学科或项目，数年如一日，风里来雨里去，始终不离不弃。精神确实可嘉，效果却是"竹篮打水一场空"，除了令人遗憾、失望以外，更让人痛心的是，还浪费了孩子很多宝贵的时间，徒增了孩子的精神负担。

6. 学而不实,蜻蜓点水

有的家长把开发孩子天赋的希望放在了课堂上。带孩子上课很积极,课后功课却很不扎实,好像上完课就万事大吉了,不认真检点孩子复习或练习,学到的东西总是不能得以很好巩固。如同狗熊掰棒子,拿了下一个,丢了上一个。如此循环往复,总在学,总是基础不牢固。特别是对诸如小提琴、钢琴等对复习、练习要求比较高的科目,孩子说起来也能弹、拉一些曲目,有的好像还很顺溜,但小毛病一抓一大把。经得起应付表演,经不住严格考核。此类学习科目到孩子成人后,绝大多数都"刀枪入库,马放南山"了,实际效果是失败的。

 老师/家长 声音

很多家长在孩子教育培养上盲从、随大溜、跟着社会风向走。追求上名校,而不是针对自己的孩子,挖掘他的潜能和特质。这种做法既加剧了家长和孩子的焦虑,又没有找到孩子的优势和潜力。家长需要做的,不是跟风,而是用心去发现孩子究竟哪一方面强,并能针对性地发掘。比如,有的学生做科技实验,有种无师自通的感觉,有了自信和成就感,反过来又助推了文化课学习。有个年轻网络作家,上中学时写随笔就出众,后来退了学反而脱颖而出了。可见,家长应该和学校紧密配合,去发掘孩子自身特有的潜能,让孩子天赋得到应有的展示、呈现。

——杨永孝,中学校长、高级教师

现代社会对孩子教育存在一种焦虑感。20世纪六七十年代,家长对孩子上学几乎都不怎么管,家庭氛围很松弛也很自然。孩子按学段正常完成学业,基本都能身心健康成长。现在家长高度关注,什么都管,结果家长管得越多越严,孩子越出问题。有个初中学生,在家长连年高压下,严重厌学,抵触老师、抵触家庭。一旦感受到来自老师或家长的压力就极度紧张,老师和他正常谈话,他的手都紧张到无处安放。还和家长对抗不上学,3天3夜在被窝里玩手机。家长管得太多,把自己的焦虑传导给了孩子,导致孩子焦虑甚至抑郁。

这种管教只能适得其反。所以建议家长管教要适度、方法要得当！

——刘佩，中学德育处主任、高级教师

有的家长感觉对孩子尽心尽力，问心无愧就好，实际上很盲目。有家长让孩子4岁开始学编程，而编程是需要一些物理、数学知识的。结果，老师给的是知识引导，孩子关注的是拼积，家长关注的是学会。可见老师、孩子、家长的关注就没有在一个点上，其效果可想而知。我要说的是，家长随波逐流对孩子天赋开发没有意义。

——段洁，小学教师、三年级组长

很多家长对天赋的认识，更多看的是孩子的学习能力。有个孩子爱动，家长不想孩子输在起点，就报了不少兴趣班，超前让孩子去学。但孩子的专注力反而减弱了，在家的表现也变差了。后来家长把围棋等课给停了，专攻运动，孩子的情绪变稳定了，专注力也比以前好了很多。可见报兴趣班不是越多越好，报兴趣班要建立在对孩子和培养目的有一定认知的基础上，关键要看是不是适合自己的孩子。

——谢静，幼儿园教师

天赋的辨识发现是天赋开发的第一步骤，是起始步骤。有了"发现"的起点，才谈得上后边的天赋"发掘、发展和实现"。家长需要注意的是，一定要着力发现孩子的真天赋，而不是假天赋。不要简单拿孩子的兴趣、爱好等去衡量。比如，有的孩子真天赋在数理和逻辑方面，表现却是超级喜欢游戏，而且游戏打得超级好；还有的孩子喜欢音乐，而他的天赋优势却是在理工方面；酷爱和擅长运动的孩子，可能科学天赋超强……总之家长不要被一些外在的假象所迷惑。只有找准了孩子真正的天赋所在，才能找到正确的培养方向。

第四章 天赋开发第二步骤（Ⅰ）
天赋发掘：非智力因素的正向发挥

天赋的奇妙，在于它虽然只是以某一种或者几种特殊异禀表现出来，但需要调动的却是人的心智、心理、体能、机能的整个系统。既取决于人的心智能力，又必须依赖非智力因素的加持。

非智力因素也被称作非认知因素，是在人的智慧活动中不直接参与认知过程的各类心理因素。包括理想、需要、动机、情感、意志、焦虑、性格等多方面的内容。非智力因素虽然不直接参与人的认知过程，却对人的心智水平发挥的结果和成败、对人的天赋异禀能否最终转化成为一种天赋优势和人生优势，起着决定性作用。非智力因素在人的成长发展乃至人一生的工作生活、社会交往中都具有不可逾越性和不可替代性。

天赋发掘是成就孩子天赋的第二个关键步骤，对于全面系统地把握孩子天赋、促进孩子天赋的系统优化是至关重要的。而实现这一环节目标的基础，是发挥非智力因素的正向作用。

这一步骤的意义是，努力使影响天赋的各种因素得以积极发掘，争取把孩子的天赋"潜能"变成一种成长优势的"可能"。需要家长做好的，是努力消除影响这种"可能"进程中的各种"不能"。

性格因素

人性格类型的生物学基础是由遗传基因所决定的。遗传基因所决定的人的气质类型和基本特征具有后天不可更改性。人类对气质分类的研究至少已经有超过2000多年的历史。曾经创立了很多有影响的学说学派。其中对我国学界影响比较大、认同程度比较高的主要是两个方面：一是公元前5世纪古希腊医生希波克拉特，提出了著名的"体液说"。到公元2世纪，欧洲古代医学集大成者、罗马帝国时期著名生物学家和心理学家格林（盖伦）在此基础上创立了气质学说。二是苏联生理学家巴甫洛夫提出的高级神经类型说。格林的气质学说，到后来发展形成了经典的四种气质类型，即多血质、胆汁质、黏液质和抑郁质。不同气质类型的人具有不同的性格特点，相应就会有不同的行为模式。其主要特征表现为以下方面。

（1）**多血质**。总的特点是开朗外向。情感丰富外露但不够稳定。优势特征是充满朝气、思维敏捷、头脑灵活、热情健谈、活泼好动、反应迅速、善于社交。弱势是容易变化无常、粗心浮躁、兴趣情感易变、缺少一贯性。大体相当于高级神经活动强而平衡灵活型。典型代表人物如关羽、王熙凤。

（2）**胆汁质**。总的特点是简单暴躁。情绪体验强烈，爆发迅猛、平息快速，思维灵活而粗枝大叶。优势特征是热情豪爽、直率真诚、精力旺盛、侠义好斗、情感激扬。弱势是脾气急躁、容易冲动、情感激烈。具有明显外倾性。大体相当于高级神经活动强而不平衡型。典型代表人物如张飞、李逵。

（3）**黏液质**。总的特点是谨慎稳健。情绪平稳、表现淡定，安静稳重但灵活性差。优势特征是温和可靠、持重实干、善于忍耐、严肃认真、耐力持久、克制镇静、生活规律。弱势是不够灵活、反应迟缓、相对保守、缺乏激情、稳重有余而闯劲不足。大体相当于高级神经活动强而均衡的安静型。典型代表人物如林冲、爱因斯坦、牛顿。

（4）**抑郁质**。总的特点是羸弱孤僻。情绪体验深刻持久，想象丰富而不善交际。优势特征是多愁善感、观察细致、冷静庄重、思考透彻、体验深刻，善于觉察别人不易觉察到的细小事物。弱势是孤僻悲观、不太合群、优柔寡断、行动迟缓。具有明显的内倾性。大体相当于高级神经活动弱型。典型代表人物如凡·高、林黛玉。

人的气质类型是一个极为复杂的课题，远不是以上几段文字可以说清楚的。比如四种气质类型各自的神经特点、心理特点、行为特点和典型表现，从每个话题深入下去可以说都是一个浩瀚的海洋。在这里只能简要粗略地概述一下而已。

除上述气质学说对人的气质分类和高级神经类型说分类以外，还有德国精神病学家雷奇默提出的、美国心理学家谢尔登又论证的"体型说"，美国生理学家柏尔曼的"激素说"，日本学者古川竹二的"血型说"，美国心理学家巴斯的"活动特性说"。这些学术观点从不同侧面揭示分析了人的不同气质所对应的性格以及行为特点。

基于上述关于气质分类的不同理论，中外学者先后提出了关于性格的多种分类方法。比如，有 SMCP 性格分类，分为活泼型性格（S）、完美型性格（M）、力量型性格（C）、和平型性格（P）；有 DISC 性格分类，分为支配型（D）、影响型（I）、稳健型（S）和谨慎型（C）；还有红、蓝、黄、绿 4 色性格分类，9 点图性格分类；有理智型、情绪型、意志型划分，有外向型、内向型划分，还有独立型、顺从型划分；等等。众说纷纭、各有侧重，从不同角度阐释了性格分类特点及其对人的影响，对于引导人发挥性格的正向作用，都有一定参照价值。

人的性格是由生物遗传性和社会学因素两个方面共同起作用的。由于后天的教育引导不能改变人的生物遗传特征。因而这里我们重点讨论儿童性格形成中的社会学因素，着重关注家长如何影响孩子的性格塑造。从现实生活中看，孩子日常行为所表现的性格特点经常感觉是以混合态出现的，与四种气质类型对照时会感到"既像这个、又像那个"，家长们会感到捉摸不定，难以做出恰当的判断和把握。因此，我更认同奥地利心理学家阿尔弗雷德·阿德勒《洞察人性》的观点：人的性格是指行为习惯的特征。而且阿德勒认为，"遗传性发挥的是一种相对并不重要的作用"。这样，我们不必在那样玄妙的气质分类上纠结。而直接从社会学角度去看则可以更贴近现实，更直观可信。所以，我们就只结合孩子常见的性格表现特征来进行一些简要分析，探讨一下对不同性格类型的孩子天赋开发的要点把握，以利于家长结合孩子的性格特点针对性地进行发现与促进，使性格因素在孩子天赋开发中发挥更多的正向作用。

1. 外向好动型

外向型性格的孩子情绪兴奋性高，反应速度快捷而灵活。表现为直接、简单、明快，喜欢展示自己，优点和优势易外露，富有朝气、充满活力、精力丰沛、效率很高。常与好动连在一起，经常是"人来疯"。其天赋特征相对有较多机会表露显现。此类型的孩子可以多参与集体活动，多在人前展示自己，给他充分展现的空间和舞台，既可以不断锻炼提升孩子良好的心理素质，又可以使其外向的优点能有更多的机会得以放大和巩固。家长要多从孩子的表现注意观察孩子在哪方面具有更好的潜力弹性，以便于选择确认孩子天赋的发掘方向。

2. "匪气"霸道型

天生具有较多"野性"，喜欢以自我为中心，经常唯我独尊，走到哪里都常会自觉不自觉地摆出一副"小皇帝"派头，和小朋友相处霸气十足，往往喜欢只占便宜不吃亏，有的还经常欺负同伴，个别甚至会出现霸凌欺压。这种性格类型孩子的天赋特征也比较明显，优缺点都比较突出。是天生的自我感觉良好、心理素质超级好，有行侠仗义之风，喜欢"路见不平一声吼、该出手时就出手"。应该多加注意的是，家长一定要防范其性格缺点随其年龄一同增长。要教育引导孩子在与小朋友交往、玩耍中学会宽容、礼让、谦和，防止孩子因性格上过分霸气、形成霸道的习惯而树敌过多，甚至在校园欺凌他人而触犯法律，成为天赋发挥发展的障碍。

3. 内向腼腆型

内向的孩子总是比较腼腆，内向腼腆的性格总是相对容易内心受伤。内心世界相对丰富却较少与他人交流沟通，对他人的言语、行为反应比较敏感却较少对外表达，几乎无处可以倾诉。因为遇到事情与人沟通较少，容易在心里憋事憋气，几乎没有宣泄渠道，心理感觉伤痕累累却常常是一个人默默忍受，而家长、老师等又相对难以介入。一旦心理出现问题，极可能对孩子天赋发挥形成阻碍。对此种性格的孩子，家长应尽量避免直接批评指责，而要非常重视与孩子的心理沟通和心理疏导，努力成为他的贴心知己，多给孩子创造表达倾诉的机会，让他更多排解心中郁闷，促进与他人的沟通交流。

4. 自我表现型

多有自赏自恋情结，有强烈的表现欲。热衷于在大众和公共场合、集体活动中表现自己并享受其成就感，且不很在意别人的感受和外部的反应。往往稍有成就便感觉良好，属于典型的"给点阳光就灿烂"。这种性格的孩子大多喜欢显摆、自赏，容易自满骄傲。同时容易表现出一种莫名其妙的优越感和莫名的傲慢，常常看不起别人。与人相处或者讨论问题，总喜欢占上风，喜欢显得比别人都能行。对这种性格，家长要把握机会和分寸，指出其不足，必要时还要适当敲打，防止自满拖累成长进步和天赋发挥。

5. 争强好胜型

凡事总想争前列，总以胜者姿态说话处事。对名次、成绩总是格外在意，会分分计较，绝不轻易服输。一旦出现失误或者落在别人后边，就心生不服或者怨天尤人、徒生闷气，而不从自身找原因。这种性格的缺陷是容易情绪化，也容易因情绪大起大落而直接影响天赋的发挥，还容易对某一方面比自己强的人心生嫉妒、愤恨等不良心态甚至阴暗心理，其结果反而会伤到自己。家长要有意识地让孩子接受摔打，并辅之以必要的心理疏导，使孩子更早地接受心理磨炼，经常给一些挫折感的适应性训练。

6. 孤独自立型

能力较强而自恃清高、不大合群而乐于自立、目中无人而特立独行。古代很多文人雅士多讲究这种"风骨"。这种孩子常常天赋条件优越，智商超群、某项专长优势突出，但情商往往有明显缺陷。如果孩童时期就有这样的性格特点，常表现为喜欢我行我素，不在意别人，也不关注别人，只是自己怎么想就怎么来，那么家长就要多安排孩子参加团队训练和其他集体活动项目。让孩子在具有较大可塑性的年龄段参加更多的被动性适应。否则，这种孩子长大后容易身边没有朋友，有什么苦闷也不容易排解，形影孤单，缺少人气。家长要重点关注和引导孩子进行后天的情商提升训练。

7. 性子偏急型

性子偏急的孩子，好的一面是风风火火总有那么一股劲，不好的一面是往往伴随着学习马虎、敷衍了事的小毛病。没会走就先想要跑，蛋没孵热就想要小鸡。听讲有一下没一下、复习总是糊里糊涂、考试总是粗心大意、说话做事匆匆忙忙。经常是刚开始学就急于出成绩、刚开始干就急着要结果。基础不扎实，做事不牢靠，在匆匆忙忙中总无法做精做好做到极致。天赋发挥经常会因为"急"而打了折扣。家长要用心经常给孩子一些"打磨"训练，比如，过程中的环节校验、事后核对检查以及进行冷却处理等。

8. 性子偏慢型

遇事总是慢三分，好像天生就没有什么紧迫感。火烧眉毛也不紧不慢，水漫金山也不慌不忙。这种性格的孩子，似乎从来不会为成绩不好、落在人后而着急。看着学习上也很努力，但就是不出活。别的孩子1～2小时就搞定的作业，他愣是能拖到11～12点。家长经常是干着急没办法。对这样的孩子，一定要强化目标概念，实行时间、节点和目标管理，促进他养成按照既定目标做事和完成任务的习惯。一定要防止他把拖拖拉拉成为习惯。因为那种习惯一旦形成，要改是很难很难的！

9. 不温不火型

这种性格生来表现平和，却好似对任何事情都缺了点精神，缺少一种动力。不慌不忙、不急不火是最典型的表现。任家长鼓多大的心劲儿，他总是稳如泰山、稳坐钓鱼台。要想调动起他的激情、点燃他兴趣的火焰，没点好的招数还真的不行。但好处是，他一旦钻进去了，能相对较好地保持稳定状态。对家长而言，重要的是如何用最有效的办法来"启动"他。刺激他的兴趣、围绕他的关切，去发现孩子最擅长、最拿手的强项，促进孩子学进去、多积累，厚积而薄发。

10. 自由散漫型

做事漫不经心、随心所欲、我行我素。对规矩、规则约束经常视而不见，屡屡犯错、屡屡不改，纪律松弛、做事懒散。对这种性格的孩子，核心是要增强约束的有效性。这却是家长最难做好的。因为简单的指责批评很难奏效，而指责批评多了，又会刺激孩子的逆反心理，反而会带来更难解决的麻烦。家长要留心孩子平时最在意的事、最想要的东西，找准切入口，实际是找准和利用孩子的软肋和弱点，进行针对性的引导。矫正、约束其自由散漫的习惯，逐步养成相对上进、踏实勤奋的新习惯。

11. 动森暴躁型

如同动物之森、动物森友会的小动物一样暴躁，是一种容易带来冲击和危害的性格。对自己、对别人都很容易带来刺激和其他不良效果。动辄暴跳如雷、大喊大叫，甚至疯狂暴力、无法控制，有时还会做出不计后果的惊人之举。如果不能从小加以引导疏解、适当调教，这种性格迟早可能惹出麻烦、闯出祸端的。如果孩子属于这种性格，家长千万不能以暴制暴，用强制管教、拳头打服的办法来应对。一定要教给孩子去努力做到：遇事先冷静自己，不能热血上头，学会自我控制，决不把冲动的魔鬼放出笼子；明白事理，在心里分清是非对错；算好大账，懂得不冲动才是对自己最划算的。

12. 柔弱细腻型

有人说，性格细腻不等于柔弱，性格柔弱也不一定细腻。这是有道理的。但总的来说，二者还是相对有接近性、相似性。性格细腻的人，总是思维缜密，做事周全细致。因为顾及太多，所以会束手束脚放不开，给人的感觉就比较柔弱。特别是在女性身上，细腻和柔弱几乎是天然的混合体。对此，家长要经常带孩子接触不同的人和事，最大限度地打开孩子的眼界，使孩子与他人与社会能有更多的磨合，给他更多更充分的精神放松机会和条件。即使遇到复杂多样的矛盾、冲突、问题，也能熟悉、适应，不慌不怯，有足够的自信和能力去应对处理。

 老师/家长 声音

我们知道人的气质类型是由先天遗传基因所决定的，但这并不是说人的性格形成就没有后天作用。恰恰相反，性格具有后天的可塑性。在孩子性格形成的早期，家庭的氛围、家长的教育、外部环境的影响都或多或少地影响到孩子的心理和性格形成。家长对此要有清醒的认识，尽可能地为孩子创造温馨、祥和、充满乐趣的家庭环境。有很多的事例证明，成年以后性格扭曲的人，多数与童年时代不良的家庭境遇、成长环境有关。

——解慧明，教育科学研究院院长、正高级教师

天赋与基因是分不开的。除了个人基因特征外，还有民族基因的影响、区域性基因和文化的影响。比如犹太人的聪明、我国南北方人群基因和文化的差异等。发现孩子天赋，需要综合考虑这些情况，把每个孩子的优势发掘出来。每一个孩子都是一个精灵，每一个精灵都需要有独特的发挥。我们常说世界上没有两片相同的树叶，那么这两片树叶的不同究竟在哪里？是什么？

——易红伟，中学教务处主任

有个男孩，胆小、自卑，平时很少和同学在一起玩。原因是他有个很强势的妈妈，有个优秀姐姐。他的妈妈希望男孩也能像姐姐一样出色，设定了很高的期望值。但孩子的成绩总是不好，他妈妈就总是抱怨。我问他妈妈："你总是看见孩子成绩不好。你知道他身上的闪光点吗？比如，爱唱歌、爱帮人？"他妈妈真的不知道。后来她带孩子上音乐班，孩子自信心大增，担任了班里的音乐委员，六一儿童节时他一个人表演了3个节目。家长预设的期望值降下来了，孩子成绩反而上去了。

——李娅娅，小学教师

孩子性格有缺点，经常不能判断什么是好、什么是坏。家长、老师就要帮助孩子在成长中改变。不能让有缺点的性格定型后而难以改变。有个孩子性格暴躁，不喜欢批评，但热心助人，喜欢阅读。性格两面性表现突出。我们就鼓励为主，他犯错时，就单独私聊疏导，不公开斥责，引导他认错，督促他改正。选择正确的批评方式，是帮助孩子在成长中改变的正确方法。

——杨珍妮，小学班主任

观念、理念因素

1. 世界观、人生观、价值观

孩子来到这个世界是没有带着世界观、人生观、价值观的。那张白纸上的三观书写，最早留下的都是浓重的家长的痕迹。孩子的三观培养，需要先从家长做起，从生活学习的点点滴滴中去熏陶和浸染。

作为人对世界、人生和价值判断带有根本性的思想观念，三观对人成长发展的影响是决定性的。但在这一点上，恰恰是被一些家庭教育忽视的一个短板。一些家长认为，三观培养是学校的事，家庭主要培养孩子的心智、能力。这种观念是有失偏颇的，近年来一些地方频繁出现孩子心理问题、抑郁甚至自杀的现象，而且有向低龄化发展的苗头。值得每个家长深思和警醒。为了避免令人心痛的严重后果发生，孩子的三观培养一定要从家庭开始，等不得、慢不得、松懈不得。

当然，对孩子的三观培养需要体现儿童的特点，符合儿童心智成长规律。应该形象、生动、易于理解、印象深刻。特别是在学前阶段，要力戒简单、机械、僵硬、形式化。不能只拿概念让孩子死记硬背。比如，在树立正确的国家认知上，可以在国庆节带孩子参加观看升国旗仪式。教孩子认识国徽、国旗、国家版图等知识和概念。而对国家层面的"富强、民主、文明、和谐"的核心价值观的树立，最好在孩子具备相应理解能力后，让他结合具体事例去学习认知，以达到"春风化雨入心田"的效果。在社会认知和个人认知上，都可以在带孩子走向自然、走进公共场合、参加各类活动时，结合具体场景、行为来具体引导，把概念具象化具体化，使三观培养发挥"熏陶、浸染"作用，就会鲜活、生动而富有感染力。

孩子三观培养，是一个需要一定智力支撑的非智力因素，对于孩子天赋发挥，是一种必要的奠基，不可或缺。

2. 理想与抱负

从小激励孩子志存高远、追逐理想，会给孩子带来激活天赋、追求卓越的源源不断的内在动力，也可以树立起他最初的人生目标。历史的经验反复证明，童年、少年的理想抱负，对人的成长发展具有极大的激励助推作用。毛泽东很小年纪就曾以"埋骨何须桑梓地，人生无处不青山"的诗句铭志，周恩来在13岁时就立志"为中华之崛起而读书"。正是有了这样的理想起点，他们才为新中国的诞生和社会主义事业的开创与建设创立下伟大历史功勋。我们现在也经常听到孩子们说"长大后要当科学家，当解放军，当艺术家，当医生，当老师，当大国工匠，当农业专家……"，对未来的憧憬，同样也是令人期待的。有无数个猜想，就有无数种可能、无限的希望。孩子们最早设定的这个理想目标一旦在他心里扎了根，他就会在长时间里自觉不自觉地与之看齐对标。目光向理想聚焦、行为向理想靠拢、学习向理想聚力，用理想抱负开启的内驱动模式，将会是天赋发掘的最好模式。

孩子的理想抱负是需要家长不断帮助激发和激活的。在孩子对理想抱负还处于懵懂、萌芽的时期，就可以进行理想的启发、勾勒，使之逐步形成理想抱负的崇高感、神圣感和使命感。孩子懂事之后，再不断引导激励，力争促使孩子尽早进入以理想抱负驱动的最好模式。

3. 信念

信念是人的精神支柱，是人对某种理念、原则、思想、标准的一种发自内心深处的信服和执念。它虽然看不见摸不着，却可以给人聚集能量，助推人创造属于自己的奇迹。人一旦具有了某种信念，那么他身上所焕发的力量和潜能就是无法想象的。从古代的苏武牧羊，到重庆新中国成立前夜的狱中江姐，再到艰苦条件下拼搏探索的陈景润，无一不在证明着信念力量的伟大。给孩子心里种植一种信念，就是给他身上种植了一根"定海神针"，就是给孩子注入了一股挑战困难、闯过各种关口的信心和勇气。家长应该让孩子知道，人生总会遇到问题和困难，只有信念坚定、勇往直前、敢于迎难而上的人才能做到"狭路相逢勇者胜"。遇到问题不可怕，缺乏信念才可怕。孩子学习成长中遇到一些困难问题是必然的，只要信念坚定不退缩，就会成为最后的赢家。

人们一般认为，信念具有稳定性、执着性、多样性、亲和性特点。除了多样性是由于社会环境、成长背景等原因，而形成不同的人会有不同的信念外，每个人的信念都会不同程度地体现为稳定性、执着性、亲和性的统一。

家长在发掘孩子天赋的过程中，如果能够促进孩子树立必胜的信念和坚持的信念，他就会很自然地表现为一种稳定、执着、亲和的状态，去努力向着既定的目标前进。他就会不怕当下成绩不好，不怕面临种种难题、重重难关，也不怕失败，不怕别人笑话。面对挫折也能坚信：坚持就有希望、就有收获、就能挺过来，就会走向成功。

信念的神奇力量是不可思议的。很多成大器者，其实并不是天赋多么优秀，而之所以成功的关键因素往往都源于对信念的坚持。更何况天赋优秀者呢？有远见的家长，在努力发现孩子天赋的同时，都会首先教给孩子树立和强化信念。

4. 责任感

责任感是各种天赋能否得以完美实现的基础性因素。如果缺失了责任感，那么一个人无论有多么优秀的天赋，都会被这种缺失抵消。随时随地都可能使优秀天赋的成果归零，甚至做成负值。从某种意义上讲，缺乏责任感比缺乏天赋更可悲也更令人后怕。每个家长都需要明白，缺乏责任感对天赋发挥具有否定效应，而建立责任感对天赋发挥有正面支持效应。责任感越强，对天赋发挥的支撑支持效应就越稳固。

能否从小帮助引导孩子建立责任心、责任感，会影响到孩子一生事业的发展与成败。家长对孩子责任意识的培养越早越好。

建立责任感的前提是对责任的正确认知。从幼儿园阶段开始，家长就应该点点滴滴教给孩子做责任的主人。要让孩子知道：什么是责任？我为什么要负责？我不认真负责会有什么危害？带来什么后果？同时，要与孩子一起建立责任边界和行为规则。根据规则，做错了或者做得不好就应该承担责任。要注意从一件一件小事上告诉他什么事该负什么责和应该怎么负责，从小明确他个人的自我责任和角色责任。要经常通过具体事、具体问题，随时调教和纠正孩子由于习惯未养成或者出于自我保护而可能存在的心理倾向和行为选择，诸如漫不经心不负责任、遇上困难逃避责任、出了问题推卸责任……首先唤醒孩子有一种主动负责、较真负责的态度，逐步培养孩子对自己负责、对行为负责、对后果负责的责任意识，激发其主动担当的自觉感。逐步形成愿意负责、勇于负责的行为习惯和性格特征。

随着孩子年龄的增长，还要进一步引导孩子去主动和勇于承担相应的家庭责任、社会责任，以满满的责任感为以后自身天赋发展和实现夯实一种无可更改的内在基石。

5. 动机与目标

动机是将人的行为导向某一目标的心理倾向，也是决定行为的内在动因。动机具有激发功能、指向功能和调节维持功能，它可以由体内激素、中枢神经唤醒等生理性内在动因激发引起，也可以由食物、异性、金钱、奖惩等社会性外部诱因所诱发。所以动机经常是与目标联系在一起的。人的心里一旦设定了某种目标，就一定会激发出向着目标进发的动机。当然，这种目标一定要是在孩子内心确实设定的目标，不是家长自己想象而孩子内心却并不认可的那种目标。

从大的方面讲，理想抱负也是目标，只不过那是远景和愿景目标。与这里讨论的具体目标是有差异的。作为非智力因素中对行为与效果产生直接影响的因素之一，怕的是孩子在童年时期心里没有目标，缺乏动机。特别是孩子贪玩或者沉迷于某种游戏等，最容易导致这种现象发生。家长们一定要加以防范。

因此，家长们就要帮助孩子建立目标、激发动机。可以是长远目标，也可以是阶段性目标。或者说立足于长远目标，着力实现阶段性目标。问题是这些话说起来容易，真正做的时候就会发现孩子远不会这么理性。孩子嘴上也许会答应得很好，但就是行动上做不到。弄得家长经常是干着急没办法。其实还是没把他自己的动机激发起来。针对儿童的心理特点，家长应注意从以下几点抓起：（1）激发好奇，让孩子觉得给自己设定的目标充满了神奇、幻想和探索欲；（2）激发追求，让孩子感觉值得去努力；（3）激发热情，让孩子兴奋和有激越感；（4）在尊重和保护孩子乐趣的基础上激发兴趣，使孩子觉得有意思、不枯燥、不乏味；（5）激发荣誉感，使孩子在实现目标中接受荣誉体验；（6）激发自信心，帮助孩子建立起对自己的责任感和对目标的紧迫感，形成一种"我行、我能、一定能"的自我心理驱动。

6. 兴趣与爱好

兴趣爱好虽然不等于天赋，却从来都是发现孩子天赋的最好窗口。我们现在常见的问题，不是孩子有没有或者有什么样的兴趣，而是孩子的"兴趣爱好"被自己的亲生父母一手给带歪了。有的家长给孩子从3～4岁开始疯狂报所谓兴趣班，让上下午连续上课，弄得好不容易过个周末还跟打仗似的。以至于班太多了，孩子都不知道哪一个是自己的兴趣，家长也说不清哪个才是孩子真正的兴趣爱好。这样做的直接结果是，牺牲了孩子快乐童年不说，还把发现孩子天赋的那些闪点、亮点逐渐打磨得失去了光彩。

在孩子兴趣爱好的选择上，最忌讳的是家长自以为是。家长一定要注意不要以自己的兴趣去代替孩子的兴趣，防止给孩子报了"兴趣班"，家长有兴趣但孩子没兴趣的情况。

家长要想从孩子兴趣爱好去成就孩子天赋，至少应该把握几点：（1）找到孩子的真兴趣，确实是孩子由内而外、情不自禁地喜欢；（2）找到孩子的持续兴趣，不能仅是"敏感期"那种特殊阶段的短暂表现；（3）找到能转变成孩子某种擅长能力的兴趣，不要让兴趣总是仅仅停留在兴趣而已。那样，兴趣作为孩子身上的一种独特资源，就会显现出其独特价值。

 老师/家长 声音

有个现象可能很奇怪，一些小时候乖巧、"懂事"的孩子反而心理潜能和天赋爆发力不足。比如，家长过度肯定、老师赞赏形成一种外在心理奖励机制，孩子为此就特别懂事、爱学，看起来不错。但孩子自我内在的学习动力没能真正启动，缺乏学习主动性，学业慢慢吃力下滑，失去对自己的信心、不相信自己的能力。或是父母很忙，老人带大的孩子，常表现得懂事而孤独。孩子似乎有一种从生命源头的孤单感和不安全感，难以享受人际交往的乐趣，与人有隔离感。久而久之，孤独感不断侵蚀生命力，学习的意愿退缩，主动探索力衰退，孩子的状态离他的天赋就会越来越远。

——杜敏，博士、大学副教授、心理咨询专家

发现孩子的天赋

孩子学习、上课注意力不集中是个很普遍的现象。但注意力不集中往往都是相对的，很少有孩子干所有的事都注意力不集中。比如，有的孩子让他听课注意力不集中，但要拼积木、看动画片就会全神贯注。有个孩子5岁时就能做16岁孩子的积木（星球大战系列）搭建，吃饭时都不放手、上厕所也要带着。这种孩子对科技的投入感、对空间的认知能力都是很强的。可见，只要把孩子的内心动力激发起来，他真正钻进去了，孩子的注意力就不会不集中了。家长一定要学会发现孩子真正的兴趣所在，努力去激发孩子的内心动力。

——禹燕，原幼儿园园长、高级教师

现在市场上有设备可以做天赋测试，也有家长带孩子去做。有的经过测试，确认了孩子具有某一方面的天赋，就想让孩子朝那个方向发展。但并不是所有孩子都愿意按照测试结果去选择。即使孩子有天赋而孩子没有意愿，那么天赋还是发掘不出来。孩子的意愿很重要，家长要学会尊重这种意愿。

——刘茹，幼儿园教师

心理品质因素

1. 需要

人饿了需要吃饭、困了需要睡觉、生活安定了需要精神追求……美国心理学家、伦理学家亚伯拉罕·马斯洛的需求层次理论把人的需求从低到高划分成了五个层次，即生理需要、安全需要、归属与爱的需要、尊重需要和自我实现需要。由此我们知道，人的需要既有生理方面的，也有精神层面的。生理方面的属于基本需要、低层次需要，精神层面的属于感觉需要、高层次需要。虽然孩子心智发育是逐渐成长的过程，但同样也有精神层面的需要。家长对此应是万万忽略不得的。

孩子对安全感和爱的呵护的需要从婴儿时期就开始了，在整个幼年、童年、少年时期都是必不可少的。随着孩子的成长，对温暖感、关心关切、精神满足、激励鼓励的需要都会增加，家长要学会不断把自己调整到适应孩子成长的状态，不要使孩子正常的、带有刚性的精神需要落空。要特别注意防御孩子因需要缺失而产生倒退力：有时候一件小事没顾及、一个微妙的小冷落乍一看似乎并没有什么，却可能给孩子带来意想不到的负面心理暗示。这种负面暗示效果，可能当下不一定会直接显示出来，但在心理上造成的影响可能会是长期的。很多孩子都曾遇到或经历过这样的影响，家长一定要勤观察、多疏导。

满足成长中儿童的精神需要，最好的办法就是有帮助地顺其自然。既不过分宠溺，又不使其感觉缺失。如果孩子遇到了心理问题，最重要的是使他恢复觉察快乐的能力，重新找回似乎已丢失的自我。让他更多拥有和保留对快乐或者厌烦的体验空间，从而使孩子对需要的选择能够与他的本性协调一致，并且发展自己的本性。这种状态下，孩子的心理健康水平就会比较有利于天赋发展。

2. 情感和情绪

孩子从幼儿时就知道和谁更亲，并且会产生强烈的依赖感，这是情感在发挥作用。孩子情感比成人更为敏感，对亲疏远近的感觉和表现也更为显性。孩子对情感上亲近的人和不亲近的人会有截然不同的情绪反应。情感和情绪总是深深地交织在一起的：人面对不同的情境和场景都可能引发和产生情绪，并随着情感的变化而波动；情感亲近则可能正向情绪增加而负面情绪减弱，情感疏远则可能正向情绪减弱而负面情绪增多，无情感则可能随时被负面情绪激发或者与正面情绪共情。情感和情绪随时随地可能影响到天赋发展发挥的水平。

情感与情绪虽然不离不弃、糅合交织，但二者还是有微妙区别的。情绪具有随机性、短暂性特点，受当时特定的环境、情境、心境影响大。情感则具有稳定性、持续性特点，更能深刻影响到人的习惯、行为甚至性格。相应地，情绪的表现经常是随机短暂爆发，而情感则会决定很长一个时期的行为选择。二者的共同点是，无论是短暂爆发还是一个阶段的行为选择，都可能对人的发展带来长期的、深刻的、有时是不可逆的重要影响。

发挥情感在天赋培养中的正向作用，重点是要把孩子的情感朝正面方向启发和引导。父母要利用玩耍、鼓励、沟通、学习培养等各种机会和方式，刺激和激发能引起孩子愉悦、舒适、亲近、爱、真诚、忠诚、信赖等情感，给孩子更多的情绪稳定感，并努力把这种稳定感贯穿在孩子的学习、训练等天赋培养和发展的各种活动中。

情绪问题在本书的情商、孩子自我管理部分被反复提及，因为它在相关话题中都至关重要、无可避免。让情绪在天赋培养中发挥正向作用，核心是要让孩子保持好情绪、远离坏情绪，让孩子充分享受因为热爱、幽默、欢乐、鼓舞、振奋、被欣赏、受尊重、一定程度的自我实现等带来的愉悦、欢欣和宽慰，最大限度地挤压、排解和消除负面情绪，使情绪能够基本保持在相对良好温和状态。

3. 心态和心理感觉

有经验的竞赛学科老师和竞技项目教练都有这样一种体会：在一些需要孩子天赋发挥的关键时刻，在其他能力因素相对确定的情况下，心态就是决定性因素。越是强烈地想赢就越容易出现失误，越是急于求成就越容易自乱阵脚。排好的剧本没法进行，预定的目标就无法实现。多少人功亏一篑，多少人泪洒赛场。说到底是因为心态不稳定和心理素质不够过硬而吃了大亏。

心态如此重要，但就是有太多的人把控不好。关键时刻的心态表现，其实都是平常时候心态的自然延伸和必然结果。家长无法在关键时刻代替孩子以平常心对待，却完全可以在平时进行必要的心态调理和心态疏导。

可以在以下几点帮助孩子进行心态调适：（1）鼓励孩子努力进取，但要以平常心、平和的态度去对待成绩、名次，给孩子树立一种强烈的概念：重要的是努力和进步，而不是当下的成绩和名次；（2）宽容孩子的失误和成绩、状态的不佳，积极寻找原因，制定对策，支持孩子迎头赶上，不唠叨、不埋怨，决不使用讽刺、羞辱、打骂等方式处理孩子存在的问题；（3）帮助孩子克服自卑和建立自信，及时帮助扫除孩子遇到困难和问题的心理阴影，告诉孩子只要努力了就一切OK，不要被任何可能妨碍孩子心理放松的心念所拖累。

现实中，人的心态表现又常常源于心理感觉。与心态相比，心理感觉更有偶然性，可能别人说的话并没什么特别含义，也许一个口气或语调稍有差异、一个眼神不一样等就会给人完全不同的心理感觉。心理感觉虽然微妙，似乎根本提不上台面，但对人心态的影响是实实在在的。

为防范心理感觉影响心态，家长要引导孩子建立凡事从大处着眼的思考方式。更多关注周边人善良、良知、友好的一面，更多学会宽容和耐心。对一些不太友好、不太体谅的人和言行不过度敏感，不对号入座，更不主动做出反应。如果有人确实明确针对自己，能睁一只眼闭一只眼的，装个糊涂先让一步。不让不良心理感觉影响自己的心态。

4. 自信心

很多人无数遍强调自信的重要性，但自信心却不是说了就能建立起来的。自信心需要建立在相应的、有底气的自我认知基础之上。如果一个人自我认知中具有多种强大的认知要素组合在一起，比如，我的智商情商、我的能力、我的家庭、我的教育背景、我的社会关系……假如组合在一个人身上的每一个或者多数认知要素都是非凡过人的，那么就会由内而外地发出一种"我一定行"的气场信息。反之，如果他的每一个认知都矮人一头，那么想自信起来就真的好难。

孩子的自信心建立比起成年人要简单得多，因为孩子们受到的社会性比较因素要少很多。具体到在天赋发现方面促进孩子建立自信心，则更要轻松和单纯一些。重要的是要让孩子形成一种概念，在学习与小伙伴的相处中，对可能遇到的困难、挑战都能有足够的心理准备，敢于迎面而上，并且坚信自己有能力应对，能够战而胜之。

让孩子建立自信心，一个关键因素是让孩子能够清晰地认知自己的比较优势。这需要孩子把自我认知和对他人的认知结合起来。能恰当认识自己在某个学科、某个项目上具备什么样的比较优势，并能鼓起自己必胜的信心和勇气去发挥和展现这种优势。比如，我的文化课不够突出，但我的音乐天赋超人；我的数学逻辑能力不强，但我的语言天赋超强……孩子认知到自己的比较优势，就能逐步学会扬长避短，从中找到感觉、树立自信。家长需要做的，是不断让孩子的比较优势得到强化和提升，把能强的项目、科目先强起来，给自信心以足够的底气和优势感。同时在此基础上留意防止孩子向某种严重偏科方向失衡发展。

5. 热情与激情

热情会焕发精神动能，强化人的精神投入，增强对目标追求的执着；激情则会激发澎湃力量，实现瞬间唤醒或者喷发，喷涌出如同火山爆发一般的力量。人一旦有了热情和激情，那么其所产生的动能就是不可估量的——热情似火、激情如闪电。如果孩子具备了这种内在动能，就会爆发出无法想象的力量，给天赋插上腾飞的翅膀。

然而，一个人有没有热情、激情，不是嘴上说有就有了，也不是说要有就能有的。它并不像兴趣爱好、情绪情感那样可以有相当成分的自主调控。一方面，有没有热情和激情、有多大的热情和激情很大程度上是由人的气质性格决定的，多血质、胆汁质或者高级神经活动强而平衡灵活型和不平衡型的人，都天生具有热情豪爽的性格基因；而黏液质、抑郁质或者高级神经活动强而均衡的安静型和弱型者，则先天气质相对缺失活跃的热情细胞。这就是不同气质类型的性格分界特征。另一方面，基于人对自己在意的兴趣、感觉、心结与疑惑、目标与希望等的关注和吸引，也可以唤醒和唤起人的热情与激情。这是家长可以发挥作用的地方。

那么如何才能唤醒孩子热情、激活孩子激情呢？

可以从以下几个方面着手：（1）寻找对他有吸引力的事情；（2）寻找与他的兴趣契合点；（3）寻找能触发他感觉的那个"点"；（4）寻找能诱发他的遐想的那些话题；（5）寻找能使他看到希望的目标；（6）寻找能解开他疑惑的答案和能打开他心结的窗口；（7）寻找能打通他思路的路径。总之，围绕他的关切，关心他的关心，让他自己成为关注和话题的中心，也使他成为解决各种"结"的关键环节。那样，他想不热情、想没激情都不容易。

6. 焦虑感的克服

焦虑很常见，直观表现主要是焦躁不安、心神不定、紧张恐惧，在很多人身上都或多或少地出现过。焦虑是人成长中一颗看不见的绊脚石。焦虑主要来源于压力，而压力又来源于心理上的过于着急、压抑、担忧、惊恐、攀比、竞争、强争、硬拗、执念、虚荣心以及外来逼迫等。人都知道焦虑是有害的，没有人愿意主动选择焦虑，却经常有人无法做到自主控制和克服焦虑。一般而言，焦虑在孩子身上表现较少，但随着竞争、攀比等压力增大，也出现了焦虑向低龄化发展的倾向，孩子焦虑问题也越来越引起家庭、教育界乃至社会的关注和重视。

这里，我们只就正常人的焦虑感做一些简单分析，不讨论医学上的"焦虑症"，因为二者是完全不同的范畴。所以不涉及任何医学手段，药物治疗。万一孩子确实患上了焦虑症，那就必须到医院接受正规治疗。——这是另一个话题，不在此论。

正常人的焦虑感也会表现为轻微的精神性焦虑、运动性不安、自主神经功能失调等，但只要不是持续性的，心理调适应该就是克服焦虑感的好方法。

如果孩子出现了焦虑感，家长首先要做好的是积极通过倾听、疏导、鼓励等方式给他传递积极情绪。询问了解孩子是否在外边遇到了冲突、挫折等问题，使他感到创伤、忧虑、痛苦；或者是否被别人歪曲、否定、委屈，使他精神紧张、羞愧、内疚、压抑……如果确实是遇到了，就要帮助孩子做出客观分析，引导孩子千万不能出现虚幻错误认知和消极心理感受，特别是防范孩子过高地估计不好事情出现的可能性，防止那种戏剧化、灾难化地去想象事情的不好结果甚至是极端结果，更多地给予正面心理支持。阳光开放的心理认知可以化解、克服绝大多数一般意义的焦虑感。

此外，多带孩子参加运动、听音乐、集体活动、走向自然等进行疏解和放松，也是克服焦虑感很有效的方法。

7. 社会适应力

社会适应是个人为了适应环境改变，接受情境，把自己融入所生存的情境环境之中，主动进行自我调整，改变自己的态度、处世和行为方式，接受和遵从新环境条件下的规范和准则，从而使自己与社会相一致、相和谐、相符合。社会适应能力则是指能够恰当地进行自我认知，能够较好地实现生活自理、有效进行自我控制（包括抑制个人冲动、抵制外界诱惑、延迟满足欲望的行为方式），能够较好地进行人际交往，能够主动适应环境改变、适应社会情境的能力。是一种个体融入社会、接纳社会的能力。有家长问，这不都是要求成年人的吗？跟孩子有什么关系？

关系大了去了。一些家长可能没有仔细想过，人的一生，需要经历无数次的情境变化。家庭内部的情境变化不说，单从1岁多开始上早教，2岁左右开始幼托，3岁上幼儿园，6岁上小学……仅在童年、少年时期，这种较大的情境变化就要经历很多次。我们知道，孩子是不具备改变环境以使之适应自身需要的能力的，但其对社会适应的要求又不可避免。因此孩子的社会适应只能是被动的：要么接受情境，要么心理防御，除此别无选择。孩子的社会适应力越强，他就会越轻松快乐，天赋开发的自身内在动因就越容易得到好的发挥。

孩子社会适应力的培养，主要是着眼于自身能力和对情境的心理适应两个方面。个人能力的重点是生活自理能力、学习能力和必要的社会技能。对情境的心理适应方面，需要从对新环境下的规则适应开始，引导孩子认同和接受新情境，以宽容的态度接纳他人，减少排斥，容易接近；在情感表达、道德品质、参与行为、任务完成上与新情境、环境形成合作与默契；与人相处时对他人欣赏多于责备，建立新的人际交往和人际关系；学到更多的处世行为方式；逐步形成抵抗外部各种打击的承受能力。从而为天赋发展夯实稳固的社会适应力基础。

需要说明的是，在通常情况下，心理品质的若干因素并不是各自独立发挥作用的，而是相互关联、相互影响的，很难说有一个泾渭分明的分界，经常是几个因素糅合在一起共同起作用的。心理品质因素的正向发挥，需要从总体来引导和把握。

 老师/家长 声音

有个值得深思的现象。有不少学习好的孩子反而人际关系不好，心理也比较脆弱。一次我在做心理培训时提出问题："谁会在考试考了最后一名时就不想活了？"使我大吃一惊的是，居然有16个孩子举了手，这些孩子都是学习比较靠前的。如此轻率地看待生命，面对一个考试成绩排名就会产生这样的念头，实在是很可悲的。但想一想，这难道是孩子们的错吗？以前有些学校还实行按分数分班、按分数排座位，学习好的可以不用打扫卫生，好像别人都应该为他服务。被宠坏的孩子，心理能健康吗？观念错位了，天赋能发挥好吗？

——温耀婕，中国计生协会青春健康工作顾问、知名心灵成长导师

现在有些单亲、离异及重组家庭，家庭关系相对微妙，对孩子影响是很大的。一个学生的父母原来各自有家，也各有孩子。两个大人重组家庭后生了他，没想到父母再次离异又再次重组家庭。有了这样复杂的家庭经历，孩子无

心学习。还有一个初中孩子，竟偷偷去买药刺激雌激素，幻想变身女孩。童年的阴影一直挥之不去，家长又不能切实负起责任，以至于孩子患上了抑郁症，还能奢谈什么天赋开发？

——刘艳茹，中学教师

有个从农村学校中途到我们学校借读的孩子，刚来时连普通话都说不了。但孩子数学方面天赋突出，我们就及时鼓励，经常给他展示数学才能的机会。结果到六年级小学毕业时，他的数学成绩名列全年级第一。可见，增强了孩子的自信，也就增强了孩子天赋放大和发挥的底气。很重要也很必要。

——唐纳，小学教师

我的女儿初中成绩特别好，音乐天赋突出。我们家长对她也是操碎了心，创造一切条件支持她学习。成绩稍有滑坡，就马上采取措施给她补课。谁知上高中后，她妈妈生了二胎抑郁了，她也抑郁了。后来一见学习就呕吐，越说好好学，她就越反抗。我们在她身上确实付出了太多太多，但她却走向了我们愿望的反面。真是太让我们苦恼了！

——迟建（化名），某公司人力资源部副部长

意志力因素

1. 自控力

所谓自控力，就是人对自己的欲望、情感、情绪、冲动等进行自我把握、调节、控制、管理的能力。包括意念自控、言语自控、情绪情感自控、行为自控和意志自控等几个方面。体现在对自己的生活、交际、事业的尺度把控和分寸拿捏等方面，具体表现为面对、处理周围的人际关系、事件问题、利益诱惑、情感情绪等能否进行有效自我管理，以及能否对行为、言语的理性自我支配上。自控力高低是人思维和情商成熟水平的显著标志，也是考验意志力强弱

的最核心和最根本的一种能力。

西方一些学者一直在从理论和行为的结合上探索自控力的作用和意义。在美国心理学家弗兰克·哈多克看来，人的大脑灰质不仅是可塑的，而且能进行更新。除了具备与生俱来的一些功能之外，还可以进行人为更新。因此，需要"更注重对神经元变化方向的引导，""除了要掌握书本上的知识，更重要的是要学会控制和运用不断发展的自我力量"。自控力强，并不一定就能到达人生辉煌的顶点，但自控力差则可能随时会使一个人多年的辛勤努力在瞬间"归零"，导致人生成长和进步发展中的骤然跌落，成为关键的否决性因素。

我们在生活中经常见到那些一言不合就动手惹祸的人、酒场上动不动就管不住自己的人、看见一点点利益或者诱惑就走不动的人，都属于典型的自控力差的人。这种人有很多是注定不成大事、难有辉煌成就的人。一个自控力强的人，往往既能在强烈的自我激励中把准自己的前进方向，又能在面对诱惑时做到很好的自我克制；既能在突然爆发时表现出坚定果断，又能在面对风高浪急时做到平和安定；既有坚韧不拔的勇气和毅力，又有收放自如的智慧和手段。某种程度上讲，在促进孩子天赋发展中，必须首先培养和持续巩固的一个基础性能力，就应该是促进孩子形成能够更好、更自如、更有效驾驭自己的自控力。

儿童时期的自控力培养，是一种有助于决定人生发展高度的能力培养。儿童自控力培养的内容与成人有所不同，看似简单实则很难，且养成习惯需要付出更持久的努力。其重点主要是解决：饮食过量或者只吃零食不吃正餐、注意力不集中、粗心拖拉冲动急躁、面对诱惑无度要求、对网络手机游戏过度沉迷等一些童年少年时期的自控力问题。方法上说起来似乎真的很简单：确保孩子睡眠，多带孩子运动，加强时间管理，减少外部干扰，信守承诺但适当延迟一些满足孩子要求，转移孩子注意力，鼓励孩子做计划等，逐步锻炼孩子懂得克制自己的欲望，在诱惑面前保持自我、不受干扰，从自律自制开始做起，学会自我控制冲动，遇事沉着和保持冷静……孩子的自控力培养是一个渐进的、缓慢的过程，家长一定要有足够的耐心。

2. 顽强性

严格说来，顽强性也是自控力，属于对耐受性和忍耐力考验的一种自控力。狄更斯说过"顽强的毅力可以征服世界上任何一座高峰"。无论环境多么严酷、挑战多么惨烈、压力何等之大,只要精神顽强,就有战胜一切困难的可能。纵观古今中外,顽强性从来都是一种极为宝贵的精神品质。

顽强性的突出表现是意志坚定、百折不挠,有一种不达目标誓不罢休的精神,有一种泰山压顶不弯腰的气概。最突出的行为特征是具有坚强的韧性和坚持的毅力。不断追求和达到"天将降大任于斯人也,必先苦其心志,劳其筋骨,饿其体肤,空乏其身,行拂乱其所为,所以动心忍性,曾益其所不能"的境界。那种遇上问题就躲闪、遇到困难就退缩、稍有麻烦就松劲、稍有挑战就泄气的状态与顽强性是格格不入的。在社会整体上对孩子宠爱有加、百般呵护的大环境大背景下,确实有必要防止和避免社会层面的顽强性精神滑落。从而塑造和确立全社会的顽强性精神。期望自己孩子具备顽强性意志的家长,需要从小给孩子一种顽强性精神的培养。

培养孩子的顽强性,要从培养孩子的独立性开始做起。不要一遇到一点小问题就一味去哄,而要给孩子以自我意识和反省的空间;平时不要总是宠溺着满口"娇滴滴"撒娇打"嘴炮",而要有意识地引导激发孩子的血性和斗志;家长要学会收敛自己的强势和包揽,有意识地让孩子自己承担后果;经常帮助、检点、督促孩子不断克服和战胜惰性,每当孩子想懈怠、松劲、偷懒、打退堂鼓的时候,及时给予鼓劲支持、振奋精神;要经常激励孩子不轻易放弃、不轻言退缩,强化持续的恒心和毅力;不断给孩子增强自信,培养能吃苦耐劳、不怕困难、不服输的劲儿;鼓励和锻炼孩子在与其他小朋友的碰撞中不断成长,培养其内心和精神逐步走向强大。

3. 抗挫能力

人的一生总会经历这样那样的困难和挫折。一个人遇到困难、挑战、挫折、失败时,是否具备勇于面对、冲破压力、摆脱困境、战胜困难、取得经验的能力,或者说具备什么样的处理能力、具备多大的抗压能力,这就是人常说的"逆商"——所谓逆境商数,也被称为厄运商数或者挫折商、逆境商,是反映人应对逆境、承受挫折的意志力商数指标。体现为人在面对逆境时的心理状态、反应方式、应变能力和处理效果。逆商是顽强性的更高层次,是决定着人成败、人生能否跨上新高度的意志力根源。因此,有人直接将逆商与智商、情商一起并列为人想要取得成功所必备的"三大法宝"。

社会生活节奏的普遍加快，使人出现心理问题的年龄段提前了。一方面，现在家庭的生活质量普遍大幅度提高，孩子在从小习惯了优越物质条件的同时，还享受着家庭对孩子在精神上的放纵和宠溺；另一方面，家长基于自身焦虑而逼迫孩子从幼年开始学习训练，过早承受了竞争压力。这两个因素叠加在一起，就出现了一个不应有的反差，该经历的磕碰、摔打没有遇到过，不该承担的压力却提前压到了身上。一旦在学习和生活中遇到了他自以为的困难、挑战、挫折，仿佛马上天就要塌了下来。轻则情绪爆发、闹个鸡犬不宁，重则精神抑郁、整得家长焦头烂额。极个别的甚至完全精神崩溃，割腕的、跳楼的、服药的也时有耳闻，真是让家长心惊肉跳、惶惶不可终日。

培养孩子的抗挫能力已经刻不容缓。没有这个能力，去说什么天赋，一切努力都可能归零，变成无从谈起。

按照加拿大心理学家保罗·史托兹博士《逆商：我们该如何应对坏事件》所框定的逆商的四个维度，即掌控感、担当力、影响度、持续性。每个家长对孩子进行挫折训练或者锻炼，都可以着眼于以下关键环节：（1）强化面对逆境的控制感，无论面对什么困难，都学着自己去努力想办法主动掌控它；（2）强化担当力，勇于面对逆境发生的自身原因，勇于承担责任；（3）降低影响度，努力把逆境带来的负面影响降低到最低程度并尽可能地改善后果；（4）增强忍耐力，并尽可能地缩短挫折困难的持久性和所造成影响的持久性。抓住了以上四个关键要素，就可以尝试通过让孩子承担具体事来强化其抗挫折能力和抗打击的韧性，增强他对挫折的心理适应。

4. 荣誉感

是基于社会价值评判而产生的一种自我心理感觉和主观体验。个体在集体中做出了杰出的贡献或者取得了突出的成就，得到集体、社会、国家的认可、肯定、赞誉、褒奖，由此而产生荣誉。当自己的价值关系（地位、成就与能力）隶属于更大的价值系统时，并得到更大价值系统的承认与重视，就会产生一种名誉心理，或者说是"求荣誉"心理。

荣誉感揭示人对自己的态度和社会对他的态度，是人类区别于动物的一种道德意识和情感。它是个人知耻心、自尊心、自爱心、名誉感、光荣感、好胜心、自我感、荣耀感和集体主义情感组成的一种复杂的道德情操。德国伦理学家弗里德·里希·包尔生认为，荣誉感是以价值判断的形式表现出来，是社会衡量个人的尺度，与人的品质、行为所共存。

荣誉感作为一种高尚的体验感知情绪，会强化个人履行义务的道德责任感，促使人产生追求进取的意志力。孩子从懂事开始，就会很自然地从家长、老师那里接受、感知、享受荣誉感。其对荣誉感的体验主要来源于在幼儿园、学校以及家长和家长周边的人的肯定、鼓励、褒奖等，多数与孩子的品德、智力、行为、态度、学习等表现相关联。其中，家长和老师的态度（尤其是老师的态度）至关重要。

家长要学会主动和老师配合，在孩子心里播种好荣誉感的种子，使孩子从小有一种荣誉的高尚感、收获感、自豪感和满足感，建立和形成一种追求光荣名誉的情感，懂得去珍惜荣誉，愿意扎扎实实用勤奋努力去争取荣誉。在此基础上，获得更多积极向上、富有正面意义的心理感受，即伴随"自豪、优秀"等积极情绪体验所产生的荣誉感。正如英国哲学家杰里米·边沁所说的那样，一个人荣誉感越强，其道德感就越强。对孩子的成长和天赋发挥来说，荣誉感的正向激励是重要的。

需要家长注意的是，要重视荣誉感但又不宜过度强调，否则有可能激活它过于追求功利的另一面，因为它还具有一定的功利诱导性。家长需要帮助孩子正确辨别、恰当把握崇高与自私、功德与功利、社会价值与个人名利的分际。树立正确的荣誉感，不要把对荣誉感的追求变成一种对功名富贵、名利地位、身份与特权、权势与地位、等级与门第、金钱与财富等的追求。那样会过早地激发孩子的功利心，反而不利于孩子的身心健康成长。

家长还要引导孩子恰当认识荣誉感与虚荣心、个人荣誉感与集体荣誉感、荣誉感与道德情操、荣誉感与社会价值的关系，防止过度追求荣誉感带来行为偏离。

5. 求知欲望

抱着强烈的精神追求，对获得知识、追求真理具有强烈的探求欲望和探索精神。总是表现出对知识有一种没有穷尽的渴求，对学习有超级浓厚的兴趣，经常不由自主地沉浸在学习、阅读、探求问题之中，自得其乐又乐此不疲，以其非同一般的专注、投入和执着，展现着一种超常的意志力。

求知欲强的孩子，往往都具有强烈的好奇心，总能以超级敏锐的视觉、独到的眼光去捕捉知识点、发现新变化。他总是不停地发问，既喜欢探求未知，也喜欢挑战已知，还喜欢追根问底，有那种打破砂锅问到底的习惯。同时，因为这种孩子善于思考，充满想象，总在设想，总在琢磨，其知识获取是靠自觉学习的内在动机而不是靠着外部压力驱动的，所以他的知识面拓展延伸和知识层次提升是主动而不是被动的，其理解消化程度就会更深刻，也就更容易把各类知识融会贯通而显得得心应手、应用自如。

每个孩子与生俱来的好奇心是打开他求知欲宝库的最好钥匙。要把一般的好奇心转化成为求知欲，还应该着眼于怎样启发孩子自身的精神需要。比如，打开他对新事物的认知，点燃他探究新知识的兴趣，确实非常重要。难点在于：我们无法拿出一个包治百病的药方，只能有一个大体上的提示：家长要高度重视、认真对待孩子的每一个提问，并从孩子的提问中延伸发问，激发孩子进行联想思维和更深的探求；鼓励孩子寻找、发现问题，并注意尽可能让孩子从已经学到的知识中去寻找答案；经常变换方法去让孩子"尝鲜"新环境、新事物，强化其对知识和生活的感知认知能力，强化他追求更多探索的欲望和动能，不断激发又不断强化和满足其好奇心；家长可以通过自身的榜样力量影响孩子，家长的求知欲往往会激励孩子的求知欲，助推孩子更强的学习动机。

6. 胆识与气魄

很多人都有这样的经验：一个人在承担重要使命的紧要关头，事情的成与败，不是取决于他"能不能"，而是取决于他"敢不敢"。人的胆识和气魄，经常是在危急、关键时刻决定事情发展方向的关键因素。事实上，那些在关键时刻"不敢"者，依他的天赋实力，多数属于完全可以"能"，但他的不敢，最终决定了"不能"。可见，这种人并不是缺乏对事物认知的天赋，而是缺乏意志力上的果敢和决断。

"胆识"二字，"胆"和"识"是紧密关联、相辅相成的。有胆略是因为有见识。而"胆小""没有气魄"，说到底根子还是缺乏自信，而缺乏自信的根源又在于"识"的不足。人常说的"艺高人胆大"，就是由于"艺高"者经历了大量的见识，对所要做的事胸有成竹、底气十足。没有经过大事、难事历练的人，遇到问题，总会如临深渊、如履薄冰，因为他无法预知跌落下去的后果。

在这种情况下，要让他有多大气魄是不现实的。

绝大多数人的气魄都是从不断积累的"胆识"而来，是从一次又一次摸爬滚打中摔倒、爬起来锻炼而来。儿童时期的气魄胆略经常表现为两个极端：一是勇猛者超级无畏，天不怕地不怕，所谓"自古英雄出少年"是也；二是胆小者超级怯懦，"害怕""不敢"经常是他的第一反应。这其中有个人气质性格方面的原因，也有其成长经历和外部环境的原因。

对以上两种倾向家长都要加强教育引导，训练孩子胆识气魄的正确打开方式。比如，在与同学、同伴的相处中，学会既不惹事也不怕事，与老师、同学等有了难题难事，家长除给予一些必要的指点、帮助控制他可能出现的行为过激和出格以外，原则上让他自己去协调处理。让孩子自己通过经历对危机、困局的处理，强化他面对困难与挑战的决心、勇气和意志，打造、锤炼那种逼到悬崖无退路时"狭路相逢勇者胜"的胆识和气魄。

7. 成就感和自我实现感

这是马斯洛需求层次理论中的最高一级需要满足。按照马斯洛的表述："高级需要的满足能引起更合意的主观效果，即更深刻的幸福感、宁静感以及内心生活的丰富感"。成就感和由此产生的自我实现感应该就是：愿望得到实现、成功达到目标后产生的积极情绪体验的愉悦感，付出努力后获得认可的满足感和自我价值肯定感。

成就感产生的前提是，判定什么是成就和是否确有成就。不同的人、不同的定位对成就的认知标准可能会是完全不同的。在孩子的认知中，他取得什么样的成就说来简单也复杂：年龄不同、性别不同、兴趣爱好不同，其内心对成就的认知也就可能会完全不同。家长要针对孩子的不同年龄段、不同要求去衡量孩子的成就，体味孩子的成就感。

有的家长对孩子是否有成就感不以为然，认为小屁孩哪懂什么成就感。应该说，在孩子的大脑里，可能确实没有成就和成就感的概念，但这并不等于孩子就没有成就感。如果我们认为低龄的孩子就不存在高级需要，那完全是一种糊涂的认识。4岁的孩子拼积木，可能他确实不会清晰地意识到这就是一种成就，但他还是会有成就感。5岁的孩子能篮球带球会有成就感，6岁的孩子能做一些运算会有成就感……家长一定学会恰当看待孩子的成就，尊重、重视和鼓励孩子不断取得成就、获得成就感，去追求自我实现。

伴随孩子成长，家长可以在和孩子一起游戏、共同学习中等不断激励孩子获得成就感、享受成就感，以此进一步激发孩子的自信心，使孩子具备更多的心理优势。在方法上，要注意通过设置可实现、可达性目标，经常让孩子能体验到阶段性成就；重视结果但更要重视过程，给予鼓励和赞美，发现并放大孩子身上的闪光点，让孩子感知自身的探索性成就；渐进增强孩子学习训练的挑战性，支持其与同学、伙伴的主动合作，学会扬长避短，突出发挥自身优势，逐步形成比较性成就。建立在这种基础之上的成就感，就是在为孩子健康成长奠基，为不断自我实现注入源源不断的动力和活力。

 老师/家长 声音

老师对孩子的影响是深远的。有时老师的某一句话，过了很多年以后，学生还记得。所以老师应该多关注成绩处于中下游的学生。有很多孩子智商并不差，只是注意力不集中，意志力不够，管不住自己。有时因为缺乏被关注而产生消极心态，就像慢性毒药会侵蚀孩子心理，使孩子离天赋越来越远。作为老师，要帮助这部分孩子树立自信，激发他们进步的欲望，培养毅力，挑战困难。

——施坚强，中学高级教师

家长和老师都要学会经常给孩子以成就感。没有成就感，即使孩子有天赋也会慢慢打磨没了。而有成就感，就会激励孩子不断进步。有个网络作家，数学成绩只有几分，但他的写作天赋得到了极大发挥，就会有很强的成就感。我曾带过的一个班里有个孩子学习成绩垫底，他的天赋是靠各种活动发现的。他喜欢表演，社交能力很好，学校运动会当志愿者，演课本剧都非常突出。老师就不断激励他，给他成就感，把他的天赋强项激发起来。

——耿精媛，中学教师

有的家长认为把孩子交给老师，任务就完成了。他们只关心孩子的学习成绩，不关心别的。有的孩子几乎没有生活技能，有的孩子在校园里随地小便，家长对这些几乎没有意识。这些家长对老师的期望值很高，但对家庭教育中那些细小的问题,既没有关注,更没有反思,仿佛就是天经地义一样。我觉得这样的家庭教育是培养不出优秀孩子的。

——罗飞艳,小学学生处主任

现在孩子的心理问题有低龄化趋势,有的孩子很小就有心理问题,可是家长并不知道。这就很容易把孩子小心理问题积攒成大心理问题。最好能开设一些家长课程,进行这方面的辅导。让家长意识里更加重视对生命的爱惜,防范对孩子的伤害。积极去预防、化解孩子的心理问题,培养心理强大的孩子,也让孩子懂得有了问题如何求助。这些都是很重要的。

——成丁丁(化名),某公司员工

排除影响非智力因素正向发挥的外部干扰:家长与孩子的不良沟通

1. 不良沟通及其危害

这里所说的不良沟通,特指父母与子女之间不能实现沟通预期愿望和效果的那种沟通,或者是事与愿违、导致误解、诱发各种矛盾问题的沟通。

不论多么和谐幸福的家庭,都会多多少少都有不良沟通的存在。几乎每个人都遇到过不良沟通,每个不良沟通都会轻则影响人的心情,重则诱发不堪设想的后果。不良沟通的现象比比皆是,以至于很多人对它都已经见怪不怪、麻木不仁。父母本希望孩子好好学习,但动不动就是一顿狠批,把孩子学习的心情弄得荡然无存;孩子考试拿了好成绩给父母报喜,父母却说还差得太远了;孩子做好事受到了表扬,父母却说吃饱了撑的,多管闲事……诸如此类,好像完全没什么共同语言。一个家庭如果长期存在不良沟通,会使孩子和家长的心理距离被无形拉开,甚至越来越远、越来越陌生。不良沟通还会对孩子非智力因素的所有方面,包括世界观、心理品质、意志力乃至性格等都产生负面影响,孩子天赋发现的一些成果也会被这种不良沟通抵消。

家长与孩子之间不良沟通的常见表现为以下几方面。

（1）**一味迁就、过度讨好**。"含到嘴里怕化了、拿在手上怕碰了"，唯恐孩子有一丁点的不爽，不懂怎样亲才能表达对孩子的爱。家长过度地迁就、放任、溺爱，会使与孩子本该正常的沟通扭曲变形，有意无意地把孩子的自我感觉推到了一种不适当的位置。家长应该懂得，孩子长大到社会上是不会有人这样迁就他的。长期过度迁就的沟通方式是不健康的！

（2）**一味指责、无端否定**。对孩子横挑鼻子竖挑眼，孩子怎么做都不对。遇事总是不问青红皂白，劈头盖脸就是批评指责。不仅无法让孩子建立自信，还极容易在孩子心里埋下逆反的种子，为孩子以后变成"问题孩子"打下伏笔。随着孩子逐步长大，孩子与家长之间一些莫名的矛盾就会不断积累，直接诱发孩子的对立和抗拒情绪，说不准哪一天就会爆发出来，弄得不好小批评就会变成大问题。

（3）**语言冷漠、不近人情**。从孩子开始进入小学中高年级阶段后，自立意识逐渐增强，而学习状态也初见眉目，父母因为学习方面的事对孩子批评明显增多，争执的频次、烈度会呈现升高趋势。这种情况下，最忌讳家长说话尖刻、语言冷漠甚至冷嘲热讽。如果是这样，那就只是一种单方面的情绪发泄，而根本不能称为一种真正的沟通。是不可取的。

（4）**不会倾听、自说自话**。不会倾听孩子，是家长和孩子沟通时的最大障碍。孩子的想法，家长没听进去，或者是根本没听。家长想说的，却又和孩子几乎是完全不在同一频道。家长如果坚持要自说自话，那就变成了家长、孩子各说各话。这样与其说是在沟通，不如说是相互通报。孩子会觉得父母根本不顾及他的需求和感受，或者误以为父母把自己当成"傻瓜"一样。最可能的结果是，话说了不少，但不会有什么好的效果。

（5）**打岔啰唆、装聋作哑**。不管是故意还是无意，用这样的方法与孩子沟通都是够笨拙的。有时孩子提出一些也许是不合理的要求，而家长不愿接孩子的话题，故意装聋作哑，损耗的是孩子对家长的信任、信心和期待。而无意之中的打岔，则不免让孩子感到无法理解、失落失望。至于说话啰唆，虽然不一定是打岔的结果，但会让沟通变得疲惫、伤神，也是要努力避免的。

（6）**居高临下、武断粗暴**。家长本来就是"长"，居高临下是必然的。如果总用一种"长"的口吻去和孩子沟通，总有一天是会失灵的。尤其是在孩子的叛逆期、青春期等特殊时期，唯"长"独尊、不容辩驳的态度有时会堵了家长和孩子沟通的大门，使家长和孩子沟通阻断、"断片"。可能由此孩子有了心事、遇上困难、发生矛盾首先想到的不是家长，甚至故意躲避家长。沟通盲点就会变成问题盲点、矛盾堵点，天赋开发就会被迫受阻、拖延甚至中断。这样的家长就是失败的。

（7）**自以为是、信口开河**。相对于孩子，家长的知识、经验毫无疑问是占优的。岂不知现在的孩子生长在一个知识、信息大爆炸的时代，家长稍不留神，自己那些知识经验就会显得落伍了。以老经验自居不仅无法让孩子信服，反而会让孩子感到可笑。家长原来在孩子面前那种权威感、高大感就会打了折扣。如果家长总是信口开河、张嘴就来，沟通就会寡然无味、趋于无效。

（8）**揭短打脸、伤人面子**。孩子的面子也是面子，有时候孩子心里要是打了结、认了死理可能会比成年人更加难以解开。保护好、至少不伤害孩子的自尊心是极为重要的，家长千万不要不以为然。任何时候、特别是当着外人面的时候，都不可以以任何形式、口气去揭孩子的伤疤和短处。否则，孩子在家长面前保留的秘密就会越来越多，与家长的沟通就会越来越少。家长会发现孩子越来越难管，孩子则觉得家长越来越烦人。

（9）**过度"理智"、总在"敲打"**。家长恨铁不成钢的心情是可以理解的。孩子已经很好了但还总觉得不够好、进步了还想要再进步，这也是可以理解的。问题在于"敲打"的时机、方法或者口气，只要有一个不妥当，其结果都可能是适得其反。毫无疑问这是家长所不愿看到的。与其这样，那么家长最好的处理方法就应该是：沉住气、闭上嘴、不说话，此时无声胜有声。把可能带来负面作用的沟通按一下"暂停键"，其效果会远胜过你所谓的理智和敲打。

2. 产生不良沟通的原因

说复杂其实也简单。说到底还是家长不懂孩子。是因为从根子上没有建立一种与孩子人格平等的心理意识。或者是只顾按照自己的理解、意志去安排、处理和孩子之间的事，或者是完全越俎代庖，从头到尾包办孩子的一切。在孩子不懂事的时候，这当然是对的。而孩子长到一定年龄以后，父母该学会放手时却不懂放手，该让孩子树立自我感时却总想捆住他。特别是有些妈妈，为了把孩子照顾好、起早贪黑、整日劳累，到头来却是费力不讨好，反而和孩子像个"冤家"似的。表面上看，对孩子确实够上心，但这就是一切不良沟通的内在根源。不能认真倾听、无从知道孩子在想什么、需要什么，就无法体谅孩子的内心世界。

家长需要建立一种意识：孩子再小，也是一个活生生的人，他会有自己的感受和心理需求，需要家长正视、理解和尊重。如果这些感受和心理需求遭到家长忽略或者无视，家长就不会真正了解孩子、理解孩子。如果长期处于这种状态而不能及时调整，就不可能有良性沟通。由此可以说，家庭不良沟通的原因主要是在家长这一边。

最常见的原因，是不能从孩子出发的、错误的家长站位。这种站位几乎必然决定了家长难以对孩子的真正理解，由此出发进行的沟通必然是不良沟通。我们经常说要换位思考，那么最简单的换位思考应该先从与孩子的沟通开始做起。家长不懂得设身处地从孩子面对的环境、人群和固有条件去考虑，遇到问题会先很主观地做个判断：毛孩子能有什么事？能有多大事？在没有沟通之前就已经在起点上走偏了，沟通会有好结果吗？

简单武断的沟通方式是造成不良沟通的直接原因。习惯了对孩子说话不讲方法，总以为家长怎么说都理所当然。家长武断，就不可能尊重孩子，就随时可能使孩子感到压抑、委屈、情绪堆积。武断的背后，随处都隐藏着不良沟通的"爆点"。如果家长对此没有意识或者没有用心加以调整，那么与孩子不良沟通的频率就会越来越高，问题矛盾就会沉淀积累。

停留在对孩子从小不变的认知，是导致不良沟通的认知根源。孩子的持续成长是一个不断变化的过程。家长对孩子的认知总停留在过去，总以不变的思维去固化地看待、对待一直处于成长变化状态的孩子，就会出现对孩子的认知迟滞，就不能适应孩子的成长。只有家长的认识观念总能超越一步或者紧紧随着孩子的成长变化，能想到并贴心地感知、体谅他的心理感受和需求，才能做到在孩子成长中适应孩子、理解孩子、引导孩子。

3. 杜绝不良沟通的几个简单方法

（1）把陪伴和耐心坚持下来。陪伴的重要性，可以说已经形成社会共识，没什么异议了。现在的问题是，家长普遍的做法是孩子小的时候都能很好陪伴，耐心也够。孩子越大陪伴就越少，耐心也越少。孩子进入学校后，多数成了接接送送，实质性的陪伴时间直线下降，陪伴质量和效果也越来越差。同时，与孩子的沟通频次也越来越少、沟通的内容越来越倾向于吃喝穿衣和学习成绩这两大主题。至于家长对孩子的心理关切、精神抚慰以及孩子在学校与老师同学的相处等内容成了附带，甚至从不提起。这是必须改变的。如果家长能把对孩子的陪伴和耐心坚持下来，不间断地做好对孩子的心理跟踪，那么与孩子心理距离就不至于被拉远，沟通就会容易得多。

（2）**给孩子尊重**。几千年"长幼有序"的文化渊源早已牢牢地植根于我们每个人骨髓深处。建立与孩子人格平等的概念，虽然说起来可以接受，在实际行为习惯中多数人是做不到的。但社会发展的脚步不会因为你观念没能转变就停步等你，所以做不到也要努力去做。家长一定要真正做到把孩子当成平等的人来看待，而决不能把孩子当成自己的一件特殊物品来对待，要主动调整姿态，不居高临下，不总以说教的面孔出现。在和孩子言谈、处理事情的态度和行动上，切实体现出尊重孩子的想法、要求、意见表达，并能让孩子感受到他是被父母看重和尊重的。

给孩子尊重，还要注意允许孩子保留他自己小秘密的空间。孩子不愿意让父母知道的，就不要盯着追问，不要偷偷检查、查看，更不要强行逼迫孩子"坦白交代"。那样做的效果只能是适得其反。随着孩子的长大，父母一定要逐渐减少对他生活的干预。给他保留一些小秘密的空间，反而有利于与家长的正常沟通，也有利于孩子心理健康。

（3）**主动倾听孩子**。家长总是以一家之主的思维去考虑问题，不去认真倾听孩子的想法，甚至无视孩子的要求和感受，自作主张，替孩子做主学这学那，让孩子干这干那，自以为是给孩子谋划美好前程，岂不知孩子同样是有思维、有意愿的，他需要有自己的意见表达，需要有他自己做主的"那一块"。

不会倾听孩子，就说明家长缺乏发现孩子天赋的基础认知，就是盲目和糊涂的家长。千万不要以为孩子小，他的意见无关紧要。凡是涉及孩子学习训练等方面的问题，家长请务必做到：事先告知孩子，听听他的想法；孩子和家长想法不一致时，可以采取沟通、说服、诱导、冷却等方式争取一致；顾及孩子的感受和要求，对合理部分应该尽可能满足，不合理部分可以讲清道理或者暂时转换话题使之逐渐冷却。

（4）消除误解。即使在父母和孩子之间，误解也是会经常出现的。有了误解不怕，关键是要把话说透，不要藏着掖着。首先是父母不要误解孩子，对自己不能理解孩子的一些行为、言语、成绩下降等，不要先入为主，先带上自己的主观臆断，动不动就在心里先给孩子下一个不好的结论。而是要除了主动和孩子沟通外，还要及时和老师沟通，全面正确地掌握情况，冷静客观去看待。

在防范和化解孩子对家长的误解方面，家长应特别注意不要让孩子猜心思。对孩子的要求宜直来直去讲清楚，有了误解及时解释清楚，不在心里结疙瘩。当然，也有一些当下不能说或者难以说清的事情，就要用不解释和关心体谅的行动让孩子感知父母的良苦用心，去消除孩子的误解。同时鼓励孩子在家长面前把真实想法说出来，如果孩子的想法是错的或者不合理要求，要理性对待并妥当处理。即使拒绝，也要和他一起分析利害关系，讲清道理，让孩子心服口服，发自内心地接受和认可。

（5）找对沟通的出发点和愉快沟通。真正解决"想为孩子好和怎么才能让孩子理解、接受你是为他好"的问题。如果遇到孩子出现了一些问题，要知道发怒、指责甚至打骂都不是解决问题的好办法。好办法是着眼于如何帮孩子找到解决问题的方法和途径。要做到这一点，需要先让孩子对你沟通的出发点能够认同，让孩子理解你不是要找他的毛病、清算他的后账，而是要和他一起想办法去改进提高。愉快沟通，就要努力与孩子取得同样的方向和目标，具有共同的心理认知，建立一致的思想基础。

（6）在沟通中正向激励。所谓正向激励不等于整天捧着哄着、只表扬不批评。正向激励的核心是给孩子以希望感、信心感和上进心，是给孩子在精神上充电加油、打气鼓劲。正向激励常见的方法有以下几种。

鼓励。看到和肯定孩子的进步，用语言或者其他家长认为对孩子有效的方式，鼓励孩子持续上进。

欣赏。更多以欣赏和赞美的态度去看待、重视孩子所取得的成绩和哪怕很小的、追求进步的态度。

改进。在正面肯定和分析不足的基础上，指出下一步前进的方向，和孩子一起商量改进提高的办法。

信心。在孩子做错事情或者成绩下降、不好的时候，先肯定其好的部分和所做出的努力，并鼓励他继续坚持和发扬，提振孩子信心。

释怀。孩子有了心事或者不愉快时，帮助他释怀并以积极、阳光的心态去解开心结，迎接困难和挑战。

希望。给孩子希望，让孩子看到希望，让孩子知道不努力将会什么收获都没有。而只要努力，目标就可能实现。

 老师/家长 声音

人有了孩子当然就成了父母，但远不是有了孩子就能会做父母。父母是孩子的第一任老师，很多人却根本不懂怎样进入这个"老师"的角色。不知道在孩子面前怎样做出父母的样子，不懂怎样倾听孩子，不会和孩子共情，不知道怎样与孩子沟通……一旦孩子出现什么问题，动辄批评、指责甚至打骂，却不与孩子共同分析产生问题的原因，当然也提不出以后改进的方向、目标和方法。这种不会做父母的家长，很难把孩子培养好。

——李靖，中学特级教师

随着孩子的长大，家长和孩子闹矛盾的事会越来越多。具体的原因很多，五花八门啥都有。但梳理一下就发现，其实绝大多数都是家长与孩子的沟通上出了问题，而根子绝大多数又都在家长身上。家长不懂得倾听孩子，孩子说什么、有什么想法要求，家长经常不以为然，当耳旁风。经常是想都不想随随便便就把孩子的想法否了。时间长了，孩子和家长的情感距离就越来越远，理解和共同语言越来越少，心理感觉上越来越陌生。这是很可怕的。家长要学会好好倾听孩子，给孩子尊重，就有机会撬动他的潜能！

——潘君，区级青少年校外活动中心主任、高级教师

有一次有个家长问我："老师，你说我孩子语文上最大的三个问题是什么？"其实他孩子语文学得还是挺好的，所以我很愕然。感觉动辄就这样赤裸裸地摆问题，用问题驱动去思考，就会让孩子感觉有一堆问题。冷若冰霜的问题，给别人带来的是不悦，给孩子带来的是负面心理暗示。久而久之，孩子会不会破罐子破摔？破窗理论会不会在孩子身上应验？我们能不能多从正向来谈

发现孩子的天赋

孩子？先把心的距离拉近一些，多找孩子身上的闪光点，效果是不是会更好一些？

——徐天宇，中学初一级部主任、教学能手

有个孩子，考试成绩一直在全年级1200名学生中保持前300以内的名次。按说孩子学得是不错的。有一次年级活动，他的妈妈上台发言时却带着一股怒火，整个发言没有对孩子讲一句正面肯定的话，从头到尾都是咄咄逼人的"我要求你……"。她认为自己做得很对，是负责任的表现。应该说，家长抓得紧一些没错，但方法不对，把自己定位成了一个教练，抓不到孩子的内心去，长此下去是有害的。家长如果真爱孩子，就请站在孩子的角度，改变一下自己吧！

——惠晓蕊，中学优秀班主任、某区"最美教师"

孩子成长出问题，经常是因为家长的素质没跟上。有人说，有的家长从未受过多少教育，但家里能培养出几个博士。说明家长素质并不影响孩子培养。客观说，并不是家长学历有多高素质就有多高，二者不能画等号。有的家长博士硕士毕业，但从来都是命令孩子而不是引领孩子。这样做的结果是，孩子对家长是抵触的。孩子有时也在测试家长的底线，测到以后就知道怎么对付你了。所以，家长要学会把引领孩子成为常态。

——任艳，中学教师

有个学生成绩很一般，可是他的父母硬要让他上培优班。培优班的孩子成绩普遍比较好，课程进度也要快一些。按说这个孩子并不适合上，孩子也不愿意。家长强行把自己的意愿加以孩子，孩子却并不那样想。同时，孩子喜欢生物，家长却又阻止，不让朝那个方向发展。这就有了矛盾，就有了孩子的抵制。可见，只有缩小思维差异，才能有效沟通。在天赋发现上，需要调动孩子自身积极因素，家长应该做的是引导，而不是强制。

——吴音，中学教师

我们说天赋开发的第二步骤是天赋发掘，但整章讨论的全都是非智力因素。这是天赋发掘一个特别而有趣的问题：讨论非智力因素，看似并非探讨天赋发掘，实则处处与天赋发掘密切相关。天赋如同埋在深处的珍宝，人们所有的发掘，都是从周围边土开始挖掘的。由于天赋系统的超级复杂性，任何一个非智力因素的发挥水平，都直接影响到天赋发掘的质量和效果。可以说，假如没有非智力因素的正向发挥，天赋发掘甚至无从谈起。

第五章 天赋开发第二步骤（Ⅱ）
天赋发掘：家长的功课

如果家长已经发现了孩子的某种天赋，就要研究怎样才能更好地把它发掘出来，就要做好各种必要的功课。

在第二步骤中，对孩子而言，是努力让所有非智力因素都发挥正向作用。对家长而言，则是全力以赴去发掘孩子身上可以支持天赋发挥的各种潜质：行为习惯、思维方式、健康情商、人格特质等。当然，有些内容看起来与非智力因素很像，但从不同的侧面看，它们的内涵还是不尽相同的。

本章所提示的家长功课，都只有一个目标：一切围绕孩子天赋、全力成就孩子天赋。

发现孩子的天赋

分项目提示：12种普遍应用型天赋的观察、培养和发展

这一部分所涉及的天赋项，对人一生的生活、工作、社会交往都是有意义的，具有"通用性"，可以说"走遍天下都有用。"这些天赋越早发现，对孩子成长的影响和意义就越积极。家长要格外重视对2～7岁孩子的观察发现。如果孩子在以下某个天赋项，家长观察的结果，多数答案为"是"，那么则可以大体判断你的孩子相应具备这方面的潜质潜能，在天赋发掘中应予以重点关注或者作为对孩子重点培养发展的选择方向。

1. 语言与表达天赋

语言是思维最直接的外在表达。语言天赋好，总能与人无障碍沟通，就总会在交流中占据主动。如果一个人无论面对什么人，无论在什么场合，总能以令人愉快、让人舒适的方式准确、恰当、得体地表达自己的想法，那么他就会受到更多的欢迎、拥有更高的人气。着力发现和开发孩子的语言天赋，就应该是家长的第一选择。

日常观察：孩子对所接触语言的领悟程度；对日常用语的接受和运用；是否具备与他年龄和学习阶段相匹配的听说读写能力？或者能够顺利完成相应的语言听说读写要求？在听说读写四个方面，哪个强、哪个弱？强或弱的表现是什么？原因在哪里？是否能够自主完整、意思清晰地表达？是否善于用自己的独特用语提出要求和问题？是否经常提出一些让人出其不意的问题和话题？是否善于模仿各种方言和别人的腔调说话？

培养发展提示：不要认为语言天赋与生俱来就不需要培养。同样的孩子，生活在不同的语言环境就有不同的语言表达，这都足以显示语言培养的重要作用。在语言天赋的开发中，不同的培养方式会带来完全不同的效果。家长切莫

忽视语言培养的重要性。

孩子的语言天赋开发培养，要从带孩子模仿开始。比如，看动画片、听故事、朗读朗诵等，丰富孩子对语言的听说、接触、领悟、运用的渠道和途径。从小给孩子更多的机会，遇上问题让孩子自己表达，他表达不清楚时，要反复启发，引导孩子把话说清，在实际运用中强化孩子的语言表达能力。具体方法上，可以经常通过让孩子对事件、故事进行复述来训练口才，参加各种语言类的竞赛比赛、表演和小主持人学习训练、外语学习培训、双语课堂训练等。

2. 学习天赋

在一个需要终身学习的时代里，人的学习天赋越突出，学习能力越强，人在社会的生存生活状态就越好。这已经成为现代社会的鲜明特征。需要家长注意的是，孩子从幼童到少年时期的生长发育规律，决定了还是会有一些孩子虽然学习天赋突出却并不喜欢学习。他们的专注力、耐力、学习兴趣都受到生理和心智发育水平的局限，特别是在低龄段，孩子在学习天赋上的表现可能会与家长的期望值存在距离。

日常观察：孩子是否对新事物、对知识点具有较强的兴趣和关注？是否对新接触的知识点敏感而总在提出为什么？是否具有很好的记忆能力？他对概念和问题的接受、理解、领悟能力是否能够抓住关键和重点？是否善于把接触的知识用他自己的话表达出来？他是否经常把新近学到、看到的东西和以前学过的东西联系起来，并能够恰当运用和发挥？他是否具有较强的思维能力和逻辑感？是否喜欢拿一件事去说另一件事、举一反三？

培养发展提示：对孩子学习天赋的培养实际更应该侧重于对学习习惯的滋养。重点是帮助孩子建立对学习的亲近感、需求感和满足感，特别是防范孩子对学习产生厌倦和抵触。在孩子低龄阶段，宁肯让孩子少学一些，也不要使孩子有不当的压力感。如果孩子觉得是他需要学习，他学着开心、有趣、不厌倦，一旦学会某种知识还会有很强的满足感和成就感。这样，就开启了孩子学习天赋上的内生动力，开始进入学习状态的良性发展。帮助孩子寻找和享受学习乐趣，强化记忆和理解，减少作业数量，提高做题思考理解质量，创造条件促进孩子轻松学习。

3. 音乐天赋

音乐是超越民族、国界、语种的"通用语言",具有共赏性和互通性。在很多情况下,音乐可以发挥语言、动作行为甚至暴力都无法企及的心灵贯通和精神震撼力量。音乐的美好,可以使人抚慰、安静、兴奋、激越等。人的音乐天赋,可以成为陌生人的见面礼,也可以成为人共同精神家园里的好珍藏。及早发掘孩子的音乐天赋,毫无疑问会极大丰富孩子一生的精神世界。

日常观察:可以经常给孩子放一些音乐听(要注意避免一些玩具中过于刺耳的音乐),并且尝试转换不同风格、多种感觉的乐曲,看孩子是否具有很好的乐感?是否对音乐有很好的记忆并具备比较准确的再现能力?对哪种类型音乐的响应更明显、更强烈?比如,一来音乐就"疯"或者是哭着、闹着、玩着时一来音乐就安静?是否对节奏有很强的敏感,总是主动随着音乐踏步或者手舞足蹈?是否时常听着听着就有一种陶醉感和忘情感?是否对喜欢的曲调很容易模仿和把握?

培养发展提示:音乐天赋培养的核心是不断强化孩子的乐感。孩子小的时候,可以在家庭生活中创造良好的音乐环境,不断增加孩子对音乐的体验。如果孩子确实对音乐具有较强感觉,并经常倾情陶醉其中,就意味他有着较好的音乐感悟。在此基础上,家长可以根据孩子的具体情况,请专业老师进行必要的指导,确定安排孩子学习一些音乐技法,为以后打下一个好的基础。到初中阶段时,如果孩子这方面天赋确实非常突出,则可以安排进入音乐学院附中就读,以更早地进行必要的专业训练。也可以安排各种器乐学习训练,作曲、声乐、舞蹈、表演等学习训练。

4. 运动天赋

无论生活还是事业,健康才是"本钱"。而体能与运动则是护好这种"本钱"的基础。不管孩子长大从事什么职业,良好的运动能力既是强身健体的重要一环,也是他融入团队、社会交往和多彩生活的一部分。而且对于其他天赋的发挥还具有内在的助推促进作用。运动天赋的开发,宜早不宜迟。由于现代运动项目繁多且不同运动项目对个人的天赋要求差异巨大,所以很难笼统地用运动天赋去概括、去应对。如果希望孩子在运动项目上有所发展,则需要结合某项运动的具体项目，去针对性地研究孩子天赋开发。

*日常观察：*孩子是否具备较好的运动特质，是否对运动项目有比较高的热情和参与意愿？如果参与进去，是否有较强的适应能力、接受能力、平衡能力和基础耐力？是否一参与就感到紧张惧怕、想退缩？是否具有对某项特定运动项目的特殊兴趣？如球类、挥拍、游泳、滑行、体操、武术等；与同龄孩子相比，是否在一些运动项目上具有明显的比较强项？考察或者参考家庭家族遗传因素，是否具有比较突出的运动基因优势，或者在孩子身上得到了明显的传承？

*培养发展提示：*虽说孩子运动能力开发越早越好，但关键还是要与孩子心智、身体的生长发育水平相一致，切不可超前安排。否则一旦孩子被惊吓，造成心理恐惧或者留下心理阴影，就严重得不偿失。一般而言，在小学阶段以前，应该是主要刺激和寻找孩子的运动感觉，特别是平衡性、柔韧度、弹跳、耐力、灵活性等基础性体能训练和基础运动学习训练。对孩子特别感兴趣或者表现明显出众的项目，可以进行一些专业启蒙和基本功训练，结合运动项目分类进行学习训练，或者进行相关联项目如舞蹈、武术等学习训练。专业训练一定要在专业老师指导下进行。

5. 沟通天赋

沟通是人社会性的基本特征。有人、有社会就不能没有沟通。沟通以语言为载体，以人际和社交为需要，是人两大重要天赋交汇交织的表现形式。因此沟通天赋同样具有基础性。沟通天赋的发挥水平，不仅直接影响人面对具体问题、具体事务的处理效果，而且伴随人的一生。很多欢乐悲哀、命运起伏等，看似各种机缘、条件所决定，其实后面都有个人沟通能力和水平的影子。

*日常观察：*孩子是否经常有意愿主动与人交流？是不是那种"人来疯"？或者是人来就退缩？是否有很强的表现欲望？与人沟通交流是很自然还是有困难？是不是说着说着就没话可说了？是否善于找到他自己的话题与人沟通？是否愿意并且能够倾听别人说话？对别人说话是否能有积极响应？能否认真听别人把话说完？与人沟通交流中是否经常能有自己的语言表达？是否在与人沟通交流中自带一种别人不常见的幽默感和欢喜感？是否在与陌生人见面时三言两语就很自然地融入了进去，并且能很受对方或者大家的欢迎？

培养发展提示：沟通天赋的开发培养，重点是启发引导孩子学会抓住以下四个环节：沟通思考、沟通倾听、沟通表达和沟通效果。沟通思考就要在沟通前想清楚，为什么沟通？沟通的目标目的是什么？沟通倾听，就是一定认真听清楚并准确理解对方的意图、想法、诉求等；沟通表达就是要选择在恰当的场合、恰当的时机，用恰当的语言语气准确表达想沟通的意思；沟通效果就是追求沟通各参与方都能恰当表达并能被对方正确理解。具体培养发展方法，可以采取参加思维方式、语言表达、社交、夏令冬令营等进行多种途径、多种层次的学习和训练。

6. 逻辑与数理天赋

逻辑与数理天赋经常直接展现人的智商水平，对孩子的成长发展具有决定性影响。同时，在社会生活、职场工作中应用广泛，几乎凡有职场便有用武之地。反过来说，假如人在逻辑与数理方面短板明显，则几乎可以等同在职场发展存在弱项。现在社会上普遍高度重视逻辑与数理天赋开发，比如遍地开花的益智游戏、编程课程等。就反映了一种方向和趋势。家长要注意的是，观察把握自己孩子的天赋条件，把握恰当的时段，积极促进此项天赋开发。

日常观察：学龄前孩子较早具备明显"数感"和简单运算能力者，或者善于厘清日常数理、层次关系的，应及早进行逻辑和数理天赋的开发。在日常与孩子的游戏中，应有意识地强化适当的数字、运算和逻辑训练内容。特别是对在家里经常和家长讨价还价、算账计较的孩子，或者是善于把看似互不关联的事物进行联系起来推导演绎的孩子，更要加强关注。看孩子是否具备较强的心算、口算能力？是否能够寻找或者使用更简明、更快捷的运算方法？是否喜欢在日常生活中对司空见惯的现象推演出他独特的说法或者结论？

培养发展提示：逻辑与数理天赋的开发培养本质上是思维的培养。关键是建立清晰的思维体系、严谨的思考逻辑和可靠的数理层次关系。在培养上，要从孩子建立确切的概念、独立进行正确判断入手，防止在思维起点上出现语焉不详和混淆混乱；指导孩子恰当正确地运用数理公式、定理，严格按照规定步骤进行求证、计算和进行逻辑推理，切实在方法步骤上做到科学规范，以保证结论结果的可靠可信。通过严格训练，逐步建立孩子自己逻辑与数理思维方式，为逻辑与数理天赋的发展发挥奠定良好基础。训练方法上，可以参加思维训练课、益智游戏课、编程、围棋等课程训练。

7. 组织领导天赋

天生具备领导气质和领导才能的人是少数。但这种少数常常会在众多孩子中显得醒目、特别和超群。他眼光独到、富有主见、敢于决断、善于组织协调。与同龄孩子相比，总是沉着冷静、具有定力，很自然地在一群孩子中处于召集、组织、决断、指挥的位置。家长如能较早发现孩子具备这种天赋，要放手让他去施展。即使孩子长大后不一定担任多大职位，其超强的组织协调能力也会是他一生的优势。

日常观察：在一群孩子中，他是经常很自然地成为孩子们在各类团队组织召集的中心还是常常被边缘化？是很容易成为"孩子王"还是在孩子堆里扮演小角色？是经常很自然地给孩子们分配任务并对其他孩子能形成号召力还是接受领导、接受和完成别的孩子指派的任务？是经常指挥、指使其他孩子做这做那还是很顺从地与别的孩子协同配合？在孩子们发生矛盾时是处于居中调解或者处置定夺的中心还是在一边袖手旁观？

培养发展提示：容易成为"孩子王"的孩子就要更多更主动地去担当"孩子王"的角色。对组织领导天赋最好的培养发展，是给他争取舞台，使之有更多机会去发挥和施展其天赋优势。比如，争取担任班干部或者小组长等，使其承担一些班里的协调和管理事务。也可以让孩子参与策划和组织实施小组、班级、年级乃至学校的社团、竞赛、特色文化等活动，让他发挥才能、承担责任、充分施展，在具体活动实践中培养锻炼孩子的策划能力、组织能力、管理能力和协调能力。同时，还可以让孩子参加一些辅助性学习训练，如语言学习训练、社交训练课、团队协同训练、冬令夏令营训练等，以使孩子这方面的天赋发展更完善、更全面。

8. 审美天赋

审美能力和审美水平的高低，决定着人的内心素养、精神品位和外在气质。常常是一个人与陌生人相见的第一时间能否受到他人尊重的直接因素。审美素养虽然是内化的、隐形的、不可确切衡量的，却不是可有可无。审美天赋的发现和开发，给孩子树立起来的高雅精神品位，将是无法用金钱计算、更无法用金钱能够买来的。

日常观察：孩子对色彩、图像、画面等是否敏感？是否常常喜欢涂鸦？是否对构图、物件搭配爱说三道四？是否经常喜欢自己"臭美"和模仿他人、模仿明星？是否对穿着搭配、颜色款式等常常有自己的要求？是否喜欢自己对见到的东西勾勾画画？是否对书法、美术、工艺等作品能有自己的看法、想法和见解？是否容易受到优美风景、自然景观、别致造型、优秀艺术作品的强烈吸引，聚精会神地全身心投入？

培养发展提示：有审美天赋的人，眼睛里处处都有美，骨子里渗透着对美的感悟。但这种天赋气质是需要进一步引申的。既要重视对美的欣赏，多带孩子去参观山川田园、江河湖海，多参观各种展览展示，多观看演出等，尽可能多感受、体验自然美、社会美、艺术美、建筑美等视觉美和音乐、戏剧等听觉美。又要重视美的培育和美的创造，可以从最简单的家庭装饰、孩子衣着服装和文具用品的搭配等做起，让孩子参与其中，按照自己的感觉去布置、搭配、点缀，一步一步强化孩子的审美感觉，逐步学会自己去培育美和创造美，使个人审美从自我精神感受升华到为社会创造美，其天赋价值就会得到显现。如果家长希望孩子向某个专业方向发展，就需要参加音乐、书画、艺术等专业课程的学习和训练。

9. 手工与建构天赋

动手能力、空间认知和对空间的想象建构，绝大多数人都是离不开的。当然，手工和建构是有明显差异的，只是这种差异更多是在成年以后的岗位选择、职业分工中表现出来。在儿童时期则有更多的共同点。在当今和以后人的技能越来越多地被机器代替的社会里，在人的动手能力和空间能力被更多闲置而有意无意呈现退化的情况下，如果家长能让孩子在儿童时期获得更强的动手能力、空间认知能力和空间建构能力，就事实上获得了另一种相对优势。

日常观察：孩子是否喜欢动手拿捏、撕扯、堆放、摆设、制作一些东西？是否喜欢拼装各类益智玩具、搭建积木之类的活动？是否天生具有一双"巧手"，具有较强的动手能力、把一些玩具等反复拆卸又装配？是否在很小时候就能够灵巧地使用一些诸如筷子之类的餐具或工具？是否喜欢用玩具或者家里的物品搭构一些奇奇怪怪的东西？或者搭构这些东西后还有一套自己的说辞？

是否喜欢主动参与一些力所能及的家务，如打扫卫生、擦鞋，或者整理物品、包饺子等？

培养发展提示：现在对孩子在手工与建构方面的训练机会非常多，很多商场综合体都有这方面的训练内容。各种积木拼装、搭建的台桌到处都是。不足是，形式、品种有些单一化，脑手训练的项目、内容和丰富性不够。但总体而言还是很不错了。家长应该注意，手工和建构天赋的发掘培养，是个费心又动手的项目，切不可把孩子往那儿一放就万事大吉，而一定要认真陪同。要激发孩子先观察，各种零件有什么特点、不同？要鼓励孩子想象，要搭建成什么样子？还要提醒孩子注意造型、颜色、方向等搭配……训练培养应该每一次都有所收获才是。同时，还可以鼓励孩子干些家务活，参加手工制作、积木搭建、拆装玩具活动，以及美术学习、参观领略各类精品建筑的空间设计特色等，使孩子的思维逐步丰富起来。

10. 技艺天赋

现代社会的孩子已经与很多传统意义上的技艺久违了。有不少孩子除了见过餐厅师傅做拉面、刀削面之类技艺外，其他很多绝活绝招技艺根本连见都没见过，脑子里完全没有印象和概念，更谈不上会不会了。即使一个很有技艺天赋的孩子，因为得不到生活的启发，在儿童时期几乎接触不到更不会实际应用，谈孩子的技艺天赋的发掘就显得如同纸上谈兵。

问题是多数孩子将来进入社会以后，为了生活又必然会用到形形色色的技艺。与其将来用时缺乏技艺，倒不如趁小让孩子尽可能地多接触、了解、掌握一些技艺，尽可能早地打开孩子一部分技艺天赋之窗。

日常观察：孩子是否在玩一些肢体的技能性游戏中更善于把握要领？是否身体更轻盈、四肢更敏捷、脑眼手配合反应更快更灵活？是否在与其他小朋友玩的时候经常拿出一些别人意想不到的新花样？而且有的新花样难度很高但孩子却做得轻松自如？是否经常以他自己特有的一些小技能捉弄同伴恶作剧？是否在帮助大人做一些事情时又麻利又精准？在生活中遇到一些需要人动手处理的难题时，是否孩子一上手就很快迎刃而解？

培养发展提示：在社会分工越来越细，社会技艺越来越趋向专业化的今天，全能型的技艺培养越来越难了。家长要着眼于唤醒孩子技艺天赋中最基础

性的那种潜能和能力，力争在孩子天赋发展的最佳窗口期，帮助孩子多建立和储备一些"备份能力"。正所谓"艺多不压身"。但是，也可能家长会觉得这与孩子学习冲突，浪费时间。这种担心是完全没有必要的，因为技艺天赋的启发、培养完全可以在学习之余，采用游戏、玩乐、消遣、休闲等方式来进行，可以作为文化课学习的调节和补充来安排。比如更多参加群体性、技能性的游戏和竞技活动，多以玩乐形式带孩子参加技能训练等，反而会与文化课学习相辅相成、相得益彰。

11. 社交与人际天赋

孩子无社交，只有玩伴和同学。但小孩与玩伴、同学相处，同样是一种人际交往。人际交往上，大人和孩子的道理是相似的，其区别只是成人可能更趋于功利和心计。过去老人讲"3岁看大、7岁看老"，孩子是否善于与人交往，很小就可以看出端倪。需要家长做的，就是从孩子与人接触的蛛丝马迹中，找到他的长处和不足，激发他长处更长，填补他的短处不再短。

日常观察：孩子是否乐于很主动地与别的小朋友说话、打招呼、一起玩耍？是否属于那种见面熟、一见面就像好朋友？是否和小朋友在一起就成了话痨、说起来没完？是不是和小朋友玩过一次两次后，小朋友就主动要求还要和他一起玩？是否很小就有那种关系很"铁"的伙伴朋友？是否很乐意把自己喜欢的东西与小朋友分享？或者其他小朋友也愿意把自己的东西和他共同分享？是否愿意替他的小朋友出头露面、承担责任？

培养发展提示：激发孩子社交与人际天赋得以展现和发展的最好方法，就是把孩子放到孩子堆里，鼓励共同玩耍，参加集体活动。让孩子自己去与同伴沟通，协调与同伴的关系，处理与同伴的事情。家长所要做的，是随时了解有关情况，和孩子分享、讨论他们之间有趣的事，以及相关的成果、感受，特别是帮助分析与同伴出现纠葛、矛盾的原因？谁做得对？谁不对？对错在什么地方？怎么对待？为什么要这样处理不能那样处理？怎么处理效果更好？经过多次这样提醒孩子，他就会逐步建立起一套社交和人际问题的思路方法，使优势擅长更加明显。孩子年龄大一些后，还可以带他听听情商课程、社交和人际交往课程等，进一步拓宽他的视野和胸襟。

12. 艺术天赋

对艺术的鉴赏和享受，接受艺术的浸润和感染，决定着人精神世界的饱满和丰富程度。一个艺术细胞贫瘠的人，也许内心世界很丰实，但他的精神上也总是有所缺失的。艺术天赋是完整人格应该具备的一部分，尽管不同的人会有很大差异。加之艺术所涉及的领域极其浩瀚广阔，没有人能够穷尽艺术之范畴。每个人都只能认识、接受艺术的一小部分，对孩子艺术天赋开发培养，只能从一个很小的切口开始做起，然后逐步拓展提升。

日常观察：孩子对何种艺术具有特殊而持续的兴趣？是否喜欢经常绘声绘色地描述和展现他的形象思维？结合对他音乐天赋、审美天赋等的多侧面观察，分析究竟适合从什么项目切入？如果从大类切分，是适合书法、绘画？还是适合戏曲、音乐？是适合表演、主持？还是适合建筑、工程？是语言艺术突出？还是行为艺术优秀？究竟何种门类、何种形式的艺术更能唤醒孩子的灵感？他在哪一点上表现更加投入并且富有感觉？他的身体和生理条件最适合从哪个方面发展？

培养发展提示：艺术天赋的概念比较笼统，可以涵盖的科目、项目很多，而每一种具体艺术门类的天赋培养又差异很大，这里的提示只能勾勒一个很粗的线条。总的来说，抓好几个环节：一是先进行艺术基础启蒙，建立基本的艺术感知；二是识别确定孩子具备何种艺术特质和擅长，找准找对培养发展方向；三是帮助孩子选择具体要学习的科目、项目，进行必要的基础性培养学习训练；四是经过一段学习之后，请专业人士就孩子相应艺术天赋情况进行分析评估，如适合向专业方向发展则按照专业要求进行学习训练，并不断巩固提升。假如不想让孩子走专业路子，仅仅希望孩子有个特长，那么基础学习训练也不要随意应付。那样浪费孩子宝贵时间不说，还会带坏孩子的习惯。副作用很大。

这里还需要提醒家长们的是，如果把自己的孩子对照以上一些观察要点得出的结论多数为"否"，并不是说你的孩子就一定不具备相应天赋。要知道，孩子的身体、心智发育千差万别，有的早一些，有的晚一些。有的家长性子急，虽然日常观察非常上心，但孩子还没发育成长到相应阶段，得出"否"的结论自然就毫不奇怪。所以家长既要很用心，又要有耐心。要持续观察很长时间后

发现孩子的天赋

再下结论。同时，即使孩子真的不具备某项天赋潜能，你要相信，他一定还会有某个比较突出的方面。上天在关闭某一扇门的同时，一定会为你打开另一扇窗。所以家长不要气馁，只要你能够坚持到底，你就一定会有所发现。

 老师/家长 声音

培养人、教育人的第一任老师在家庭。同样的豆子要发芽，放在不同的环境下生长情况会有很大不同。由于不同家庭在认知启蒙、人格形成上打下的基础不一样，孩子6岁入学，过一年差别就会显现出来。同样的孩子，在同一个班，但效果完全不同。可见更多的天赋发展，来自教育成长的环境。所以对家长怎样做好家庭教育，需要给予引导，对家长进行必要的培训。要发现孩子天赋，先应该让家长成为合格家长。

——樊永红，小学校长、高级教师

现在有的家长让孩子以短争长。有的孩子文化课不强，但动手能力好，本来适合培养高级蓝领，家长却一门心思想让考高中。结果孩子的长项没发挥出来，被磨得不突出了。发现天赋为的是促进孩子走向适合自己的发展，这就需要站在孩子发展的角度来考虑，他究竟适合什么？对一些不能升入高中的孩子，就要从孩子的发展出发，在发现的基础上做好后续培养。文化课不强的孩子，培养高级蓝领也是不错的。毕竟促进孩子各得其所才是教育应有的目标。

——王凯，中学德育处副主任

孩子的兴趣爱好，在幼儿和小学阶段是不稳定的。刚开始时对新鲜事物充满兴趣，但做着做着就会逐渐淡化。我们对发现孩子的兴趣、天赋不能一刀切，方法上可以灵活多样。在幼儿园阶段，也并不是没有文化课的教育，只是方法上主要强调参与和感受。进入小学后，就有了更多的书写。家长能做的，应该是让孩子更多接触人、接触自然、接触社会。对促进孩子天赋发现而言，这都是必不可少的。

——唐萌，小学教学管理部长

孩子学习成绩不好不等于就没了出路，每个有天赋的孩子总会有他的用武之地。我们学校原来有个学生，初二时才加入校足球队，我当时感觉已经有点偏晚了。但他到足球队后，特别投入，训练很上心，很快当上了足球队长。考虑他的综合情况，我们建议孩子走了特长，学习上也有了长进。后来上高中、大学连续两次都是被特招录取的。还上了个很不错的大学。可见，只要学校重视推进全面发展、发掘孩子天赋，就可能为孩子实现梦想打开希望之门。

——孙路明，中学体育教师

重视孩子行为习惯的养成

如何让良好的行为习惯成为助推孩子天赋最好发挥的第一内生动力，是家长们必须答好的一道大题。

习惯不是一天两天就能养成的，它是人的行为反复重复、长期积累的结果。不论是好习惯还是坏习惯，一旦形成，就具有了路径依赖、自然沿袭、很难改变的特征。

孩子的行为养成如同在白纸上创作画画，可塑性强是培养孩子好习惯的最大有利条件。重视孩子行为习惯的养成，最重要的是培养孩子的好习惯，防范、规避和纠正孩子的不良习惯。这就既要做好对孩子家庭习惯的养成管理，也要做好对家长家庭习惯的调整管理。

1. 孩子的家庭习惯养成

（1）**自律**。从3岁左右开始，从点点滴滴的小事做起，就要让孩子对自己有所要求。比如，到几点就要睡觉、饭前便后要洗手、睡前要刷牙等。再大一点，要给他定个小目标，坚持每天督促孩子努力完成。促使孩子逐步树立起一种自我约束意识，并努力使之贯穿日常生活之中，使之渐渐固化成为行为习惯。

（2）**坚持**。鼓励孩子按确定的目标去做，不半途而废，不轻言放弃。遇到问题、困难，既要学会咬紧牙关，又要学会在困难中赢得成功的方法。开发孩子天赋，不论学习或者训练任何一种项目，在学习提高过程中，都会遇到一个艰难的障碍期，就像长跑中最难熬的"极点"时刻一样。家长要陪伴、鼓励孩子在困难时学会坚持，帮助孩子战胜心理、体能上的艰难和挑战。让孩子充分享受挺一挺、坚持到底之后成功的喜悦。

（3）**专注**。让孩子做到较长时间专注是很难的，生长期的生理特性决定了儿童的注意力只能短暂集中。家长对孩子的家庭管理，要用好这"短暂集中"。每次和孩子一起玩耍、活动之前，或者让孩子学习、做作业之前，家长都要事先做好功课，准备好相关的材料、素材、工具等，并具体研究有关方法、步骤、要领，然后再协同孩子一起去做，以期更好地实现预期效果。逐步提升孩子对学习、训练项目的专注程度，并逐渐将这种专注固化为一种习惯。

（4）**守规则**。把发现天赋与规则意识统一起来，不让天赋发挥变成脱缰的野马，是孩子天赋发掘中必不可少的一课。有人说，墨守成规是不会有创造力的，创造就是在打破成规中实现的。家长应该弄明白，建立孩子的规则意识和墨守成规是两个内涵并不相同的概念，不能混淆。在孩子尚缺乏必要判断能力、没有养成守规习惯的情况下，一定要通过一件件生活中琐碎的小事告知孩子，让孩子知道社会行为的边界在哪里。如果没有规则确定和约束行为边界，那是很容易误入歧途的。

（5）**独立思考**。给孩子提出问题或者指出目标，让孩子自己寻找路径和答案。遇到事情或者问题，家长可以从多角度多侧面提示和启发，帮助孩子查找问题、厘清思路、进行分类梳理、寻找解决的方法和方案，但不代替孩子进行观察和思考，不要直接给出结论和答案。每一步都要以孩子自己为主，家长只担任辅助角色。在一件一件事情上、一个一个具体问题上考验和锻炼孩子独立思考能力以及遇到问题独立解决的能力，并努力使之成为习惯。

（6）**自己动手**。在独立动脑的同时，还要坚持让孩子独立动手。在孩子3~4岁以后，一些力所能及的小事，就要尽可能让孩子自己去做。比如，洗脸洗脚、穿衣穿鞋、整理玩具等，让孩子不依赖别人去完成。不要嫌孩子完成得不好，即使有缺陷和不足，也要坚持让孩子自己去做。孩子独立完成有些确有困难的，家长可以予以辅助。养成这种习惯的孩子，长大后往往比较自立。

（7）**不拖拉**。对孩子而言，培养这个习惯尤为重要。家长要从日常生活中，反复引导并要求孩子无论是学习、训练，还是做事都要集中精力、专心专注、一气呵成。一定不能拖拖拉拉，不能干干停停或者停停再干干，有一下没一下。不能看上去在埋头学着干着，但就是不出活，或者总是留个尾巴。这样的习惯是孩子进入学校后学习效率低下、成绩总是上不去的一个普遍性原因，所以家长一定要随时做到检点督促，而且是每天坚持检点。孩子从 4～5 岁开始，可以建立每天的小小目标管理并认真执行，做到当日事当日毕。

（8）**有始有终**。有始无终是孩子常见的行为特点。这既是儿童身心发育规律使然，也有行为习惯的培养问题。儿童注意力集中时间短，干着这个，忽然又对另一个事感兴趣了，就会放下这个去干那个。再一个是不管什么事，从不善后，玩了玩具随便一堆、作业写完随便乱摊等。家长要吸引和要求孩子，尽可能地拉长他做某件事的连续性，使孩子逐步形成把一件事做完的习惯。年龄稍大一些后，要有意识地训练孩子做每件事都要善始善终，比如，玩了某种玩具，要自己整理归位，吃完饭自己把餐具送回厨房，写完作业随手整理好自己的东西……养成这种习惯，孩子会终身受益。

2. 家长对家庭习惯该做的事

（1）**建立言出必行的习惯**。这也是在孩子心中建立家长威信的重要一环。家长安排前，要充分考虑孩子能够承受的范围、心智体能的可行程度，充分考虑孩子的阶段性能力是否能达到，其他条件是否具备等。要确保孩子能努努力、做得到。不做那种无法实现或者实现起来难度很大的安排。一旦安排了，就要全力以赴去做，不能总是落空。否则会给孩子形成一种不好的示范效应。同时，言出必行不能仅仅只是要求孩子，更要约束家长自己。要求孩子做到的，家长先要带头做到。

（2）**建立坚持不懈的习惯**。世界上的很多事，做一次两次都不难，难的是长期坚持下来。家长要发现孩子的天赋，最考验家长的就是能否坚持到底，且能否做到不懈怠、不自降标准。无论选择让孩子学习什么，如果确实是认准的事，就一定要咬紧牙关挺下来。"三天打鱼两天晒网"是没有出路的。孩子能否坚持，八九成都是取决于家长。家长首先要能经受住这种意志和毅力的考验。最不靠谱的家长，就是遇到一些困难或问题就会打退堂鼓的家长。如果不能坚持，就不如当初不做。

（3）**建立为孩子新鲜感和兴趣进行"保鲜"的习惯**。使孩子的好奇心、新鲜感能在不断激发中焕发出活力和激情。之所以说"保鲜",是因为孩子的新鲜感是很短暂的,新鲜感过去了就会淡化下来。所以家长要努力不断变换角度、变换重点、变换方式,去刺激孩子的新鲜感。比如,可以用反话正说、正话反说、转换话题、正面鼓励、故意激将等多种方法,力争做到让孩子常学常新、常玩常新、常练常新。要给孩子设置一些进步上升的台阶,每一个台阶都有新的体验和新的鼓励,促进孩子经常能有新的成就感,从学习训练中能持续寻找到新的乐趣和新的享受,这也是给孩子持续加油的习惯。

（4）**建立不断克服和改正不良习惯的习惯**。养成好习惯的前提是不能有一身的不良习惯。特别是要注意调整和克服看上去不显眼、不经意、人们常不以为然的小毛病,必须随时检点、随时督促孩子加以克服和改正。比如,注意力不集中、容易走神、浮皮潦草、粗心大意、爱磨蹭、经常半途而废等。绝不能指望对孩子的一两次说教就能纠正小毛病,必须连续不断、坚持很长时间才能克服和纠正。而且可能这个小毛病改掉了,新的小毛病又会出现,所以一定要坚持不懈、持续不断地使纠正不良习惯成为一种习惯。

老师/家长 声音

我是老师、家长双重身份。我的孩子从4岁开始学架子鼓,后来又学书法、国画,老师认为孩子很有天赋,所以一直坚持学习。学着学着孩子进入了角色,最重要的是收获了自信。她对画画的专注已经由刚开始的5分钟到现在的1个多小时,非常地投入。从开始的家长坚持变成了现在孩子自己的坚持。对我来说,这就是一个成功。对孩子来说,是向天赋发展迈出了一大步。

——曹娟,中学教务处副主任

有的家长过于期待孩子快速成长,把孩子逼得太过,效果并不一定好。有个孩子作文中写道:"我要好好学习。因为学习会让我妈妈快乐。妈妈快乐了我们全家就快乐"。家长干预过多,扭曲了孩子内心的动机标准。其实发现孩子天赋是一个慢功,要找到孩子兴趣、擅长所萌发的那个"点",就要耐心观察,"牵着蜗牛去散步",学校开展的"兴趣班"、社团等都可以帮助家长做工作,但不要太急于快速显性地找到孩子"天赋"。

——王辉,小学教研部长

孩子是家长的影子,孩子身上的气息是家长日常习惯的反映。有个学生成绩很好,但出口成"脏"、脏话连篇。后来听说他爸爸就是那样。还有的家长不愿接受孩子的不足,孩子出现问题不能正视、不正确面对,就容易在孩子人格培养上留下缺陷或者隐患,对孩子的成长发展肯定是不利的。

——杨珍妮,小学班主任

培养有利于孩子天赋发挥的思维方式

1. 真正的优秀天赋,都藏在人的思维方式背后

没有良好思维方式的建立,就没有天赋的最好开发。有人说,天赋是上天给予的灵性,比如,运动天赋、音乐天赋等,靠的是孩子有没有那种与生俱来的天资、灵性和悟性,而不是靠他怎样思维。好像天赋与思维无关似的,这是站不住脚的。难道全红婵从跳台上往下跳的一瞬间,她仅凭身体条件反射就会跳得那么完美吗?贝多芬不需要思维就能创作出《英雄交响曲》吗?他们不仅需要思维,而且需要的是卓然出众、卓尔不群的思维。伏明霞、郭晶晶跳水的一瞬间,对所有动作选择与协调起决定性作用的,同样也是思维、意识和控制力,而绝不仅仅是条件反射。任何离开思维方式去谈天赋开发,可以说都是在盲人摸象。

要重视培养孩子从自己的独立观察中获得正确认知,并获得清晰明确概念的能力。不依赖家长、老师,自己去看、去听、去感知、去体悟,其中重要的是,要教会孩子把握正确的观察方法,对看到、听到的事物,能够清晰准确地判断其基本形态,找到其主要特征、关键环节、关联事项和问题所在等,引导和启发孩子养成对事物、对问题独立判断的习惯。并能够不断由浅入深、由表及里、由个别到一般等,从独立判断中找出不同事物的主要差异、内在联

系、因果关系等。这是天赋发挥的思维基础。

2. 培养孩子能够恰当设问、善于自己寻找问题答案

提出问题是认识问题和解决问题的起点，也是创造和进步的起点。能不能恰当设问，取决于对事物的观察是否细致到位、对问题的思考是否深入透彻，所以会观察、会思考才能会设问。家长可以从自己设问开始，引导孩子经常能进入话题，在看似平常的现象或者经常会一带而过的学习内容中去发现和找到问题，然后再帮助孩子自己进行设问。孩子设问从"是什么？""为什么？"到"怎么办？""怎么才更好？"题目的升级过程，也就是孩子思维方式提升进步的过程。

让孩子自己寻找和确认问题的答案同样是重要的。要让孩子知道，人生从来没有现成答案，必须依靠自己去寻找。当然，自己寻找答案不等于一切都靠自己苦思冥想，可以遇到问题主动向老师请教，不懂就问本身就是孩子自己寻找答案必不可少的一个路径。只有把孩子那一颗好学、肯学的心调动起来，把那种"打破砂锅问到底"的求知欲激发出来，把找不到答案不罢休的劲头激发起来，孩子身上潜藏的优秀天赋才会"芝麻开门"，宝库就能出现在你面前，给你惊喜、让你收获。

3. 培养孩子改掉认死理、一根筋的思考模式

古今中外，有很多高智商的天才因为倔强、个性、总爱钻牛角尖而一事无成甚至败得一塌糊涂，惨痛的例子、深刻的教训不胜枚举。但人说"江山易改，本性难移"，性格一旦成形改变起来非常难。所以要从孩子有语言沟通的时候就开始，努力强化他的性格塑造，不断去调节、纠正和扭转孩子性格中认死理、一根筋的思考习惯，反复从人情、事理加以引导，帮助孩子多侧面、多角度去看待问题，更客观、更公正、更理性去认识问题，尽可能使孩子长大后不因为个性倔强而埋没天赋、摔跤吃亏。

重视培养孩子学会逆向、反向思维，是改掉认死理、一根筋思考模式的有效方法。这与人常说的"换位思考"相似。家长和孩子讨论问题时，可以给孩子多做一些假设。比如，假如他是某某同学会怎么想、假如他是老师会怎么想、假如是爷爷奶奶会怎么想，等等。要让孩子知道，世界上绝大多数事物不是平面的、直线的、单一因素和单一条件的。思考问题就如同人照相一样，可以是正面照，也可以是侧面照，还可以是背影照。即使是侧面照，左侧和右侧还是会有显著不同。当对一个问题不能理解或者深感困惑的时候，可以换个角度，再换个角度，也许就会突然发现豁然开朗、眼前一亮，天赋灵感就会喷薄而出、奔流而下。

4. 培养孩子攻克难关、独立解决问题的思维习惯

一遇困难就退缩、一有问题就放弃，是永远不会取得多大成就的。想要孩子天赋潜能得以较好地发掘发展，必须从小帮助孩子不断消除思维惰性，激励思维进取。其最基本的方法就是培养孩子建立自主攻克难关、独立思考解决问题的习惯。

孩子成长的每一个年龄段都会遇到相应的困惑和问题，家长要尽可能地利用这些问题来激发孩子强烈的好奇心，促进孩子建立进取思维的内在驱动力，让孩子自己去想办法解决。要学会调动孩子面对难题、问题时自主探索，一步一步地研究"怎么回事？""问题在哪里？""应该用什么方法？""怎么解决才更好？"等，或者与孩子一起讨论，或者在旁边提问启发，不要着急当下就要解决或做成什么，而把重点放在如何打开他解决问题的思路和方法上。可以帮助进行梳理、深化、整理、分析、归纳，但不要代劳、不代替他，防止形成孩子解决问题时对家长的依赖。从而帮助孩子学会遇到问题时从哪里入手、该怎么应对、抓住哪些环节、怎样破解难题等的思考方法，并逐步形成习惯，使孩子无论遇到什么问题，都不怵不慌，能够自主应对、独立解决。

5. 培养孩子善于主动思考、创造性思考

孩子学习好不好、天赋发挥水平高不高，根本差异不在智商、不在接受能力，而在于会不会主动思考。遇到同样的事或者学了同样的内容，能主动思考的孩子总在不停地琢磨，而有的孩子却是这个耳朵进去、那个耳朵出来，不往心里去、也不会主动思考。为此，家长要不断提问、不断提示，逼着孩子去琢磨思考问题，逐步引导孩子形成主动思考的习惯。那样，他在听讲时就会主动留意知识点，参加活动就会主动留意观察，学习结束就会主动留意总结归纳。有了主动思考的习惯，思维能力就随之提升了。

孩童时代强烈的好奇心和超常的想象力，为孩子的创造性思维提供了无限可能。家长要多带孩子开阔眼界，见识更多鲜活有趣、智慧科幻的设施、装备，观看更多高质量的电影、动画，刺激孩子思维经常处于活跃状态，经常有一种灵感和创造欲望跳跃迸发，把孩子的兴趣乐趣引导和投入到想象、发现、发明等创造性思考上来。激励孩子做"小小探索者""小小发明家"的冲动和感觉，不断寻求探索未知的新方法、新路径。超常天赋优势就会这样一步步炼成。

6. 培养孩子学会建立借力、依靠群体的思维

人能不能成大事，个体优秀固然重要，但更重要的是，是否善于发挥集体、团队的作用。古往今来，很多天赋优异、本领出众的人最终失败，一个共同原因是他们都太过强调个人英雄主义，而忽视集体团队的力量。是思维方式的局限，导致了本可避免的悲剧。要让孩子知道，个人天赋才智与集体力量结合起来才能更加强大。家长要培养孩子建立一种与集体、团队融合的思维，每当遇到问题时，总能想到依靠团队集体、与团队集体协同合作，而不是单打独斗、个人逞能。那些善于借力、依靠群体力量的人，那些能把个人天赋优势得以放大和施展、把个人力量发挥到无穷大的人，说到底是群体依赖的思维方式取得了胜利。

建立依靠群体、团队的思维是很难的。因为大多数人在实际思考问题时根本无法摆脱自我的约束，对孩子来说更是如此。很少有孩子能做到遇到问题，既能积极发挥个人能力和优势，又能想到"我如何依靠团队集体"。家长要多带孩子参加团队合作训练，经常启发和支持孩子与小伙伴开展协同配合游戏。形成集体意识，并学会从集体需要考虑问题。上学以后，要引导孩子珍惜班集体的荣誉，主动参与到班集体组织的各项活动中，承担角色和任务，使依靠群体的思维牢牢扎根在孩子头脑中。

7. 培养孩子学会避免落入虚荣心思维陷阱

人与生俱来都有自尊的需要。按照马斯洛的需求理论，自尊属于尊重的需要、高层次的需要。自尊心是人类普遍的、最体现人本性的心理状态之一。当人自身的一些内在或者外在条件不能满足自己自尊心需要的时候，就可能会追

求虚假的表面荣耀感和光彩感来弥补，以期获得荣誉和引起普遍的关注，获得别人的尊重和欣赏。绝大多数人或多或少都有一些虚荣心。大人有，孩子同样有。

虚荣心的内在驱动性特征使它对人的思维会产生直接影响，能在某种程度上左右人的思维甚至决定人的思维。一般情况下，人有一些虚荣心并不会产生多大副作用。在一定条件下，有的虚荣心还可以增强人自强进取的内生动力。但如果虚荣心过强，则很容易给孩子天赋发掘发展带来一系列负面思维和行为，导致种种负面后果。比如，刺激产生嫉妒、心理失衡、极端行为，有时甚至会造成毁灭性影响。如何避免落入虚荣心思维陷阱，是需要人一生都加以注意的。

要做到这一点非常之难。因为人几乎一辈子都无法消除自己的虚荣心。特别是对孩子来说，他可能会有很强的虚荣心，比如很愿意在同伴面前表现、总想引起老师或别人关注、总是"人来疯"等，但他并没有虚荣心的概念，不知道虚荣是什么，更何谈让孩子避开虚荣心思维。家长要随时注意把握好以下几点：通过具体事情引导孩子避免和其他孩子进行物质和荣誉感攀比；有意识地淡化孩子对结果的强烈追求；引导孩子克制、控制自己的表现欲；发现孩子羡慕嫉妒他人时，从正面帮助孩子分析自身不足并指出努力方向，决不刺激和助长孩子的负面心理、负面情绪；及时消除孩子对自尊没能满足的失落、纠结和沮丧感。防止虚荣心思维陷阱拖累孩子。

老师/家长 声音

我弟弟小时候天资聪明却调皮捣蛋。一次弟弟约几个同学出走，花光了带的钱，在三门峡被扣。回来后父母没有责怪弟弟，说："你的想法、动机都好，但方法不对。"并借此机会激发了弟弟上大学的梦想，结果弟弟从初三直接跳级到高二，又高二参加高考，考取北大数学系。现在回过来想，正是父母的理解和鼓励，才给弟弟创造了最大可能。爱孩子容易，而懂孩子很难。

——温耀婕，中国计生协会工作顾问、知名心灵成长导师

学生毕业多年以后，可能会把老师教给的绝大部分知识都忘掉了。其实剩下的就那么一点点，可能就留下一点批判性质疑和学习能力了。这才是最宝贵

的，特别是在今天 AI 时代、人工智能时代，最重要的就是这种学习能力和创造性思维。这是教育最应该教给孩子们的东西，也是促进孩子天赋发展最重要的方面。

——杨立鹏，中学教师

不同的孩子，天赋显现的时间不一样，有的表现早，有的表现晚，并不是同时都能显现。大部分人对孩子天赋的认识都说的是兴趣。家长不管自己的孩子天赋是平庸还是优秀，都应该悦纳。家长应该慢下来，支持学校做好通识性知识和思考方法的培养。我曾有个学生，现在当厨师。我问他，记得当年老师教给了什么？他回答是知道了怎么去学习。我认为有这一条就已经足够了，这就是对天赋最有效的开发。

——王瑞，中学教师

激发孩子天赋的方法是多方面的。比如，我们在历史教学中，采取立足生活激发孩子去探究历史就很有意思。老师启发孩子多角度分析历史事件，指导孩子自编自演历史故事短剧，鼓励孩子用创新思维质疑、反思历史事件，让孩子沉浸其中，加入了历史感悟，教学气氛也活跃起来了。学生们对历史课的兴趣也上来了。我感觉就激活了孩子们创造性的天赋思维。

——孙佳，中学教师

从小重视对孩子的健康情商塑造

1. 情商是天赋发挥的最好助攻

清华大学教授吴维库在《情商》中文版推荐序中认为："一个人的成功遵循 20/80 法则，即 20% 取决于智商，80% 由其他因素决定，其中最重要的是情商。"可见，发掘孩子天赋，不能忽视情商塑造。哈佛大学心理学博士丹尼尔·戈尔曼 1995 年在他的《情商：为什么情商比智商更重要》中提出了情商构成五要素，分别是：自我意识，即认识自身情绪的能力；自我管理/约束，即妥善管理情绪的能力；自我激励的能力；认识他人情绪的能力，即我们常讲的移情能力或同理心；人际关系的管理能力，即社会交往能力。这五个要素中，前三个是针对自我的认识、管理、激励提出的衡量指数，后两个主要是针对与他人交流相处、融入社会的衡量指数。

鉴于中国社会与中国历史文化背景和西方社会的显著差别，决定了国人情商特质与西方是有细微差异的。所以本作者认为，中国人的情商构成要素似乎更应该放在中国的历史传承、文化背景和社会特征下去审视，抓住国人社会普遍情绪特质中民族性、代表性的关键点，应该更具体、明确、直接、简洁，才更符合中国国情特点和文化特征。故本书把国人的情商要素大体概括为六点，即从自我角度观察概括为三点：情绪、恒心、自信，即对应戈尔曼的"三个自我"；从社会角度观察也概括为三点：爱心、应变、社交，即大致对应戈尔曼的"移情能力或同理心、社会交往能力"。这样，虽然本质上与戈尔曼所概括的情商要素保持了内涵不变、方向一致，但这样更直观、明了，更便于大多数国人理解，也便于家长们把握。

可能有的学者也许会不认同这种概括。因为自我认识不仅限于情绪，还有其他内容。自我管理也不仅仅是恒心，自我激励除了自信还有其他方面……这是事实，我也认同。只是，在自我认识、自我管理、自我激励中，应该说，"情绪、恒心、自信"分别是三个环节最核心的要素，起关键性作用。这样表述（也包括从社会角度的"爱心、应变、社交"）更为具体、明确、简洁，易于国人理解和接受，因而我认为是合适的。

情商的相当部分是先天气质性格中带来的，但后天的塑造同样意义重大。人在很多时候的情商表现往往都体现的是后天习惯所养成的特点。可见，情商塑造要从小抓起，越小可塑性越强，情商提升的效果就越好。

情商与天赋是一种内相关联系。人绝大多数的天赋展现，情商都直接、间接地发挥着作用。从某种意义讲，情商就是天赋发挥的最好助攻。

2. 情商中最核心、最重要的是情绪管理

这可能就是戈尔曼把"情商"定义为"情绪智力"的内在理由吧。一个有血有肉的人，没有情绪是不可能的。人的各种情绪表达，比如，激动、自豪、高兴、失望、期待、哀伤、孤独、愤怒、悲痛、惊恐等，多数是正常表达。情绪管理最重要的是管理坏情绪、控制负面情绪，特别是控制坏脾气。这也是健康情商最重要的环节。

家长要时时注意关注和防范孩子不能养成一种坏脾气。有的家庭氛围是全家围着一个孩子转，孩子动不动就大吵大闹、没理抢三分、得理不饶人，甚至泼皮耍赖成为常态或者制胜手段。家长要在发生这种情况的当下就严肃对待（注意一定是在当下，不能事后算账），绝不惯着。厘清问题所在，尽可能地辨明是非、讲清道理，一定要让孩子认识到自己的不对，以消融他的坏脾气。让孩子知道胡搅蛮缠和坏脾气不仅没用，反而有害。一步一步强化对孩子的情绪引导和情绪管理，不能听任他的坏脾气任性滋长，引导孩子逐步学会控制自己的不良情绪，养成平和、理性地去对待和处理矛盾问题的习惯，在遇到问题时，能做到不无故挑起事端、不主动激化矛盾、不让冲动的魔鬼随意冲出"笼子"。沉得住气、稳得住情绪。

3. 培养恒心，激发自信

有没有恒心、能不能长期坚持并逐步成为习惯，是个人天赋能否有效实现的关键。家长在发现找到孩子的某种天赋潜能之后，能不能把这种天赋潜能转变成他的成长或者发展优势，一个重要的决定性因素是有没有恒心、能不能，做到行为上的自觉和坚持。所谓"拳不离手，曲不离口"，就是长期不间断地学习训练。如果一曝十寒、想起来一阵子，想不起来就"刀枪入库、马放南山"，即使有爱因斯坦的优秀天赋，那也不会成为第二个爱因斯坦，甚至会落到碌碌无为、平庸无比。

让信心常在并持续。自我激励的内在基础是有没有坚实而足够的自信心。家长要从小帮助孩子建立起一种骨子里的自信。一个缺乏自信的人总是难以把天赋表现到最好水平的，遇到环境改变、气氛严肃、人员陌生、重要人物出现等情况，缺乏自信者发挥失准、表现失常的现象不在少数。而具有较强自信心者，却可以做到应对自如甚至超常发挥。可见，自信是天赋发挥的发动机和加速器。自信的关键是塑造良好、稳定的心理素质，无论面对多少人、多大场面、多么复杂的情景，都能有一种平和稳定的心态，敢于正面面对、从容应对，对自己的能力充满信心。有了这种状态，就有了走向成功的内心依靠。

4. 教会孩子不要对别人太过挑剔

促进孩子学会更好地认识他人的情绪，充分理解他人，具有更多的同理心。这样也就更容易与人相处。如果孩子对别人总是挑剔、尖刻，找别人的毛病，抓住一些小问题不依不饶，难以容人，那就会难以与人相处，这实际上是共情能力或同理心缺失的一种表现。如果不能及早地、适当积极地加以干预和引导，久而久之就会变成一种性格缺陷。家长对此要及早结合生活中的具体事、具体问题加强开导，教他学会怎样欣赏别人。多看同伴的优点和长处，包容别人的缺点，以学会与人相处之道。现实生活中，经常会出现的一个情况是：别人的缺点让人不爽，有时还会触动自己利益。而如果总是宽容对方，可能反而会导致对方得寸进尺。对这种问题，要教给孩子学会宽容、包涵初次，但不允许对方再三再四。如果对方不知止、不收敛，就要寻求在对方完全不占理时，当众一次给教训到位。千万不能反复给他挠痒痒。因为反复多次而印象不深的批评，会出现效果上的衰减，久而久之会使对方感觉麻木。

要引导孩子学会和懂得关心他人、关心社会。要教会用爱心培养爱心，用温暖扶助温暖。善于体谅别人的苦衷，能设身处地为别人着想。碰上别人遇到困难、陷于无助时，能主动伸出援手；遇到别人出现困难、亟须帮助时，能不以回报为目的真诚相助；看到不平不公，敢于挺身而出、伸张正义。家长要懂得培养孩子这种品格在对社会有利的同时，受益最大的最终还是自己的孩子。因为有了这样的品格，就能有效防止孩子走进精致的利己主义死胡同，就会主动与社会同频共步。否则，即使有出众的天赋，有一身过人的本领，也会与社会格格不入。

5. 教孩子学会应变，不断提升沟通的质量和效果

机械、僵化地应对千变万化的生活是永远也不够用的。应变能力实际上是人际交往管理能力的集中体现，也是情商培养中难把握好的一个问题。生活场景、问题和挑战经常是瞬息万变和不确定的。面对不确定而又能恰当得体的应对确实是很难很难的。高情商的人总是会在千变万化的不确定中如鱼得水、游刃有余。家长要培养孩子在不同场景下学习不同的应对方法，使孩子懂得在不同场合、不同条件下适时调整说话做事的语气和方式，根据现场情况进行适当变通和灵活应对。特别是对原设想情境之外的、突然发生的、临时变化的情况，要教给孩子先沉住气、冷静观察、弄清吃准事情来由，不要贸然冲动，不能自乱阵脚，养成一个遇事不慌、沉着应对的处置习惯。如果孩子能学会这一点，也是会终身受益的。

提升应变能力，为的是更好沟通。除了家长要与孩子沟通，还要鼓励孩子与同龄孩子、与他人加强沟通，培养沟通能力。使孩子不怯与人交流，不怯场。要注意训练孩子与人交流沟通的方法和技巧，多从对方关心的话题开始说起，以尽快找到共同话题，防止、消弭与人沟通中可能出现的尴尬和障碍。要让孩子懂得"话有三说"和一旦说出了口就"覆水难收"的道理，与别人交流时，需要"多长点心眼"。注意留心别人的感觉感受，琢磨好从哪个角度去说更容易被对方理解和接受。特别是将要做出否定性评价时，应该先在自己内心做一下对比思考，不轻易说出口。以避免出现不应有的负面效果。要教给孩子从关心他人而不是批判他人的角度切入，善于使自己的看法观点让别人接受认同、在沟通中取得一致，善于通过幽默的话语调节气氛、融洽关系，很自然地在群体的沟通交流中去争取赢得主动而不是被边缘化。

6. 从小重视社交

从鼓励孩子与小朋友玩耍、交流、分享做起，让孩子从小树立、建立一种主动与他人交往的意识，培养他的初步社交能力。让孩子懂得与小朋友分享，在成全其他小朋友的同时，也给自己增加了资源、带来了方便。通过积极与别的孩子接触，让孩子渐渐明白怎样与别的孩子打招呼、找话题、套近乎，怎样建立友谊，保持和发展友好关系，怎样从一般认识到处成好朋友。久而久之，孩子逐步把这种处世方式固化成一种行为习惯，具备了很自然地与人接触、交往、相处的能力，就为长大后走向社会拿到了一张永不失效的通行证。

同时，家长要教孩子学会既要在意别人的感觉，又要毫不在意别人的感觉。非常在意别人，就是教孩子在说话、做事时不目中无人，不能只追求自我表现，而是注意观察、有所顾忌、适当收敛，尊重别人的存在，重视别人的感受，体谅别人的心情，理解别人的苦衷。这样就能更好地把握言谈举止的尺度分寸，更容易被周围人接受、受同伴欢迎。而毫不在意别人的感觉，则是要在确定自己前进目标、处理事情的时候，不论别人怎样看待或者议论，都应该始终保持自己心中的主见和定力。特别是在努力学习、追求进步上，不要理会、在意同伴的嫉妒、挖苦、非议、冷嘲热讽等。如果万一遇到了这类问题，可以用友好、微笑去努力化解，但决不受这些消极因素的干扰。继续一如既往、坚定不移向前走。

 老师/家长 声音

  针对学生个体因智力、非智力因素而导致的自然差异，从不同学生的个体差异中寻求教学的最佳结合点，进行有的放矢的阳光教育，实行分类构建、分层评价的阳光课堂阶梯式教学，可以在承认学生课堂学习能力差异的基础上，兼顾学生的不同能力状况，针对差异组织教育教学活动。围绕"课堂教学效果"和"学生行为变化"两个方面，促进教师在理念、行为、角色向消弭孩子差异的教学靠近，可以顺应孩子的个性多彩发展，使更多学生能够沐浴在自信的阳光中去学习，向着更有利于孩子天赋潜能优势的方向去发展。

——陈红，国际学校小学部校长、高级教师

  有个孩子，老师讲什么他都不听，与同龄孩子相比，每一个技能都弱，穿鞋左右不分。但孩子的记忆力特别好，只是班上开故事会，他却讲不出来。他总是沉浸在自己的世界。一练起钢琴，所有的烦恼都没了。这种孩子不是没有天赋，而是因为婴幼儿时期发育障碍导致的社会交往障碍，形成的儿童孤独和自我封闭。家长应该多带孩子与人交往，逐步从封闭孤独中走出来，寻找天赋发挥的舞台。

——李嫚，小学行政主任

  家长的负面情绪和心理问题是会传染给孩子的。有个全职妈妈，对孩子的表现总是很纠结。大孩子上初中，思维在裂变，和妈妈极少沟通。妈妈提要求，孩子说："我知道你说得对，但我做不到。"使妈妈很苦恼。小孩子上幼儿园，稍有一点问题，妈妈动不动就指责幼儿园："你们把孩子都管成什么了？"家长的负面情绪多，就容易对孩子产生负面影响。要发现孩子的天赋，还要从调整家长的心态开始,不要把负面情绪带给孩子。

——徐洁,幼儿园园长

孩子刚出生的那几年,我特别紧张焦虑。这种情绪如果传递给孩子,对孩子的身心健康是不利的。后来我开始改变自己的心态和方法,学习理解和接纳孩子的不完美,理解孩子在成长过程中遇到的各种困难。比如,孩子控制不了自己的情绪大喊大叫发脾气,以前的我遇到这种情况,我也会陷入他的情绪中,比他更生气,甚至会打他。而现在遇到同样的情况,我内心就非常平静和淡定,接纳和理解他的感受,和他心平气和地交流。这样,他也会受到我的影响,慢慢平静下来。孩子带来的"麻烦"也是家长自己成长的机遇。

——李冰冰,全职妈妈

培养塑造健康的人格特质

1. 人格特质:有点陌生的理论和并不陌生的行为

人格特质理论创立者,美国心理学家G.W.奥尔波特的《人格模式与发展》认为,人格特质是人格结构的核心部分,是一种广泛的相似行为的倾向系统。奥尔波特把特质区分为个体特质和共同特质,其中"个体特质精确地反映了人格,而共同特质反映了个体所必须归属的种类"。他认为特质在人格心理学中占有举足轻重的地位。

另一位人格特质理论大师蕾蒙德·卡特尔则用因素分析法提出了16种人格根源特质,表现为:乐群性、聪慧性、情绪稳定性、恃强性、兴奋性、有恒性、敢为性、敏感性、怀疑性、幻想性、世故性、忧虑性、激进性、独立性、自律性、紧张性。并认为每个人身上都具备这16种特质,只是不同人身上表现程度有所差异而已。而H.S.艾森克则提出了:内倾-外倾、神经质-稳定性、精神质三种特质类型。

20世纪80年代以后，特质理论研究者对人格描述形成了较为一致的共识，确认了人格5因素模式，即情绪稳定性、外向性、开放性、随和性、谨慎性。R.W.柯安还分析了使人达到最佳智力和技能状态的5种最佳人格特质：效率、创造性、内在的和谐、良好的人际关系、超脱。

基于上述各项研究成果，理论界目前相对认可程度较高的概念内涵是，人格特质是指能使人的行为倾向表现出一种持久性、稳定性、一致性的心理结构，是人格构成的基本因素。限于篇幅，我们就不深入讨论对多数人显得陌生而深奥的特质理论了，只做一个简要的介绍即可。更重要的是，我们可以从人们普遍熟悉的孩子生长发育特点和日常生活中经常遇到的行为特点给家长们一些提示，以期能对孩子的人格塑造和形成有所帮助。

2. 人格特质与天赋发挥联系紧密

优秀天赋与积极健康的人格特质融合，才能成就"完美的自己"。比天赋开发更为重要的是健康人格特质的塑造。家长们绝不能只盯着分数、才艺，而要更加重视帮助孩子准确地认识现实，建立客观的认知和正确的自我意识，关心社会并具备良好的社会适应能力，树立符合社会主义核心价值观要求的伦理和道德标准，能够确立并保持积极向上、阳光进取的良好心态和精神状态，能够建立和谐的人际关系。在此基础上，优秀天赋发挥就有了自由广阔的天空，任你奔放驰骋。

从小培养健康、开朗的阳光心态。以开放、敞亮的眼睛看待社会，有乐观向上的生活态度，一切都会变得积极而富有意义。培养和引导孩子以阳光心态看待问题、拥抱社会是家长给孩子必不可少的一课。即使有时孩子在学校或者其他场合遇到了一些不公平，吃了亏、受了委屈，也能豁达对待。面带微笑去面对遇到的困难、问题、不公，不在心底结疙瘩、打死结。对不愉快和烦恼能很快释然、抛之脑后。不把由此引起的不愉快、不舒畅带进学习和与他人的交往以及团队集体生活，注意力不受干扰，始终只盯着下一步如何做好。

3. 培养竞争而不恶斗的处世原则

引导孩子不为失败、成绩不好、不如别人、未达目的而沮丧、生气。每个孩子都会遇到这样、那样一些不尽如人意的问题，家长应该关心的是出现问题的原因和改进的方法，而绝不能随意指责甚至打骂。打骂能让孩子一时服软，但绝不是可取的方法。家长应该和孩子一道，具体地、一项一项地深入查找分析出现问题的原因，具体讨论应当怎样改进。还要引导孩子坦然面对失利，不能因为出现一次失利，就情绪不佳、精神崩溃、萎靡不振。要让孩子懂得，人生路很长，没有从不摔倒的孩子，只要能够重新爬起来，前面总是充满希望。

没有竞争就没有社会进步。有竞争才有活力。包括孩子的天赋开发，形成相互竞争在很大程度上才更有利于激活孩子的内心动力。但竞争也要有"度"，只有心态健康的竞争才是积极的竞争，良性的竞争才是有益的竞争。恶性竞争极容易刺激人的阴暗心理占上风，从而引发恶斗，不但不应鼓励，而且应该杜绝。家长和学校都应该共同为孩子确立竞争而不恶斗的原则，引导孩子学会与人为善的竞争、坚守规则的竞争。不能为竞争突破底线、不择手段甚至恶意伤害。

4. 培养善意良知

能持久保持人格魅力的人，一定是心怀善念、心有良知的人。培养孩子的健康人格，家长要时刻注意引导孩子以善意待人、以良知立身。要从小不断给孩子灌输友好对待他人的理念、方式，使之逐步形成概念并渐渐成为行为习惯。可能存在的问题是，咱教自己的孩子善意待人、对别人友好，可别人却不这么看，也不这么做，可能会遇上热脸贴个冷屁股。有时反而因此受气、受欺负。这种现象是存在的。但这并不意味着善意有错、友好不对。遇到这种情况，告知孩子远离就是。不与之计较，也暂不与之交往。躲开看似是一种"示弱"而非"示强"，实则是一种智慧。给对方以冷静反省的时间，也不改变自己对人的善意和本心，把老祖宗教诲的"仁义"理念深植到骨髓里。长此以往，在孩子天赋发展的道路上，来自人际关系上的外部障碍就一定会减到最少，从而更为顺畅。

在健康人格中，良知同样是不可或缺的。也可以说，没有良知，就谈不上健康人格。任何人任何天赋的发展，都不能建立在昧良心的基础之上。虽然也有人以昧良心得了便宜获了利，但那终归是不长久的。家长一定要给孩子进行一种良知教育，在孩子的心灵中种下良知的种子，建立正确的是非对错标准，树立孩子内心向上向善的标杆。那样就会以更加阳光磊落的态度去处人处世，到哪里都会带着一种强大的人格魅力，天赋发展就会如虎添翼。

5. 正确认识差距，引导消除盲目攀比心理和嫉妒心理

从小就对孩子进行健康心理疏导，防止与他人盲目攀比心理和嫉妒心理恶性膨胀。人的心理阴影或者阴暗心态，有许多都产生于和身边人不停比较而带来的不良感觉。家长要首先在这方面给孩子做出好样子，经常开导、引导孩子一定不要拿自己的好去比别人的不好，也不拿别人的好去比自己的不好。如果一定想比，就要引导做正面比较。通过比较让孩子发现自己的优势或者差距，找到进步的方向和方法，而不能激起孩子的嫉妒心理、恶化孩子的心理感觉。

家长要注意观察发现孩子的阴暗心理苗头，及时进行沟通、开导。任何时候都不能低估阴暗心理的扭曲作用和破坏性。阴暗心理苗头随时随地都可能出现，也随时随地可能带来一些意想不到的问题。如果不能及时加以调整、纠正，有时甚至遗患无穷。一个天赋发挥好的人，一定是把阴暗心理压缩到最低限度的人。孩子成长中遇到问题，要教会孩子一定就问题说问题，不随意延伸，不盲目扩大，不埋伏仇恨。如果发现孩子有了对他人的报复、暗算、敌视等心理，务必高度重视，及时开导化解，努力使这样的种子不发芽、不生长。

6. 勇于承担责任

家长要注意通过日常生活不断培育和夯实孩子对责任担当的心理基础。当孩子出现问题、出现差错的时候，家长不能动辄责备、打骂，不能一开始就让孩子的惧怕心理占了上风。幼年童年的孩子，心智心理都尚不健全，遇到问题或出了差错，第一反应常常是想要撇清责任，这完全是正常的。家长这时就要告诉孩子，事情没那么可怕，自己做错了就是错了，错了就要负责。让孩子知道遇到问题、出了差错不推卸、不躲闪，敢于正面面对是一个人应该具备的品格。特别是在孩子出现问题，高度紧张和不安的时刻，家长不仅要帮助孩子反省，更要引导孩子放下心理紧张、舒缓害怕心理、调整精神状态。让孩子从内心确认承担责任其实不是多么可怕的事情。

家长可以在孩子进入学龄阶段后，鼓励孩子主动承担班里的工作任务，支持孩子担任班干部或小组长、课代表等。这不是从小建立孩子的"当官"意识，而是支持他在实际历练中学会承担责任。培养孩子形成能够担当责任、任

务的习惯。

同时，还要培养孩子树立一种"没事不找事、有事不怕事"的精神和品格，培养敢作敢为的担当精神。这种精神看似与天赋水平关联不大，但却是天赋发挥的一种底气。

7. 懂得感恩和学会以德报怨

对在自己成长发展中有过哺育、培养、关心、教诲、帮助、支持等恩惠行为的人心存感激，具有主动回馈报答的主观愿望并努力以行动去实现。这种感恩心理和行为是人善良品质的显著特征。感恩心看似与天赋发掘并不直接关联，但对于天赋的长期发展却是一个潜在、内在支持因素。虽然平时看不见，却又说不准什么时候就会发挥作用。比如很多人都有体会：懂得感恩的人通常会有更多机会得到"贵人"相助，而过河拆桥的"白眼狼"则经常是"一锤子买卖"，一旦被人看穿就会受到鄙视、唾弃。这种情况下，懂感恩者即使个人天赋稍差，也会比"白眼狼"获得更多机会。这种隐形的影响，说来与天赋发掘并不关联，却会在特定条件下对天赋发展起到关键性作用。

与感恩心相对应的是报复心。人在面对自身利益受到另一方的侵害和损害时，会产生让对方同样也受到损害的心理反应和行为选择。这是正常的，有时也是必要的。然而，在现实生活中，人遇到的损害绝大多数都并非根本性利害冲突，绝大多数报复行为并不涉及你死我活的原则性问题，所以以德报怨才是更有意义的生活智慧。

培养孩子感恩心和以德报怨心，重在不断启发引导孩子更深刻地感知、认识、体会别人的善意和苦衷，设身处地从对方的角度出发，逐步培养一种能体谅体恤别人的思考习惯，从而生发出更多的爱心，渐渐使之成为孩子身上的一种人格特质。那就真的是说不准什么时候就能为助推孩子天赋发挥起到关键性作用。

 老师/家长 声音

长期以来，我们的教育是"外烁"型。关注的多是他人教育，对自我教育关注不够。比如，孩子沉迷网络游戏了，家长断网、拔电源都没用。如果他不在家里打游戏，就会到网吧打。再说如果身边很多孩子都在打，你不打就和别的孩子无法交流，形成所谓"社会性死亡"。我当时的办法是，我陪儿子一起打，还把他的同学叫到家里打。后来让他打英文原版游戏，结果他的听力就上去了。参加托福考试，听力满分。再后来，他自己编游戏、编程。上高中后，他参加的兴趣小组机器人项目，参加国际比赛，拿了两次冠军。可见，顺应孩子天性，促进孩子转向自我教育，是发展孩子天赋的有效方法。

——何善平，学前师范教育学院幼儿教育学院院长、教授

父母望子成龙心切可以理解，如果没有踩到符合规律的教育节奏上，就会事与愿违。有个外地孩子，父母轮流请假来陪他，非常辛苦。但孩子和他父亲的矛盾非常尖锐，反而成为孩子成长发展的心理障碍。孩子爸爸认为自己付出很多，理应有所回报，对孩子不断指责。和老师沟通，也都是负面的。如果家长和成绩差的孩子每次谈过以后，都让孩子觉得自己一文不值，就是不懂教育的底线。还从哪里创造天赋发挥的氛围？家长，应该更多和孩子谈希望！

——郭晏铖，中学初二级部副主任、优秀班主任

很多生了二胎的家庭，家长注意力转移到更小的孩子身上。有意无意地放松了对大孩子的管教，由此引出的问题还挺严重。有个初中男生，因为在家受了冷落，加之又在叛逆的年龄，从而陷入网络沉迷。一进网吧家长都管不住，只得报警。请派出所出面才能把孩子叫回去。现在这个学生几乎完全生活在自己的规则里，上学迟到、不完成作业，他一概无所谓。百般狡辩、满不在乎。一旦家庭放松了管理，孩子要回到原来的状态太难了！

——刘艳茹，中学教师

我们通过多年的幼教实践发现，一些在幼儿园有某种超常表现的孩子，比如，体能、音乐等在幼儿园期间非常突出，但是上了小学、中学以后逐渐减弱甚至消失了。这是一个值得深思的现象。它说明孩子的天赋需要在特定的关键时期能精准捕捉，捕捉到以后还需要精心呵护，并给予以适宜的教育、引导，从而促进其个性化发展。到小学、中学后，因为要按统一的课标教学，有

发现孩子的天赋

些学习能力以外的天赋相对不容易被发现了。因此家庭在促进有天赋孩子发展中的作用,在上学后显得尤为重要。

——张蕾,保育院保教主任、市级教学能手

有苗都会长,有苗不愁长,问题在于怎么才能长得更好更茁壮。为此家长们应当把功课做足做扎实。但家长功课是没有深浅的。认真做,就会发现总也做不够。如果家长工作繁忙、疲于应付、没能去做,孩子也照样成长。只是在当今社会普遍高度重视孩子教育、社会竞争压力加大的背景下,建议家长们无论如何还是要下功夫做一些的。做不了很多,可以有重点、有针对性地选择做一些。多做比少做好,做比不做好。否则,如果孩子有很好的天赋而没能得到相应的发展,就有可能会成为家长心里难以弥补的遗憾。为了自己孩子,做做功课还是值的。

第六章 天赋开发第三步骤（Ⅰ）
促进孩子天赋发展：家庭选择

孩子的天赋开发是一个动态的、不断精进的过程，只有把孩子的天赋从"潜能""可能"变成他的"才能"，全力促进孩子天赋得以应有的发展，他的天赋潜能才有可能转化为现实的成长优势，"天赋"二字才会焕发出光彩。

促进孩子天赋发展，一定要选对路子和方法。

众多的家庭经常处于纠结、矛盾、犹豫不决之中，因为有很多种方案、很多条路，让家长分辨不清哪条路才是对的。况且还有一些路子总是处于朦朦胧胧、似有似无的状态，这无疑会加重家庭选择时的困惑和迷茫。

本章就家庭路径选择中的一些常见问题给出了提示和建议，但现实中每一个家庭面临选择的理由、条件、思路都可能会有极大差异，境况会完全不同，所以这里依然是重在提示一种思路而不是解决每个家庭的具体问题。

发现孩子的天赋

家庭常纠结的选择题

1. 穷养还是富养？

现在生活条件普遍好了，几乎所有家长或多或少都选择了富养。但需要弄明白的是，怎样是富养？怎样是穷养？不要一提富养，就认为是吃好穿好多花钱，当然这也是富养的一个方面。这种纯物质的富养，需要把握好一个度。超过了一定的度，其副作用到了一定阶段就会显现出来，比如，会助长孩子的虚荣心、攀比、炫富行为等，埋下不健康心理的种子。其实真正的富养应该是在精神、心理和素养层面，就是那种"读万卷书，行万里路"，是尽可能地给孩子创造各种机会和条件，让孩子多参加科技、教育、文化等活动，多阅读、欣赏经典作品，到博物馆里富养、到大自然里富养，多走多看，多听多转，多长见识。也就是所谓的"见多识广"。用游乐、参观、研学等方式去拓展孩子的眼界，打开孩子的思维之窗，孩子的才智水平就会在潜移默化之中达到质的提升，发挥天赋的机会和舞台自然而然地就随之增多。

2. 散养还是精养？

常常听到有人感叹20世纪六七十年代成长起来的人，都是散养长大的。无形中流露出一种对那种形态的留恋。然而，如今的社会背景已发生了极大变化，事实上要按照过去那种放养、散养模式去培养孩子已经完全不可想象了。

有的家长以为，现在竞争从小学就开始了，又这么激烈，紧着精养还养不好呢！况且外边的危险因素有多少啊！敢散养吗？其实，这又是事情的两重性，精养固然已经成为社会大势，但不等于就没有所谓放养、散养的空间。家长们要对放养、散养有客观的认知。我们说的放养、散养，不是大撒把，不是放任自流，不是山坡上"放羊"，而是适当放手，给孩子留出相对宽松的、天性释放的自由空间。只要能确保安全，给孩子享受一定的"散养"感，让他自己出去玩、出去结伴、出去"放肆"。还可以采取正常学期内"圈养"，寒暑假期间适当"放养"的"放养"与"圈养"轮换模式等。总的来说，把散养与精养结合起来，有适当程度的放养、散养对孩子天赋发掘是有益的。

3. 逼着还是哄着？

孩子天赋的发掘发展是一个充满艰苦、枯燥、烦恼的过程，单纯逼着或者哄着都是不够的。正确的做法是既要逼着，又要哄着。在不同的条件、背景下采用不同的方式。不逼，再好的天赋也会毁于人可能无时不在的惰性；而不哄，如果家长一味去苦逼则可能引起孩子逆反，由此带来的种种问题可能会更为棘手。家长唯有在两难中恰当把握好一个尺度才能找到出路。郎朗是钢琴天才，但如果没有当年他的父亲逼着他每天至少练琴 6 小时，恐怕也就没有后来享誉世界的钢琴王子了。该逼的时候逼他，比如，给些压力、适度强制。该哄的时候要哄，家长陪伴鼓劲、随时随地地快乐沟通，以及适当给点小小奖励等都是可以的。无论是"逼"还是"哄"，都要始终紧贴孩子成长中的"童心"，适应孩子心理发育的特点，都围绕一个目标，就是刺激孩子在发掘天赋的路上不断前行，不要停步。

4. 强制还是引导？

发掘孩子天赋，缺了正确、足够的引导绝对不行，但如果完全没有强制，恐怕也不行。因为人的惰性是天然的，人人都有，只要有机会就会自然地去"享受惰性"。如果完全没有压力和强制，完全靠讲道理经常是无效的。因为道理都对、也都懂，但他确实是不愿做。所以正确的方式应该是，恰当的引导加上适当的强制。引导为主，辅之以少量但有效的强制。也就是"两手抓，两手都要硬"。既能较好地调动孩子的主动性，又能有效地克服孩子的惰性。这其中最重要的是能够有效引导，不能总是在引导，但就是不见行动和效果。如果引导来引导去却总不见效果，那家长就应该反思自己的引导为什么会陷于无效？自己的引导和孩子的想法为什么不对路？引导不能是总在空洞说教，单纯讲大道理没用。要讲究方法，设身处地从孩子的角度去设想若干种愿望和可能以后，再寻找孩子最关心的话题进行讨论。要经常变换角度、方式，能让孩子发自内心地接受，不知不觉中达到家长想要的效果，所以引导也是个"技术活"。

5. 父父子子还是朋友伙伴？

不说远的，就只是简单地和他们的上一代相比，现在孩子的生长环境已经发生了根本性变化。他们接受的知识量、信息量远远超越了他们的父辈，这一代人生活时代的社会观念也与他们父辈有了极大变化。最好的家庭关系不再是简单的父父子子式，而是父父子子又要加上朋友伙伴。家长要主动适应这种转变，主动当孩子的好朋友，充当伙伴角色。不要整天只会以说教、指点、斥责、批评的"家长面孔"出现，而是以更多的共同玩耍、沟通、商量、鼓励的"伙伴"角色来促进孩子。尽可能使孩子心理和情绪放松，降低和消融孩子可能出现的抵触、逆反心理。同时，强调朋友伙伴式的新的父子、母子交流方式，并不是可以因此放弃、放松对孩子的管教，只是管教方式需要更灵活、更亲和、更有感染力，也更有好效果。家长们要好好把握。

6. 吃苦还是享受？

爱子之心，人皆有之；惜子怜子，天性使然。但有的家长怕孩子小时候吃苦，其结果就会是导致他长大后吃更大的苦。现代人总体生活条件优越，孩子享受的物质条件远远超越了他的上一代。但这对孩子成长而言，却未必是个好事。出生就掉进蜜罐福窝的孩子，把衣来伸手、饭来张口当成了天经地义、理所当然，似乎从骨子里带着一种天然的"享受气质"。越是这样，就越应该给孩子一些"吃苦教育"。比如，有意识地让孩子吃一些粗粮、不要过早给孩子穿名牌衣服、能步行就不坐车、适当让孩子干一些体力活、"劳其筋骨"让孩子更多体验劳累和出力流汗、冬夏冷热环境下只要在正常可承受范围就让他多忍受一些……过去有句话"少年贫困是人生的一种财富"，虽然有失偏颇。但反过来说，如果让孩子过早地沉湎于安逸和享受，却是真真切切地惯养了人的惰性，管教稍有松懈，就有可能成长为那种"不争气"的公子哥、娇小姐。如果要说总结历史上"富不过三代"的最大教训，根子就在这儿。

7. 快乐玩耍还是学习训练？

两者兼顾虽然有难度，但该兼顾还是要兼顾。不能因为想发掘孩子的天赋，就不顾孩子的天性，也不能因为要适应孩子的天性释放，就放任自流。关键是如何把握好"度"和平衡。学会"十个指头弹钢琴"，要玩要和学习训练一个都不能少。既要孩子有更好的学习训练，又必须保证孩子还能有他的快乐童年。这就要看家长如何调度。日程安排要紧张而有序，不能为了学习训练过多地牺牲孩子的玩要时间，更不能以繁重的学习训练把孩子的玩要完全挤压掉。当然，随着年龄的增长，孩子离开幼儿园进入学校生活以后，玩要的时间经常被课后作业挤占了，孩子的生活开始变得枯燥而繁重了。这种情况下，家长更应该注意加强调节。特别是在中央已经出台"双减"政策下，家长要主动配合做好减轻孩子作业和校外培训负担，决不能自行变相加码。尽可能给孩子留出更多玩的时间。还要有意识地让孩子心情放松以至情绪发泄。家长不能把孩子变成"学习机器"，更不宜过早地让孩子两耳不闻窗外事，只顾寒窗苦读书。

8. 突出专长还是全面发展？

首先是全面发展，一定要高度重视孩子的均衡提高。一些家长认为，从小让孩子学个专业，练的是"童子功"，像小提琴、体操、舞蹈等都有这样的特点，长大后就练不出来了。这也是事实。不过，虽然专长要从小培养，但不宜过早地把路走窄，不能在后面发现孩子专长不够优秀而缺乏掉头空间。对孩子来说，任何专长都应该是全面发展基础上的专长，而不是除了单一的专长其他都是短板或者其他一概不管。因为他的年龄还没有长到可以单一专长的时候。而他的天赋正在发现发掘的进程中，也远没到定型的时候。只有全面发展的知识给了孩子足够的力量，天赋专长的翅膀才能真正展翅翱翔。要记住，在如今这个知识大爆炸、高度信息化的时代，脱离了全面发展的儿童专长，都会与时代和社会的脚步相脱节，都是走不远的。

9. 单独还是结伴？

强调结伴，是基于人的社会属性所做出的基本判断。结伴可以消除孤单感，结伴可以相互激励，结伴有利于彼此取长补短，结伴所形成的竞争有利于激活内在动力……但有的学习训练却是必须单独进行。特别是进入一定层次之后，就需要老师一对一、针对性地点拨指导。因为一些细节化的学习训练需要在没有任何干扰的条件下单独进行。没有哪一个真正的高手是通过上大课就能达到极致、进入至高境界。因为结伴有时会降低学习训练效果。但每当学习训练经过一段时期以后，则又需要有一些共同学习训练来相互促进，形成比学赶超、相互激励的氛围。这时候就又需要结伴。可见有单独也有结伴，找准和把握好平衡点才是最合适的。家长需要把握的是，什么时候单独？什么时候结伴？总的原则是，在解决个性问题、消化自身难题时要单独，而平时一般学习训练时可以结伴。毕竟，结伴带来的集体感所形成的激励力量是非常有益的。

10. 趁早训练还是顺其自然？

总的来说是顺其自然。因为家长再急也不应该超越孩子发育成长规律。最重要的是，要确切把握孩子身体、心智生长发育水平。如果孩子发育情况好、心智水平够，那么就可以相对早一些。现在的孩子生活条件普遍提高，孩子的身体、心智发育都比以前有所提早，相应一些早教、学习、训练可以适当早一些安排。客观地说，如果家长不能有效地利用好孩子学前阶段的宝贵时间，等到孩子入学后再让孩子学习课外项目，就会把孩子搞得疲于奔波、负担太重。不过家长还应该注意，如果孩子学习训练起始的年龄偏小，则一定要把握好节奏，不要让孩子过早参加与他生理发育水平不适应、不匹配的项目，也不要给孩子过多压力，否则会带来副作用。

11. 鼓励还是批评？

这不是二选一的选择题。而应该是该批评时批评，该表扬时就表扬。鼓励和批评都是不可缺少的。总的来说，应该是正面鼓励为主，多发挥表扬、鼓励的正向激励引导作用，辅之以适当的批评。有的儿童教育专家总是鼓励家长对孩子说"孩子你真棒！"之类的语言，但家长们一定要懂得，事实上，并不是把孩子总捧着就更好。有的家长（特别是老人带孩子）几乎放弃了对孩子的批评，这是不对的。孩子成长中，随时随地都会出现新情况新问题，孩子也总是经常性地在进步、退步之间游荡徘徊，家长既要在动态中发现孩子的亮点，也要看到孩子的差距和不足，随时给予表扬鼓励或者批评引导。通过表扬或者批评，使孩子能树立起明确的是非标准，找到一条清晰的对错分界，知道自己该做什么、不该做什么，该怎样做、不该怎样做。这样，无论鼓励还是批评，就都能发挥其应有的正向意义。

12. 打还是不打？

总体来说，打孩子肯定是不对的。真正的好孩子也不是打出来的。随着近年来现代家庭教育方式对我们的影响越来越深入，很多人接受了打孩子也是家庭暴力的观念，公认家庭教育不能打孩子。确实，打骂是最笨的教育方法，"棍棒之下出孝子"观念早已成了历史的垃圾。同时，也要看到，绝对否定打的作用也是值得商榷的。绝对不打，有时候的结果是在某种程度上还会耽误、误导孩子。打还是不打，应该取决于孩子犯错的性质和恶劣程度。如果打一次，可以让孩子记住教训，避免以后犯更严重更恶劣的大错，那么打就是值得的。对孩子出现或性质上特别恶劣、或高度危险、或原则性错误时，该打则就必须打。偶尔、适度、恰到好处的打是必要的。我们老祖宗使用戒尺教育孩子其实是有道理的。适当惩戒，是教育孩子中不可缺少的手段之一。不要简单地划一条线，不论孩子犯什么错、性质多么恶劣、后果多么严重我们都绝对不打。我绝对不赞成家庭暴力，但不等于绝对不能用适当强制的方法管教孩子。当然，打的时候必须掌握分寸，必须做到让孩子心服口服，达到惩戒应有的效果。打，绝不能过、不能没完没了或者经常打。家长一定要记住，不打是总原则，偶尔、适度地打，只能是例外。

13. 慈爱还是严厉？

传统的模式一般叫作"严父慈母"。随着社会的发展，慈爱似乎成了主流。毫无疑问这也是社会文明进步的方向和趋势。但究竟怎样慈爱？慈爱是否就是娇惯？ 100个家长有100种答案和做法。问题可能在于，一些家庭没能分清慈爱和娇惯的界限。把娇惯以至于过分宠溺都当成了慈爱。"严厉"渐渐淡出了。有的孩子从小到大听家长说的最多的话是"孩子，你最乖！""我孩子太厉害了！"几乎没有听到家长的批评，更没有严厉批评。表面看，确实充满了对孩子的爱，其效果却给孩子的心理成长、性格塑造留下了害。因为顺耳的话听得多了是会产生麻醉和依赖等副作用的，给孩子形成他什么都对、怎么做都对的错误认知。这种错误认知迟早有一天会成为孩子的成长羁绊。所以该严厉的，还是要严厉。特别是涉及孩子性格塑造、心理健康、品行树立等原则问题上，不严就是不负责任的表现。

14. 宽松还是紧张？

天赋发现应该是在相对宽容的氛围才更容易达到好的效果。自然、放松、轻压力，有助于孩子以好状态学习训练和展现自己。但事实上，单纯强调宽松是不够的。况且对自持力非常有限的孩子而言，过分的宽松会形成某种放纵，是非常有害的。家长"佛系"一些没有错，但过于"佛系"则可能对孩子造成某种贻误。比如，养成过于松散的习惯，就会很难改、很难弥补纠正。要知道孩子年龄增长的过程，应该是一个由宽松到逐步紧张的过程。不同年龄段对宽松还是紧张的尺度要求是完全不同的，家长要适应不同年龄段的特点和要求，采取逐步渐进加码的方法才对。需要注意的是，即使是逐步渐进加码也要时时关注、留意孩子的身体、心理承受状态，并经常有意识地给予放松调节，每周都按照孩子的意愿安排至少一次放松活动，至少让孩子能睡一次懒觉。松紧结合、张弛有度，才能让孩子既不过度疲惫，又能适度紧张，保持良好状态。

15. 一般优势还是职业方向？

从很小就安排孩子学一技之长以至二技、三技之长，但大多数家长都是把它定位为特长，并不指望把它变成专长。其意识深处还是"艺多不压身"的观念。可见家长是谋求给孩子建立一种相对优势，而不是为他谋划职业方向。有些家长的用意真的是好奇怪，从安排孩子学习开始，就没有对所学科目抱有多大希望，根本就没有想过让这种特长能成为孩子将来的谋生手段。也就是从一开始就留了一手，把"宝"还是押到了文化课上。每当到了中考、高考的关键时刻，家长把孩子所学的特长项目和专业课说停就停。当然，家长的苦心是可以理解的，只是这其中总还是带几分盲目性。盲目就会有意无意地浪费孩子的宝贵时间，也使孩子在学习时分心。特长学得怎么样尚未可知，而给孩子造成的负担和压力却是实在的。建议家长们为孩子选择时，还是进行一下分析研判，综合考虑好为宜。

16. 靠家庭还是靠学校？

家庭、学校缺一不可。如果没有家庭、家长的努力与配合，面对众多学生的学校教育，再用心再努力也无法对某一个学生长期"开小灶"、吃偏饭。学校要解决的是普遍教育，不是私塾、私教。如若要求学校和老师发现掌握每个孩子的天赋潜能，客观地讲是不现实的。所以家长对自己的孩子承担起发现其天赋的责任，就是必需的。但这并不等于说就可以不依靠学校，毕竟老师面对的是很多孩子，在工作中每天都在经历和观察，不同孩子之间个性特点的鲜明对比会更容易发现他们的优劣势。丰富的经验给了老师更深邃的眼力。老师对孩子天赋的观察发现可能更确切。因而家长需要更加相信老师，主动与老师配合，经常与老师沟通，形成有效的家园共育、家校协同，就更容易找到发现孩子天赋的捷径。

总体而言，以上问题，都不是简单的二选一，不能一刀切。针对特定孩子、特定时间、特定的事可能侧重点都会有所不同，而且随时随地都还在发生变化。对家长来说，重要的是要找到平衡点。平衡点找准了，就能学会"两手抓"，两手并用，家长的纠结就会迎刃而解。

老师/家长 声音

一些家长总是问孩子："考得怎么样？"关注点是在成才、成功上。却忽略了最该关注的成长。只关心孩子学习成绩的家长是不懂教育的家长。教育需要"教"，更需要"育"，不能孩子总在听你说教，而要下大功夫去抓孩子的思想、精神培育。去年新冠肺炎疫情，有个孩子作文里写他"不想活了"，原因是学校停课，他待在家里，而全家都在围着他刚出生的小妹妹转，对他只是说"上网课、写作业"，他的自我认知发生了变化，家庭自我价值感动摇了，从积极上进变为自暴自弃，学习成绩一落千丈。这就是家庭缺乏"育"的氛围的严重后果。家长要加强对孩子的注意力引导，进行必要的心理调适，创造让孩子心理成长的情境和机会，天赋的发现、发展才能实现。

——李文耀，中学党总支书记、高级教师

教育的目的是培养孩子在取得个人良好发展的同时能成为对社会有用之才。发现孩子天赋要与促进全面发展统一起来。中央《关于深化教学改革全面提高义务教育质量的意见》为我们指明了方向，做出了系统部署。教育部确定了 5 个方面 20 项关键指标，对"品德发展、学业发展、身心发展、兴趣特长养成、学业负担"做出了明确界定。在"学业发展"上，既对知识技能、学科思想方法提出了要求，又对实践能力提出了要求；在"身心发展"上，既有审美修养要求，又有情绪行为控制、人际沟通要求；在"兴趣特长养成"上，对好奇心求知欲、爱好特长、潜能发展都指出了具体目标。可见，促进全面发展本身就蕴含着发现天赋的内容，二者并行不悖。关键是家庭、学校要有机配合，使发现天赋和全面发展的教育目标能够很好地落地实施。

——杨辉，小学校长

儿童时期要让孩子玩够。一味要求孩子静静地安心学习，不符合儿童身心发展规律。从生理学上讲，只有让孩子玩够了，他脑垂体多巴胺的分泌才能足够激活肾上腺素上升，从而达到相应的兴奋状态和好的学习状态。科学证明，多巴胺、血清素和正甲肾上腺素这三种神经传导物质都和学习有关。当脑的摄氧量达到 70% 时，运动即可改变大脑，脑细胞激活，孩子的学习效率才更高、学习质量才更好。我要求儿子每天放学必须先玩一小时。有时晚上作业没写完，只要他疲惫了，就让他立即放下作业睡觉，等第二天早上再起来补。让孩子在最好的生理状态和精神状态下去学习，才能促进孩子天赋达到更好状态。

——郑园，口腔医院主治医师

我是幼儿园教师和孩子母亲双重角色。对穷养还是富养、散养还是细养都不能一概而论，不能绝对化。一味穷养，必然限制孩子的见识、眼界；笼统说富养，又会产生一些副作用。散养多了，孩子会收不住心，只顾着疯玩；过度细养，又养不出有血性、敢打敢拼、勇猛无畏的勇士来。所以，穷养、富养、散养、细养，关键是要有合适的平衡点。家庭和学校都要平衡才对。

——杨璐萌，幼儿园教师

打通孩子天赋发展的堵点痛点

1. 弥补孩子性格劣势

如果孩子有性格短板,那是一种客观存在。既然无法规避,那就必须正视现实。性格短板问题解决不好,会成为孩子一生的痛点。

有的孩子天生胆小、怯弱,有的孩子则孤僻、不善表达,还有的孩子在家里像"小皇帝"一样被宠着爱着,一到幼儿园、学校就与别的孩子格格不入。既融不进小朋友圈子,也不和其他学伴玩耍,好像与别人隔离了一样。类似的性格劣势,实际上就成了孩子成长进步的一种天赋短板甚至是天赋缺陷。如果不能及早加以弥补、矫正,性格问题就可能伴随孩子一辈子。

性格劣势影响如此之大,但解决这类问题却非常难。既要有家长的引导,还要有幼儿园、学校帮助创造积极和友好的氛围;既要鼓励孩子大胆去参与集体活动,又要非常注意孩子在集体中的角色位置,防止孩子在其中受到更多的负面心理冲击,反而加深孩子性格劣势。而且,弥补孩子性格劣势不能急,一定要有极好的耐心和耐力,长期坚持与老师配合,吸引更多孩子和自己孩子玩耍、融合,才能缓慢好转。

如果家长觉得孩子小,一味过度呵护保护孩子,不主动采取措施弥补孩子性格短板,那么家长如此之爱,就真是会让孩子一生受害无穷的"糊涂的爱"。等孩子长大后,性格成形,再去改就难乎其难了。性格劣势就会成为他天赋发挥的最大羁绊。

2. 培养性格优势

接受不能改变的现实,改变自己可以改变的事情。孩子性格中有缺陷不可怕,只要家长足够用心、持之以恒,完全可以通过后天养成来弥补先天性格不足,乃至培养形成和提升成性格优势。

不间断与孩子的沟通，最大限度地减轻孩子的精神压力，用阳光心态、平和方式去对待和处理孩子成绩不好、表现一般等不尽如人意的情况，总在热情鼓励孩子向上进取等，这都是家长的必修课。与老师更多地讨论交流孩子优点优势的正面发挥，给孩子营造一种轻松、宽松的成长氛围。

美国作家安妮·博格尔在她的《如何提升性格优势》一书中特别强调了"四个基本习惯"：保证睡眠、适当运动、合理饮食和生活整理。这四个基本习惯对于培养性格优势既是基础保障，又是必要条件。不要觉得这些与形成性格优势没有关系，这种关联是内在的、隐性的、肉眼看不见的，但是确确实实存在的，是不可忽视的。

性格优势一旦形成，就会成为天赋优势的"神助攻"。

3. 发挥平庸孩子的天赋，让天赋一般的孩子发挥强项

这个世界上永远是凡人、常人、普通人占多数，家长一定不要因为咱的孩子是普通孩子而内心失落。要相信天资平庸的孩子不等于没有天赋，况且总体天资一般的孩子时不时还会冒出那种出人意料的亮点。天资普通的孩子天赋潜力开发同样具有各种可能，甚至是无限可能。

每一个孩子都有他的相对比较强项。这些比较强项在没有得到充分发掘之前，是未知数、是不确定的。只有你努力做了，才会知道它同样具有创造奇迹的潜能。家长要善于发现孩子的这些比较强项，充分考虑孩子自身的条件、特点，为孩子量身定制天赋开发的"计划书"和"路线图"，从而建立立足孩子自身既有条件的天赋优势。

4. 重视发现孩子的弱项，弥补弱项，成就天赋

每个孩子都会有一些天赋弱项，有的天生五音不全，有的生来运动机能不强，有的数学运算思维能力不够……家长在发现孩子存在的弱项后，应该请有丰富经验的老师"会诊"分析。如果是涉及基础性的学科或者项目，可以用强化复习、启发思维、综合练习等方式进行巩固提升。如果是基础学科以外的项目，则不建议在该项目的开发上做无用功。

孩子的天赋弱项，有的是可以后天弥补的，有的是无法弥补的，家长的判断就很重要。总的来说，属于生理性条件所决定的弱项，原则上避开，

不去做无用功。而属于可以后天弥补的弱项，如果通过专门训练可以补齐的，则要在孩子最适当的年龄段抓紧补，切不可错过最佳时机。要避免弱项成为孩子天赋发挥的拖累和绊脚石，这是家长做出选择时必须认真面对的问题。

5. 进行专长训练，如何走出枯燥感和吃苦阵痛？

孩子再有兴趣的项目，一旦选择进入规范训练，其过程都是枯燥乏味的。编程、各种乐器、声乐舞蹈、各类运动项目……如果选择进行专业化训练，就必然会大幅提高强度，还有一个较长时间的吃苦阵痛期。特别是面对必然要经历的阶段性瓶颈的时候，可能每天被学习训练整得异常辛苦，却总是感觉停滞不前、长进不大，似乎真是苦海无边。孩子会感到压力山大、心绪烦躁，刚开始时的那些兴趣、热情可能已经完全退去、一扫而光，这时最容易想到的，就是退缩、逃避乃至放弃。

家长在这时候千万不能硬性压制。要合理安排、注意调节、劳逸结合。给孩子留出一定的玩耍、娱乐时间。经常设定一些目标小节点，孩子达到小节点后，要及时让孩子享受到那种节点性成就的喜悦感。可以安排适当的激励性放松项目，比如，可以看看电影、去去游乐场、逛逛田园乡村等，给高强度压力寻找一些合理的释放。

6. 防止因家长强制给孩子带来厌倦感

孩子早期一些学习课程多是家长先确定后而被动被迫参加的，带有家长强制的成分。相应地，孩子在学习中或多或少都会产生一些厌倦感。有的是因为不够适应，短暂性厌倦；有的则是心理抗拒、持续性厌倦。

如何打破厌倦感？对短暂性厌倦，主要着眼于让孩子放松和适应，辅之以适当的精神调节活动。经过一段时间的适应后就可以解决。比较难办的是持续性厌倦，家长要和孩子反复沟通，多安排一些其他有助于孩子身心放松的活动，体谅和疏解孩子的心理压力，降低、弱化孩子心理抗拒情绪，一点一点去提高孩子对所学课程或训练项目的接受程度。使孩子逐步适应。如果经过很长时间努力还没效果，则建议家长做适当调整。

7. 避免因家长强制而给孩子形成过大压力或心理阴影

孩子的心理是充满阳光的。一般情况下，家长给一些压力，孩子自身的疗愈天赋会在自我调节中发挥作用，因而不会产生负面影响。但如果家长的"度"把握不好，所给压力超过孩子心理的承压范围，副作用就会伴随而来。防止因强制而给孩子压力过大、造成心理阴影是家长必须时时注意并处理好的问题。

家长要注意做到：不能持续给孩子增压，对孩子的学习训练要求在一个时期内总体保持稳定，不随意变更也不随意加码；如果确实需要加大一些力度，就要充分考虑孩子的时间、精力、接受程度，确保在孩子身心两个方面可承受范围之内；一定要充分保障低龄阶段的玩耍时间，不牺牲孩子的玩耍去安排超出他身心接受程度的学习训练；切实保证有足够的调节，使孩子能够有较好的身心放松；给孩子坏情绪以释放、发泄的机会。

8. 给孩子一定强度的吃苦耐受力训练

强化孩子的恒心与坚持，不要心疼孩子吃点苦。在生活条件已极大改善的今天，孩子们从出生就天然地享受着"蜜罐"里的优越，很多孩子根本无法想象前辈吃苦的样子，也无从体会吃苦是什么滋味。毫无吃苦的体验，就根本无法理解吃苦的意义。不懂吃苦的孩子是不可能承受严酷环境和巨大压力考验的。所以现在的孩子有必要接受一定强度的吃苦教育。

锻炼孩子的吃苦耐受力，要着眼于"文明其精神、野蛮其体魄"。首先要帮助孩子树立强大的精神支撑力，培养其对吃苦磨炼有一种恺撒大帝、成吉思汗式的英雄感，"天将降大任于斯人"的神圣感。其次要锻炼其身体、生理耐受力，强化孩子身体适应性；还要增强孩子的心理接受程度，并努力做到有劳有逸、合理调节、把握节奏，把吃苦耐受力转化为耐受力、持续内动力。

9. 培养孩子健康兴趣和防止恶性沉迷

容易上瘾的诱惑太多，陷入沉迷的自持力又太差，于是孩子就成了恶性沉迷最容易中招的那一部分人。诸如各种"手游""网游"，还有那些影视天王、娱乐巨星，越是高水平、高质量、高吸引力的游戏、娱乐，就越容易给人带来快感的同时，使人产生共情、沉浸其中。孩子们对这些往往是最缺乏免疫力的。一旦沉迷便深陷其中，难以自拔。家长遇到此类问题，经常是头痛懊恼、束手无策。如果硬碰硬，孩子受伤害，家长更心疼。唯有和风细雨、疏堵结合才是正道。家长可以从孩子恶性沉迷中寻找积极健康的兴趣点，比如，可以尝试让孩子参加一些相关竞赛等活动，以争取和创造有利于孩子特殊天赋发挥的机会，如游戏天赋、棋牌天赋、运算天赋、商业天赋等，引导孩子以健康兴趣摆脱和抵制恶性沉迷，恢复健康状态，激发天赋发挥。

10. 做好家庭补齐上的因材施教，量身打造孩子的教育

如果要求学校去针对某个孩子的个性特点去因材施教，客观上是不现实的。学校再努力，也只能部分实现因材施教。但家长则完全可以通过家庭补齐的功课，对学校教育以适当的补充，来一定程度上量身打造孩子的教育。所谓"量身打造"，就要求家长综合分析家族基因传承特质和孩子的性格特点、心智悟性、兴趣爱好、体能以及孩子对不同学科、项目的响应接受程度，也可以在不同的儿童教育咨询机构多进行咨询，对不同方案进行比选、衡量、优化，为孩子设计一个最能适合他自己的、个性化的天赋开发教育培养方案，努力协同学校形成一种配合与互补，有针对性地激活孩子的天赋潜能，使孩子尽可能地人尽其"材"。

11. 适时适当给孩子一定的挫折感

这是必不可少的人生课。社会发展的节奏越快，人的心理问题就越容易多。近年来，心理问题有向低龄化发展的趋势。

其中一个带有普遍性的共性原因，居然是太过顺利，经不起挫折！哪怕一个微不足道的不顺，一个小小的拌嘴，都可能引发出让你不敢想象、目瞪口呆的严重后果，以至于成为一些家庭乃至社会的痛点和伤疤。如何在对孩子心理疏导中发现孩子的天赋，使心理健康与天赋开发相一致，已经成为每个家庭都须正视的话题。

不能事事都顺着孩子！对孩子的要求一定是事事都回应，但决不能事事都满足！给孩子一些挫折感，而且是要经常给、适当给！对挫折的适应，也是孩子天赋开发不可或缺的一部分。

12. 用好激励

发现发掘孩子的天赋需要不断激励。没有激励缺乏动力，无论是对大人还是对孩子，道理是相通的。问题是激励一定要运用得当，才能达到应有的效果。所谓得当，就是不能是没有规则的激励，不能是随心而欲的激励。否则，就会出现激励效应衰减和激励失灵。

可以建立目标激励，比如，孩子按要求完成某项学习、某项训练、做完作业，可以怎么去玩，可以兑现什么样的奖励等；可以把满足孩子某项要求，成全孩子愿望作为激励手段。孩子有什么要求、愿望，不一定当下答应，可以约定设定一些条件，当孩子做到后，就把成全孩子愿望作为一种鼓励手段；可以给予精神激励，比如，每完成一次就发一个小贴纸、小红花、小红旗等，这些小贴纸、小红花、小红旗积累够一定数量后，就可以举行一个小仪式，用仪式感激励孩子的荣誉感；可以适当给一点小小的物质激励，比如，孩子连续表现好，就可以给买喜欢的玩具、文具和偏好的某种小物品；可以给予成就感激励，对孩子取得进步或者较好成绩，可以与幼儿园、学校老师联系，争取老师的支持，请老师在班上或者其他小团队范围给予表扬，使孩子对自己的成就感到荣耀、自豪，以不断激励他的进取精神。

13. 用好适当惩戒

树不修枝难成大材，人无惩戒难成大器。孩子成长过程中，犯错是难免的。犯错并不可怕，可怕的是孩子明明错了，家长不以为然，孩子不知改错。那样，小错不纠正，就会不断犯错，就会错上加错，就可能在以后铸成大错。所以当发现孩子犯错的时候，家长决不可以文过饰非、讳疾忌医、变相纵容。该惩戒的，一定要适当惩戒。让孩子心里明确对与错的界限，知道如果错了就必须改、真正改、彻底改，这是不能破的底线。惩戒的作用就是一定要守住这条底线，一定要能产生效果，达到目的。决不能隔靴搔痒、不痛不痒，甚至不了了之。那就会为以后效尤开了口子。

教育部已经发文就学校的教育惩戒做出了明确规范。家长们可以学习参照。当然，家庭惩戒和学校惩戒的方式上会有所不同，但在目标上应该是完全一致的。

常见的家庭惩戒方式可以：严肃批评，让孩子认识到自己的问题，知错认错，认识到自己错在哪里，并要求他做出承诺，由家长监督改正；可以适当拒绝孩子的要求和愿望，要让他知道犯错是要付出代价的，做错事就要为自己的行为承担后果。明确拒绝孩子提出的一些希望要求，与他的错误联系起来，以此促进孩子自我反省；可以取消约定，收回奖励。明确告知孩子，这是惩罚，与履行约定无关，不是不守信用；可以适当惩罚，比如，责令他去做什么或者不做什么，也可以请老师协助严厉训责；对一些问题严重、性质恶劣、涉及孩子品行或者原则性问题，必须需要孩子深刻吸取教训的，家长在把握分寸的前提下，偶尔的打和适度体罚也可以作为一种必要的惩戒手段。

 老师/家长 声音

人人都有天赋。为什么绝大多数人发展平平、很一般？根子主要在培养教育上。因为大多数人的天赋没有被发现，或者说被埋没了。现在社会上对教育很关注，原因在于家长们看到了孩子将来进入社会以后竞争激烈的现实，都希望孩子能更有竞争力。给孩子报很多班，实际对孩子是残酷的。这是社会现象回溯给家庭以后的一种反应：与其孩子长大面临残酷竞争，不如现在残酷一点，让他多学些本事。这种行为是应该注意并加以纠正的。

——孙晓明，中学原校长

人的天赋有隐性的，有显性的。发现孩子天赋要有专业认知，有些特异性的发现，有严格的特性要求。比如，短跑要求爆发力强、体操要求重心要低等。一些地方搭建了专业平台，涵盖了很多科目。那么我们应该解决好的，是发现了以后怎么办？家长的期待值在哪里？是特长还是专长？是成为一般优势还是作为谋生手段？在培养上是顺其自然还是刻意培养？家长的指导思想要明确，这样就不至于让孩子绕弯路。

——师峰伟，小学副校长

有个性格内向的孩子，父母给报了兴趣班学习古筝，结果是越学越安静。小学毕业时，孩子学到了8级。随着时间的推移，后来又想学钢琴。虽然说由

发现孩子的天赋

遗传基因所决定的个人气质、天赋不会变化，但孩子的兴趣爱好还是会发生变化的。这就需要家长要能恰当把握这种变化，适当地做出一些调整，以求更好地把孩子的天赋潜能挖掘出来。

——毛玉侠，小学教研主任

每个孩子都有强项和弱项，老师和家长都要着眼于发挥孩子的强项，就更容易激活孩子的潜能。我原来带过一个大班的孩子，在班里总不说话。但我发现她做户外体操时，非常认真，眼神会跟着手动。我就安排她带操，带着带着，孩子开始主动向老师问好了，后来又当了小班长，越来越活跃。孩子的特长得到了认可，兴趣点找到了，参与活动、学习知识都主动了，就像变了一个人。可见，以孩子的长项来带动她的短项，可以有效激活孩子天赋。可能家长都会意想不到！

——赵靖涛，幼儿园园长

过于严格的家庭教育容易刺激孩子的两面性。我们园里有个孩子，父母都是老师，对孩子管教严格。早上入园，要求孩子必须有礼貌，问老师好。但在没有老师和家长的情况下，一看无人约束，孩子马上就变成了另一个人，表现完全不同。这么小就表现出两面性，那么长大后会向什么方向发展呢？家长和老师都应该深刻思考一下，怎样教育才能达到最好的效果？

——郭莎，幼儿园教学园长

规避、排除孩子天赋发展的干扰和阻碍

1. 不良行为习惯对天赋发挥的阻碍

不良行为习惯，是指可能影响和干扰孩子天赋发挥的行为、做法，经过多次重复、已被反复固化、长时间积累形成的行为模式。其矫正也是需要耐心和耐力的。诸如排除偏食、爱磨蹭、注意力分散、懒于学习、过分散漫等，只要占了一个，都可能对孩子天赋发挥形成阻碍。

规避与排除：当然最好的规避是有效防范孩子不良习惯的形成。对一些问题，一旦发现苗头，马上予以调整，不要把小毛病积攒成坏习惯。如果一些不良习惯已经形成，则家长可以通过建立家庭日常行为模式，对照存在的问题，逐项纠正，并长期坚持，逐步形成新的行为习惯。

2. 隔代溺爱的干扰

很多由爷爷奶奶、姥爷姥姥照看长大的孩子，或多或少存在隔代溺爱带来的困惑和问题。隔代溺爱有很多表现，诸如不讲规矩、一味纵容，不论是非对错、不管什么问题，只要孩子想要想做，一律包容"OK"，恨不能上天摘个星星下来。溺爱的危害老人都懂，但就是改不了。这也是许多家庭照看孩子时"离不得老人，又靠不得老人"的纠结所在。

规避与排除：平时最好自己带孩子，如果必须由老人带，则一定加强检查，严格要求。对因老人娇惯而出现的问题，不能藏着掖着。要先主动争取老人的支持，取得理解和配合，态度鲜明地指出问题和改正要求，并请老人一起督促孩子改正。防止坏毛病长期不纠正，或者屡教屡犯，久而久之变成一种坏习惯。

3. 家庭娇纵的干扰

特别要关注"小皇帝"现象，全家捧着一个孩子、围着一个孩子转。而孩子对这种捧、对家庭娇纵是没有免疫力的，所以他理所当然地成了"小皇帝"。在娇纵氛围里，孩子感觉良好，自我放纵成了自然而然。既然如此，那又何必努力呢？于是，他的优良天赋就会在周围人的一片叫好声中、在温馨温暖的氛围里，逐步淡化、淡化又淡化，直至变成平庸。

规避与排除：爱孩子，就要为之计长远。一时娇纵，给不了孩子一辈子幸福。家长决不可以放纵惯着，发现苗头性问题，特别是涉及孩子三观、品行等原则性问题，务必要随时即刻纠正，并严格要求不能再犯。

4. 太过顺利，无挫折感的阻碍

过去人常说"富不过三代"，究其原因，不是第二代、第三代的人不聪明、不优秀,而是因为成长过程太过安逸、太过顺利。从小生长在太过舒适、平顺的环境里,他不懂得什么是竞争、什么是挫折和逆境,更缺乏参与残酷竞争的勇气和本领。但社会是个风浪永不停歇的大海,不是养鱼池、不是避风塘。经不起淘沙的风浪,迟早会被淘汰。从这个意义上讲,不经历挫折也是一种阻碍。

规避与排除:不要一味只会心疼。要把孩子推到孩子堆里,让他在竞争甚至有一些争斗的环境里去经历挫折的历练。不要总害怕自己孩子在孩子堆里会受欺负、会吃亏。如果孩子吃了亏,可以帮他分析总结经验教训,告诉孩子正确的应对方法,鼓励孩子继续。

5. 优越感阻碍

一些家庭条件比较好的孩子,上的是名幼儿园、名校,还有的人家里住别墅、住富人聚集区、有豪车,从小穿名牌、吃大餐、玩高档……享受并且习惯了比同龄孩子更优越的生活和物质条件。这些家庭的孩子很容易有一种天然的优越感,自我感觉超好,鄙视他人,看不起其他小朋友。自觉不自觉地与别的孩子有了距离,自觉不自觉地习惯于享受奢华与富贵,不求上进、满不在乎。优越感渐渐就变成了一种进步障碍。

规避与排除:无论家境多么优越,家长都应该在孩子面前表现低调一些。不为别的,是为你自己孩子好。不要让孩子只懂享受而不会自立生活、更不能吃苦。家长一定不要把奢侈当成习惯,不要让孩子沉湎于优越条件而失去进取奋斗精神。如果孩子已经产生了一种优越感,则要努力消解,让他认识到家庭目前的优越不属于他,他的未来必须靠自己努力去创造。

6. 自卑感阻碍

家庭贫穷、家长地位卑微或者家在落后偏远地区,没见过世面,没社会关系,没有后台背景,吃粗茶淡饭、没什么玩具可玩、交不上学费、没去过大城市,对城里孩子已经习以为常的玩具、游乐项目可能听都没听过,还有经常被家长或者周边人说笨、不被欣赏、常遭冷落……渐渐总感觉低人一头,由此精神不振、自我隔离、与人交往受阻、对自己缺乏信心,怀疑个人潜能潜质,形成自卑型性格,进而严重制约、影响个人成长和发展。

规避与排除:克服自卑感,先要建立自信。出生在贫穷家庭、落后地区等都不能自己选择，家长要善于发现并及时肯定孩子的优点、强项和进步，鼓励孩子展示才能、参与竞争，并且不惧怕竞争。让孩子知道朴实、上进、顽强就是自己最大的优势，给孩子以正向、向上的心理激励，减轻和消除心理负担，帮助孩子摆脱不良心理影响。

7. 家长代劳的干扰

除了让孩子学习，其他什么都不做——在一些家庭，这似乎已经成了"标准格式"。家长一定不要以为让孩子自己整理物品、洗袜子之类，是耽搁浪费孩子学习时间。老祖宗早就教导我们："磨刀不误砍柴工"，该让孩子自己做的，请一定让他自己做。家长代劳、家长包办是包不了一辈子的，代劳过多只会让孩子变蠢，以至于发展成不具备基本的生活自理能力的"巨婴"。

规避与排除：只要力所能及，让他自己去做。不要怕做这些事耗费时间，孩子自己做了，对他而言就是形成和提升了一种能力。如果孩子上学以后家庭作业繁重，也要至少每天让他做1～2项，可以轮替做不同的事。

8. 手机和电子游戏的干扰

现在一些孩子玩手机的起始年龄从2岁左右甚至1岁多就开始了。手机等电子产品的普及程度越高，家长们越司空见惯，对其危害性就越容易失去警惕、不以为然。这种习以为常、麻木带来的问题越发需要引起重视。必须提醒各位家长：对手机和电子产品影响干扰孩子天赋发现发展的问题，千万不要轻视！一定要足够警惕！

规避与排除：家长要坚定地对孩子采取"限屏"措施，而且要不折不扣地坚持。客观地说，在这一方面，一些家长采取掐断网线、没收手机等可能当下容易见效，但从长久看也并不是好办法。限屏是要尽可能地推迟孩子使用手机和电子产品的年龄。在孩子开始使用后，要从刚开始就和孩子"约法三章"并形成限制使用的习惯，明确使用规则，积极配合支持学校落实限制孩子使用手机的规定和措施。让孩子从内心接受限制使用频次、时间并逐步成为一种习惯。

9. 追星沉迷、网络沉迷、游戏沉迷、青春期沉迷的干扰

某种意义上讲，沉迷有点像毒品，很容易把人带到沟里去。特别是对自

持力低的孩子，防沉迷是一个大课题。在孩子成长的某些阶段，很容易受到影星、歌星、球星还有网络、游戏等吸引，为之着迷、为之疯狂并不罕见。每个家长都应该在孩子成长过程中，加强观察，高度重视、有效防范孩子陷入某种沉迷。

规避与排除：这种问题，完全靠堵是堵不住的。恰当的方法是从孩子较小的时候就开始控制看电视、上网时间，使孩子能较早地适应家长给予一定程度的干预，而不至于形成对立和逆反。孩子上幼儿园、小学后，要养成习惯，由家长适当控制或者干预其查看的内容，限制孩子玩电子游戏的项目、时长，严格防止孩子对某种特定的内容、游戏上瘾。一旦上瘾，要想尽一切办法阻断，并做好心理疏导。同时还要从正面带孩子参加有趣、能吸引他、能转移注意力的活动。使孩子渐渐减轻并渐渐放弃对沉迷对象的心理依赖。

10.防止坏情绪、坏脾气耽误孩子天赋发挥

这里有两层含义，一是家长的坏情绪和脾气，二是孩子的坏情绪和脾气。首先家长不能把坏情绪、坏脾气传染给孩子。同时对疏导孩子的情绪不佳、脾气大负有责任。一些家庭对娇惯孩子已经习以为常，孩子动不动就会大发"无厘头脾气"，如果不及早矫正，迟早会成为孩子成长进步的绊脚石。

规避与排除：用平和的情绪、心态与孩子相处；给孩子的坏情绪、坏脾气创造发泄机会，并重视在此基础上主动疏导，防止孩子情绪压抑或者失控。家长要努力保持与孩子日常对话交流的畅通，不能形成对话"堵点"。有了舒畅的表达，就为消减孩子的脾气疏通了渠道。

 老师/家长 声音

有个孩子长着长着渐渐不爱说话了，学习成绩也大退步。老师和家长沟通，家长只说一句："你要鼓励孩子。"其实孩子智商不差，就是惰性大。比如，他特别不喜欢背课文，可如果老师逼着他，他也能背下来。但在家里，家长特别放纵孩子，他作业本上是空的，笔记是家长给抄写的。感觉是家长让孩子躺在摇篮里，像个"橡胶娃娃"。孩子严重退化而家长却还认为理所当然，毫不警觉。

——赵玉姣，中学教师

无论发现孩子什么特点，都不要先给孩子贴标签，那样并不利于孩子的发展。让孩子做"最好的自己"，不能给孩子过大的压力。家长需要放下焦虑、放下执念，让孩子融进他生活的"小生态系统"，接受同伴、小朋友圈的浸染和影响，表现真实的自我。把发现孩子天赋的内因、外因结合起来，使孩子能够顺应成长规律去发展。在幼儿园和学校能养成较好的学习习惯、能力、品质，这要比认知多少知识点更重要。

——杨梦乔，保育院教师

很多父母总是承包孩子成长路上的困难和挫折，呕心沥血为孩子扫清障碍。看似很不平凡、伟大的父母亲，其实不然。父母只需要适当引导，行走路上的小石子还是需要孩子亲力亲为去面对和解决。

父母是唯一不需要考试培训而获得上岗，沾沾自喜就成了"老子"。如果孩子出问题固然惋惜，但更应该反思、反省的是父母。

——尹计龙，国企干部

有个亲戚经常带着孩子干个体裁缝活，孩子有时候哭闹，她就把手机给孩子玩游戏。只要孩子不哭不闹，她就认为没事了。谁知久而久之，玩手机成了孩子离不开的习惯，慢慢上瘾了。后来孩子手机玩得很溜，反倒是一说学习就头疼。还哪里谈得上去开发孩子的天赋？记得有人说过一句话："要毁掉一个孩子，给他一部手机就够了！"我觉得真的是这样。经常用手机哄孩子的家长，确实该醒醒了！

——许力强，农村村民

找准男孩、女孩天赋培养的不同线路

1. 男孩女孩混养有问题吗？

有人认为男孩、女孩混养是有诸多弊端的。比如，认为混养会导致"男孩缺乏阳刚之气，女孩少了阴柔之美"，男孩多了"娘气"，女孩成了"假小子"……以至于造成孩子人格异化、影响孩子的人际关系、孩子会较难融进同性群体。究竟会不会有这些问题呢？也许多多少少会有一些。但问题和影响会有多大？应该说，不大。20世纪50～60年代出生的人，家里普遍都有3个以上孩子，那时家庭的经济、居住条件都十分有限，谁家又不是混养的？又有多少被人格异化了？虽然那个时候没这种统计，但从实际结果看，影响微乎其微。所以，没有必要把所谓"混养"之弊说得那么可怕。

只是，男孩和女孩的生理、心理特点和生长发育规律确实存在显著不同，在天赋培养发展上确实应该重视这种差异，方法上应该有不同的线路。从各自的特点出发，各有侧重，使天赋培养更有针对性，则是完全应该的，也是很有必要的。

2. 男孩天赋培养发展线路提示

一些男孩的成长过程有时让家长会有一种心惊肉跳的感觉。因为雄性激素的作用，他顽皮、冒险、脾气暴躁、具有攻击性、懒惰、以自我为中心、做事没耐心、不认错，还更容易沾染网瘾、吸烟、酗酒等坏习气，这些问题随便沾上一条，就有的家长折腾了。

同时，近几年有些城市小男孩的成长也出现了另一种倾向，就是男孩"阴柔化"。谁都不希望自己家的男孩满口"娘娘腔""娘炮"，满身的"伪娘"气。但偏偏有一些男孩就变成了这个样子。这也是需要家长关注的。必要的体能、运动、摔打训练和男性意识的培养，都是不可或缺的。

男孩培养的目标应该是阳光坚强、担当勇敢、意志坚定、敢作敢为。家长要把孩子培养得更"男子汉"、更有"阳刚之气"，就需要宽容他的更容易愤怒、需要发泄、进攻、竞争，不宜强行压制，而要引导他以更好的表达方式，既要保护和激发他阳刚的一面，又要适度控制他莽撞的一面。

人说男孩适合穷养。就是要对他经济上有约束，给予必要限制。从小让他学着过些紧日子、苦日子，养成勤俭节约的习惯。防止他大手大脚、挥霍无度、贪图享受；要给他一定的冒险教育，鼓励他崇拜英雄和勇敢的偶像，树立心中的男性榜样；给他规则教育，建立强健的运动意识、顽强的生存意识、有主见有定力的独立意识和健康的性意识；给他挫折教育，让他体验挫折感，学会自主生活，学会受点委屈和承担责任，磨炼孩子的乐观和爱心，磨炼意志、品质、性格、心态，使坚定自立成为他天赋发展最大内在支撑力。

3. 女孩天赋培养发展线路提示

女孩要富养，似乎是一种社会共识。所有家长都希望自己的女儿颜值爆表、气质优雅、腹有诗书、内心强大、聪慧干练。除了颜值以外，其他都是可以通过后天培养提升的。因而，女孩的天赋培养发展，更需要家长的精心呵护、引导、扶持。所谓"富养"，就是家长要花更大精力、时间，去培养女儿的见识、智慧、主见，让女儿有智慧、有能力去应对复杂的社会和形形色色的问题，在人生道路上行稳致远。

女孩天赋培养发展首先要着眼于建立孩子的自信。不让柔弱主导她的生活、左右她的人生。不断激励她"我行""我一定行"的自信感，使她勇于倾听自己、相信自己、表现自己、学会做好自己，做到不为取悦他人而迷失自我、不失尊严地生活。女孩有了独立的人格，就有了在社会上站立的资本。

要特别重视对女孩安全感的培养和保护。孩子懂事以后，家长要及早给孩子开列常见的社会风险清单。进入青春期后，要让孩子对性有清晰明确的认识，使孩子有思想准备、有办法去面对可能出现的问题、困难、挑战，冷静而果敢地应对别人的欺负、侵略、攻击，以及遭遇到的失败。一旦遇到紧急、特殊问题，能知道怎样选择最恰当、安全、有效的处置方式，在保护好自己的基础上争取主动。

努力保护、培育好女孩的女性特质。家长不要以家有"女汉子"的女孩为荣，防止把女孩养成"假小子"。坚持激励着养、疼爱着养，多带孩子参加合作项目、运动项目、表演项目、读书项目等活动，涵养孩子的气质，开阔孩子的视野。把孩子养成了家里家外的一道风景，天赋自然而然就得到了培育和发展。

要细心关爱、精心调养，不间断地给予心灵呵护和精神滋养，防止女孩向拜金倾向发展。如果家庭经济条件尚可，家长在不鼓励孩子过于追求物质的同时，也要尽可能地不让孩子在经济上过于拮据，给孩子一定的自我财务空间。使女孩从小形成自主自爱自立的习惯，养成一种高贵而典雅的气质。面对诱惑能保持仪态而不失尊严，形成主动的气场，为天赋发挥打通路子。

 老师/家长 声音

  我对女儿3岁左右开始教育培养。那个年龄很难发现她的天分特点，我们就普遍撒网，语言、乒乓球、电子琴、舞蹈、声乐、画画都学过，结果发现她体育不够强，而语言天赋特别好，就让我们找到了一个方向。后来又发现，孩子参加各类竞赛有点吃力，但整科去学，就很均衡。我们就转变方向，主抓整科综合提高。再后来，她本科学材料学，又发现自己更擅长尝试新事物和与人打交道，考研究生选择了学习金融。这种不断发掘、不断选择的过程，可能就是孩子天赋发现发展的过程。

——张晓红，小学副校长

  我儿子上高一，他身上的体育天赋都是教练说的。初三时有一次游泳，有个教练过来说，你孩子的身体特质特别适合练赛艇。我们有点抗拒，但教练很执着，反复联系。后来在周末去练了几次，教练再三动员让走专业的路子。但我们还是有些犹豫纠结。当家长的，就是放心不下，如果赛艇成了他的事业，那么学习怎么办？没发现孩子天赋是苦恼，发现了找不准方向还是苦恼。

——赵娟，小学行政主任

  现实生活中，如果处理得不好，女孩比男孩更难管教。有个初二的女生，不上课去夜店，老师、家长多次说都管不住，后来出了问题，安排进行社区矫正。这事提醒家长要注意防范住第一次：第一次是谁带去的？第一次抽烟是谁给的？第一次发现有问题是怎么处理的？对女孩一定要更注意防止拜金倾向，第一次出现问题就要妥善处理好，不能让出现第二次。

——廉敏，司法局干部

家庭支持和家庭保障

1. 饮食保障支持

处在生长发育期的孩子需要高质量、均衡营养的饮食保障。但因为现在生活条件普遍好了，有些家长刚开始也不懂怎样给孩子喂食才更科学、更合理，只一味讲求给孩子喂贵的、好的，结果孩子从很小就开始挑食。只吃几种可口的，不吃的东西很多。长期这样，无疑会导致孩子体内营养失衡，要么导致孩子偏胖或者偏瘦，要么身长过高或者过低，要么甚至影响孩子体能、智力发育水平明显低于同龄孩子。为孩子天赋开发带来不应有的障碍。所以，家长要从婴儿时期给孩子添加辅食开始，就精心安排孩子的饮食保障。其基本要点是：适合孩子、多品种、少量化。尽可能地让孩子接受适合他的每一种食品，每一种都很少量。对孩子拒绝或者不喜欢的食物，要变换花样加工，变着方式让他逐渐适应和接受，从小让孩子吃的食物多样化。孩子进入正常吃饭阶段以后，要尽可能让孩子吃得粗而杂，日常饮食食材应尽量保证每天让孩子吃到20个以上品种。同时控制蛋糕、点心等精细食品、膨化食品的摄入量，用心严防各种添加剂、农药、化肥过量食品进入孩子食物链。杜绝垃圾食品，重视食品卫生，防止病从口入。

2. 睡眠保障支持

现在大人晚上睡眠时间普遍推迟，孩子也跟着不睡。3～4岁的孩子到晚上10点、11点还在持续兴奋，要玩耍、要看动画片，还有的要吃要喝，总之就不肯睡。有的家长只要孩子不哭，也就迁就了。岂不知长期这样会直接危害孩子健康和成长。

保证儿童睡眠，应该是现在家庭对孩子管理的重中之重。如果孩子长时间睡眠时间不达标，会严重影响孩子的脑发育，迟滞孩子的体能、心智发育水平。为此，家长要对家里的活动和习惯做出必要调整，要先服从孩子睡眠需要，确保6岁以下孩子在晚上9点左右能入睡。实在有事情要做，也要先哄孩子睡着，再去干别的。要想孩子天赋开发好，先要保证孩子睡眠好。孩子进入学龄阶段以后，还要郑重提醒家长的是，面对社会上一些急功近利的倾向，家长切不可以牺牲孩子睡眠而追求孩子当下的完成作业、考试成绩等。不应该因为孩子暂时成绩不好，就逼着孩子熬夜写作业。不能让孩子走进一种"睡眠不足—听课注意力不集中—成绩不好—熬夜再睡不好—再成绩不好"的恶性循环。有再大的问题也要先保证让孩子睡足以后再解决，把首先解决孩子机体的复原作为压到一切的大前提。对此，家长切不可不以为然。

3. 安全保障支持

有两个要点：一是切实保护好孩子安全；二是要帮助孩子从小建立安全意识，懂得怎样保护自己安全。家长保护孩子安全，说到底是要足够操心、足够细心、足够精心，一时一刻都不放松警惕的弦，无论是在家还是出门在外，孩子安全防护的措施都决不可以偷懒或者疏忽，以防止孩子受到任何意外伤害。培养孩子安全意识是一个长期、随时随地都要做的事。只要遇到问题和机会，就要在现场、结合当下的情况告诉孩子应该怎样保护自己。要让孩子知道，哪些东西能玩、哪些不能玩，什么是危险、危险有多可怕，哪些有危险、危险怎么避等，并手把手教给孩子一些防范问题的做法、动作。使孩子既能不断增加自我防护的小知识，又能具备一些必要的防护小能力。

4. 玩耍保障支持

玩是孩子的天性。如何让幼童时期的孩子能玩、会玩，玩得快乐、健康、增智，对家长来说其实并不简单。一些家长以为给孩子把玩具买回来，剩下的就是孩子的事了。这种认知是不对的，现在玩具设计的理念、功能、玩的方法已经和过去完全不在一个层次，只买玩具、不懂玩具，就不会带孩子玩好。对各类益智玩具、科教玩具、体育玩具、装饰玩具、电动玩具、音乐玩具、电子玩具等，家长如果没有认真研究，还真发挥不了玩具的功能，也不可能让孩子玩好。家长要给孩子做好玩耍保障支持，就要做到：懂玩具，会用、会玩玩具。知道怎样带孩子亲近自然；会带孩子与小动物亲近而不受伤害；能使孩子在玩耍中与小朋友沟通融合；能使孩子在玩耍中增长知识或者其他能力。

5. 眼界保障支持

行万里路要从孩童时代开始。当然这里说的行万里路，并不简单地等于去做万里行程的旅行（当然也包括旅行），而是通过参加各类活动不断开阔孩子的视野，不断增加孩子积累的厚度和经历、见识的丰富度。家长要经常带孩子去参观、游赏、观看、体验各种各样的游乐场（园），各种各样的设施设备，各种各样的公园景区，各种各样的展览、演出、文化活动……只要适合孩子看的、听的，都可以带着他去参与。使孩子尽可能地看到不同风景、经历多种场面、见识多类场景、领悟多样世界。使孩子在天赋发现发展的过程中，不断地从一个高点登上下一个更高点。随着孩子的眼界越来越开阔，他认识事物的能力水平就会不断进入新的境界。

6. 伦理保障支持

不要觉得孩子小，伦理观可有可无。也不要觉得伦理观看不见、摸不着，因而没什么意义。可以说如果没有正确的伦理观做保障，即使天赋开发取得再好的成果，也很有可能被伦理观缺失或者扭曲所引发的问题抵消。所以，帮助孩子及早确立形成符合社会文明进步主流价值的伦理观念，不仅十分必要，而且影响长远。为此家长要引导孩子：理解并能自觉敬重辈分关系，按照相应关系说话做事；学会尊重每一个人，包括大人和同伴；懂得对家长、老师、兄姐和其他人负责任；理解和接受诚实做人的道理，不说谎话骗人、诓人；能够自觉适应并遵守学校、社会和家庭规则；做事能恪守行为界限，坚持不越红线底线。

7. 配合保障支持

培养教育孩子是一个在家庭、教育机构和社会的循环，如同一个完整的链条。链条的任何一个环节出问题，都会影响到整个链条。主动与幼儿园、学校做好配合是家长的必修课。主要是在孩子入学前做好必要的准备，如反复提醒孩子，让孩子对新的变化有设想、有印象、有心理准备，强化心理接受；积极完成学校安排的需要家庭做好的配合事项；帮助疏导、引导孩子端正学习态度，检点督促孩子抓紧时间完成家庭作业；提前做好课程的预习准备；积极响应学校安排的各项教学、游学和课外社会活动；支持配合老师对孩子的正常管教，对孩子发生在学校的问题给予重视，督促改正；响应家园共育、家校协同，配合落实有关要求。

8. 家庭环境保障支持

积极营造家庭和谐、温馨、促进学习的氛围。家长之间分工负责，共同承担孩子教育培养重任。比如，家长决不在家里给孩子以任何消极的示范，家长之间一定不要当孩子的面争吵，决不把在外边与他人的矛盾、愤怒、怨恨等情绪带回家，不在孩子面前说三道四。家庭与亲戚之间的关系平和处置，发生任何家庭矛盾都要努力去平和解决，不因为家长之间的争吵、打架给孩子增添额外精神负担。营造家庭学习氛围，创造适合阅读的气氛和环境条件。孩子小的时候，可以在家里孩子可以触及的每一个地方，都有他感兴趣的贴画；孩子可以玩耍的每一个东西，都有引导启发他的知识。总之，要让孩子在家里感受到学习的气氛。这是家长的责任，也是开发孩子天赋的重要外部条件。

 老师/家长 声音

按照美国学者U.布朗芬布伦纳"人的发展生态学理论"观点，影响人发展的五大环境中，亲子关系是最内圈。但很多家长根本不懂自己的孩子。有的家庭日子很好，却对读书的认知很低。打牌、跳舞、吹牛、聊天啥都行，唯独不读书。这就没有给孩子提供一种健康成长的家庭环境。而人的智力恰恰要依赖对环境的适应。年龄越小，环境对人的影响越大。在孩子教育上，不知道应该帮助孩子做什么，这是很可惜的。对这一部分家长，建议家长最好是要闭上嘴、管住手、睁大眼睛，开动脑筋，先观察发现孩子的优点，读懂自己的孩子，才能谈得上促进孩子天赋发展。

——何善平，学前师范教育学院幼儿教育学院院长、教授没有孩子的健康，就谈不上孩子的天赋发挥。儿童的健康包括健康体魄、心理能力和适应能力三个方面，缺一不可。家长要做好这三个方面的均衡训练，不能偏废任何一项。对孩子的天赋开发，核心是脑功能开发。儿童大脑可塑性强，可以通过训练使脑区功能、结构发生改变，刺激神经递质多巴胺的分泌和神经元树突、轴突增加，神经纤维增多。家长要在孩子的食物营养、心理滋养、行为引导、语言训练等方面做好保障，先做到培养一个健康的孩子，再去努力保障有效地激发、培养、发现发展孩子的天赋。

——罗兴育，儿童医院（三甲）儿保专家、主任医师

发现孩子天赋是一个起点，抓好天赋的后续发展才是更重要的。我知道有个4岁半女孩，居然可以看高中英语，而且读得很流利，她家订了很多英文书籍，使她的语言天赋不断发展。还有个女孩，踢足球、打前锋，表现非常出色。这说明天赋是受遗传和后天培养环境双重因素影响的，既要从遗传因素去考虑培养方向，又要把天赋的后续发展抓起来。还要考虑怎么把天赋发展成他的事业，这确实很值得研究。

——杨晓静，小学教研主任

我们家对孩子没有什么特殊要求，主要是顺其自然。如果只是纯粹学文化课，孩子会生活没有乐趣。所以我们让孩子自己选择他感兴趣的项目。8岁男孩喜欢编程，我们觉得他喜欢最重要，发现了他的天赋特长，家里给投点资，值。现在的孩子都有自己的想法了，家长根据娃自身发展的情况，给娃创造条件，让他自己去尝试，我觉得这样做是对的。

——薛文怀，医药公司经理

让老人带孩子变成
助推孩子天赋发展的"加油站"

1. 老人带孩子,有多少问题本可以规避?

很多家长多么期待能有一个两全其美的结果:既能依靠老人帮自己带孩子,又能有效规避老人带孩子所衍生的问题和困惑。老人究竟能不能帮助带好孩子呢?这真是个难以回答的问题。事实上,并不是所有老人带出来的孩子都是不令人满意的。有许多老人带出来的孩子,培养得非常优秀、才能出众、脱颖而出。同时老人带孩子往往更负责、更用心,也更有经验。老人带孩子,本来就没有问题,或者很多问题是完全可以避免的。但现实状况是,很多老人带出来的孩子,都存在各种各样的毛病,给孩子的教育培养带来了一些意想不到的麻烦和困惑。

解决和避免出现这些问题,最有效的办法是积极影响老人。对那些接触外界较多、思维并不是非常固化的老人,可以通过与老人积极沟通、争取理解、制订孩子日常看管计划等方式来分解落实孩子父母的安排和要求。挤压、降低老人照看的随意空间。同时,加强对孩子的日常检查,发现倾向性问题苗头,立即对老人和孩子同时提出改进要求,并在随后经常检点改进情况。孩子改进好了,及时予以鼓励。没改进的,持续检点改进,直至达到预期效果。这样像过度任性、好吃懒做、散漫等问题都是可以避免的。

2. 老人带的孩子行为习惯咋培养?

老人和孩子父母这两代人的思维、行为方式都有很大差异,带孩子的习惯同样也有很大差异。这种差异带出来的孩子很容易在习惯上存在两重性或者多重性。比如,和父母在一起,孩子刷牙洗脸、自己吃饭都很正常。而和老人在一起，就这也不行那也不干。和父母在一起，学习训练都没问题，而和老人在一起，则能偷懒就偷懒、能躲闪就躲闪。人天性里的惰性经常会使好似已经形成的好习惯走形变味。所以，对老人所带孩子的行为习惯培养，就要更精心、考虑更细致、检查更具体一些。一定不能给一些不好的习惯留下"变通"的空间。家长要注意检查：每天的小目标是否完成了？有没有发现应该由孩子自己做的事情由老人代替做了？是不是出现了一些不该有的小毛病？已经初步具备的好习惯、好做法是不是丢失了？老人和孩子父母不同的习惯究竟是哪一方面、谁的更好？依从谁的？怎么坚持？家长确实要时时操心、处处留意。

3. 老人带孩子带出的坏习惯咋纠正？

老人带孩子出问题的根源多源于过度宠溺。有些老人带出来的孩子确实是在宠惯之下养成了一些坏习惯：一切以自我为中心、乱发脾气、做事磨蹭、凡事不用心、注意力不集中、有头无尾等，这些毛病看起来都不大，但对孩子天赋开发的影响却很深远，而改进来还很难。这些问题如果不改，则可能伴随他从幼儿园到小学、中学一直到大学的整个学业过程，甚至伴随他的整个人生。父母要矫正、纠正这些坏习惯，可以抓住以下几个环节：启发孩子认识上的自觉，引导、培养孩子对好习惯的兴趣，鼓励他逐步向好习惯靠拢；给孩子明确行为的标准和规范，让他知道什么事能做什么事不能做，什么事应该怎样做；给孩子进行示范指导，具体地让孩子理解、领悟如何去做；长时间坚持，实际上就是一种习惯养成的持续训练，使孩子逐步形成某种行为自觉；在孩子进步过程中不断鼓励激励，增强孩子对好习惯的热情、信心和内在动力。

4. 对老人带孩子带出的问题，埋怨有用吗？

埋怨真的没有什么正面作用。如果说有作用，应该说也是负面的。从尊重和孝敬长辈的角度出发，父母孩子也不应该让带孩子的老人"受累又受气"。如若想要避免老人带孩子带来问题，最好的办法是自己带。但对于孩子父母都在职场、工作紧张的家庭来说，这真是一个天大的难题。既然做不到，就只能让老人带。那该怎么办呢？就听任老人带出一堆问题吗？家长们希望不得到这样的答案，就要想办法预防问题的发生，把可能出现的问题化解在可能出现的埋怨之前。所以把孩子交给老人之前，父母应该进行充分的准备，提前对老人讲好需要老人做什么和不能让老人做什么。并注意加强对孩子的检点，发现孩子身上的不好行为、做法、习惯等，立即严肃纠正。同时，还要注意：明明看到孩子身上一些毛病出来了，但如果当着老人的面批评孩子，老人却马上觉得受了委屈，这就会出现很尴尬、难处理的局面。为防止这种现象发生，批评孩子时要尽可能避开老人，不要简单批评指责。或者用分析、疏导、讲道理的方式，既不惹老人生气、让老人容易接受，又要解决好老人带孩子带出的问题，以期达到最好的教育效果。

5. 怎样才能既发挥老人的经验长处，又避免老人过度溺爱带来问题？

过度溺爱是人性的弱点，不是哪个老人的错。只要老人带孩子，就可能或多或少地存在。孩子父母要正确看待、恰当对待，想办法往正面的方向去引导。其中最重要的是，尽可能把老人带孩子的时间更多地用在发挥老人的经验上，强化老人带孩子的正面效果。在把孩子托付老人时，要尽可能地把需要安排的事项、环节、目标节点、标准要求等逐项和老人沟通到位，把全天时间安排紧凑，把老人和孩子的时间占满。包括做饭、吃饭、喝水、玩耍、睡觉等，尽可能地落实到每个环节，从而把老人溺爱的时间、空间挤压到最低程度，同时也把老人的经验和智慧发挥到最好程度。

6. 怎样使老人带孩子为孩子天赋开发助力？

虽然老人带孩子确实存在一些问题，但不意味着老人带孩子对发现天赋一定不利。相反，老人的优势恰恰是年轻父母们所不具备的。比如，大部分老人不受上下班的约束，能有充裕的时间带孩子去做游戏、上课、训练，能把更多的精力用在陪伴孩子上，对孩子的安全、饮食、休息等也更加用心。所以不是老人不可以带孩子，而是要协调好老人怎么带。要发现孩子天赋，带孩子的老人一定不能缺席。特别是在带孩子问题涉及婆媳关系、女婿与岳父母的关系时，要非常注意把工作做在前面。要事先充分沟通，听取老人的意见，尊重老人的想法，使孩子父母的安排和老人的意见统一起来。这样既有利于老人在心情愉悦、没有精神负担的状态下去带孩子，还有利于更好地发挥老人的主动性,真正把老人带孩子变成助推孩子天赋发展和实现的"加油站"。

 老师/家长 声音

有个孩子爷爷奶奶带,从小到大孩子一直是家里百般呵护的小太阳。一切以他为中心。学前阶段,家里一味无条件满足孩子,在家什么都是孩子对。入学后,孩子把蛮横的习惯带到了学校。不知道怎么和同学相处,结果他在班上很孤独,不会融入团队,不会和同学合作。再后来,小小年纪竟然出现了抑郁。他父母知道孩子的问题,可是感觉已经有点迟了,不知道如何下手才好。可见,老人带孩子,父母一定不能撒手不管。

——白燕,小学教师

有个孩子,父母没时间管,一直是奶奶带。在家里一直是奶奶喂饭。孩子对奶奶的依赖心过强,不喂他就不吃。到了大班还要老师喂饭。这样的孩子好像就长不大似的。这个样子,孩子的天赋开发又从何谈起呢?对老人带出来的孩子,一定要防止出现这种情况。

——康逾,幼儿园教师

我儿子是老人带大的,现在上五年级。我和孩子妈妈工作都忙,平时顾不上管,主要是爷爷奶奶带。爷爷奶奶对他虽然有点娇惯,但在学习上抓得很紧,还能每天给留出玩的时间。要说原因,主要是我爱人和孩子爷爷奶奶关系处理得好,从来没闹过不愉快。孩子有问题时,爷爷奶奶和妈妈在管教上的口气、方法上各有不同,但态度一致,有利于孩子教育。

——陈劲松,建筑公司部门经理

家庭选择、痛点堵点、干扰阻碍、男孩女孩天赋发掘培养的不同线路、家庭支持和家庭保障、老人带孩子,这些问题几乎是每个家庭都必须面对、无法回避的。困惑、纠结、犹豫、取舍……孩子要面对的考试是有限的,而家长却似乎每天都在面对这样的考试。客观地说,确实有一些家长的成绩是不及格的。我们要关注的是,家长可以在某个方面、某件事上短暂不及格,但不应该总是不及格、长期不及格。那样孩子的天赋发展耽搁在家长手里,家长能心安得了吗?

第七章 天赋开发第三步骤（Ⅱ）
促进孩子天赋发展：家长的自我管理

在孩子的天赋发展中，家长始终处于至关重要的影响者位置。

功课做了，家庭选择也对了，孩子天赋发展就一定会好吗？答案是不一定。

有句名言："榜样的力量是无穷的。"家长是孩子最直观的榜样。孩子从小到大接触最多、模仿最多的都是家长。其很多行为习惯乃至语言口气都从家长而来。人说有什么样的家长就有什么样的孩子，是完全有根据的。

护航孩子天赋发展，家长的自我管理绝不是可有可无的。

发现孩子的天赋

家长应该给孩子做出什么样子？

家长是孩子的第一任老师，是孩子的第一个人生偶像，也是孩子最直接的榜样。家长给孩子做出的样子，对孩子影响是深远的。

1. 三观端正

家长有什么样的世界观、人生观、价值观，都会在日积月累的行为中无声无息地传给孩子。所以家长三观端正，才能给孩子好的言传身教。要从小给孩子传输国家至上、民族利益至上的观念，从小教孩子树立远大的理想和志向。在日常生活中，应该做到对明知不对、有违国家政策法律，以及违背社会公德、家庭美德、伦理道德的事，要明确制止孩子去做；对损人利己、损公肥私的事，决不纵容孩子去做。要教孩子明确对错，做到有原则有态度，是非分明。

2. 遵守规则

规则是现代文明社会最基本的秩序保障，对孩子的规则意识要从小培养。家长要在时时处处、随时随地、大事小事中不断地、反复地给孩子讲清规则是什么，应该怎么做。同时在行为上即刻就按照规则去做，不搞从下次开始之类。敬重规则、遵守规则必须首先从家长开始做起，不能只要求孩子。并且不管有人监督还是没人监督的情况下，都自觉自愿、主动坚持遵守规则。要从红灯停绿灯行、人多时自觉排队、公众场合遵守秩序等一件件具体事、具体行为做起，要求孩子做到的，家长要率先做到。

3. 有诺必践

契约意识和契约精神不是说说而已，是在日常生活点点滴滴的行为、习惯中建立起来的。契约精神要从孩子懂事起就开始培养，无论是在家在外，无论是生活还是学习，和孩子说好的事，没有极特殊的原因和理由，家长应该是不能单方改变的。家长不可以把对孩子的承诺当作随便说着玩，慎重承诺、不轻易许愿。但说了的，就要说话算数，努力做到。如果有特殊原因做不到，则要讲清道理，取得理解。这种特殊情况，家长一定要努力避免发生，实在避免不了的，则一定是极个别的特例。一定不能成为常态。

4. 及时表扬

不要低估正面鼓励的作用与效果。家长要关注孩子的每一个进步、每一个成绩、每一个向好的细微小变化，都作为一个惊喜、一件大事来郑重对待，随时给予肯定和表扬。需要注意的是，一定要讲究表扬的方法，重视表扬的效果。不能总是一句"你真的好棒！"以为这就是表扬了。不能让孩子每天听这一句话从开始的兴奋变成逐步麻木，以至完全无感。恰当的表扬要确切指出是哪一点好、哪一点进步了，要具体鼓励到点子上。家长不断给孩子鼓励加油，让孩子能形成一种阶梯式成就感的积累，不断向高处攀登。

5. 敢于承担

想要培养孩子敢于担当的精神和品质，家长首先要能够敢于担当。给孩子做出能扛起责任、担得起使命的榜样，是家长对孩子重要的人生一课。遇到需要决断的问题，或者面临危急或者路见不平、或在关键时刻，当社会需要、众人期待、孩子无助的时候，家长不畏惧面临的困难、风险，能主动挺身而出、果断出手，坚定做出抉择，并勇于承担相应后果和责任。在孩子面前树立起一身正气、刚正坚毅的崇高形象。

6. 主动学习

不能一味只要求孩子学习家长却自己"放羊"。家长首先要给孩子做出学习的榜样。如果陪孩子做作业，一定不要孩子在学习，家长自己玩手机。值得重视的是，现在有很多家长几乎不读书。这样的不佳示范作用对孩子的影响是极不可取的。建议家长要从扩大自己的阅读开始做起，在家带头读书学习，大量增加自己的阅读量。可以采取各学各的、互不打扰、互相鼓励、互相促进，也可以陪孩子学习他的课业。那样便于对孩子的学业、作业随时进行检查，直接帮助孩子学习进步。

7. 互相竞争

适当激发孩子的竞争意识和进取精神。在生活中，家长可以适当建立一定的对比、竞争、比赛关系，比如，可以与孩子约定目标，互相鼓励、互相监督，各自去努力实现。请家长注意，如果与孩子约定参与某种竞争，家长一定不可以总是故意输给孩子，让孩子习惯于享受虚假胜利的感觉。那样对孩子留下的心理感觉反而会助长他的不努力。在孩子学前阶段和小学低年级阶段，家长与孩子建立一定形式的竞争激励，有利于促进孩子保持向上进取的态度和劲头。

8. 合作做事

家长要做愿意合作、善于合作的表率。在家里或者带孩子外出，都要主动寻找机会，尽可能地与人建立合作。比如，可以在家里和孩子合作打扫、叠被子等，用行动和效果告知孩子，与人合作能带来更多的愉悦，能实现更高的效率，取得更好的效果。要经常激发孩子与人合作的意愿，教给孩子与人合作的方法和技巧，提醒与人合作中应该注意的问题。鼓励孩子在与小朋友玩耍中、在集体活动中主动与同伴建立合作，共同玩耍、做事。

9. 交流沟通

家长首先要学会善于耐心倾听孩子说话。一定注意每次都让孩子把话说完，而不是随意打断。支持孩子大胆说出自己的想法，引导他努力取得别人的理解并与别人达成一致。同时从小引导孩子学会倾听，当别人说话或者表达意见的时候，教孩子要安静、专注听别人把想法或者故事讲完，逐步养成一个认真听别人讲的习惯。这样，既能较好表达，又能认真倾听，就容易实现与人良好的沟通交流。

10. 勤奋刻苦

要引导孩子发自内心接受并努力去实践"天才 =1% 的天分 +99% 的努力"，

家长应该带出好头，做出样子。一个懒散而惰性十足的家长是带不出勤奋的孩子的，要以自己的勤奋带动孩子学习和训练的勤奋。家长一定不能给孩子留下那种喝酒打牌、好吃懒做、游手好闲的印象和形象。要常常提醒自己，我是孩子的榜样——要孩子勤奋，先看我的！

11. 忍耐坚持

孩子的天赋发现发掘是一个漫长的过程。因而古人说"十年寒窗苦"。在孩子学习一些科目的过程中，无论是家长还是孩子，都或多或少闪过忍耐不了、想要放弃的念头。其实，孩子能不能坚持，首先取决于家长能不能坚持。家长的坚持可以鼓励孩子、引导孩子、矫正孩子。如果不是因为身体条件、健康影响、时间保障等刚性的、必须要放弃的原因外，一定不要轻言放弃。"阳光总在风雨后"，坚持，就是胜利！

12. 包容他人

包容不包容，不在于你怎么说，而在于你怎么做。包容多是从日常琐碎的小事中表现出来的。特别是自己的孩子与别的孩子发生冲突、出现矛盾的时候，家长的理性对待、宽容处置，会在孩子心理上留下深刻印记。有的家长会说，那我孩子不是吃亏了吗？是的，每个家长都不想自己的孩子吃亏受气，关键是要妥当处置。既要分清是非、让双方都认识到自己的过错和问题，又要相对宽容。对非原则性问题不要纠缠不休。不要让孩子因为这些小矛盾而产生不接受他人、排斥他人的心理。

13. 友善处世

与人为善，不仅要是一种态度，更要是一种处世原则。家长不仅需要对孩子这么说，更要给孩子做出榜样。友好对待每一个遇到的人，友好处理每一件与人交往的事。处世重视细节、讲求细节，但更多的是要求自己，而不是在具体问题的细节上与别人锱铢必较。否则既伤面子、又失和气，还不能给孩子做出好的示范。所以友善是一种大气，而家长长期坚持用大气把友善二字印刻在孩子成长轨迹上，就是为孩子积累了一笔人生财富。

14. 坚定坚强

要让孩子坚强，首先家长要有一个强大的内心。在孩子面前，家长要敢于面对各种风险、挑战、矛盾、问题。面对挫折不气馁，遇到困难不退缩，棋逢对手能沉着，挑战再大敢应对。对认定正确的目标、方向，始终保持坚定的信念、顽强的意志和必胜的信心。在孩子面前树立起一种坚毅、勇敢、勇往直前的形象。在孩子心里，家长就是无畏的英雄；在孩子小朋友圈里，家长总是他们强大的后盾。

15. 鼓励分享

在孩子自私意识刚刚形成的阶段，就要用各种方式引导、鼓励他与别人分享。以尽可能地稀释、淡化孩子本性中那种自私的潜意识。从鼓励与人分享食品、玩具以及自己喜欢的物品做起，逐步形成主动与人分享的习惯。这样，孩子肯与人分享，也更容易得到别人给予的分享。无形中促进了孩子与他人的交往，也就更容易受到别人的启发，个人天赋发挥就容易赢得更多机会、更大空间。

16. 认真负责

孩子究竟是养成了认真负责还是浮皮潦草的习惯，除了一部分是孩子性格因素以外，有很多都是家长带出来的。家长有一种丁是丁、卯是卯的态度，有一种严谨负责的精神，学习有板有眼、做事精益求精，孩子就会有样学样。家长对孩子的学习、作业和需要落实的事都要坚持认真检查、逐项核对，不轻易放过任何敷衍了事、马虎应付的现象。时间长了，孩子就会形成一种认真做事、负责到底的行为自觉。

17. 有错必纠

对孩子时不时冒出来的苗头性问题，一定要有明确态度，该批评的严肃批评，及时、切实纠正不当行为或者不当倾向。对于原则性的重错，应该及时给予适当惩罚。但切记一定不能当下不管、随后算账。那样，孩子可能不但认识不到错误，还会产生对立情绪，产生负面管教效果。如果是家长出了错，或者孩子指出了家长的错误，只要孩子说的大方面是对的，就要坦然承认并当孩子面自我纠正。家长出了错，在孩子面前大方承认并积极改正并不是一件丢人的事。相反，不敢承认、欲盖弥彰、文过饰非则是很不光彩的。因为那样会给孩子心理上留下一个不诚实的印象。是人都会犯错。真正可怕的不是犯错，而是错了却不能正确面对，不肯认错改错。家长要给孩子做出样子，出了错就要真正去改。这对孩子的人格塑造是非常重要的，家长做出能认错改错的好样子也是非常重要的。

18. 善于应变

生活不是教科书中固定的词条。每时每刻都在变化，各种情况都会随时出现。只有能够不断适应身边事物、所处环境变化的人，才有可能成为生活中的强者。家长要用行动告知孩子，当变化出现的时候，一是要沉着冷静，不能稍有风吹草动就手忙脚乱、不知所措；二是要分析判断，有了正确判断才可能有正确的方向；三是要恰当表态，越是遇到新问题，表态就越考验当事人的智慧；四是要合理应对，努力做到适时把握、分寸适当、方法得体、恰到好处。当然，这都是一般原则，在处理具体问题、采取具体行动时，还需要认真体悟、把握事情的来龙去脉、原因后果、利害关系等情况，对变化中的人和事全面衡量、具体评估后，进行调整应对。

19. 不占便宜

有私心是人的天性。家长在日常行为中，一定不要用自己的行为去带动、助长和强化孩子的自私心理。不随便占别人的小便宜，看似与天赋无关，实则是一个心理养成问题，并不知不觉中会干扰到孩子天赋的发展。家长如果喜欢占小便宜，孩子就可能会有样学样，刺激他的注意力关注占便宜，无形之中就会拖累他，以至会不自觉地降低孩子在天赋发展上的追求。这是一种暗相关的联系。如果家长对自己的行为不够检点注意，会给孩子带来非常不好的消极暗示。所以家长要时常检点自己，特别是在孩子面前，不要占别人的便宜，做出一个好的榜样。

20. 建立自信

家长自己有没有强大的自信心，也是会传导给孩子的。如果在带孩子过程

发现孩子的天赋

中遇到了问题,家长首先要表现出坚定而信心满满,时常用行动给孩子的信心充电。自信是孩子天赋发挥非常重要的基础性因素。家长要不断强化孩子"我行""我一定行"的心理认知,经常给予正向心理暗示,把自信的信念牢牢种在孩子内心深处。努力使孩子无论遇到什么场面、无论出现什么状况都能呈现出好的状态,较好地发挥自己的天赋优势,不至于因为心理素质弱而未战先败。

以上20条,有家长可能会说,咱是凡人,做不到怎么办?不要紧的,不要怕做得不完美。只要你努力做了,就一定会有收获。要相信,功夫不负有心人。

 老师/家长 声音

我的孩子今年一年级。在深刻体会了做家长的辛苦之后,我的心态平和了很多,教学上也改变了很多。课堂上更注意包容、保护孩子的兴趣爱好,尊重孩子的意愿。但包容不是放纵,而是以适当的方式引导孩子向更好的方向发展。比如对选修课的选择,支持孩子们先尝试,让孩子自己发现对哪个更有兴趣、哪个更擅长,给孩子的主动空间大了,就更有利于他的天赋发掘发展了。

——崔杰,中学一级教师

孩子的天赋在孩子身上,不在其他什么地方。发现孩子天赋,家长应该指导、引导而不是代替孩子。有个男孩只喜欢学生物课,别的课都弱。想长大后沿着生物学科寻求职业,结果他妈妈强烈反对。我觉得,孩子愿意学什么,不要都由家长来定,可以尊重孩子自己的选择。否则,家长强求的,孩子学不好;孩子自己想干的,他的能力又达不到。那样是会耽搁孩子的。

——赵玉姣,中学教师

有个学生最崇拜的人是他的爸爸,而他的爸爸在家庭教育中最常用的手段就是打孩子。孩子考试成绩不好打,学校通知家长了打,犯了错更是打。结果这位学生有了矛盾就动手打人。几乎不会用语言与同学沟通,只会用手相处。家长的榜样作用是负面的,带出来的孩子身上反映了很多不好的家庭示范、习惯的影子。

——吴音，中学教师

家长的榜样作用对孩子的影响是很大的。我带的班上有个孩子社交能力、组织协调能力明显超出其他孩子。他的妈妈给孩子的榜样作用影响很大。比如早上到园，他妈妈总是先说"老师早上好！"在家里，孩子是老二，妈妈对两个孩子一视同仁，决不偏向。这样带出来的孩子就自立。我们组织"火锅店角色区"活动，这个孩子把"火锅店"组织安排得井井有条，把"小顾客"都照顾到了。明显感觉到有很多是家长的影子。

——唐瑶之，保育院教师

家长不该犯的错误：不当管教行为检视

1. 家长想一出是一出，想起来一阵子

家长对怎样发现孩子天赋心里没数，随意性很大，因而很不确定。常常是一时兴起、说干就干，但从不能认真坚持，要么是突发奇想、兴致来了就给孩子报个什么班，要么是听到、看到别的孩子学个什么，就跟风让自己孩子也去学。如此"即兴式"盲目行为的结果是，孩子学上一段时间后，家长没看到有明显效果，自己先没兴趣了，更别说让孩子坚持。其结果就像狗熊掰棒子，什么都不成。这种想起来一阵风、过后无影踪的做法，可能孩子还没找到感觉，家长就变了，怎么可能谈得上天赋发现？

2. 孩子上课，家长不用心听讲

乍一看这个题目似乎不着调，但对于幼童早期和低年级学生的学习训练来说，都是一个很现实的题目。参加早教的孩子，一多半课需要家长认真听讲。幼小的孩子几乎不可能在短短的课堂时间学会和掌握相应的知识或技能。孩子

的课程需要家长首先学习、领会、理解和消化吸收，才有可能帮助孩子巩固提高。如果家长做不到，实际上等于某种程度上放弃了发现孩子天赋的机会。孩子进入小学阶段后，家长不能跟着听课了，但也需要家长经常检查孩子课业，对课堂上没听懂或者没记住的内容，要帮助孩子梳理，加深记忆，巩固学习成果。

3. 无原则让步，孩子一哭一闹就妥协

家长爱孩子是对的，但动不动一心软就妥协是错的。在有的家长那里，只要孩子不哭就是最大原则。遇到一些原则问题或者是孩子无理取闹时，家长很轻易地放弃与孩子的心理博弈，主动退让、放弃对原则的坚守。岂不知这种退让和迁就在无形中助长了孩子耍赖心理。这是不应该的。家长一定不能让孩子哭闹形成"制胜法宝"，一用就灵。要知道无原则的迁就，会在不知不觉中惯坏了孩子，这样惯着惯着孩子就以为理所当然、习惯成自然了。久而久之，就会养成一种坏习惯，非常不利于孩子健康成长。

4. 对孩子说话不算数，话风总在变

不要以为孩子小，家长说了话就可以随便作废。孩子的诚信习惯是在日积月累、众多的日常琐碎小事中积累起来的。如果家长不注意建立这种积累，是不可能培养出孩子完整健全的人格的。有的家长在孩子面前食言，还要找出一大堆歪理狡辩，自作聪明却低估孩子的智商，甚至以为即使孩子看穿也没什么关系，其结果必然是弄巧成拙。有人感叹，家长对孩子正面的影响，需要花很长时间、下很大功夫，而说话不算数这样的坏毛病，只要一两次就能深深种在孩子心里，成为孩子的不良示范。所以切不可做言而无信的家长。

5. 和孩子相处不讲规则

规则是现代社会所有人天赋发挥的基本前提。没有谁可以脱离规则而让天赋"天马行空"。也有人说，家里就不是讲规则的地方。这种观念和认识是非常有害的。规则不是讲给别人看的，是作为一种秩序存在而需要形成自觉、共同遵守的。越是在家随意随性，和孩子相处就越要讲规则。因为和孩子讲规则的过程，本身就是孩子规则意识建立和形成的过程。家长和孩子商量、决定、

处理很多琐碎小事，经常是需要先讲清规则，然后再去做。不要孩子哭闹了，还总是说不清谁对谁错，一团乱麻，不了了之。没有规则意识，就不能懂得敬畏；而缺乏敬畏之心，天赋实现之路就会红灯频闪、异常艰难。

6. 对孩子乱许愿

这是发掘孩子天赋中最不得要领的做法。家长为让孩子落实自己的意愿，刺激孩子学习或者训练，有时不假思索地给孩子许愿，答应一些让孩子高兴、对孩子有吸引力的条件。看上去哄得孩子高高兴兴落实了家长意图，实际上却埋下了不好的种子。即使家长许的愿都可以兑现，也是不明智的。因为这样会让孩子养成一不答应条件就不干的心理依赖，对孩子长远发展不利。更何况有的许愿根本就不能兑现，其结果只能是损耗家长信用，孩子渐渐丢失对大人的信任。家长许愿时的小目标实现了，但培养孩子的长期大目标受损了。这是很不划算的。

7. 一个大人批评孩子，另一个却袒护纵容

这是家庭教育没有章法的表现，是家庭教育的大忌。即使其中一个家长的批评不妥，也不宜当孩子面去袒护纵容。古人说"当面教子、背后说妻"，说的就是这个道理。还有一种情况是当着老人的面批评孩子，孩子还没有什么情绪，但老人却先不乐意了，结果是老人当面袒护。这种情况下，家长对孩子的批评教育很可能被中断，不了了之。效果是很不好的。所以最好不要当着老人的面批评孩子，否则弄得几方都不愉快，还会给孩子传递一种错误信息，使孩子不认为自己不对，反而会在支持自己的家长那儿找依靠，把事情复杂化，使教育孩子陷于无效，还给以后留下种种后遗症。

8. 过度宠溺

过度溺爱孩子的家长，经常自觉不自觉地混淆是与非、对与错的界限。对孩子的不良行为、不良习惯，视而不见、听之任之。纵容孩子的错误，就是对孩子最大的不负责任。特别是孩子和其他孩子在一起时，家长总怕自己孩子吃亏，明明是自己孩子不对，家长也暗中纵容。在家长看来，孩子当时不吃亏就好。其实，家长这种心理，不但不能使孩子明辨是非，反而无形之中助长孩子

把恶习、坏毛病当成本事，失去了正确的是非标准，没有了恰当的价值评判。过度宠溺纵容的危害，家长们听到看到的教训是很多的。但一到自己孩子的具体行为上，就失去了自持力，表现很不理性。只有以后孩子栽了大跟头，家长才追悔莫及、悔不当初。

9. 过度呵护

这种行为是过度溺爱的必然延伸。过度的、不适当的保护，看似为了孩子，结果是害了孩子。有个声称要做孩子"防火墙"的家长，见不得自己孩子受一点委屈。老师稍稍批评一下或者孩子和同学稍稍有点矛盾，家长都要找学校大闹一通。几次下来，老师、同学都躲着他孩子，确实是没人惹他孩子了，但也没人理他孩子了。"防火墙"是筑起来了，他把儿子与同学成功地实现了"隔离"。久而久之，他的孩子没有朋友、伙伴，只是最孤单的"那一个"。过度呵护的恶果是最终伤害孩子的内心，扭曲了孩子的性格、人格，很容易使孩子不知不觉走上歪路而不自知。

10. 不加选择地满足孩子要求

孩子有要求，不能不满足，不能全满足，更不能不加选择地去满足。一些家长只要孩子有要求，就照单全收。这种做法是有问题的，会形成不分对错、没有原则的循环，惯出孩子的毛病。对孩子提出的无理要求、得寸进尺的要求，家长该拒绝的一定要拒绝。比较好的处理是，满足大部分，拒绝小部分。对拒绝的部分，一定要让孩子知道之所以拒绝的理由，并要努力让他心悦诚服地接受。让孩子能逐步建立一种概念，知道什么要求能提，什么要求不能提。实际上，这也是隐藏在日常生活之中的天赋启发。

11. 不适当表扬

有些家长一味讲求所谓"赏识教育"。岂不知过度的、没有原则的赏识教育其实也是在贻害孩子。明明孩子做得没有那么好，或者孩子明明在某一方面比不上别的孩子，但父母视而不见、装聋作哑，还说"我孩子真棒！""你做得真好！"之类的话，把错当成对、把差当成好，这种混淆黑白、不着调、不对路的表扬，给本来还分不清是非对错的孩子一个全然失准的判断，其作用是模糊甚至颠倒了孩子心灵上的优劣标准和是非界限，其效果如同心理上的蜜罐迷心毒药，让孩子甜蜜受害而不自知。这是完全不应该的。为了孩子健康成长，家长一定不要对孩子做言过其实的表扬、与事实不符的表扬、无原则的表扬、没准头不着边际的表扬。此外，太过笼统、没有具体内容指向的表扬也是有副作用的，同样建议家长不宜那样做。

12. 对孩子的要求，随意应付

孩子的要求，无论大小都不可应付，所有的应付都是不负责任的表现。很多孩子长大以后出问题，在反思原因时，家长对其儿时想法的不在乎、不当回事都给他留下了深刻的心理印记。没受到尊重对孩子的心理影响虽然表面是无形的，却很容易触发孩子的心理状态向阴暗方向转变。而家长对孩子最好的尊重，就是在乎、在意并且认真对待孩子的每一个要求。和孩子讨论其要求的合理性，帮孩子分析其要求的可行性，努力让孩子的合理要求有一个合理的结果。对他不合理的要求则能给出一个合理的解释和说法。这也是发挥孩子天赋的重要内容。

13. 不停唠叨，让孩子不厌其烦甚至逆反

有家长认为"可怜天下父母心"，唠叨是家长爱孩子的表现。哪怕是个"鸡毛蒜皮"，也要反反复复念叨不停，总怕孩子没听进去。岂不知，过分唠叨往往只能适得其反。你纵有再好的愿望，变不成孩子的行动等于零。因为孩子烦你唠叨而抵触：你的数落、说教、开导，苦口婆心，可能换来的是孩子的不听、对抗甚至反叛、敌视。这种状态下，还能谈什么天赋开发！在很多家庭里，家长的说教都是不可避免的，但一定要注意把握好度！记住，说教的话少一点，然后加上适当的沉默，效果会远远好于你的不停唠叨！千万不能让孩子对你的唠叨由不耐烦变成越来越厌倦、愤怒，日积月累就会走向你初衷的反面。

14. 过早过重地对孩子实行"物质刺激"

象征性地用一点物质鼓励不是不可以，但物质鼓励绝不可以成为一种常用手段甚至是基本手段。如果让孩子过早地把学习、训练与功利挂钩，很容易把孩子引上过度逐利的歧途。不能否认，有时候"物质刺激"当下确实是有效

的。只是当下有效不等于长久有效，刺激有效也不等于对发现天赋有效。如果孩子的学习训练走进了以物质刺激来调动积极性的怪圈，就等于陷入了泥坑。过早过重"物质刺激"无异于饮鸩止渴。诚然，孩子天赋的最终实现，会带来现实功利。但在孩子对功利缺乏明晰正确认知的童年、少年时期就以"功利心"、功利导向去发掘孩子天赋，则是万万不可取的。

15. 放任孩子玩手机等电子产品

现代社会，手机的影响无所不在。每个家庭、每个家长每天都在使用手机，甚至有的孩子也从2～3岁就开始玩手机了，加之各种学习机之类空前普及，学习和游戏早已没有明显界限，电子产品在很多家庭已深度介入幼童、儿童生活。有的孩子从小学开始，家长就给配备了手机。殊不知，配备容易，而要孩子能恰当使用却难乎其难。有的孩子根本控制不住自己，如果学校没有控制手机使用的硬性规定，还真的是个大麻烦。所以，把握"度"显得尤其重要。如果控制不好孩子玩手机等电子产品的时长和频次，一旦孩子陷入某种沉迷，则会贻害无穷。

16. 教育方法简单粗暴

强行粗暴制止或者粗暴否定孩子的想法要求，毫不顾及孩子的感受，其直接结果是阻断孩子和家长之间的良性沟通。从孩子学会说话开始，家长就要重视并且尊重孩子的表达和要求，要认真听完再表态，不宜孩子刚说一两句就很主观地随意打断、制止、否定。特别是有的家长把否决孩子想法当成家常便饭，根本不以为然、不当回事。甚至与孩子一言不合就动辄打骂。岂不知，孩子的态度也是态度，孩子的面子也是面子。家长的粗暴否定和打骂当下看好像不会有什么严重后果，实则会在孩子心理上留下很深的印记。家长应该知道，打骂粗暴是最笨的教育方法，是家长愚蠢的表现。久而久之，家长就会发现，孩子和自己的心理距离在不知不觉中已经越来越远。等家长尝到苦果，却只能追悔莫及。

17. 说谎，被孩子看穿

孩子年幼时，辨识能力低而又记忆短暂，家长编个瞎话、说谎哄孩子一般不会产生明显的不良效果。但随着孩子的长大，家长还不改变这个做法，遇事对孩子说谎，就可能在孩子心理上产生非常不好的效果。无论是刻意隐瞒还是故意掩饰，无论是虚构故事还是避实就虚，如果孩子一旦知道了真相，或者被孩子看穿了，感觉受到了欺骗，家长在孩子心目中的高大形象就可能会出现滑落甚至坍塌。还有可能会由此引发孩子对家庭的情感和信任感危机。这样，家长就会发现，孩子的工作越来越难做了，经常还会出现"越描越黑"的问题。这种结果，是每个家长都需要用心防范的。

18. 在孩子面前使用不文明语言

有的家长说话不文明，说脏话不分场合。经常在孩子面前说脏话不以为耻，甚至还经常脏话连篇去批评、打骂孩子。面对处于强势地位的家长，孩子确实也无可奈何，但家长的行为实则是潜移默化地把粗俗、丑陋进行代际传递。对孩子的影响是深远的。更为严重的是，一些家长不仅不加以重视改正，反而以为这些"小节"无关紧要，不以为这是多大问题。人说有什么家长就会有什么样的孩子，如果孩子跟着家长的不文明，还没发现和找准天赋，却先学会了满嘴脏话、粗鲁不堪，还哪里谈得上让孩子天赋发展、成就一个优秀人才呢？

19. 给孩子指定"兴趣"

发现发掘孩子天赋，需要"顺势而为"，不能"揠苗助长"，更不能由家长"指定"。这个道理说起来简单，实际做到并不容易。现实中，一些家长经常根据自己的喜好，或者一味跟周边同事、朋友攀比跟风，按照自己的想法打造孩子的"兴趣"。想当然地给孩子指定一些诸如小提琴、舞蹈、画画等"兴趣"项目。其实这些家长指定的"兴趣"，孩子多数都没什么兴趣，有的还成为孩子的精神负担。也许其中确实有"碰对了"的，但总体而言"碰对"的概率太小，而让孩子付出的时间和精力成本以及精神心理损伤成本太大，完全是得不偿失。

20. 强制孩子贯彻家长意志

发现孩子天赋，要有家长的意志，但绝不能完全是家长意志，不能把孩子当成完全听任家长摆布的机器或者工具。不能不管孩子喜欢不喜欢,不管他愿不愿意接受,都把家长意志强加给孩子。家长的"一厢情愿",有时就成了"赶着鸭子上架"。强行地、一味地强制孩子贯彻家长意志,也许会迫使孩子一时服从,从长远看对发掘孩子天赋却是无益。或者说是有害的,有时可能会因此不当地给孩子带来过度压力,为孩子埋下严重压抑、心理逆反甚至抑郁等心理疾病的伏笔。所以家长想要求孩子贯彻自己意志的时候,一定要先想想怎样尊重孩子,给孩子有充分的意见表达权和自主选择权。

21. 当着孩子的面随意散播消极言论、发泄不良情绪

家长要知道,所有的负面言论和情绪都是具有一定传染性的。都会具有负面引导的效果。家长一定要有这样的警觉:孩子对一些消极言论是缺失辨别能力的,更谈不上什么筛查、抵抗和免疫能力。如果家长们经常谈论那些自私的、待人冷漠的、与人争斗的等言语和情绪,却不知应该回避孩子,那么就会在不知不觉中影响孩子、渗透到孩子心理。无形之中对他的世界观、价值观是会产生负面影响的。其副作用是潜移默化和印象深刻的。时间长了,就会在孩子心理上留下挥之不去的阴暗影子,以至可能会影响到孩子的性格形成,成为日后干扰孩子天赋发挥的潜在障碍。

22. 大人在孩子面前吵闹甚至打架

大人之间的矛盾、问题只能在大人之间解决,决不能把孩子拖进来。要知道,恶劣的家庭氛围,直接干扰孩子的学习情绪,使孩子无法安心学习,甚至可能会导致孩子对学习、对上进失去兴趣。而对孩子心理影响的持续时间则会更长,甚至是一生。所以涉及一些家庭中敏感的、容易给孩子带来负面心理影响的问题、纠纷,诸如婆媳矛盾、一方出轨、父母不和、财产纷争等较大纠纷和难题,一定要避开孩子!避开孩子!避开孩子!重要的事情说三遍,千万不要因为大人之间生气的事,成为拖累孩子天赋发挥的心理包袱!

23. 急于见效果,马上要成绩

简言之,有的家长是五个"过":过早、过急、过多、过重、过高。具体说,就是给孩子报早教班时孩子年龄过小,家长心理要求太过着急,给孩子

报的学习项目太多,给孩子压的负担过重,对孩子出成绩见效果的要求过高。发现孩子天赋是个慢功夫。要立竿见影、立马刀下见菜是不现实的。有的家长报了个班,总想每节课都要见成效。如果孩子达不到,适当复习、巩固一下,强化训练是需要的。但反复要求、过度要求则可能适得其反。这就是欲速则不达、过犹不及。性子太急切,反而会心理负担过重。孩子天赋不能正常发挥。

24. 总用否定性语言打压孩子

无论孩子做什么,家长总是用"你不行""你怎么这么不争气""你太让我失望了"等语言对孩子做出否定性评价。这种话偶尔说一次,可能也没多少感觉,但如果家长经常地、再三再四地用这种语言去说孩子,就会反复强化对孩子的负面心理暗示,形成一种负面的自我心理评价。久而久之,使孩子就觉得自己"不行""笨""不争气",从而渐渐失去进步的信心和动力。缺乏自信、习惯于落后的孩子就是这样在不知不觉中"养成"了。有教育学家和老师认为,分析查找孩子学业落后的根源,绝大多数孩子身上的问题都能找到家长的影子。家长在日常生活中对孩子看似很不经意、过于随便的批评和否定,会在孩子心里留下深刻的印记。也就是说,孩子的表现落后了,家长负有不可推卸的责任。

25. 不能恰当地处理孩子对家长意志的抵触

家长管教方法简单粗暴或者言语不当,都可能导致孩子的抵触情绪。家长和孩子之间不能正常地沟通交流,孩子有了什么问题宁愿和同学说、和老师说,都不愿意和家长说。在孩子成长到逆反年龄阶段,这个问题可能会表现得更加明显、更加突出。如果对孩子因为学习、训练等与家长的抵触情绪不能恰当处理,就容易使这种情绪形成积累,这是极为有害的。为此家长要经常主动进行调节和疏导,尽可能在孩子抵触情绪的苗头时期加以疏导。特别注意孩子几个逆反年龄段对家长意志的抵触、对抗,防止由此诱发或者导致孩子情绪对立,甚至和家长长时间"冷战",几个月不和家长说话,家长也几个月不带搭理孩子。如果不能较好解决,则可能诱发引发孩子抑郁等严重问题。

26. 拿别人家孩子的好来对比批评自己孩子的不好

这是一种教子无方的典型表现："你看看人家谁谁家的孩子是怎么学习的！再看看你这个怂样子！"家长用诸如此类的话批评孩子，对孩子严厉责骂，本来是希望以此刺激孩子上进、争气，向学习好的孩子看齐，但事实上的效果经常是恰恰相反。这种对比不但没有正向激励作用，反而会严重伤害孩子的自尊心，挫伤孩子进取向上的动力。家长要记住，那些不能对孩子给出改进方法的批评，或者是仅仅只能发泄情绪的批评、拿别人孩子的好来对比自己孩子不好的批评，都是会有适得其反效果的批评。请务必慎重使用，最好是永远不用。

27. 推卸责任

有的家长认为把孩子交给学校，就等于完成了对孩子的教育任务。有家长对老师说："我们不懂教育，孩子就交给你们了，就全靠你们了。"貌似对老师很诚恳、很信任，实则是自己大撒把，把教育孩子的责任全都推给了老师。回到家里，只是给孩子管吃管穿，最多问作业完成了没有？其他好像就完全没事似的。至于孩子的人格培养、天赋发掘、学习功课等，家长什么都不管，也不知道应该怎么管。从某种意义上讲，孩子走出校门就等于放任自流了。家长可以用种种借口把教育的责任全部推给老师，但无法推掉的是对自己孩子造成的贻误。最终被耽搁的，是自己的孩子。这种家长虽不占多数，但其表现是需要多数家长反思和引以为鉴的。

28. 有意无意地给孩子增添过重的学习和课业负担

家长急切的心情可以理解，但绝不能眼睛只盯着孩子的分数、名次。还有个别家长总怕孩子分数低、名次靠后自己没面子，纵然孩子每天疲惫不堪，还要逼着孩子每天做作业熬到深夜才能睡觉。直接导致孩子在深度疲惫中恶性循环。这是极其荒唐的。要懂得孩子的健康高于一切，当然更绝对高于家长一时的面子！绝不能以牺牲孩子的健康为代价去换取暂时的分数和名次。幼童时期应该绝对禁止熬夜。上小学后，也绝对不能放任孩子睡觉时间过晚，导致孩子睡眠时间不足，使孩子过早近视或患上其他疾病。

29. 总在通过不适当刺激来提升孩子对自己的期望值

孩子对自己的潜能、心智是没有恰当判断的，因而也不能正确确定自己期望的目标。有的家长却经常地、反复地用语言等刺激孩子，使孩子对自己产生一种不切实际、可望而不可即的期望。为了达到这种期望，孩子常常是被整得越辛苦越累，对期望实现的意愿就越强烈。而现实往往很残酷，越是这样，就越容易事与愿违。一旦孩子心里苦苦追寻的那个泡沫破灭，他心中那个神圣辉煌的理想大厦极有可能会轰然垮塌。承受不了这种打击，难以面对、难以接受，其结果极易走向家长愿望的反面。这方面惨痛的教训很多很多。

30. 一味护短

孩子有了毛病、问题，却容不得老师或者其他人批评。孩子成长过程中，思想、行为、习惯等处于不稳定状态，一些小毛病、小问题，老师发现后及时给予批评矫正，本来是极为正常的。但偏偏有的家长心理脆弱，见不得老师或者其他人对自己的孩子提出批评。有的家长听到孩子受了批评，或找老师胡搅蛮缠、或到学校告状闹事、或在网上发表不负责任的言论，弄得老师心有余悸、不敢管教。这样做的结果是一来把自己孩子的缺点越护越短，使孩子不辨是非、有恃无恐；二来干扰正常的教育教学秩序，芝麻大一点事也闹得满城风雨，成为令人头痛的社会疮疤。这是很不应该的。

31. 不懂尊师，对老师不感恩

孩子有了差距、有了问题，家长自己管不好，老师帮助管了，但却不知会触动家长哪根敏感的神经。有老师正常管教孩子时，有的家长不但不领情，反而种种责难。白眼狼做法寒了老师的心。逼得老师不知如何是好：不管吧，老师肩负着教育的责任；管吧，弄不好就有家长来找后账。要知道老师面对的至少是一个班的孩子，不是你家一个孩子，老师的辛苦是你想象不到的。孩子在学校有了不当言行，老师给予批评、管教是天经地义的职责所在。任何家长都不应无故干扰、非难老师对孩子的正常管教。任何随意指责老师、无理取闹的行为的行为都是应该受到谴责的。

32. 因为疏忽让孩子受到意外伤害

现代文明给人们提供了前所未有的便捷，与之相伴而生的是防不胜防的各种社会风险：交通事故、电梯伤害、坑人窨井、水电气暖和各类设施设备等形形色色的事故、灾害，还有家里的电源、燃气、开水、刀具、桌角、其他利器……可以说家里家外，危险、风险几乎无所不在。家长稍不留神，真的是谁也说不准明天和意外哪一个会先来，就有可能会让你心痛不已、终生后悔。作为家长，一定要操碎心，做到"时时防火、处处防贼"，尽全力去防范各种意外伤害，避免导致孩子受伤、致残等危害健康的情形，以至于打乱甚至彻底阻断孩子天赋发挥的路。

33. 家庭变故，殃及孩子

有的夫妻离婚，有互相"抢"孩子的，有互相"推"孩子的。无论哪一方承担孩子的监护权和抚养权，都不应该因此荒弃对孩子的天赋发掘，更不能让孩子整天处于心理压抑、精神不振的状态。还有离异父母带着孩子再婚，孩子在新组建的家庭里本来就难以适应，如果再不积极负责，帮助排解孩子的心理压抑，听任孩子受冷落甚至受虐待，孩子的心理伤害就会很深、很难愈合。有的离异双方只顾互相推卸责任，最终受伤最深的就是孩子。即使孩子有再超人的天赋，也会毁在这种不负责任的父母手上。所以无论家庭出现怎样的变故，都不能拿孩子的人生去为家庭变故承担代价和后果。

 老师/家长 声音

有一个孩子上学总是迟到。班主任想了个小办法，让三个同学轮流每天早晨给孩子家长打电话提醒。家长刚开始还很高兴，过了一段时间就有些厌烦了。后来家长找到班主任说："你让同学每天打电话，对我孩子是一种侮辱！"无独有偶，还有一个学生因没完成作业，老师留下学生并陪着他把作业讲完，结果错过了午饭时间。老师自己掏钱买了两份午餐和孩子一起吃。本来家长应该感激老师。但谁知这个家长不但不领情，反而反咬一口："听说5个孩子没完成作业，为什么只跟我的孩子过不去？"家长如此不懂感恩，能把孩子天赋开发得很好吗？家长要明事理，才能给孩子做出好样子。

——雷午未，小学校长、高级教师

我女儿很小时候音乐天赋就表现突出，我却总是忽视，硬要给她补数学。后来她想学音乐，我总是放不下老观念，再三阻拦。因为女儿确实喜欢音乐，我实在拦不住了，就让考了音乐学院学声乐，现在学得非常好。老师说耽误了孩子3年，走了弯路。如果能早点开始学，她的成绩一定会更好。现在我认识到了，顺着孩子天赋发展，对孩子来说是幸福的。家长的观念，一定不要成为孩子天赋发展的羁绊。

——徐娟娟，律师事务所执行主任

有个单亲家庭的孩子，可能是家庭特殊的原因，对孩子百依百顺，经常满足孩子很多不合理要求。比如家长代写作业，这种不管对错的迁就，使孩子在学校也很难管。面对这些情况，老师越想和孩子家长沟通，可家长就越不沟通：我把孩子交给你们了。你们就多费点心啦！真的让人很无奈。在这里，我想告诉家长，总这样做对孩子是有害的！

——贾颖真，小学教师、数学学科组长

家庭的教育观念对孩子有直接影响。有个孩子，家长在场时表现特别好，但家长一离开，马上又是另一种表现。后来了解得知，家长的教育观念不一致，一个严厉、一个溺爱，孩子就会察言观色。时间长了，就会培养出一个两面性的孩子。所以，如果家长们的教育观念不一致时，应该注意沟通和协调，至少不要在孩子面前明显地表现出来，因为那样对孩子身心发展是会有负面影响的。

——陈满，幼儿园园长

现在一些"特殊孩子"的问题有增多趋势。攻击性人格、自闭表现等多多少少都有一些。有的孩子在幼儿园发生一些情况，和家长说了以后，家长回家把孩子打一顿，然后问题照旧，没了下文。这显然不是家庭教育应有的效果。我们知道，有的问题表现在孩子身上，但根子是在家长。有个攻击性人格的孩子，家里3个孩子，老大的学习要抓，老三还小，幼儿园阶段的老二不被重视。因为缺少爱，希望引起关注，就有了攻击行为。"问题孩子"，归根结底都是源于"问题家长"。

——刘瑛，幼儿园园长

我现在是孩子妈妈。自己成长中有两件事印象深刻，一个是有次考了50分，我妈妈知道了，说："没事，咱们出去吃烤肉吧。"没批评我，自己反而懂努力了。另一件是，中学同学向我表白想早恋，我妈妈说："他为什么会喜欢你？说明你优秀啊！不过现在不要急，要埋在心里，以后会变得更好。"妈妈给了我最大的放松，开明的妈妈真的很重要。

——康逾，幼儿园教师

我有一对双胞胎女儿，9岁。我带孩子佛系，不攀比。孩子做衍纸作品特别优秀，我们一直没发现。学习也很好，什么补课都没安排。孩子性格偏内向，喜欢当观众，给别人鼓掌。我从不强求孩子去站到舞台上当主角。但我家有个习惯，每晚在睡觉前，要在床上让孩子给讲故事，让她们把当天的事讲出来。我们觉得这种对孩子发自内心的尊重和爱，比强求孩子去展示自己更重要。

——郑朝霞，全职妈妈

其他需要家长做好的日常自我管控

1. 克服焦虑

在"非智力因素的正向发挥"部分，我们讨论了孩子焦虑感的克服。教孩子克服焦虑感是必要的，但焦虑感并非只有孩子会有，家长同样也会有，某种程度上可能还会更为严重。有人说，现在社会的竞争是从幼儿园就开始了，对这种竞争压力有着最深刻感知的是家长。因为对孩子前途前景的顾虑，使得相当一部分家长处于焦急焦虑状态。盲目给孩子报各种早教、让孩子过早地超负荷学这学那,都是这种焦虑感的外在表现。糟糕的是,这种焦虑感在人群中具有一定的"传染性",某一个人的焦虑会诱发一群人的焦虑,而一群人的焦虑又会不断加深某个人的焦虑。如此循环,焦虑感不但不会自我消退,还有加重的倾向。如果这种倾向处理不好,就会直接对孩子天赋开发带来负面影响。

明智的家长会自觉努力克服这种焦虑感。因为单纯焦虑不但于事无补,反而徒生烦恼、自设羁绊。怎么做才能对自己、对孩子、对家庭最为有利?其实说复杂也简单,家长摆正心态是消除无谓焦虑的最有效应对之策。从孩子自身的实际出发,不做没有意义的假想、攀比。如果一味追求从幼儿园、小学就要花高价上名园、名校,除了大幅度提高孩子培养成本外,还会大幅降低整个家庭的生活质量,而收获的结果却未必尽如人意。也有的反而耽误孩子的天赋发现和发展。想得到的没得到,自身的优势却被动地磨损消耗,结果得不偿失,乃至事与愿违。建议家长不妨把期望值适当降低一些,采取主动理性的行为选择。切实在发现孩子自身天资禀赋上做足功课、下足功夫,那样效果也许会好很多,焦虑感也就释然了。

也有家长确实无法依靠自身克服焦虑。心里的结一旦种下去,不管怎么说,就是解不开。那么我们就需要提醒家长,如果自己实在不能克服焦虑,那请你注意,一定要有防范自身焦虑代际传递的意识,不要把这种焦虑传递给孩子。不要在孩子面前谈论你的纠结,不要让孩子分享你的压力,不要给孩子负面的心理提示。当然,如果家长已经过虑到无法控制自己,甚至抑郁了,那就只能另当别论。

2. 不给孩子做不良示范

人说有什么样的家长就有什么样的孩子,家长绝不应该给孩子做一些不良示范,以防止对他的品行、习惯留下不良影响。在孩子面前,家长应该具备一种榜样的自觉。特别是要注意以下几点:一是任何时候都要保持一种公德心,不在公共场合不讲文明,如大声喧哗、排队加塞、不懂礼让等;二是文明用语,不能在孩子面前满口脏话、粗鲁不堪;三是要求孩子做到的,自己首先做到,比如不能要求孩子守规则,自己却对规则视而不见;四是绝不能贪图不该占的便宜,如带孩子偷逃应该付费的门票、车票、路上捡拾到物品自己藏匿,在无人看到时私拿不属于自己的东西等;五是过度投机,总想钻空子、走捷径、绕红灯……种种类似行为即使没被别人发现,有时候可能事情很小、并不严重,那也是绝不应该的。因为它的性质是恶劣的,对孩子的心理影响是更为恶劣的。

家长一定要明白一个道理,培养孩子成人成才确实是很不容易的。学好不容易,但学不好的东西快得很。家长的不良示范是会在孩子心理上产生破窗效应的。家长的不良行为往往就是孩子眼里受到破坏的第一个"窗"。

3. 不让手机误事

乍一看这个题目,人会觉得好笑:这么简单的事,需要专门说吗?确实,虽然就这么点小事,还必须专门说。这几年,看手机误事的例子不胜枚举,有看手机看得丢了孩子、误了大事的,还有看手机看得摔了跤、受伤致残甚至丢了性命的。就这么简单的一点事,多少人一次又一次地吃亏,还就是改不了。沉迷于手机游戏的、走路开车上厕所都离不开手机的大有人在。不让手机误事,其实是人对高度依赖的习惯的改变。

管住当下不看手机容易,而改变习惯难,改变人已经高度依赖的习惯难乎其难。如果真为了孩子天赋发展,该改的还必须得改。怎么做才能不误事?首先是要减轻依赖。比如可以像人戒烟那样,从减量开始做起,先每天确定一两个时段,专陪孩子,不看手机。如有电话,接完就把手机放在一边。没有特殊工作需要的,也可以采取定时关机的方法,以逐步摆脱手机依赖。这样,控制好了自己的手机,还有另一个意义:家长专注会有利于带动孩子专注,对孩子天赋开发产生积极、正面影响。

4. 管住自己的脾气

0～15岁,也就是从孩子出生到初中毕业阶段,正是孩子父母事业、职场上负重爬坡、咬牙奋斗的阶段,或者是在外打工、挣钱最辛苦的阶段。这个阶段的艰辛和压力是前所未有的,遇到的问题和挑战也是前所未有的。糟事、糟事、烦心事,不行、不顺、不如意说不准什么时候就叠加在一起,不由得就会郁闷、火大,见谁都想发脾气。所以我们在强调对孩子情商塑造的时候,必须强调家长的情商应该比孩子更靠前一步。否则对孩子讲什么情商就会显得苍白而空洞。对家庭和促进孩子天赋发展而言，家长情商的基本要求就是要能切实管住自己的脾气。

管住自己的脾气，在培养孩子方面无非是要努力做到：无论在事业、工作中遇到什么样的问题、多大的堵心事，都要做到决不把在外边的情绪带回家，决不拿孩子撒气，决不把与外人积下的无名火发泄到孩子身上；不打骂孩子。教育不是打骂，非遇到极为特殊的原则性问题、非必须给予一些严厉惩戒的特殊问题出现，绝不动手；无论孩子出现多大问题，都一定要耐心、认真地听孩子把情况讲清楚、把话说明白，不能不分青红皂白，劈头盖脸就是批评指责。

5. 合理安排时间

工作忙、应酬多，大清早孩子没醒就已经出门，晚上孩子睡着了还没回家……一个月下来好像和孩子也说不上几句话，更别说好好陪伴孩子、为发现和发展孩子天赋做多少事情了——这种家长，也许事业上很成功、职场上很优秀，但无论如何不能称为合格的家长。

忙到连自己孩子都顾不上管了，那还怎么履行家长的责任呢？说句极端话，除了国家极紧缺、极关键、极个别特殊部门和单位特殊岗位上履行特殊职责的人，其他人说自己有多忙都只是不够负责任的托词。所谓时间，都是人安排出来的，没有绝对忙得安排不出来的时间，只有不够急切、不够上心的态度。任何可以自主调节的加班、各种各样的社交应酬都不应该成为不管孩子、听任孩子自由生长、推卸孩子天赋开发责任的理由。如果把这当成了理由，家长则应该为此感到惭愧并反省。

在合理安排时间上，需要提醒家长：首先，一定别让加班、应酬耽误孩子。在法定工作时间内全力完成好自己的工作，决不把所谓"996"（每天上午9点上班、晚上9点下班，每周工作6天）、变成自己的工作常态，能推掉的不必要应酬就尽量不去；每周至少安排一次和孩子有质量的陪伴；每天至少和孩子有面对面沟通，过问孩子学习、玩耍、和小伙伴的相处情况；每过一段时间至少和老师做一次直接沟通……不为别的，为使你的孩子努力成为最好的自己。这是责任更是亲情所必须。

6. 戒除或者控制好个人嗜好

一个正常的成年人有一点个人喜好癖好，本来也无可厚非。但如果因为总是对这种嗜好乐此不疲，有的还上了瘾，以至于孩子天赋开发被撂荒、家里的事都不管不顾，那就非得控制或者戒除不可了。要知道特殊嗜好与坏毛病经常只有一张纸的区隔，随时可能搅在一起、不分彼此，进而成为引起家庭矛盾、诱发各种冲突的根源。有的家长冠冕堂皇地要求孩子好好学习做作业，自己却去找人打麻将、斗地主、飘三叶，个别人甚至染上嗜赌的恶习，一天不赌就手痒痒、心发慌、坐卧不宁；有的家长常常玩手机到大半夜甚至通宵，哪里还有什么精力去管孩子；有的家长整天忙于串各种场子，聚会天天有、小酒天天醉；还有的家长烟瘾大到一时一刻都烟不离手，在家里孩子房间吸烟成家常便饭，学习辅导还没见成效，二手烟先把孩子熏得云里雾里……

凡自我感觉个人嗜好程度较深的人，就应该考虑主动戒除或者控制，不要任由深度个人嗜好给自己孩子、家庭带来损害而追悔莫及。可以从以下两个方面做起：一是自觉接受监督下的有限参与，不是完全停止或者不参与所嗜好的活动（当然，如果有毅力可以彻底停止更好），而是限定参与各类活动的时间、频次，并接受他人监督。因为控制或者戒除个人嗜好，完全靠自己自控是靠不住的，应该先有一种自觉接受监督的态度，把自我约束和他人监督结合起来。二是主动转移注意力，寻找新的乐趣形成替代，以逐步淡化对原有嗜好的心理依赖。

7. 注重自我形象

有的人总以为自己的衣着形象是个人的事，与他人无关。所以理直气壮地不修边幅，整天邋里邋遢、招摇过市，灰头土脸也不以为然。衣着不得体、不分场合，该讲究而不讲究，该按礼仪着装却我行我素。至于毫无章法的混搭、不合时宜的乱穿、皮鞋脏了不擦、衣服皱皱巴巴不熨等现象在不少爸爸身上表现尤为突出。有人把这看成是我行我素、个性放浪的文人风骨，以之为荣。还有人追求"艺术气质"，故意以装束怪异示人，确实吸引了不少眼球，但与社会主流审美观念格格不入。

这些纯私人的事别人还真不好管，也无权干预。但这种不得体却会在孩子心里留下暗影。孩子嘴上不说，而心理上却会为父母这种装束衣着与社会的不合拍感到脸上无光，甚至会觉得丢人现眼，他也许就因此会闪出一种"矮人一头"的念头和感觉。孩子的荣耀感和自信心无形之中就受到了打击挫伤。这种效果显然是家长所不愿看到的。

注重自我形象，重视衣着礼仪，也是对自己和孩子负责的表现。况且家长养成注重形象的好习惯，会在耳濡目染中传导给孩子，产生潜在而长远的影响，对孩子天赋的发展也是一种良好的个人素养支持。

8. 不说不该说的话，守住应该守的秘密

虽然我们在前面讨论了与孩子不良沟通的种种问题，但因为家长说什么话和怎么说话对孩子的心理影响确实太大，所以不得不反复提醒。

这里把家长不该说的话再次做一个简单的罗列：大凡无谓伤害孩子自尊心、让孩子脸面挂不住的话；尖酸刻薄、打击孩子进取意识和自信心的话；助长孩子不守规则、任性胡来的话；有违法治要求、损害社会公德、触碰法律红线和道德底线的话；刺激、助长自私自利和极端个人主义的话；不利于家庭关系、师生关系、同学关系友好相处的话；道听途说、传来传去、无法落实的小道消息和是非话……诸如此类，都是家长不该、至少是不应该在孩子面前说的话。家长对孩子，必须有一个严格的说话禁忌。不拉一条说话的红线，就建立不起来真正的行为边界。

守住应该守住的秘密，实际是说话的另一条红线。既要守住家庭不该让孩子知道的秘密，诸如与孩子年龄心智不匹配，不该孩子知晓的重要家庭关系、家里的钱财、家庭突出矛盾，还有家长在单位与别人的矛盾、工作中的尖锐矛盾问题等，一定不要对孩子提及；也要守住孩子不愿让家长或者他人知道的秘密，明明知道了孩子的一些情况，但如果会让孩子伤感情、伤面子，那么也要先看穿而不说穿，然后再找机会慢慢化解处理。事缓则圆的道理，在处理孩子身上的小问题时也是管用的。

9. 深度关注但不过度介入

管得太多——孩子书包里带几本书几个作业本家长要管，孩子穿什么衣服搭配什么鞋子要管，吃什么饭带什么零食还要管，报什么班上什么课更

要管……家长的无微不至，使孩子几乎没了自己的空间，更没有选择回旋的余地。但家长所谓全部爱心、全身心投入换来的，却常常是孩子的厌倦、烦躁、抵抗。家长的期望不能实现，副作用、负面效果却不期而至。以至于有人说，几乎孩子成长过程中所有问题的背后，都有家长太过关切、过度介入的痕迹。

家长应该懂得，孩子学龄前肯定是需要家长更多用心的，但从孩子入幼儿园开始就已经该逐步锻炼他的自理能力了。孩子进入小学以后，就要一步一步减少对他的包办、包揽和直接管控。总的原则应该是，深度关注而不过度介入，不要撒手但一定要放手。家长该操心的是多加检点而不是大包大揽。不能因为家长过多包办而培养出一个事事依赖他人、处处低能却反而叛逆不争气的孩子。所以家长一定要从过度介入中走出来，既解放孩子，也解放自己。要做有心和用心的家长。孩子的事，学习、生活、在班里的表现、和同学的关系等，什么都关注、都心里有数，但不是事事参与，不轻易发表意见，不随意伸手去管，更不要想把孩子的思想与行为紧紧地控制在自己的意念之内、意志之下。给孩子留出自己的一亩三分地，让他自己去耕种、打理。不能这不放心、那不放心，也不要怀疑这个、怀疑那个。相信孩子，给孩子自信，让孩子成长。

10. 时刻注意、不断改进对孩子的管教方式

与管得太多同样带来很多副作用的，还有家长不恰当的管教方式。有家长抱怨，成天为孩子累个半死，还是管不好。现在的孩子真是太难管了！——这似乎已经成了家长们的普遍感受。其实老师也都深有这种体会。确实，现在人的生活质量极大改善，饮食和营养结构完善，孩子的身体机能和心智发育状况都大大改善了，家长又让孩子从小玩各种益智游戏，智力开发水平大大提升。很多孩子从1~2岁开始就接触手机、电视、网络等产品，海量信息早早地涌入了孩子的头脑。过去编个故事、说个瞎话哄孩子的办法不灵了。如果家长不能适应这种新情况新变化，不好好注意改进对孩子的管教方式，还真把孩子管不好。

要言传身教，不要空洞说教。孩子成绩不好或者有了什么小毛病，家长不要总给孩子讲一通他还几乎没什么概念的大道理。那和说一堆废话没什么两样。要教给孩子怎么做，并尽可能用行动做出样子，给孩子以解决问题的方法。

要少说多做，不要只说不做。不只是成天把"爸爸妈妈爱你"之类的话挂在嘴上，而要在孩子遇到问题、受到批评、遭受痛苦时，更多给孩子体谅、理解，帮助他卸下包袱，轻装前进。

要因势利导，不要粗暴打骂。打骂是一种恶劣而无能的管教。有的家长动辄脏话连篇、拳脚相加，确实可以换来孩子行为上的服从，却不会得到他内心的认可。要管好孩子，家长必须先戒除打骂，改为和风细雨、因势利导。

要伴随孩子成长而不断调整管教方式，不要一成不变总用一副面孔去对待。孩子在学前、学龄初期（7～12岁）、学龄中期（12～15岁）各阶段身心变化是巨大的，家长要不断根据孩子的成长变化，针对每个阶段的具体问题，适应性地调整管教的方法。

 老师/家长 声音

从孩子出生到考上大学，就是孩子成长的阶段，往往也是父母承受各种竞争压力最重的阶段，父母有一些焦虑感是正常的。当父母的一定要学会自我调节，不能让焦虑感在无意之中代际传递。要主动努力去克服焦虑，避免把自己的焦虑传给孩子。如果实在心里憋得慌，可以在夫妻或者其他成年亲人、亲近好友之间倾诉、宣泄，也可以找心理咨询师去沟通、咨询。但，这都与孩子无关。在孩子面前一定要平静、自然并保持正常状态。一定不要以自己的焦虑带起孩子也焦虑！

——李靖，中学特级教师

我在老家学校时，有个女孩智商超高，是个全才。曾跳了两级，学习总是第一。但因为父母离异，家庭教育走偏了，她上高中后在学习上失去了动力。上大学后很一般，走上了一条与她优秀天赋完全不同的路子。可以说成了一个家庭教育失败的典型案例，令人痛心。每个家长都要防止失败的家庭教育毁了孩子的天赋发展。否则，家长会一辈子不安心的！

——毛健，中学一级教师

很多家长有个通病，认为学习好了，什么都好说。学习不好，其他都免谈。我孩子动手能力特别好，一堆几百个小零件的小颗粒积木，他花三天时间把它拼起来了。我就问他："你能拼这个，为什么就不能好好学习？"现在想一想，这可能确实有个天赋问题。没有天赋，用了很多努力，但就是干不到最好。而有天赋，就一看就懂、一教就会。怎样保护、发展孩子的天赋，确实是需要家长回答好的一道大题。

——宋鹏，职业摄影师

我有两个女儿，大的学音乐、舞蹈，小的学画画。报班参加培训，怎么学是她自己的事。我只大概把握，不问细节。我重点关注的是孩子的学习习惯和心理健康，其他我都尽量放手。孩子学大提琴，感到枯燥就放下了。后来她自己又想学，就又开始练了。家里给了很民主的氛围，反而是孩子自己学起来很投入。我觉得，该宽松的时候就要宽松，硬碰硬真不行。

——逯晓林，全职妈妈

妥善处理好孩子天赋实现过程中的琐碎问题

1. 引导、启发孩子发现的"眼"，思考的"脑"，好奇的"心"，求知的"问"，是家长的必修课

请注意"随时随地"是关键。发现发掘孩子天赋，是一个长期的、日积月累的功课，不可能靠专门上几次课、报几个班来解决。其实大量的功课都在日常点点滴滴的生活细节里。最考验家长的用心程度和恒心坚持，比如，家长带孩子出去旅行、观光、游乐、参加活动等，可以注意时时处处提醒孩子，既要多观察，又要细观察，眼睛能看得到、脑子里记得住、心里能提出问题。随时引导孩子去看、去清点、去分析事物的外观、特点，和什么关联、起什么作用，要调动孩子的脑子随时随地能看到不同、找出差异、提出问题、求得答案。

2. 务必要与孩子的身体发育、心智发育水平相同步、相一致

切不可超越孩子身体发育生理条件和心智水平去揠苗助长。比如，让3～5岁以前的孩子握笔写字，就是典型的违背孩子生长发育规律。在孩子手指小肌肉还没有发育生长的情况下，写字对孩子手指发育是具有一定破坏性的。严重的可能造成终身手指变形。还有现在一些家长让孩子3～4岁就开始学编程课程，同样也是有点太急太赶了，因为在这个年龄段，孩子还不具备最基本的逻辑能力和数理基础。建议家长的急切心情务必先要服从孩子生理发育的规律，切不可盲目求早求快，以损伤孩子健康发育为代价的天赋开发是绝对不可取的。

3. 发现孩子天赋，既需要养成良好习惯，又要防止思维固化

好的习惯是走向成功的起点，但往往也是思维模式开始固化的起点。特别是孩童时期，一旦形成某种习惯，特别容易形成相应的思维路径依赖。只要是出现了习惯性的条件，孩子很容易按照既有的习惯做出相应行为选择。久而久之，孩子就会被框定在一种相对确定的思维模式里，难以有新的突破。为此，家长一定要不断地、经常地启发孩子能有新发现、接受新事物、找到新鲜感，用新视角、新方法去看待分析问题。即使是司空见惯的事情或现象，也要不断转换角度、变换重点、调换方式，使老话题常说常新。以能让孩子在培养好习惯的同时，又保持思维活跃、善于发现与创新。

4. 不要因为一些虚假表象而对孩子的真实天赋潜能产生误判

孩子0～10岁要经历一些敏感期：如语言敏感期、音乐敏感期、动作敏感期、模仿敏感期等，敏感期的兴趣是孩子生长过程中自然的反应，与孩子天赋有关联，却并不能画等号。孩子在每个敏感期都可能对一些相应的事物表现出特殊兴趣，但这些兴趣并不一定就是孩子天赋所在。家长要认真学习育儿知识，注意观察分辨，对可以确认为明显属于孩子天赋的，当然要认真对待。同时也要注意，不要把孩子敏感期的特殊表现或者一些假象误以为就是孩子天赋。如果由此给孩子选错了方向，把孩子带上弯路，也是会让家长后悔的。

5. 要经常、不失时机地给孩子一种成就感和有进步的尊严感

正如有教育学家所说的那样：每一个孩子都需要被看见。这里的"被看见"就是让孩子有成就，给孩子以尊严。家长给孩子制定目标时，切记不要太高太难，让孩子努努力就可以实现。所谓"跳起来摘桃"，只要孩子跳起来了，就能够着、摘得到。这样家长就能及时运用好表扬、鼓励和一些标志标记，使孩子常有一种进步感。对孩子所做出的成绩、效果，表现出的状态、精神面貌、制作或完成的作品、成果等，家长都要认真对待，及时充分肯定。使孩子感受到成长进步就能获得更多成就、就更有尊严。家长要注意尽可能留下孩子进步的记录，使孩子总能感受或回味到自己成长进步的轨迹，还能以此激励自己持续进步。

6. 要重视孩子左右脑同步平衡开发

一般认为，人的左脑主掌着人的语言、逻辑思维、计算、记忆、分析等，因而也被称为"语言脑""学术脑""意识脑"。主要体现为对听觉记忆、时间、转换、判断、推理、分类、比较、数学、认知、常识、排序等方面的能力。右脑的功能则主要掌控人的感知空间、形象、想象力、情感、身体协调、灵感、顿悟等，因而也被称为"艺术脑"。主要体现为对视觉记忆、安全、交往、操作、自理、运笔、观察、空间、组合、想象、创造等方面的能力。日常生活中，可以让孩子把上述活动或者项目融合起来、交替进行。左右脑平衡开发或者说进行全脑开发，是一个综合统一的整体，体现人的综合能力。其中，要更加重视对功能强大的右脑的开发。当然，在孩子发育成长过程中，对左右脑的平衡开发不能有任何偏废，更不能轻易放弃孩子某个方面的能力开发，而给发现发掘孩子天赋留下遗憾。

7. 既要保护孩子的自尊心，又要适度打破其自尊心

自尊心是人格尊严的一部分，也是孩子与生俱来的、自我意识的一部分。保护孩子的自尊心，对保障孩子身心健康必不可少。家长一定不要以为，小屁孩能有什么自尊心。在孩子认知水平、理解能力都还非常有限的情况下，孩子的自尊心、面子其实是需要格外保护的，必须谨慎对待才是。对涉及孩子人格、

隐私或者孩子非常在意、非常忌讳的事，家长要在充分尊重孩子自尊心的前提下，与孩子沟通。特别是对需要严厉批评的，一定要在保护孩子自尊心的前提下进行，以达到最能保护孩子自尊的同时也最能有效的批评效果。同时，对一些涉及孩子虚荣心的、非人格、非隐私类的，或者涉及原则性的问题、错误，则要适度打破其自尊心，让他脸红心跳，表明家长不护短、不纵容的态度。促使孩子正确认识自己、恰当看待问题。

8. 努力设法避免孩子在小伙伴跟前或小群体里受气

天性胆小、怯弱的孩子往往不会有强势的表现，也缺少和其他孩子争斗的勇气。所以经常会在小集体中或者在小伙伴面前受气。有时被小朋友训斥、排挤、推搡、欺压打骂也不敢吭声。要知道，在"丛林法则"中总处于劣势的一方，其天赋发挥是会受到限制的。久而久之，孩子就容易在群体中变成弱势者，孩子本来具有的良好天赋就可能被压抑甚至被毁灭掉。为此，家长一定要时时观察，加强与幼儿园、学校老师的沟通，发现问题随时加以应对。此外，还要反复教给孩子自我保护的方法，反复强化孩子的自我保护意识和能力。经常询问孩子有关情况，不断告诉孩子应该怎么应对已经遇到或者可能出现的小伙伴欺负等情况，让孩子遇到此类问题时不惧怕、不怵头，敢于和能够寻求保护。

9. 让孩子对自己的天赋、特长、优势有感知、有认识、有信心

促进孩子自我发现、自我实现，是家长开发孩子天赋极为关键的一步。孩子对自己的天赋优势有了明确的感知，可以有力地促进他发挥和表现的热情、激情，强化孩子的自信感。家长可以经常和孩子分享他在优势学科、项目的成绩、进步，共同分析他在优势学科、项目与别的同学伙伴相比具有的更相对优势和明显特点，促进其相对优势更好显现和得以放大。还可以通过老师给予肯定和激励，不断建立和巩固孩子对自己天赋优势的信心。这有利于孩子在以后遇到或者参加各类考试、考核、竞赛以及大型活动时，能够较为轻松地迈过心理紧张的"坎"，较好地发挥自己的天赋优势。

10. 家长和学校都可以在提升孩子悟性上有所作为

悟性体现的是人先天智商与后天知识、经验融合后形成的一种理解力、

领悟力的更新提升，包括个人天资、知识积累和经历经验等多种因素。长期以来，人们对悟性的可开发、可挖掘是重视不够的。很多时候都是以悟性好或者悟性不好简单地切成了非此即彼的两块，因而使悟性开发长期沦为一块荒漠地。这是很可惜的。家长要和幼儿园、学校紧密配合，抓住一个个知识点、一个个可以引发想象或联想的话题、一个个具体学习项目来解析，促进他养成善于思考、加深领会、举一反三、触类旁通的习惯，在不断启发、不断提升孩子悟性中开发天赋。

11. 做"有心家长"，勤观察、勤和孩子交流

仅仅有意愿、有热情是不可能发现孩子天赋的。所谓"有心家长"，是必须细致观察、用心体悟且持之以恒。孩子从出生到学前阶段，其兴趣并不是稳定不变的，除了不同的敏感期会有不同的表现外，还会经常随着外部环境的变化而有所变化，还会随着年龄增长而发生迁移。从另一个角度来看，家长应该意识到，孩子的兴趣点中可能包含他的天赋点，但并不是孩子所有的兴趣点都是天赋点。天赋点应该是孩子若干兴趣点中相对突出、稳定、体现其潜能的那一个点。家长要随时观察，激励孩子自己更多展现，尽可能对准天赋点去开发孩子天赋。

12. 要把天赋潜能变成孩子的特长或者优势，不能不急，不能太急，需要扎扎实实，循序渐进

实际上是不急不行。因为孩子的一些天赋如果没能及时开发，可能就会随着年龄增长而退化、湮没、消失。而太急也不行，因为天赋开发不能超越孩子生长发育的生理、心理阶段和水平，否则欲速则不达，反而会造成孩子压力过大、厌学、逆反等问题。所以最好的办法是尊重孩子发育、成长的规律，认真对照儿童教育学和儿童心理学所普遍确认的阶段性目标、要求，在什么阶段安排什么学习项目。进行科学合理安排，切实把握好节奏。在低龄阶段更要让以孩子快乐学习为主，扎扎实实学好基础知识、做好基础训练，一步一步往前推进。

13. 护航孩子天赋发展，需要切实遵守相关规则

家长希望孩子天赋得到最好发展的急切心情都是可以理解的，但再急也

不能跨越规则去发展。比如，有家长逼着要求学校周末或者节假日违规补课，有的则私下找老师给孩子"开小灶"，还有的参加违规奥数班等。这些行为说起来是个人行为，也并不是多大的违法，但破坏了社会公平和社会规则。就像我们都知道不能骑自行车上高速公路一样，家长也不应该为了自己孩子求快而不守规则。因为家长这样做实际就与骑自行车上高速是类似的，只是其危害性相对要隐性一些而已。每一个家长都应该有一种主动遵守相关制度、规则的自觉，不要做教育规则"破窗效应"的参与者和推动者。因为一旦规则被破坏了，整个社会都会受到损失，那自己的孩子又能好到哪里去呢？

14. 孩子学习成绩中下游，并不意味着智商低

有些家长总为自己孩子的学习成绩处于中下游而懊恼。其实，有很多孩子虽然学习成绩处于中下游，但并不是他的智商低，有的孩子还很有潜力。其中有很大部分孩子是因为缺乏被关注，在长时间不受关注、重视的状态下，慢慢地对自己的信心也底气不足了。这样孩子的一些小毛病，诸如注意力不集中、意志力差、管不住自己等，就会更多地表现出来。家长一定要着力激发孩子的学习欲望、进取欲望，防止孩子潜意识中的消极心态拖累他的成长。否则，那种消极心态就会像慢性毒药一样，无形之中侵蚀孩子，使孩子离天赋越来越远。

15. 要把孩子先天性格短板变长，是个渐进过程，家长务必要耐心坚持

如果家长能够确认孩子的性格短板是先天的，比如天生的孤僻、懦弱、固执、暴躁等，那么改变起来非常难。因为遗传基因的作用是决定性的。但不改变又可能直接影响孩子成长发展，所以必须依靠后天教育去争取一些改变。家长应该做到：坚持陪伴孩子进行心理疏导、沟通，经常给孩子指出处理同样问题的另外一种思路和另外一些方法，让孩子在比较中看到不同思路、不同处理方法的不同效果，并认识到由此带来的好处。长期坚持这种训练，就会使孩子形成一种新的思维路径依赖，也就是新的习惯。要相信，只要家长足够用心，孩子的性格短板还是可以有很多改变的。

16. 防止和避免孩子短板越来越短

对于个人能力上的短板，比如，数理能力、语言能力、学习能力等，可

以通过针对性的适当补习和拓展思维、强化训练来解决。而如果孩子存在人际交往、团队合作、沟通交流等社会能力方面的短板，则更要予以特别关注、特别重视。千万不能错过孩子社会能力塑造的关键阶段，使孩子这种短板定型化。家长要主动和学校老师紧密协同配合，千方百计促使孩子融入集体，让他在与孩子的共同活动中去锻炼磨合。即使短板不能变成他的优势，也要尽可能地努力补齐一些，避免孩子成人后由于短板太过明显而制约、影响他的进步发展。

17. 兼顾德智体美劳全面发展，不可偏废

全面发展不是一句空话。对于幼童年小的孩子，讲德，不是要讲多少大道理，而是要从生活中的小事、小道理上开始。比如社会主义核心价值观教育，在孩子尚缺乏理解能力的时候，可以先让孩子从形成三个概念入手：公德、爱心、规则。通过行为引导、耳濡目染、潜移默化，渐渐形成最基本的价值观基础。然后再随着年龄增长，以孩子容易理解、易于接受的方式和语言把正确的价值观逐步浸透到孩子心灵，使"德"的观念逐渐丰满起来。智体美三方面现在普遍重视程度比较高，这里就不展开了。劳动也同样必不可少，至少不能让孩子缺少基本生活能力，更不能缺失以劳动为荣的理念。

18. 摆对发现、成就孩子天赋与普通文化课的关系，恰当协调好

不能厚此薄彼，更不能顾此失彼。普通文化课的学习蕴含着孩子的天赋潜能，天赋潜能只有注入文化课的营养才更有张力。有的家长经常感到孩子文化课学得吃力，自己先失去了信心，所以拿特长、专长来做"备份"。这是从指导思想上先打了个"败仗"，是不可取的。文化课的基础功能永远是不可用其他方面替代的，所以绝不能轻言放弃。家长们还是要记住，无论遇到什么困难，都需要坚持把文化课的基础尽可能地打牢固。并恰当应对中、高考的"指挥棒"。即使孩子成绩不好，即使落榜，但这段路对孩子的一生都是有价值的！

19. 学会和孩子不断达成妥协

这既是家长调动、激发孩子兴趣和热情，促进孩子进步的有效手段，也是用行为影响和促进孩子情商塑造、使孩子在潜移默化中学会妥协、柔性处理问题的实际示范。孩子在学习过程中，可能会在某一阶段产生厌倦情绪、抵触

情绪,想打退堂鼓,家长不要动不动就批评指责,而是在充分倾听孩子想法、分析孩子心理的基础上,先正面引导,让孩子把真实想法、真实原因表达出来。这时候需要家长懂得运用妥协的艺术,同时要促进孩子学会妥协让步。在不断达成妥协中存异求同,更有利于实现每个阶段的学习和训练目标,进而在孩子天赋发掘中不断增加能力积累。

20. 不能盲目好高骛远、不切实际一味追求"高大上"

要根据自己家庭实际,切实掐住孩子的优势特点,量力而行,尽可能节约成本,力争投入产出比能实现最大化、最优化。不能不顾家庭的实际和孩子的特点,一味去想当然。有的家长给孩子报班互相攀比,对是不是适合自己孩子考虑得不深不透。结果是钱花了不少,家庭经济压力山大,效果却很一般。所以一定要先根据孩子的个人性格、天赋特点、强项优势、综合条件等"把准脉",切实有针对性,用小的投入换取最好的效果。请记住,家长的目的为的是发现发掘孩子天赋、促进孩子的优势发展,不是为了和谁攀比,也不是为了家长的面子。这才能体现家长的眼界水准。

需要家长做的事情太多,而家长的精力有限。家长是人,不是铁打的,不能把过高的要求都压在身上。家长自己要每天忙于职场、事业、创业等,能够全职看孩子陪孩子的家长是少数,所以不可能所有的方面都做得很好。这就更要方向对头、恰当选择、突出重点,不要盲目好高骛远,不切实际地一味追求所谓"高大上"。

 老师/家长 声音

天赋是潜藏在孩子身上的一种特质和能力。过去很多是被动发掘出来的。这中间必然会造成很大一部分天赋资源的浪费和损失。如果我们把被动发掘转成主动发掘,效果肯定会大不一样。家庭、学校、社会都来关注这个问题,立体地进行发现发掘,就能形成一种促进教育迈向新的质变的合力,通过各种方式拓展、创新,协同配合去挖掘属于孩子个体特质的潜能,孩子就一定能得到更好地成长和发展。

——贺三宁,中学初中部副校长、正高级教师

发现孩子的天赋

家长对孩子的期望值太高，但又不知道怎样促进孩子进步。有个孩子，一次考试成绩不好，下学后在班里哭，不敢回家，精神压力很大。这实际还是家长没能真正了解自己的孩子。如果孩子成绩不好，不了解其中的原因，也不知道引导孩子怎么提高，只是一味指责，除了增加孩子的压力，又能有什么意义？即使孩子有天赋，也会被抑制的。

——贾颖真，小学数学学科组长

家长在发现、发掘孩子天赋的过程中，需要关注、张扬而不是压抑孩子天性。如果都按照家长的意志，把孩子变成了那种"学习机器"，那不是教育应有的目标和意义。家长有竞争的紧迫性和危机感是可以理解的，给孩子报一些早教、兴趣班都能理解。但一定要把握好一个"度"，超过了度，让儿童没有时间干适合自己年龄的事，负担太重，湮没了儿童的天性，就可能好心办坏事。这应当引起每一个家庭的重视。

——许迟，小学教师

有个孩子从出生就有点儿身体缺陷，但她对音乐有一种神奇的感觉，刚1岁多就可以模仿某段音乐，跟着音乐跳舞一跳就是一两个小时停不下来。她还有一种奇特的创造力，可以不断变着法子跳。我不知道这是不是她的特殊天赋。我在想，这是否就是上天给关了一扇窗，同时又开了一扇门？

——彭小瑛，幼儿园教师

女儿舞蹈天赋非常好，学一遍就会。有次选了才艺之星，孩子说："妈妈我给你争光了。"其实我真的不要求娃给我争光，我不苛求孩子成多大的才，但求孩子健康成长。对她考试多少分数、名次，都是顺其自然。我觉得我们家长都很平常，干吗对娃要求那么高？所以我不苛求孩子，只希望能因势利导就行，希望与孩子感情上交流简单顺畅就好。

——胡清秀，体检中心财务工作人员

在促进孩子天赋发展的这个重要步骤中，我们一直都在讨论"家庭、家长"，探讨促进孩子天赋发展的共性问题。这彰显了"家长、家庭"在这一环节的作用和意义。但这一环节涉及的问题，大多具体而琐碎，几乎涵盖了家庭日常生活的方方面面，所以我们一味强调这需要家长去做"有心家长、用心家长"，从小事去做、从细节去做，促进孩子天赋发展才能见到成效。

第八章 天赋开发第四步骤
助推孩子天赋实现：督促孩子自我管理

外因是变化的条件，内因才是变化的根本。前几章所说的家长、家庭等，基本都是在优化外因上做文章，这是由孩子成长过程的特殊性和孩子天赋发掘发展的相对被动性所决定的。随着孩子的成长，家长就应该把促进孩子天赋实现的着力点逐步转移到发挥孩子自身主动性、激发孩子去追求自己天赋实现的内生动力上来。

因为发现孩子天赋只是起点，发掘、发展天赋只是过程，天赋实现才是目的。

天赋实现这一步骤是终极飞跃。是经过"潜能"—"可能"—"才能"跨越到"现实超能"，发生根本性质变的崭新境界。

尽管这个决定性的第四步骤，对绝大多数孩子来说，在整个中小学阶段都不可能完成，但这个步骤，却必须从中小学阶段打牢基础，而且起步的时间越早越好。这个步骤，既是孩子天赋发掘、发展的重要内容，又是天赋实现的基础环节。其核心是激活孩子的内生动力，是督促孩子努力自律，逐步做到自我管理。

孩子自律和自我管理的基本要点

古往今来，无数成功、杰出的人士的经历都充分证明，无论天赋多么优秀，一个不懂自律、不会自我管理的人是不会有什么杰出成就的。当然，也许会有人说，历史上放浪形骸、我行我素的艺术家、军事家、天才多了去了，一抓一大把。什么嵇康、李白、柳永、郑板桥，还有张飞、李逵等，这些人无拘无束，他们哪一个不是佼佼者？他们的天赋发挥受影响了吗？这种说法，貌似很在理。但这是只知其一，不知其二。我们现在看到的记载、史料，都是他们成年以后的事情或传闻，我们知道他们童年学习、训练情况吗？如果童年不识字、不读书，李白能写出流传千古的诗篇吗？如果童年不习武、不训练，武松能有景阳冈打虎的本事吗？他们成年后的成就，无一不是童年时期严格要求、学习训练的结果。要求孩子自律、强化孩子自我管理在任何时候都是必要的、必需的——如果你希望自己的孩子成才。

儿童生长的规律告诉我们，孩子的自律、自我管理都不是完全自觉意义上实现的，不能一说孩子自我管理，家长就由着孩子自己去管自己。父母需要对孩子的自律和自我管理进行反复督促、经常检点。重点是培养孩子逐步建立自律和自我管理的习惯，而不是马上就能见到孩子自我管理的结果。

1. 从多大开始培养孩子自律？

自律，是不依靠外部手段，在没有他人监督的情况下，自己主动遵守规则，进行自我约束的自觉行为。是人自省、自警、自爱的表现，体现着人的素质和觉悟。越早培养孩子的自律意识和自律习惯，孩子就越容易形成良性发展的行为自觉。当然这要以孩子能够听懂、理解大人对他的自律要求为前提。一般而言，3岁左右的孩子初步具备了基本的语言表达能力，可以理解和接受家长的要求、指令，能够初步进行有效的交流沟通了，应该就是可以开始培养孩子自律的起始时间。家长可以先从孩子日常生活的小事要求，一点一滴去要求、去做、去巩固，逐步使之变成孩子的日常习惯。

2. 如何促进孩子自律，为天赋发挥形成内生动力？

最重要的是要让孩子树立自律的肯定感、荣耀感和成就感，以此促进孩子建立最初的规则意识和早期行为规范。对家长要求孩子的自律事项，只要孩子去做，无论结果如何，都要及时予以肯定；如果孩子很好地完成了，就要当全家人的面给予表扬鼓励，也可以辅之以答应、满足孩子的某项要求，给予适当激励；还可以把孩子自律的情况记录下来，贴在墙上，经常念给孩子听，让孩子常有进步感和成就感。这也是一种在家庭里的坚持正面导向，使孩子内心对坚持自律有一种满满的荣耀感，以自律为荣，为自律而自豪，发自内心地愿意继续把自律作为行为选择。

3. 不同年龄段的孩子，其自律应该做到什么要求？

3～6岁学前阶段，是自律意识初步建立期。家长应利用好孩子"秩序敏感期"对秩序感的兴趣，潜移默化地把自律意识植入孩子的生活细节之中。比如，饭前便后要洗手、自己刷牙、自己整理玩具、自己清理一些脏乱的小物品、按时睡觉、说话算数、看动画片和玩耍都要遵守事先讲好的约定等。

6岁以后进入学校，是自律意识的形成确立期。家长应检点孩子在以下方面的自我要求：自觉遵守学生守则和学校的规章制度；在电子游戏、手机、外界物质利益、社会纷乱现象等诱惑面前能够进行自我约束、自我控制；认真完成老师布置的家庭作业和其他任务，积极参加学校各项集体活动；玩耍和游戏能够守规则、有节制、有底线；能够坚持不依赖家长、老师监督而遵守纪律约束，愿意主动对自己的学习课程完成情况进行自我检查、自我反省等。

4. 从多大开始给孩子制定小目标？

在孩子开始具备较为明确地与他人沟通交流能力和他的"秩序敏感期"重叠时段，也就是在大部分孩子的3～4岁，家长和孩子协商制定他的小目标，以初步建立一些"目标约束"是比较适合的。这个阶段的孩子刚刚进入幼儿园，对集体生活要有一个从陌生—磨合—适应的过程，有的孩子很长时间都处于无助、痛苦、逃避、抵制状态。这是孩子遇到的第一次长时间脱离家庭、接触外界的心理转折期，也是孩子某些天赋的一个重要观察期。家长在这个阶段与孩子协商制定一些小目标，容易得到孩子的响应、接受和落实。家长要注意的是，这些小目标一定要是正面鼓励型的，不是给孩子增压的；是调动激励孩子配合入园、融入小朋友集体的，不是宠惯孩子任性的。家长要明白，不要一说自律，就认为是应该怎样管住孩子。正向目标，也是促进孩子自律的重要部分。

5. 如何要求孩子主动坚持和完成自己的小目标？

建立小目标的意义在于落实。但很多家长发现，即使制定了小目标，大部分也落实不下去。这就使孩子自律小目标大打折扣。有的家长因此制定《宝宝自律表》或者《儿童成长自律表》，希望以此把孩子自律目标制度化。但还是有相当部分无法落实。其根本原因在于这些自律表，体现的都是家长意愿，孩子处于被动状态，没能把孩子当成真正的主角。家长以为孩子不懂事，有意无意地越位了，还是在包办代替。家长会发现是包得了事情却"替"不了孩子。

要想让孩子主动坚持完成自己的小目标，家长应该做到：制定小目标时，要给孩子发言权、让孩子参与，确保孩子的主体地位获得尊重和认可；经常给孩子提醒，他的小目标完成了多少，还有多少没完成，应该怎么办；让孩子自我检查，并以此促进孩子自我落实；和孩子一起检查，查漏补缺，解决好落实过程中的小难题；完成小目标后及时鼓励，使孩子有一种获得肯定的荣耀感和成就感。

6. 孩子自我管理要管什么？怎么管？

自我管理，是对自己的学习、生活、工作等主动进行规划计划、设计安排、梳理管控、实施落实的行为，是在自律基础上的进一步提升和完善，体现人对学习、工作、生活的严谨态度和自控能力，具有主动性、目标性、预期性、可实现性的特点。善于自我管理的人，在天赋优势展现上更善于发挥能动作用，也更容易取得显著成就。

经过一定时间的自律训练，从小学阶段开始，家长就要引导并督促、检点孩子从自律逐步走向自我管理。主要包括以下几方面。

（1）时间管理

根据自身的学习、玩耍和日常生活情况，做出自己的时间安排计划，并能够自觉遵守和执行。落实特定时间确定的目标任务，按照时间要求的进度、数量、标准去做、去完成。比如，按照计划安排规定的时间刷牙、洗脸、洗脚、上床睡觉，没有极特殊的情况决不熬夜，更不能因看动画片、玩耍、玩游戏等拖延上床睡觉时间；按规定时间完成家庭作业和其他应该做的事项；遵守学校的作息时间，不迟到；和同学及其他小朋友约定或者承诺他人的事，按照约定准时去做；确实属于不得已而顺延的事，要尽快完成，并且不影响其他正常安排的进行。

家长要学会对孩子时间管理进行有效的督促。以疏导的方式，强化孩子对时间的自我管理意识。着眼于促进孩子养成不拖沓、自觉遵守时间的习惯，一般是点到、纠正为止。以培养孩子自觉意识为主，不能婆婆妈妈说个不停，注意不要引发孩子的心理抵触，要努力避免因此与孩子发生冲突。

（2）目标管理

孩子学习和生活的个人目标管理应包括以下几个环节：拟制和确定特定时间节点的目标；分解目标时间段内各节点的目标；按照时间节点目标执行和实施；在每一个时间节点到来之际检查目标完成情况；对没能按照时间节点完成的事项及时补课完成；对按照目标完成的事项及时销号并巩固提升；保持各阶段目标的连续性和有机衔接。在目标管理中，因为孩子经历、经验的局限，孩子自己比较难以把握的是目标的确定。家长要帮助孩子认真分析，使目标确定能够"跳起来、够得着"，可行可落实。既不要太高，也不能过于轻松；既能促进孩子努力，又不太过复杂而难以实现。

建立孩子的自我目标管理，家长可以做的事很多。但角色定位一定是辅助辅导而不是主导，更不是代替和包办。在制定目标时，可以帮助孩子分析目标的可行性，防止目标定得太低或者太高而失去目标的意义；在目标落实过程中，可以与孩子进行阶段性成果分享，给孩子阶段性鼓劲加油；在目标完成以后，可以与孩子分享喜悦并一起总结经验，寻找确定下一步成长进步的方向和坐标。

（3）生活管理

小孩的吃喝拉撒睡都是大事，都要作为孩子自我管理的重要内容。如果这些事哪一个环节出了问题，孩子经常生病，吃药打针输液甚至住院成了家常便饭，家长就会有无尽的苦恼。孩子生活的自我管理，简单说就是5个要点10个字：吃好、喝够、穿暖、便通、睡足。同时凡是孩子力所能及的事，尽可能让孩子自己去做：让孩子去管好自己吃饭、喝水，自己穿衣，自己洗袜子，自己刷牙、洗脸、洗脚、自己铺床叠被子等，把做一些力所能及的家务成为孩子日常生活中的一部分。尽可能早地让孩子形成独立的生活能力。

家长在督促孩子进行自我生活管理方面：主要是心操到、细检点、常引导。要引导鼓励孩子吃好正餐，不挑食、不偏食，不能只吃零食不吃饭，不能只吃精细食品不吃粗粮，还不能不喜欢的一口不吃，喜欢的吃到撑得走不动；要保证喝够足量的水，不以饮料代替喝水；穿衣方面不能受寒更不能穿得过厚，特别是要注意不能让孩子身上总是汗津津的；注意关注孩子大小便正常；让孩子自己管理自己，保证每天中午、晚上都能按时上床睡觉。

（4）学习管理

抓住预习、听讲、复习、作业、测评考试等主要环节，学习管理要紧扣知识点、记忆、背诵、理解消化、加深领悟、巩固提升、举一反三、灵活运用等环节来进行。看知识点真正弄懂了没有？该记的东西记住了没有？是不是有自己的思考理解？是否对知识经过梳理有了深刻领悟？巩固提升的效果体现在哪里？是否能够做到触类旁通、融会贯通？对在各环节出现、发现的问题究竟怎么解决？解决的成效怎么体现？围绕这些问题，让孩子自己从"细"（细节和细微知识点）、"实"（听讲复习的实际效果）、"思"（是否有自己的消化理解）、"悟"（领悟和举一反三能力）等四个方面逐项进行自我对照，使学习管理成为一种有成效的自我管理。

家长对孩子学习方面的自我管理主要是加强检点，促进孩子自我管理能富有成效。帮助孩子落实好每天的预习、复习和保质保量完成好作业。经常与学校联系沟通，对孩子的课堂听讲、学业测评情况能随时全面掌握，以针对性地与孩子分析解决学习上自我管理还需要改进提高的地方，全方位、全过程提高孩子的自我学习管理能力。

（5）财务管理

从小培养孩子对他的零花钱、压岁钱等进行自主的财务管理，是孩子自理自立能力的重要一环。家长不要小看孩子手里不起眼的零花钱，它对锻炼孩子财管的作用是很大的。

原则上，家长既然把零花钱给了孩子，就应该允许孩子自主确定使用计划、自主安排、自主支配。孩子可以根据他自己的想法进行调节、调整，只要是与孩子年龄段适合的正常开支,家长都不干预为宜。

让孩子自主进行财务管理,并不是家长完全撒手不管。家长要定期对孩子自我财务管理情况进行检点:一是建立收入支出记录,并按月进行小结,逐步形成"有管理"的习惯;二是检查其支出项目合理性,不能用于与他年龄段不相称的支出项目,比如,买烟、酒等,如发现问题,要采取措施及时纠正;三是鼓励孩子进行合理的计划、调剂,如有按月结余,允许滚动积累归孩子自主使用等。

(6) 情绪管理

从幼儿时情绪随时随地随意释放,到家长帮助和引导下的有控制的情绪释放,再到逐步学会自主进行一些情绪管理,这个过程是缓慢的、渐进的,也是与孩子心智和情商同步成长的。当然,对尚处于自控力正在建立或者刚刚建立过程中的孩子来说,要求他进行有效的情绪自我管理是困难的,甚至是不现实的。客观地说,从幼童到少年阶段,应该是孩子学习、掌控情绪管理的"初创期",不宜期望值太高,只要孩子开始树立这种意识、开始有一些初步的情绪约束和情绪的主动调节就是一种很不错的成果。

孩子情绪的自我管理,不是要求孩子做到调节好自己的所有情绪。除了我们反复提及的控制坏脾气外,只要先抓住几个要点即可:引导孩子管好自己,学会与人不抬杠、不执拗、不打别扭;引导孩子学会察言观色、能沉住气,努力做到能忍住,学着多想想、再想想,教会孩子三思而后行;与小朋友发生矛盾时,通过讲道理解决问题,动口不动手,不让冲动的魔鬼乱冲乱撞;教孩子学会主动进行情绪释放与压力排解,在受到批评、成绩不好、想法愿望得不到实现时能平和对待,努力控制和克服急躁、焦躁、冲动等情绪,能够主动与人交流去排解、消除不良感觉,不让负面情绪影响自己正常的学习和生活。

(7) 自身安全和风险防范管理

这对低龄孩子来说可能是要求有点高了。特别是对学龄前儿童,其实最重要的是建立初步的安全和避险、防范意识。现在孩子的安全防范,比起以前确实是复杂了很多。既需要防范身边水电气、交通等可能造成意外伤害的各种危险因素,还需要防人。比如,家长平时就要反复教给孩子并铭记于心,遇到在大街上有陌生人抱起他要离开亲人身边时,他能在人多的地方大喊:"我不认识你!你不是我爸爸妈妈!""你是坏人!我不跟你走!"有了自我防范意识,孩子自身安全也就有了第一道"防火墙"。

　　孩子进入小学以后，就需要每天提醒他自己进行一些必要的自身安全和风险防范的自我管理了。现在人们的一般做法是上学家长送，放学家长接，这当然没错。但比这更有必要的是，促进孩子进行自我安全保护，具备初步的自我安全避险管理能力。比如，过马路既要严守交通规则、看红绿灯、走斑马线，又要左顾右盼、仔细观察并排除危险因素后再往前走；出外玩耍时遇到深坑、窨井旱井水井、高台或高崖、已倾斜的墙体等要主动避开，不去好奇凑热闹；不和小朋友在一起玩点火之类的游戏；参加高风险游戏和活动项目时，诸如过山车、漂流、热气球、滑雪滑冰、赛车等务必要懂得严格遵守规范；遇到不明深浅的河流、水体，坚决不下水游泳；遇到裸露、掉落的电线电缆和其他城市、乡村水电气暖等工程设施的危险物品，要主动避开并及时就近向有关机构单位报告……这些都需要作为行为规则，渗透到孩子日常生活的方方面面、各个环节，逐步形成安全防范自我管理的行为自觉。

　　此外，还要高度重视孩子应急能力和危急时刻避难生存能力的养成。比如，教会孩子遇到火灾、地震、洪水等特殊危机问题以及遭遇乘坐运行中的电梯、缆车等突然故障等突发情况时，还有万一突然遇到歹徒袭击或者劫持等危机事件时，懂得怎样去有效地进行避险、避难、自救、生存。这都应该成为孩子安全和风险自我管理的重要能力。

　　以上几个方面抓好了，然后再根据孩子的情况和需要，逐步拓展自我管理的内容、项目，不断提升孩子自我管理的能力和层次。

7. 怎样促进自律能力比较差的孩子进行自我管理？

　　现实中有很多家长深感头痛的是，孩子根本管不住自己。那些天生好动的、屁股总坐不住的、总是发起无端攻击行为的，父母说什么都不肯听的，稍有风吹草动就控制不住自己的，干什么都是我行我素的孩子，还有那些自闭、焦虑、过度强迫、多疑依赖、情感障碍等的孩子，靠家长、老师强行去管都管不住，还怎么能指望他去自我管理？——这种困惑不少家长都遇到了，还真是个难题。

　　世界上永远没有包治百病的药方，却可以有基本靠谱的规律。促进"管不住自己"的孩子进行自我管理，虽然也无法包治百病，虽然也只能是一个大体上的思路，但总归是有办法比没办法要好一些。

（1）从细微细节抓好自控力习惯培养

孩子管不住自己，究其根源多数还是从小的行为习惯没有培养好造成的。等发现孩子自律性比较差的时候，实际上孩子的不良习惯已经形成。这时候需要做的，应该是对不良习惯的调整和矫正。而这个工作与从小培养良好习惯的概念、要求、难度已经有了很大差异。家长要在和孩子建立良好沟通的基础上，说服孩子心理上接受对他的自律和自我管理要求。其要点是先要家长用心管，然后再督促孩子自律和自我管理。方法上要从细微处、细节抓起，一个细节一个细节地反复提醒、检点，渐渐形成孩子自己的自我管理意识，并逐渐固化成他新的行为习惯。他的自控力提高了，管不住自己的现象就会大幅度减少。

家长要注意的是，不要指望孩子会很快"全面变好"。一下子把所有方面的行为习惯都改变和调整好是不现实的。孩子的行为总是动态的，总会有新情况新问题不断出现。没有养成好的行为习惯的孩子，其行为方式总是随意的、凌乱的、不受管控的。所以根本不会有一个"全面变好"的自我行为管控模式。在抓孩子自控力调整的过程中，可以先从孩子身上表现最突出的某一方面开始抓，见到效果并得到巩固了，再向其他方面拓展。这是一个逐渐调整的过程，家长一定要足够耐心。

（2）进行病理性原因排除

对一些老师、家长怎么做工作都无效，用什么办法都控制不住自己的孩子，特别是表现为与他的年龄和发育水平不相称的注意力严重不集中、注意时间过短、活动过度和冲动等问题的孩子，还有的发展到语言障碍、行为异常以至于出现较为突出的反规则行为、攻击行为等，家长就需要关注筛查一下孩子是否有注意缺陷或多动障碍的问题了，可以带孩子进行病理性原因排查。排除一下是否因为神经递质多巴胺失衡的病理性原因导致的大脑功能紊乱，和由此带来的不由自主的无法自我管控以及其他精神心理障碍和发育障碍等。如果确有病理性原因，那么就要遵从医生的专业治疗。进行必要的儿童行为干预，抓紧对孩子的行为障碍康复和行为发展促进。如果可以确定排除病理性原因，那么家长就要在家庭管理和督促孩子自我管理上更多用心、下更多功夫。

（3）适当的心理疏导和心理干预

这种方法用于促进儿童成长有超过百年的历史了。1896年美国心理学家韦特默开展尝试对落后学生的训练，1907年美国心理学家大卫用心理学方法进行专业的儿童行为指导和干预，唤醒了人们对儿童行为的心理学研究和应对。现实生活中，即使孩子存在一些精神心理或者行为障碍，绝大多数也不需要专业人员来进行心理干预。只要家长留意对孩子进行必要的心理疏导和适当的心理调适就足够了。而且，由于家长和孩子的亲和性更好，其效果也是专业心理师所无法替代的。

问题是，一般家长并没有心理咨询师的专业素养，有些专业方法也并不适合于家长。家长不是心理医生，但若能抓住几个要点也是会有效果的：一是更加注重这类孩子的心理需要满足。以认真倾听、同感表达、理解孩子、接纳尊重来强化对孩子的精神抚慰和心理关怀。二是强化心理和情感支持，尝试与孩子建立同盟伙伴，参加亲子活动，增加陪伴内容形式的丰富性和多样性，把更好的亲密感不断传递给孩子感觉感知，转化为孩子对家庭感觉的满意度。三是尝试变换教育方式，改变沟通方式，注意心理调节，尽可能创造更和谐的家庭氛围，促使孩子精神放松和心理回诉，能够更有效地进行情感处置和情绪化解。四是适当给予压力与应激的应用行为训练，可以通过情境塑造、心理辅导和心理援助等进行简单的系统性感知觉统合训练，还可以通过一些艺术式疗法，诸如讲故事、绘画、音乐、阅读与写作等进行心理疏导和思维启发，使家庭心理疏导发挥独特作用。

（4）有针对性地给予兴趣吸引和专注力训练

通过进行一定的训练，把孩子心理活动注意力集中到某项特定的活动或者事情上，孩子专注力提升了，自我管理的意识和效果就会显著增强。

兴趣吸引和专注力训练，可以先从对孩子视觉、听觉、触觉、嗅觉、味觉等直观感觉入手，力争先是对他产生"吸引"，然后再说别的。从孩子自己喜欢的东西或者事情开始，让孩子感受动脑子思维、创造、有成就感的乐趣。体验自己思维的成功，有利于刺激孩子神经递质多巴胺分泌，因而具有强大的魅力和吸引力。家长要注意学会用孩子的语言，说孩子愿意听的话，提供孩子自己想要的活动和方案，他的专注程度提高了，无形中就促进了其自我管理。

家长还可以尝试运用国际通行、规范、简单的注意力训练方法——舒尔特方格训练法。可以在家里自己制作舒尔特方格，在方形卡片画上 1cm × 1cm，（注意格子一定是这个规格）横竖都是 5 个格，共 25 个方格，把阿拉伯数字 1～25 任意填写到不同的格子里，让孩子用手指按照从 1 到 25 的顺序指出每个数字的位置，每天训练一次（注意用若干张不同的舒尔特方格交替进行训练）。有成效后，还可以逐步扩展为 36 格、49 格、64 格、81 格。还有盯点法训练，坚持每天让孩子在家里盯着某个物体或者某个点看上几分钟，对提升专注力都是简单有效的方法。

促进孩子专注力的自我管理辅助训练方法还有很多。比如，要求一个时间段只做一件事，防止注意力耗散，提高注意力的有效性；进行朗读训练，促进脑、眼、口的统一和协调；定量安排计划任务，限定时间完成；设置情境，帮助孩子增强多刺激下的自我约束能力；清理整洁孩子身边环境，营造有利于集中注意力的环境条件，减少不相关物品对他的注意力分散；孩子学习和做事时，家长不干扰不打断，更不批评指责，主动保护孩子注意力的集中。

（5）让孩子渐进性适应

有家长发现，说孩子自律意识差吧，其实他也并不是在所有地方都管不住自己。有的在家表现挺好，到学校就不行了；玩的时候挺好，让学习就不行了。从某种程度上讲，这是孩子对角色转换、环境变化不适应的一种外在反应。这种孩子的社会适应，比一般孩子要更复杂、经历的过程更长。

针对性开展规律化的生活训练，对孩子有意识地、渐进地进行环境适应性行为发展促进，可以有效促进孩子自我管理。规律化训练，贵在"规律"。家长要根据孩子的作息习惯，做出符合他自身特点的安排。每天在什么时间做什么事、怎么做、什么事要做到什么标准，都能日积月累地画出一个相对稳定的轨迹。使孩子逐渐形成较好的心理适应、情绪适应、人际适应、学习任务适应和外部环境适应的能力。这样，只要确定的条件出现，孩子就会相应做出自己的行为调整，进行自我管理。尽管这样训练下的自我管理，可能会形成习惯性的路径依赖，家长要每过一段时间就需要适当做一些更新调整；适当增加一点新内容，同时放弃一点旧的做法，在调整更新中不断进入新的循环。这样做的基本思路是，只要孩子开始了自我管理，先解决好"管不住自己"的问题，然后再随着孩子年龄的增长，进行渐进性调整的难度就会降低，预期效果就比不会自我管理要好得多。

8. 帮助孩子养成不断战胜自我的能力和习惯

人最难以战胜的敌人是自己。很多人之所以失败，不是败给了对方和竞争者，而是败给了自己：或者心理不够稳定强大，或者能力不够，或者自身弱点无法克服，或者思维定式难以突破……总之，在遭遇失败的诸多因素中，总有一个决定性因素在于自己。

孩子有再好的天赋，如果不能有效地自我管理，不能战胜自身的人性弱点，都可能在关键时刻败得一塌糊涂。

现实生活中总让人懊恼的是，一个天资出众的人，可能有一千个明显优点却并不意味着成功。而一个不起眼的缺点、弱点，如果你不能战胜它，那么就可能导致最后的失败。无论是愿意还是不愿意，结果往往是由不得你的。

现实还让人懊恼的是，这个世界从来没有完人。人总会有这样那样的弱点、缺点。有不少人还集多种弱点、缺点于一身，说不准什么时候就成了制约天赋发展、妨碍天赋实现的关键性否决因素。

所以，促进孩子自我管理的终极目标，就是帮助孩子养成一种不断战胜自我的能力和习惯。因为每一个自我管理行为，都是需要与自我进行斗争，忍受和接受自己的所不情愿，并最终取得胜利的过程。人必须学会战胜自己。尽管这太难太难了。战胜自己，除了前面我们再三再四强调的管理好自己的情绪之外，还要从以下一些方面去努力。

（1）克服自己的弱点。家长要帮助孩子建立恰当的自我认知，教会正视自己的弱点，正确面对。不管是心智、技能、体质、能力的，还是家庭、性格、心理的。要让孩子知道，谁都会有弱点，有弱点不可怕，重要的是用积极的态度和正确的方法对待它。有弱点不要一味地去回避和躲闪，因为那样是躲不过去的。要努力去扬长避短，不拿自己的弱点去和别人的强项去较量，同时还要主动认识它、积极化解它、努力转化它。在一定条件下、特别是在自己的主观能动中实现弱点向积极方向的转变，把并不擅长的短板尽可能地优化成支持自己天赋发展的另一种能量。

（2）改掉自己的缺点。与弱点具备的客观性不同，人的缺点往往带有主观根源。弱点多源于先天因素，而缺点则多是后天形成的。孩子身上的缺点多与家庭环境、行为习惯有关。缺点一旦形成，要改也是很难的。更深层的问题是，不论是大人、小孩，很多人对待缺点的态度往往比对待弱点更不客观。明明知道是自己的缺点，但从自己内心就根本不肯承认，甚至讳莫如深。更不要说主动改进了。由于不愿面对，要战胜自己缺点的难度并不亚于战胜弱点。在促进孩子自我管理中促进他改掉缺点，需要家长经常地、坚持不懈地用积极的态度、建设性的方法去影响孩子、带动孩子。一味用批评指责去指望孩子改正缺点，其效果可能只会让缺点越改越多。

（3）**调整或者纠正自己的习惯**。虽说有些习惯不是弱点也不是缺点，却偏偏会在关键时刻拖孩子天赋发展的后腿，甚或堵死天赋发展的后路。习惯所形成的路径依赖，如果恰好遇到了相应的条件，产生的副作用或带来的危害可能一点也不比弱点和缺点小。就以孩子学习和考试来说，如果对孩子平时训练不够，养成了粗心大意、粗枝大叶、毛手毛脚的习惯，那么在决定命运的中高考时吃亏就是大概率的事。其根源是习惯一旦形成，就会下意识甚至在无意识状态下做出相应行为。直到这种行为造成危害的结果，才追悔莫及。不良习惯是很难纠正的，家长平时就要经常检点督促孩子强化对自己的习惯管理。出现习惯上的问题随时、不间断地加以持续纠正。提升孩子战胜自己习惯的意识和能力，防止习惯在关键时刻害了自己。

（4）**克制、管控自己的欲望**。这对成年人来说也是很难做到的。有的人终其一生都做不到这一点。人没有欲望，会缺乏进取的动力。而欲望太强，则又会恶性膨胀。儿童的欲望相对比较简单，但要学会克制、控制也很难很难。比如，想要某种好吃的、想买某种玩具，当他起了这种念头时，家长简单说不或者一般性讲道理是没用的。家长就要学会诱导和调动孩子内心推动其自我管理的信念，引导和激发他去追逐某种长期欲望而放弃当下的欲望、用某种更有兴趣和吸引力的欲望来代替眼前的欲望，更加重视精神欲望而相对淡化物质欲望。让孩子渐渐养成和适应能够适当克制、管控、有效调节自己欲望的习惯。如果长期坚持，孩子就能够成为懂得节制、行为有度的人。与不能克制、管控个人欲望的人相比，就会具有一种能使天赋更好发挥的强大内在竞争力。

（5）**战胜自己的惰性**。人天然地具有喜欢舒适、享受安逸的本能，所以几乎每个人都有惰性。人自我管理的显著成效之一，就是能有效、适当地控制、减少、克服自己的惰性。然而惰性并不是克服一次就能一劳永逸、万事大吉了。它具有随机性、易反复性的特点，想偷懒、想享受、想逃避的念头随时随地都可能出现。这并不等于不思进取，而是人的天性使然。对于自控力还不健全的孩子，这种情况可能会出现得更多一些。而且孩子的惰性还经常和他的玩心糅合在一起，无形中又会加大惰性的引力。家长不要轻易迁就、助长这种惰性，而要经常鼓励激励孩子去克服惰性。比如，遇到一些雨雪大风沙尘等特殊天气、身体不舒服等特殊情况时，要更多激发孩子崇尚勇敢、向上、一往无前的精神，成全孩子的"获胜感"，帮助孩子赶走惰性。

（6）**扭转自己的认知和思维误区**。我们都有这样的经验：把自己的行为、选择带进沟里的，除了他人的误导之外，更多是源于自己认知的迷失和思维的误区。这种情况在孩子身上尤其容易发生。这个问题纠正起来同样很难。当孩子在内心已经确认并坚定地相信自己所认知的结论，或者他坚定地认为自己想法是正确的时候，一旦钻了牛角尖认了死理，那么孩子的这种认知和思维是九头牛也拉不回来的。除非他能够坚定地确认新的认知和思维是正确的。这样的情况下，家长切不可采取强压、逼迫孩子接受的方法，而要着力于对孩子的疏导、辨析，解开其思维疑惑，促进其自我转变。帮助他进行认知和思维的自我扭转，从而从误区中走出来，实现自我战胜。

（7）**走出自己的某种阴影**。父母整天吵架打架、离异单亲、继父或者继母……经常挨骂被打或者在外受到冷落、歧视、欺凌等，孩子学会了在看别人眼色、揣摩他人心思中生存，就不可避免地留下负面心理阴影和精神困惑。有些阴影可能在整个一生都会对人发生影响。平时没什么问题，但一旦遇到特定的条件或者特别诱发因素，就可能产生"化学反应"，带来令人意想不到的后果。所以孩子一旦心理上有了阴影，就似同埋下了一颗不定时炸弹，说不来什么时候会引爆。家长促进孩子自我管理，要先在促进孩子心理健康上下功夫。最好的办法是经常以平等的身份、伙伴式角色与孩子聊天，发现孩子心里有什么"结"，及时疏解化解。防止心理阴影抵消孩子的天赋才能。

（8）**甩掉某种心理包袱或者压力**。父母望子成龙、望女成凤太过急切，天天逼着孩子硬要考到多少分、拿到什么名次、得什么奖。这种催促、念叨多了，加之同学竞争、相互比较、老师施压等，孩子就会在不知不觉中背上了心理包袱，有了精神压力。这种压力会给孩子造成一种心理和行为结果的不良循环：总怕家长骂，所以总怕考不好；总怕考不好，所以总是发挥不好；总是发挥不好，所以又总处于紧张、恐慌和压抑状态……如果孩子的这种失常状态变成了他的常态，反过来就把本来很好的天赋水平硬是给变形走样了。家长要注意在平时就帮助孩子学会压力释放，而不是等到中考、高考这种紧要关头再和孩子说要放松之类的话，因为到那时候已经毫无用处。

（9）管控好对自己的放纵。人对自己的放纵，是指本应该进行自我约束和控制的言行，由于主观原因而不加约束，自我放任。其表现五花八门。比如，放任自己或松弛散漫、或恣意任性、或沉湎沉迷、或玩心太重、或耽于享乐、或狂放不羁、或破罐子破摔。其原因也是多种多样的，喜怒哀乐悲恐惊等各种情绪都可以引起人的自我放纵。但无论何种表现，其根源都是主观因素起决定性作用的。相对而言，与自我战胜的其他方面的挑战相比，人管好对自己的放纵应该是相对比较容易做到的。

家长要持续不断地提醒和引导孩子建立起自控意识和行为边界，在日积月累中养成一种对自己行为自我约束和控制的习惯，形成不放任的思想和行为自觉。这样就具备了自我战胜的可靠基础。

（10）摆脱自己的性格缺陷和补齐性格短板。性格是没有优劣之分的。但确实有一些性格难以融进群体生活，不易被多数人接受。或者有其他制约拖累天赋发挥的性格因素。我们姑且把它称为性格缺陷或性格短板。大凡两个极端的性格，比如，急躁暴躁的和过于内向的、刚愎自用的和优柔寡断的，等等。这些性格类型本身没有错，却实实在在会影响到孩子的天赋发挥。因为人的气质类型是先天所决定的，性格中总有一些不可更改的成分。家长要做的是切实把握好孩子性格可塑性的一面，在孩子后天的性格塑造上做好培育引导。特别是要努力减少孩子性格中与社会性不适应的部分，促进孩子在和他人更多的融合中找到自己天赋发挥的最适宜土壤。

战胜自己是一个极为复杂、没有止境的命题，需要人终身去磨炼。除了上述重要环节，其实还有很多方面。比如：抑制自己的冲动，不论面对何种情况，都能沉得住气，保持安静沉稳的内心；懂得并且学会在说话做事时把握分寸和适可而止，能拿捏好"度"，逐步使之成为自己的修为和素养；在处于顺境、取得成就、面对荣誉时，能保持清醒，控制好自己不要"飘"，防止骄傲和懈怠……

战胜自己是自我管理的最高层次。不是想做到就能做到的，更不是谁都能做到的。它需要具有很强的自省力、自控力和意志力，且能有机地集合于一身并协同一致共同发挥作用。家长需要不断激发孩子战胜自己的愿望、勇气和毅力,使孩子确实能有意愿去战胜自己,希望做,并且尽力争取做得到。

能不断战胜自我的人,往往都是能最终成为天赋发展和实现的赢家。

 老师/家长 声音

儿童脑疾病是天赋开发的天敌。孩子小的时候如果出现了智力发育迟缓、行为异常、癫痫等一些轻度白质病变症状,或者有了多动症、孤独症、自闭症等脑疾病的表现和症状,家长务必注意观察、确保能够及早发现,选择正规医院及时进行干预治疗。一定不要耽误,越早越好。尽最大努力去争取使孩子早日回归正常,排除脑疾病对孩子脑发育、进而对天赋发挥的负面影响。一定要努力争取孩子的天赋发挥能有足够好的心智支撑。

——赵钢,著名神经内科专家、大学医学院院长

自律很重要,只有自律能力强的孩子才能把自己的兴趣爱好、特长潜能变成优势。如果一个在某一方面很有潜力和天赋的孩子,不学习、不训练或者说学习了、训练了但不能按照规范要求严格去做,不能自律和不能坚持自律,都是不可能达到应有高度的,也就不可能成功。家长如果想把孩子天赋挖掘出来、发展起来,就要先抓孩子自律。把孩子的自律能力变成他天赋发展的优势。

——姚文辉,中学高级教师

有个孩子,刚上一年级时就不会和同学玩,玩就是打人。后来了解到,孩子是跟姥爷姥姥长大的。他爸爸不懂怎样教育孩子,只要有一点小问题,就打孩子。为此,老师特意安排班上几个同学主动和这个孩子交流交往,鼓励他参加集体活动。经过很长时间有了好转。我要给家长们说,不要老打孩子,改起来还很费劲!家长应该为打孩子感到惭愧!

——何绍红,小学教师

有个女孩以第一名的成绩进入了重点中学,结果到初三时竟然变成了倒数。孩子还不以为然。她是我的学生,学黑管。但后来什么都不学了。找原因,

我感觉是叛逆期的孩子精神压力大，却不懂得如何释放。这个问题解决不好，孩子天赋肯定是会受拖累的。

——何琦，艺术学院教师

必须再次提醒的是，我们所说孩子的自我管理都只能是相对的、有限的。在整个儿童时期，要让孩子完全自我管理都是不现实的。有的自我管理要求，比如在战胜自我上，连成年人做起来都很困难甚至根本做不到，更何况孩子。孩子自我管理的整个过程，都必须有家长的参与，需要家长的经常鼓励、肯定、引导、督促、检点乃至适当的惩戒和强制。当然，即使这样，家长还是要坚持让孩子自己进行自我管理，不要包办、不要越位。要知道，孩子自我管理既是发现发掘孩子天赋中的一个重要环节，也是孩子长大成人后自身能力的重要基础性素养。

孩子自我管理
需要家长用心解决的 30 个小问题

一个孩子的成长，几乎每天都会遇到各种各样的问题。孩子毕竟是孩子，自律性再好、自我管理能力再强，还是会有管不住自己的时候。一些常见的小问题，如果家长们用心处理好了，就会促进孩子的自我管理水平不断提升。如果处理不当，孩子的自我管理就可能会因此打开缺口，并可能由此引发一系列连锁反应和问题。

1. 孩子不听话怎么办？

几乎每个家长都遇到过孩子不听话的情况。关键是要具体问题具体分析，不能笼统地以"不听话"概括。要分析孩子为什么不听话？是经常不听话还是偶尔不听话？是不听哪些话？孩子不听话时，家长首先要做的是学会听孩子说话，让孩子把他的想法、道理说出来。分析一下，怎么说才能更容易让孩子接受？用什么方法与孩子达成一致？一定不能急躁，不要先入为主，来不来就认定是孩子的问题或者强逼孩子贯彻家长意志。不做不对路的批评，而要研究孩子究竟想要什么？如果家长说的话题能与孩子进入同一频道，从孩子的需求和兴趣出发，然后进行针对性的引导，那样孩子不听话的情况就会越来越少。

2. 孩子惰性大怎么办？

人都会有惰性。前面我们讲了，这是人本能地爱选择舒适的天性使然。有成就的人，往往都能更恰当地对待、调节、克服惰性。完全要求孩子自觉克服惰性是不现实的，家长一定要经常督促，鼓励孩子通过自我管理去战胜惰性。特别是抓住精神激励，可以设立多个鼓励项目，每完成一项都及时予以正面鼓励。还可以进行毅力训练，每天记录孩子的毅力成绩。同时对他每天的任务项目加强督促落实，如果没有按时完成，则适当降低或减少其应得的其他物质或者玩耍的满足，让他感觉有所损失。从而建立积极、向上、进取导向，对偷懒和散漫行为给予适度强制，养成自我战胜惰性的好习惯。

3. 孩子新鲜感过去了怎么办？

对孩子来说，再有兴趣的科目、项目，学上一段时间以后，新鲜感总会或多或少地减弱甚至完全消退。失去了新鲜感，实际上就缺失了一个重要的内在动力。家长要学会为孩子学习训练科目进行"保鲜"，经常设计策划一些新的内容、新的形式和新的展现平台，让孩子常学常新、常练常新。通过不断制造一些小的新鲜感，减缓其新鲜感消退的脚步，让孩子逐步适应在平淡状态下以至慢慢变得枯燥乏味的状态下，学习训练也能进入一种稳定状态，保持良好的温度和热度。

4. 孩子出现了逆反怎么办？

很多孩子成长过程中都会出现逆反或者叛逆期。对正常逆反期的逆反行为，只要家长做一些适应性调适就可以，不需要特别应对。家长需要注意的是，要分清孩子究竟是阶段性逆反还是常态性逆反？是成长逆反还是对家庭氛围逆反？如果属于常态性逆反和对家庭氛围的逆反，那么家长就应该查找原因、进行相应的行为调整。对孩子经常表现出逆反的话题、行为、言论和对家长的抵触、对抗，家长要冷静对待，加强自我约束，避免或减少提起，尽可能地规避与孩子不必要的正面冲突，以平和的气氛让孩子的情绪自我冷却。然后寻找孩子心情平静和高兴的时候与孩子交流沟通，消除孩子的不理解，让孩子确认他的正确方向和方法。

5. 孩子好歹说不进去、油盐不进怎么办？

这种情况下一味去讲道理或者一味强压都是没有用的。比较好的办法是顺着孩子的"歪理"去说，沿着孩子的思路，放大他的错误之处。让他自己认识到错误，等他确实已经心服口服的时候再去讲道理疏导或者严厉批评。但也有孩子明明意识到自己错了，嘴上仍然不肯认错，固执己见、油盐不进。家长这时候要沉住气，不要急于和孩子去论对错长短，再给他一个冷静期。如果是已入学的学生，注意和老师及时沟通配合，从多方面进行疏导引导，不露痕迹地促进孩子自我反省。这样，即使孩子嘴上仍不认错，他的行为上也会进行一些自我调整。等确实有了改进后，再不失时机地融入鼓励，很快就会有效果。

6. 孩子和家长难以沟通，甚至对立冷战怎么办？

很多孩子的成长中，都有过与家长产生摩擦、争执以至冷战的问题。难以沟通的根源，是家长的期待和孩子的诉求出现错位或者形成冲突。这时候，家长和孩子都认为自己是对的，错的是对方。如果这种状态持续，孩子思想、精神和学习都会出现"脱缰"，肯定是不行的。家长不能和孩子"置气"。对非原则性问题，要主动先放低身段，了解理解孩子思维纠结所在。如果确实是自己欠考虑、没把事情处理好，要大方给孩子说清楚，化解孩子心中的"结"。在此基础上，要努力和孩子寻找共识，可以就孩子的合理要求提出多种方案，让他自己选择最中意的那一个方案，达成共识。对不合理或者无法实现的要求，要当面讲清道理，打掉其幻想，使其不再纠缠。

7. 孩子玩性大怎么办？

孩子玩性大本身没错，关键在于怎么安排和调节。总体而言，从幼儿园到整个小学阶段，都应该每天确保孩子有一定的玩的时间，确保他喜欢玩的项目。家长安排孩子学习时，不要以作业多、时间紧为由，去随意压缩、挤占孩子玩的时间。也不要以带孩子逛商场、参加饭局等成人活动代替孩子的玩。要学会保证孩子玩好，同时加强对孩子学习、作业进行检点，解决孩子磨蹭不出活的问题，提高学习效率和质量，使学习和玩能两兼顾、不耽误。如果孩子玩起来毫无节制，把学习不当回事了，家长就要和孩子一道调节，纠正到一个比较合理的范围内。

8. 孩子不合群怎么办？

孩子不合群，既有性格原因，也有家庭氛围养成的习惯问题。发现孩子不合群，一定要及早进行引导调教，年龄越小适应性和可塑性越强，调教的效果就越好。引导调教最好的办法就是把他放到孩子堆里去，以参加共同玩耍促进与其他小伙伴的融合，在共同玩耍中去结交小伙伴，在集体活动中进行磨合和锻炼，逐步强化对群体、伙伴、团队的心理适应。孩子进入小学以后，还可以请老师给予帮助鼓励，请老师帮助创造氛围，随着群体生活越来越多，同学、伙伴之间就能进入一个自然融合的状态。那样，即使还会有一些小的摩擦发生，但总的来说，相互一致会增强，不合群的现象就会越来越少。

9. 孩子胆小、怯弱怎么办？

缺乏安全感的孩子多表现为怯弱胆小，因而更渴望被保护。在一堆孩子中，他总是缩在后边，有话不敢说，遇到问题不敢提。对这样的孩子，一方面要多带孩子和陌生人接触，主动去适应应对不同的人、不同的场景，逐步不再怯生；另一方面要给鼓励、给勇气、给信心。不要轻易、随口批评指责孩子，即使孩子做错了，要告诉孩子只要努力了，做错了没关系。不指责他这也不行那也不对，而是建设性地告诉孩子怎么做才能做好。鼓励孩子多参加集体活动，告诉孩子要大胆发言；凡是孩子自己能承担的与人交往、抛头露面、对接协调问题等，都放手让孩子独立去做。只要孩子精神上放开了，没有精神负担就能不怕失败不胆怯。

10. 孩子太过调皮怎么办？

"匪""闹"，太调皮捣蛋了。稍不留神就给折腾得不成样子，动不动就可能弄出个小意外——这样的孩子确实让家长太操心了，但这样的孩子不是靠硬压强管就能不"匪"不"闹"的。家长应该懂得，淘气是孩子天性，不是毛病。天性使然，还是要顺着天性去调教。家长每周要至少有意识地安排孩子"疯"上那么一两次，让"疯"够"嗨"足。支持孩子参加体能消耗、活动量大的集体游戏和活动，给他得以释放的机会和条件。在能保证孩子天性释放的前提下再给予必要的约束，特别是确保安全的约束。同时，在孩子静下来之后，家长要多与孩子交流沟通，鼓励孩子回顾总结自己的有趣经历，或讲给家长，或记成日记。时间长了，就能逐渐培养孩子一种动静结合、既释放天性又能思考、学习、进取的好习惯。

11. 孩子总在无理纠缠怎么办？

跟无理纠缠的孩子讲不成理，他总喜欢无理取闹并以此作为制胜武器。家长也经常为此头痛不已。对这样的孩子，比较有效的方法是在他无理取闹的时候转移其注意力。比如，他最喜欢的玩具、最喜欢的好吃的、最期待最向往的事情等，总有一款能吸引住他。也可以在他以闹取胜时不予理睬，不逗他、不惯着，让他自己冷静。在其注意力转移、心情冷静下来之后，再一起讨论怎么让他为自己的胡搅蛮缠承担责任、问题应该怎么解决。家长要注意不能让孩子的无理取闹、胡搅蛮缠得逞，不能让他得到任何形式的支持、认可，或者尝到甜头。不能把他的胡搅蛮缠惯成一种习惯。渐渐地，他的蛮不讲理总是失灵无效了，让他自觉无趣了，他就会自我收敛、约束自己，改掉无理纠缠的毛病。

12. 孩子不愿坚持怎么办？

懈怠、困惑、厌倦、烦躁……总之，不想坚持了，就会有各种理由。无论何种天赋开发，不坚持的结果就是天赋终究不成其为天赋。问题在于，一旦孩子有了不愿坚持的念头，再往后的学习就失去了内在动力，毫无疑问也不可能有好的效果。面对这种情况，家长切不可以简单批评或者强制孩子贯彻自己的意愿，而要分析原因，找准症结所在，看究竟是因为先天条件还是害怕吃苦？是孩子能力受限还是方法不对？切实帮助孩子克服学习训练过程中的枯燥期、痛苦期，使孩子能感受体验阶段性进步的成就感和快乐感，促进形成内生激励。

13. 孩子依赖感严重怎么办？

过强的依赖感多是由于家长长期包办造成的。孩子没能养成独立生活能力。主要表现在两个方面：一是基本生活能力依赖，二是心理依赖。解决孩子过强的依赖感还是要从培养其独立生活习惯开始，并且越早越好。比如，及早给孩子分床让他自己睡；鼓励孩子自己管理自己的玩具、文具和其他物品；要求孩子独立学习做作业，家长只做检查，控制时间和结果，不从头到尾陪着，更不代替他做；要求孩子从小自己穿衣，自己整理学习和生活用品；涉及孩子学习和生活上的问题，家长只帮助分析利弊、只提参考性建议，一般都让孩子自己拍板做主。

14. 孩子遇到困难就退缩怎么办？

面对一些问题和困难时必然会出现心里发毛、寻求退缩的本能反应，是由孩子的身心发育水平所决定的，是正常的，一点也不奇怪。家长不能按照自己的心智能力去衡量孩子的反应，更不应该那样要求孩子。当孩子面对困难退缩时，家长要先分析面临的困难是否超越了他年龄段的承受范围。排除这个因素后，再分析孩子为什么知难而退？在此基础上，重要的是给孩子心理支撑和信心鼓励。从克服小困难、从相对简单的事做起，通过具体事、具体活动让孩子展现，帮助孩子建立"我行、我一定行"的自信。引导孩子不在困难面前逃避，鼓起正视和挑战困难的勇气。还可以建立一些外部支持，比如，解决问题后的激励或者面对困难时退缩的约束，鼓励孩子在遇到困难时不找借口、迎难而上。

15. 孩子好吃懒做怎么办？

越是物质条件优越，孩子越容易形成好吃懒做的习惯。现在，一些家庭在不知不觉中把孩子养成了这种样子。喜欢吃好的、玩好的，就是不爱学习、不想努力。最令家长无语的是，这种习性往往都是常态化的。要想激发起孩子努力学习、进取奋斗的精神，还真是挺难的。因为冰冻三尺确实非一日之寒，所以要解决这个问题，必须从重塑家庭的很多习惯入手。比如，家长要陪孩子一起学习，刺激孩子对目标、荣誉、进步的追求，建立取得成绩的荣耀感和受到赞扬的高尚感。每当孩子努力去做，就要尽可能使他能够体验到自我价值实现会受到尊重。总之，建立长期的、正向的进步导向，并长期坚持才能见到成效。

16. 孩子总在犯错总不改怎么办？

孩子总在反复犯错的根源，是从来没有真正从内心深处吸取教训。其部分原因也是家长对过去存在的问题纠错不力或者有意无意迁就的结果。出了问题而家长不认真对待，睁一只眼闭一只眼，就会形同某种默认，助长孩子不以为然甚至得寸进尺的心理。所以对孩子总在犯错总不改，要先从家长自身开始反省，从杜绝自己的纵容做起。使孩子"心有敬畏、心中有戒"，并从小事上认真要求。对孩子每一个犯错，哪怕是很小的过错，都要予以重现，妥当处理。切实让孩子知道，哪些错不可以犯，同样的错不可以第二次犯。在孩子心里建立起防止重复犯错的防线。同时可以建立家庭爱心激励清单，对总犯错项目特别是因为粗心、不用心造成的反复犯错进行督促改正。及时肯定鼓励孩子对犯错的纠正。家长还可以与学校建立共管和共同激励的有效配合，做好正向引导。

17. 孩子爱撒谎怎么办？

爱撒谎往往是孩子头脑聪明而心理上存在某种忌惮的一种表现。家长要分析孩子撒谎的具体原因，对孩子身上出现的问题采取平和宽容的态度去处理，创造让孩子轻松自然、诚实说话的家庭氛围。通过给孩子讲故事、说道理等，让孩子形成撒谎有害的概念，让孩子自己认识到不能撒谎，形成观念的约束。在实际生活中，要让孩子感知，一旦撒谎就会出现问题，自己要承担撒谎带来的后果。并注意形成鼓励诚实的导向，对孩子纠正撒谎及时表扬，对孩子诚实说话要肯定和支持。待孩子具备一定辨识能力后，教孩子领会善意谎言和恶意谎言的不同效果，更好地理解诚实与谎言的真实内涵。

18. 孩子总是半途而废怎么办？

干什么都是"三分钟热度"，做事、学习干着干着就偃旗息鼓、无疾而终了……家长不宜一味按照自己意志去硬逼，可以采取先暂时放一放，以孩子其他感兴趣的科目、项目来吸引和调节，或过一段时间再重新把前边的学习科目、项目拾起来继续做。如果这么反复多次，孩子确实毫无兴趣了，也不必勉为其难。如果经过一段时间沉淀，孩子兴趣起来了，则可以取得更好的效果。待孩子理解能力足够后，就要让孩子对坚持和放弃两个结果有明确认知，适当与其兴趣项目关联，如半途而废则限制其兴趣项目，能坚持到底的就支持和鼓励。

19. 孩子学不进去怎么办？

让干什么都可以，一说学习就头大。不管家长、老师怎样用心努力，孩子就是学不进去。孩子不会学的原因可能是多方面的。既可能是因为基础知识不扎实、知识点不连贯，也可能是因为学习习惯不好、上课走神不专注、没听进去；既可能是因为学习方法不得要领、条理不清，也可能是因为各种问题都有一些、悟性不够。真是能愁死家长。有的还到了逃课厌学的地步。或者即使每天到校，一考试测评也是成绩很差……发现孩子不会学、不善学，要及早应对，针对性采取措施，越小越好。要注意与老师深入分析孩子不会学的原因，看究竟是什么问题？有家长带孩子去测智商，结果并不差，却偏偏就是学不好。家长着急上火是没用的，一定要冷静对待。找准根源、逐项梳理，坚持每天讨论交流孩子当天的功课、作业、重点任务等，扫清盲点，打通堵点，并启发引导与相关知识联系贯通起来，促使孩子学习思路的开化开窍。要杜绝对孩子使用"笨""猪脑子"之类的恶劣语言，更不是靠打骂、暴力就能让孩子学进去。而要积极进行心理调适，帮助孩子减轻压力、缓解焦虑、缓解紧张情绪。多了解掌握孩子在学校和外边的情况，多和孩子直接沟通，进行心理疏导。注意发现孩子身上的亮点，鼓励他从这里一步步向好。

20. 孩子陷于某种沉迷、不务正业怎么办？

防范避免孩子陷于电子游戏、网络、追星等沉迷，在孩子整个成长教育过程中家长都必须高度重视。但总还是会有孩子陷于某种沉迷。一旦出现这种问题，孩子学习不在状态，成绩一落千丈。无论以前多么优秀的，都会很快变成"问题孩子"。家长干着急没办法。出现这样的情况，家长要避免一味粗暴指责，更不能靠打骂强制。如果不当刺激而引发逆反情绪和对立情绪，甚至出现一些极端举动，把问题搞得复杂化以至失控，这显然不是家长想要的结果。所以家长不宜简单强行限制、生硬切断，最好采取附条件支持孩子喜好、适当限时减量、渐进式调整的方式，逐步让孩子在提升自我管理能力中摆脱沉迷。

21. 孩子性格古怪、死犟别劲怎么办？

性格古怪、死犟别劲的孩子，大多固守于他自己认定的某种认知而难以改变。喜欢认"死理"、总和人较真。在人际交往中不善应变、与他人沟通协调能力较差。与人相处中个性表现明显。虽说人的性格的生物学气质类型不可改变，但家长还是要用好其可塑的一面。要从孩子心理需求出发，通过处理具体的事，既要进行相反的心理刺激和点化，更要做好正向引导。比如，孩子在某一个事上钻牛角尖时，就既要抓住他所在意的某一点，也就是抓住其心理弱点，尖锐地指出其错误和荒谬之处，又要为其指出改进的方向和办法。逐步提高他对自身性格缺陷的感知，促使他逐步走向克服自身弱点的自我管理和改进。

22. 孩子注意力总不集中怎么办？

对大脑神经递质处于正常范围的绝大多数孩子来说，解决注意力不集中主要是抓住两个环节：一是课堂上注意听讲；二是做作业能安下心来。这就又要抓住相关联的两个环节：一是确保孩子睡眠，保证孩子能有足够精神去学校上学，而在孩子回到家里则要督促孩子尽早做完该做的事，不允许其拖延耽误睡眠时间。不能让孩子陷入"睡眠不足—精神不振—注意力不集中—听不好课—作业做不好"的恶性循环。二是持续抓好习惯的养成，主动与学校、老师密切配合，请老师在课堂上经常点名提醒。及时发现和纠正孩子注意力不集中的情况，配合支持老师引导纠正，促进孩子逐步养成新的好习惯。

23. 孩子易受外界干扰影响怎么办？

人是社会的人，受到外部影响干扰是不可避免的。外部的种种诱惑、学校流行的风气、同学之间的相互攀比、家庭的情绪氛围……每一个外界因素，随时都可能影响和改变着孩子的想法、愿望和追求。个别容易受到影响干扰的孩子可能因此心不在焉、气浮气躁、无心学习。家长无力改变外界，只能帮助孩子进行调适。比如，可以在有外部干扰条件下强化其兴趣项目训练，以兴趣吸引来锻炼孩子抵抗外部干扰的定力；对外部的诱惑、邪风气、容易攀比的项目,可以有选择地与孩子商定并且有条件地给予部分满足,但不要全部满足;还可以创造安静环境,每天固定、集中时间促进孩子高效率学习,给孩子腾出必要的放松休整时间。

24. 孩子总磨蹭、不出活怎么办?

费很多时间、花很大精力,每天很晚才能睡觉,却总还是完不成作业……日复一日、月复一月,孩子疲惫不堪,家长苦不堪言。仔细一查,其实并不是孩子笨,而是孩子总在磨磨蹭蹭、边学边玩中让时间流逝,学习效率却很低。家长要针对性地抓问题关键,在解决效率低上下功夫。比如,家长在孩子做作业时全程陪伴学习,可以各学各的,互不干扰,但遇到问题时可以共同商量、分析讨论、提高效率;也可以实行做作业前共同预复习,和孩子一起先把当天学过的知识点进行梳理弄通后再让孩子开始做题,减少做题时的"拦路虎";还可以制订计划,按预定计划逐项落实时间管理,强化对超时的控制。

25. 孩子总记不住怎么办?

总记不住,可能有先天记忆力不够好的原因,也可能还有记忆方法上的原因。为此需要在增强记忆力和改进记忆方法两个方面同步努力。增强儿童记忆力主要是让孩子多朗读、背诵、复述和情境再现,强化反复记忆;改进记忆方法,则要着眼于教孩子自己对刚学过的知识点进行消化性复习和梳理整理,让孩子用自己的语言把所学的知识点概括出来,给家长讲述。在这个过程中,孩子必然会自己进行理解、消化、吸收,实际也是他加深领会和记忆的一个好方法。

26. 孩子不肯吃苦怎么办?

愿不愿吃苦、能不能吃苦,取决于有多大的内在动力。对孩子而言,可能更多的是要把他"逼"到那个份上,才能有效激活那种内在动力。因为无论是文化课学习,还是其他项目的学习训练,不吃一些苦都是不行的。古人说:"夏练三伏、冬练三九""宝剑锋自磨砺出、梅花香自苦寒来",讲的就是这个道理。现在很多孩子都是娇出来、宠出来的,既缺乏吃苦意识,也没经过吃苦锻炼。但要培养孩子成才,就肯定得让他吃一些该吃的苦,去掉那些该去掉的娇气。

学习、训练该要求的一定要确保做到。伴随孩子年龄的增长，还要逐步让孩子参加一些劳动，给他增加一些体力活，承受一定强度的苦痛，让其独立承担。不要代替、不要包办。在这个问题上，适度逼一逼，对孩子自我管控是有好处的。

27. 孩子过分张扬怎么办？

天生的性格没必要硬要孩子改，但过分张扬总是免不了会刺激或者招惹到他人，反过来对孩子自己不好。所以家长既要保护孩子性格积极开朗的一面，又要从小适当引导孩子性格更健康良性地成长发展。从孩子上小学开始，就可以进行经常检点和引导，教孩子注意把握尺度。既要积极主动展示自己，又要学会观察注意别人的感受。不在自我展现时抬高自己而刺激、贬低他人，更不排斥、踩踏、挤对别人。越是个性张扬，越要教孩子学会管住自己的嘴。如果张扬的个性总会伤害到他人，那么就会变成一种广招嫉恨、四处树敌的张扬。从某种意义上说，控制好自己的张扬，也是一种重要的自我管理。

28. 孩子总用"歪理"把家长"将住"怎么办？

现在的孩子智力发育普遍提前了，过去老一套的管教办法不灵了。经常在管教孩子时，被孩子用"歪理"或者是"很有道理"就把家长给将住了。不但弄得家长尴尬，还大大降低了管教的有效性。这说明现在孩子思维和认知水平提升后，家长管教也需要"与时俱进"了：要管好孩子，就要先提升自我素质；管教自己孩子也不能随便乱说，虽不一定是"深思熟虑"，但也要认真想清楚再说；一旦被孩子将住了，家长就要学会自我检讨，和孩子进入同一频道：在承认自己不足或者说话不当的同时，再指出孩子的问题，探讨共同改进的思路和方法。以家长的自我管理作为示范，带动孩子更好地进行自我管理。

29. 孩子严重偏科怎么办？

解决偏科最好的方法是预防。是从小帮助孩子建立广泛的兴趣，那样孩子偏科的情况就会少很多。当孩子已经严重偏科时，就只能设法弥补。严重偏科至少明确体现了孩子某一方面的优势潜能和另一方面的某些短板。对家长而言，这种清晰的信号有利于判断和确定孩子的发展方向。在应对方法上，家长应首先持续鼓励孩子学得好的学科，不能让好的学科成绩掉下来。同时认真分析原因，是什么造成了学得差的学科？是不喜欢、没兴趣？是方法不对？还是知识点出现了断档？要让孩子明确了解偏科的后果，让孩子尝试从不喜欢的事做起，再启发、激发他对偏弱学科的学习兴趣，进行引导和补习，集中精力把偏弱学科补起来。在解决偏弱、较差学科问题中，一定要注意和相关老师保持密切配合，查找孩子偏弱学科的缺失在哪里？原因是什么？家庭能帮助做什么？并努力避免因有偏弱学科再拖累相关学科。在此基础上，促使他全力迎头赶上。对经过反复尝试仍收效甚微的或者确实无法解决的偏科问题，就要及时调整方向，建议全力确保他的偏强学科，力争让孩子把优势学科学到更好，使之强上更强，形成单科特殊优势。以期在某一点上寻求突破，为以后参加相应的专业竞争打下基础。

30. 孩子早恋、无心学习怎么办？

孩子早恋不可怕，怕的是得不到及时恰当的指导。使孩子无从找到正确的方向和应对的方法。孩子出现了这种情况，家长不要简单批评指责，更不要靠打骂解决问题。这时候家长要更加贴心，以高度理解的姿态、倍加关爱的口吻，客观冷静地帮助孩子分析有关情况、利弊、可能性、可行性等。使孩子切实感受到只有父母才能给他的那种亲情、善意、理解、关爱和体谅。不是简单化地禁止和不准怎样如何，而是帮助孩子提出针对性、具体化的引导建议，让孩子自己进行选择。这样，孩子所做的选择可能与家长的意愿违背，家长也要先稳住孩子，然后再进一步做工作。与此同时，可以与孩子商量建立学习进步的目标，实行中长期目标激励，促进孩子在逐步提升自我管理能力中妥善处理好早恋和学习的关系。

以上30个小问题，很多家长都会遇到或者已经遇到。可能现实中遇到的问题还要多得多。还有，即使同样的问题，解决起来也并非只有一种办法、一个答案。家长们可以参考以上提示和建议，结合自己孩子的实际情况和具体行为表现，针对性地做好疏导、引导。要坚信，不管有多少问题，只要家长指导思想明确、方法对路、足够用心，都是能够解决好的。建议家长们要努力做到"四要四忌"：

要认真倾听孩子、查明原因，忌劈头盖脸、盲目批评——防止不对路的批评产生巨大的副作用。

要和风细雨、正面引导，忌简单粗暴、冷嘲热讽——防止人为和不必要地增加孩子逆反心理。

要主动沟通、平和化解，忌暴力打骂、生硬强制——防止强制和暴力伤害给孩子留下长久的心理阴影。

要督促孩子自我管理，忌放任自流或者包办代替——强化孩子自我管理意识和能力，才是家长应该追求的目标和目的所在。

 老师/家长 声音

教育的整个过程都需要贯穿爱，没有爱就没有教育。有的家长遇到同事、朋友有了情绪，会去规劝、安慰，用情感打动。而对自己的孩子就恰恰没有用到这种方法。一次我们学校组织到秦岭探秘活动，有个家长一路数落孩子，把孩子说得一文不值。结果这个孩子在秦岭上能辨识100多种植物。教育孩子需要爱的传递、爱的鼓励，老师也要用爱来激励激发孩子的热情、兴趣。教育家型的老师总是基于通过爱的激励把孩子的潜能调动起来、激发出来。

——高杨杰，"名校十"小学教育联合体总校长、正高级教师

身有残疾的我，有一种执着精神。我带外孙女要求很严，她学舞蹈，我盯着她每天都要练。外孙女也有不想练的时候，我就督促她、要求她。我认为学习任何才艺都需要坚持。不坚持，再好的天赋也会废掉。有时她妈妈心疼孩子，我仍然坚持严格要求。我觉得孩子能不能坚持，取决于家长。只要家长坚持，孩子就能坚持。

——连喜花，印染企业统计员

儿子长到11～12岁时最难管。他和他妈有了冲突，他妈妈搞不定时，我就像个打手一样冲上去管教。结果儿子和我什么都不说了，可见靠动手解决不了问题，还是应该说服教育为主。问题是说轻了又不管用，轻不得、重不得，这个度很难把握。管教孩子也要学会斗智斗勇，要靠精细化具体管理去调动孩子。否则真够家长头大的。

——龙小东（化名），青少年校外活动机构行政人员

现在有很多网络游戏孩子一玩就上瘾。有的游戏只关注挣钱，不关注社会责任。有的游戏内容出现常识性知识错误、漏洞百出，还有的色情、暴力，不仅误导孩子还严重危害孩子的心理健康和成长。对这些问题，确实需要强化管理。

——王清理，园林景观设计院工程师

孩子自我管理中与他人的矛盾和问题

1. 孩子之间磕磕碰碰惹出的小矛盾

孩子们在一起，不论是有意还是无意，相互的磕磕碰碰是不可避免的。他们会吵闹、争夺甚至打架。今天你伤了我，明天我伤了你。这些问题，绝大多数都是孩子之间闹个不愉快或者皮外伤，没有什么严重后果。一般情况下，也不需要家长参与处理。但生活中的情形经常并不是这样。有的孩子吃了亏，家长就会上门找对方家长理论，谁长谁短没"理论"出来，还弄得双方都上火上头，确实让人够伤脑筋。其实，这类问题处理起来应该非常简单。如果弄得复杂了，那就应该说还是家长智慧不够所致。

总的来说，就那么几条：孩子之间的事，最重要的，还是要防范孩子之间磕碰伤害。万一确实发生了，只要没有严重后果的，最好的办法是大人一概不参与，让孩子自己去解决。也以此观察孩子的人际天赋潜能，训练他的人际交往能力；事情结束，帮孩子分析事情的对错、责任，告知孩子以后遇到这类事应该怎么办；告诉孩子什么是对的什么是错的。对孩子做错的，要指出来，让孩子明确认识到并注意改正；对孩子做对的，要肯定鼓励，告诉孩子以后怎么做才能更好。

2. 孩子在外边闯祸

孩子在外边闯祸是恐怖的。结果不可预知，有的是不堪设想。重中之重是预防，是防患于未然。家长要重视平时的教育防范，经常、反复提醒孩子不做伤害自己、危害他人、危害社会的危险行为、危险事。比如，不用尖锐利器与同伴玩耍，不玩接触电源、机械等危险物品，不在野外河流、池塘、水库、湖泊里游泳，不在没有大人陪伴的情况下去高山、森林、洞崖等探险，燃放烟花爆竹要在空旷无人的地方、任何时候都不要玩点火的游戏，绝对不从楼上高空抛物……其中出了任何一项意外，都可能给家庭带来不可承受之重。

万一孩子已经闯了祸，家长就要做到：一是积极配合善后，不要一味躲闪逃避责任，要切实厘清、并承担责任，努力把后果控制在最低程度；二是要让孩子深刻吸取教训，认真分清问题性质，让他认知错误的严重程度和危害性。对严重问题，要给予必要惩戒，一定让孩子从闯祸中真正接受教训。

3. 孩子当别人面揭了家里老底

这不是多大问题，但会让家长尴尬。有的家长在家里说话做事不避讳孩子，比较随便，还有一些不良习惯。比如，经常在家庭吵闹打架、当着孩子的面背后议论别人、爱占小便宜甚至利用孩子来掩护做一些不体面的事情……凡此种种，都会在孩子心里留下痕迹。平时在家里孩子可能没什么反应，但到了人多热闹的场合或者遇到特定的场景，冷不防就被孩子揭了老底，搞得家长狼狈不堪。

出现这类问题，从根子上讲不是孩子的错。主要是家长平时要约束好自己在家的言行，不该孩子知道的事情要主动回避；同时要多和孩子交流，让孩子知道什么可以说、什么不可以说；大人说话的时候，小孩子不要插嘴说话等。还是那句话，教孩子管住自己的嘴，也是一种重要的自我管理。

4. 孩子融不进团队

出现这种问题，一方面可能是孩子自身的性格原因，也有可能是其他同学排斥或者欺压。总的来说就是不被同学接受，缺少玩伴、缺少说话交流和学习帮助的对象，在同学中处于比较孤立的位置。时间长了，孩子会因长期被排挤、被挤对、被边缘化而导致性格可能会越来越孤僻。与大多数同学关系紧张，有时甚至尖锐对立。孩子会因孤苦郁闷，留下较重的心理阴影。

无论如何，这种情况都不可以长时间持续下去，家长一定要认真对待。特别是加强和老师的联系，借助老师的特殊力量和作用，通过老师做其他同学工作，进行积极的引导、疏导、融合。在班级、少先队等组织各项活动时，安排孩子参加并充当有利于和其他同学沟通交流的角色，给更多的接触交流机会。在家里则要多给孩子心理鼓励，引导孩子以放松的心态去拥抱和融入团队。

5. 孩子在外受了委屈吃了亏

这是再正常不过的、大概率会遇到的。家长一定不要大惊小怪，不要当成一个多大的事，更不要把本来不大的事闹大。如果确实心疼孩子，最多是只要简单了解一下情况就好，也不要去再三抚慰孩子，那样反而会强化孩子心里的委屈感。让这种事平平淡淡过去，是家长的一种智慧。

需要家长重视的，是一定要防范、避免和减少这种情况的再次发生乃至多次发生。让孩子在外边少受委屈、减少受气和吃亏。家长要告诉孩子，当其他人无端找事、欺负的时候，当下就要给对方以教训，让对方不敢再有下次。如果对方厉害惹不起，那就找能支持自己的更强大的力量，比如，找老师摆事实讲明道理，给对方形成一种心理威慑、留下深刻印象。总之，当他人第一次欺负的时候，就要有效防范制止下一次的发生。

家长还应该要求孩子管好自己，不主动挑起矛盾，不欺凌其他孩子。

6. 孩子应对校园欺凌霸凌

虽然国家和地方教育等部门已经连连出手治理校园欺凌霸凌问题了，但校园欺凌霸凌现象并不可能一下子就彻底根绝。应对校园欺凌霸凌也是孩子自我管理的一项必备能力。

表面看，孩子遭遇校园欺凌霸凌也是在外受委屈吃亏。之所以专门提出来，是因为这个问题性质更严重，远远超过了一般委屈吃亏，解决的方法也必须有所差异。因为校园欺凌一般都发生在小学高年级以上阶段，孩子们都具备了较明确的辨识能力，家长需要做的，是帮助克服孩子的恐惧心理和教给孩子自我保护。如果万一自己遇上了，千万不要害怕、不要对家长和老师隐瞒，要勇敢地把情况给家长和老师讲出来，以尽早获得大人的帮助。如果当下身边没有大人可以帮助，可以找同学做伴同行，防范受到伤害。实在没有大人也没有同学可以帮助自己，则立即向110报警求助。总之，要让孩子知道应该怎样防范、化解和自我保护，努力避免在校园或者在校外对自己的欺凌霸凌形成事实，以及遭遇以后应当怎样正确应对。

7. 孩子染上了明显的坏毛病

不管是大人还是孩子，学坏容易学好难。这几乎是一条铁律。家长可能想都想不到，个别孩子小学还没毕业，都不知道从哪里已经染上了逃学、抽烟、喝酒甚至偷窃、与社会上"二流子"鬼混等坏毛病……谁都可以理解家长刚得知这种情况时的生气乃至暴怒，恨不得当下把孩子狂揍一顿。但家长一定要注意，你的目标目的是"矫治矫正"，而绝不是"惩罚"。单纯依靠打骂、暴力手段绝对不是解决问题的办法，反而可能会带来心理叛逆和一系列问题，那样的结果，就可能走向家长所希望方向的反面。所以家长无论如何不要把注意力放到怎样惩罚上，而要放到怎样引导上。

孩子在这个阶段都已经具备了一定的辨识能力，家长可以通过给他讲危害、转移注意力、正向引导激励等方式加以调教。比如，曾任辽宁盘锦市教育局局长的魏书生式的调教方法，对于每一个家长都是有参照意义和价值的。具体方法家长们可以自己到网上去查。

家长需要强制做的一项工作是，及早切断孩子和坏毛病源头的联系，不能让其继续影响和污染孩子。当然，这要先做好对孩子的疏导，避免与孩子形成激烈对抗。

8. 孩子与人相处过度自私

自私是人的天性使然，自私本身并不等于有多大问题。但如果事事以自我为中心，一切只从自己出发，只考虑自己的需要，从不顾及别人的利益和感受，过度自私就成了问题，而且在一定条件下还会成为大问题。一旦孩子在童年时期养成了独食独利的习惯，长大后就很容易陷入极端自私的泥沼。家长一定要及早注意防范，并随时引导孩子在自我管理中做好自我调节。防止精致的利己主义成为孩子天赋发展发挥的羁绊。

家长要教给孩子学会通过自我管理避免走进过度自私的死胡同。可以从三个方面入手：一是培养孩子与他人共享和不贪占便宜的习惯。尽可能地防止孩子自私心的强化、固化和膨胀。二是不断培育孩子的同理心和共情意识，在与人相处时能够更好地理解和体谅别人。三是启发引导孩子建立利他行为其实有利于自我社交需要的认知，逐步养成利他也是利己的思维方式。在现实生活中，这三点是相互关联，内在一致的。核心是在内心深处建立一种主动的、为他人着想的、关注他人感受和利益的思考习惯，能深刻领悟并从内心接受把自我需要与他人需要联系起来的意义和价值，防止孩子把以自私为目的、死占便宜不吃亏、过河拆桥的行事方式固化为一种习惯。通过一件件具体的日常行为、处理事情，教孩子学会对别人让渡利益、兼顾他人。

9. 孩子和老师闹矛盾

一般情况下，老师作为大人与小孩闹了矛盾，老师是不怎么在意的。但在孩子心里，这却是个很大的事。如果一旦发生了这样的事，家长一定要主动做好孩子的工作，不可以一味护犊子。要先问清有关情况，了解事情的来龙去脉、起因后果，准确掌握事情的真相（不要为孩子的一面之词所迷惑），帮助孩子分析他自己有哪些过错或者不妥当的地方，让孩子明确自己应该承担的责任并指出应该怎样改进。对问题主要在孩子的，要引导鼓励孩子向老师赔礼道歉，以利于矛盾迅速化解。如果确实是由老师的原因引起，要避开孩子去和老师主动联系、理性沟通、妥当协商。家长绝不能在孩子面前说不适当的话，进一步激起孩子对老师的怨恨。更不可以热血上头、意气用事，去找老师的麻烦，把简单事情搞复杂化。当然，如果矛盾根源属于老师师德、师风方面的重大原则性问题，则要走正规渠道反映或者举报。

每个家庭都应该在平时做一些必要的尊师教育，让孩子懂得尊敬老师的基本礼仪、要求。要积极支持老师对孩子的管教，正确理解并配合老师使用必要的惩戒，促进孩子自我约束和自我管理。

 老师/家长 声音

我从一个大学老师的角度反过来看，在大学出现问题的学生，一般都能找到中小学时代心理问题的根源。家长在孩子中小学阶段的过高要求、过度关注、过度情感压力，学生进入大学后突然感觉没有家长管束了，容易陷入放纵或迷茫状态。有的学业困扰甚至荒废，令人心痛。能考进"双一流"理工类大学的学生，是具有很强学习能力的。但因为早期心理问题的浮现，升入大学反而失去了进步动力。有的学生挂科甚至不参加补考，以至于不得不退学。学生的自我破坏性表现让老师急、家长更急。所以家长要从中小学就重视关注给予孩子心理营养，及时疏解、抚平孩子学习、竞争、紧张带来的心理压力。耐心使之大事化小、小事化了，随时清理、扫去孩子心理上的尘埃。防止把它带进大学。

——杜敏，博士、大学副教授、心理咨询专家

我有个学生，数理超群，但语文、道德与法律两门课成绩差，情商表现不佳。他在班里没有朋友，总想表达与别人不一样的观点，对同样的事情总有自己的想法。经常与老师有矛盾。对他的种种"异类""另类"行为，我们没有排斥，而是主动关注接纳。从引导他与同学交往开始入手，与他接近，现在他已经没有社交障碍了。如果他的语文、道法两门课再好一些，他就会很突出。接纳并引导好孩子有些"另类"的行为，也能促进孩子天赋发展。

——杨立鹏，中学一级教师

现在孩子获得的知识量、信息量超大，眼界和认知水平都是以前孩子无法比拟的。一味依靠家长权威压制的办法已经管不好孩子了。遇到孩子学习不好、成绩不理想，不要动辄发火、指责，而要懂得和孩子共情。等自己心平气和以后再找孩子谈，多听孩子怎么说，学会和孩子沟通。比如，可以鼓励孩子写写成功日记，每天记述他自己认为满意的事。还可以用家长给孩子写信的方式，冷静看待各自的不足。实际是要家长以更恰当的方式去爱孩子。把家长与孩子的矛盾化于无形，也是一种教育。

——林虹，中学优秀班主任

我在国外读大学和研究生6年。他们孩子入托时间较早，到3岁时孩子已经具备了一些自立能力了。而我们的孩子3岁才开始入托，很多孩子刚上幼儿园还有些抗拒。这主要是孩子3岁前由家长带所造成的教育缺失所导致。有的家长在家懒散惯了，和社会发展、社会生活有些脱节。这样的家长是带不好孩子的。我觉得我们可以鼓励让孩子更早一点入托。一方面解放了孩子父母，另

发现孩子的天赋

一方面也可以更早地让孩子接受正规教育。

——柳荫，幼儿园投资人

我们说孩子的自我管理，但实质上还是家长或者老师对孩子的管理。离开家长或者老师的督促、检点，孩子在自我管理上所取得的进步随时可能"归零"。以上所有的提示，都首先是写给家长的。家长要做的核心是，坚持不懈地督促、帮助孩子建立起自我约束、自我激励、自我管控的意识，不把路走偏、不自我耽误。从一个一个具体的小问题开始做起，并逐步变成他的一种行为自觉，就为以后天赋的实现奠定了好的内生驱动力基础。

第九章 家庭与学校协同配合 打通孩子天赋实现路径

虽然本书关注讨论的重点始终围绕的是家庭、家长这条线,但无论如何,孩子天赋的发现、发掘、发展和实现都不可能仅仅在家庭内部就能完成。无论我们怎样强调家庭、家长的重要性,都不可能妨碍和替代幼教机构、学校在发现孩子天赋上的作用和价值。离开幼教机构和学校去谈发现、实现孩子的天赋,形成"两张皮"的效果将会是最差的效果。每个家长都应该主动做好与幼教机构、学校的协同配合,把两种力量汇合成一种力量,两个优势聚集成一个更大的优势,就能为孩子的天赋发展和实现打开通畅之门。

做好家庭与幼教机构、与学校的协同配合,是助推孩子天赋发现、发掘、发展和实现的最好路径。

幼教机构和学校
促进孩子天赋发现发展的路径与要点

幼教机构和学校对孩子天赋发现的最大优势，是带班老师在众多的孩子堆里以超脱的眼光进行比较、判别中发现。在老师眼里，每一个孩子都是学生，没有情感上的偏向、更没有偏见。因而更加冷静客观，也更加真实准确。对孩子家长来说，具有参照价值和指导意义。

也就是说，老师对孩子天赋的判别和助推孩子天赋发展的想法、做法，更可信。

1. 课堂发现与发展

（1）**文化课课堂**。老师是课堂的主导者，在驾驭课堂、进行课业讲授的同时，还要调动班里每个孩子认真听讲、回答问题、参与互动等。每个孩子的专注程度、思维反应、理解领悟等情况都尽收眼底。一些听课效果不好的孩子，经常会表现出似懂非懂、似是而非甚至是一脸茫然。如果一定要照顾到这些孩子，显然就会影响全班教学进度。反之，如果单体考虑全班整体进度，按照课纲、课标正常教学，则又必然会有个别同学吃"夹生饭"。与此同时，就在同一个课堂，班里另外一些同学，却能很快理解领会课堂学习的内容，准确掌握相关知识要点，既脑子反应很快、领悟接受能力很强，又能迅速与其他学过的知识融会贯通、举一反三。通过老师提问、回答问题、示范做题等方式，这种孩子展现出了一些超群的学习力、领悟力、思考力。孩子天赋的曙光，就这样经常在课堂上闪烁出来。

课堂具有发现孩子天赋的直接性和促进天赋提升发展的持续性优势。这是在家庭不能做到的。有一些同学，在课堂上或是听讲或是回答问题，不是展现其学习才能，而时常会有一些出人意料的言论、举动、行为，有的看似不着

第九章
家庭与学校协同配合打通孩子天赋实现路径

边际,其实恰恰是他某种怪才、鬼才、奇才的流露:比如,想象力驰骋,信马由缰地想出了某个鬼点子;比如,直觉能力突出,突然爆出令人意外的某种小想法;比如,物理课上他突然诗兴大发;比如,语文课上他突然要求证某个定理……诸如此类,虽然在一般课堂极少遇到,但并非没有先例。家长要学会主动配合老师,进行深入观察探讨并认真分析原因。不要孩子万一出现这种看似异常的表现,就简单地归结为行为古怪、病态,进行否定或者打压。毕竟,课堂在承担教学功能的同时,也是孩子天赋发现的最佳场所和窗口。

课堂还是促进孩子天赋发展的催化剂。尤其是现在学校普遍运用了多媒体教学,一些学校探索创建了智慧化课堂的教学模式。以更多立体直观、形象生动、多维化的教学体验,把更多的灵动和创意思维带进了教室。极大地拓展了学生认知和想象的空间,拓展了学生对知识接受、理解、记忆、消化的广度和深度。大大强化了教育效率和效果。孩子置身于这样的课堂,连续不断地把新知识和他的认知、领悟结合融合,使其天赋潜能处于持续的更新、提升状态,等于对孩子天赋发展进行持续催化,总有一天就会出现质的飞跃。

家长要学会配合老师运用课堂去发现发展孩子天赋,努力保障孩子利用好每一节课堂。对在课堂上经常吃"夹生饭"的孩子,一定要设法增强他课堂上的问题就在课堂解决的能力。尽最大努力减少和降低孩子"低效、无效听讲"的问题。特别是要抓好几个关键环节。

一是睡眠保障。这个问题在前面已做过专门提示,这里再次提示是凸显其重要。很多孩子上课时注意力不集中,其背后的原因都是睡眠不足引起的:因为作业没做完,因为当天的计划没做到,家长的办法就是延长时间,有的拖过了晚上12点甚至1~2点,个别家庭几乎把这种现象变成了常态。这样,孩子在日复一日的睡眠不足中恶性循环,到了课堂上他的注意力就是集中不起来。这是决不可取的。家长一定要帮助孩子压缩写作业和其他活动时间,严格固定孩子上床睡觉时间,避免让孩子在疲惫状态下去上课。

2021年3月,教育部专门发出文件,对加强中小学生睡眠管理做出了具体而明确的安排,严格防止学业过重挤占睡眠时间。这个确保孩子健康成长的国家信号,家长一定要听懂看懂。这个是孩子的福音,也是家庭的福音,家长们有责任主动做好配合落实。

二是课前预习。家长帮助孩子做好课前预习,可以有效地增强孩子对老师授课的适应、理解和接受。在小学阶段，家长帮助孩子做预习是很重要的。但预习毕竟不是讲课，不能代替课堂，所以预习一定不要面面俱到，而要重在把握要点、疏通堵点。防止因为某个知识盲点、难点成为孩子听课的拦路虎。孩子没了障碍，能听懂、听进去，上课时就不容易分心走神，听课的质量就会提高。如果条件允许，家长最好先自行预习一下，然后再帮助孩子预习中教会孩子预习的方法、技巧。经过一段时间坚持之后，逐步改成以孩子自己为主进行预习，进而稳定成一种学习习惯。

三是课后整理。孩子学习最怕的是狗熊掰棒子，学过了就扔过了。学过的知识不巩固，就会很快烟消云散。还带来另一个问题：与新学的知识连接不起来，课堂学习就困难重重。因而家长很有必要帮助孩子进行课后整理。每天孩子放学回家后，家长抽一会儿时间，帮助指导孩子去梳理、归纳一下当天上课的主要知识点，进行记忆、消化、吸收。把新学的知识和过去学过的知识结合起来，延伸知识链条并让孩子好好想想其中的内在联系，整理出几条清晰的概念、方法。在此基础上，再动手做作业，就会如鱼得水、游刃有余，提高学习效率。

（2）**音体美课堂**。长期以来，我们总是习惯性地把音乐、体育、美术课称为"副课"。但如果从孩子天赋出发，课业应本无主副之分。因为每个孩子的天赋存在差异，这些"副课"课堂同样是不可忽视的。对具备相应天赋的孩子来说，这种课就是他最好的乐园。有的孩子上音乐课时，耳朵乐感超级强，音准极好，老师一弹一唱他都会有那种通灵剔透的感觉；有的孩子上别的课也许无精打采，而一到体育课马上就来了精神，生龙活虎，浑身有使不完的劲；还有的孩子天生对色彩、造型、艺术意境有着更透彻的领悟，为美而生、为美而活，对美总是眼睛里放出别样的光来……凡此种种，总有一款更适合他。虽然中小学的音体美课都是普遍教育，并不能为个别学生"开小灶"，但无论是音乐、体育还是美术，这些"普遍"之中经常会有"特别"，那些能与老师产生共鸣、找到感觉、步调一致的孩子，可能就是下一步相应的"苗子"。

中小学，尤其是小学阶段的音体美教学多属于启蒙入门型的，是专业又不是专业，讲授理论少，多以实操实练为主。这既是由教育课纲定位所决定，也是适应儿童少年认知能力的必然选择。这也使在中小学音体美课堂上辨识发现孩子相应天赋更真实直观、简单直接。家长要注意多收集听取老师们反馈相关信息，尽可能减少对孩子天赋发展方向的误判和漏判。

中小学音体美课的课程安排是适应德智体美劳全面发展需要的一般性安排，并不承担发掘孩子特殊天赋的功能。这决定了它也许只能帮助发现孩子某种天赋，在促进天赋发展方面的作用是相对比较弱的。虽然现在很多学校组织了学生美术社团、学生乐队、足球队篮球队乒乓球队等，但如果希望孩子在某项专业上有更大发展的话，家长还是不宜对普通学校开设的一般性音体美课抱有过高的期待。

2.活动发现与发展

（1）**各种竞赛比赛**。校园里的活动是丰富多彩的。既有幼儿园、学校自身组织的各种竞赛、比赛，也有参加各级教育、科技、文化、体育以及一些专业部门、人民团体和社会组织举办的各类竞赛比赛。比如，演讲比赛，征文竞赛，手工制作竞赛，书法美术创作和文艺表演比赛，还有数学、物理、化学、生物、英语、人工智能、编程、机器人、无人机等各类学科竞赛……这些竞赛比赛几乎涵盖了从幼儿园到高中所有的学习内容和范围，只要孩子在这个年龄段内展现了某个方面的天赋异禀，参加各种竞赛比赛又必然刺激孩子把个人天赋与学到的知识有机结合起来，天赋发展就有了激励的载体，孩子就有了脱颖而出的机会和可能。

需要注意的是，面对科目众多的竞赛比赛，孩子的班主任老师或者代课老师并不都懂，家长不能要求老师什么都可以通晓。但是让哪个孩子参加还是不让哪个孩子参加的发言权在老师手里。老师说让参加的并不一定就行，老师说不让参加的那是肯定不行。老师通过日常的教学和观察，对学生有自己的认知，在对班上孩子的特点、优势反复进行比较和筛选之后提出推荐建议，肯定是有道理的。家长可以经常就孩子在家里的情况和对孩子天赋的认知与老师加强沟通，以利于老师全面认识自己的孩子。一旦遇到机会，使老师对孩子有更准确恰当的判断，以尽可能地使孩子能抓住每一次参加竞赛比赛的时机。

参加各种竞赛比赛也是有技巧的，不能想当然、不能使蛮劲。家长要与孩子班主任老师保持密切的联系和沟通，选择确定好孩子参加竞赛比赛的专业指导老师。家长要懂得，孩子的天赋本身固然重要，但没有一个高水平的老师给予专业指导，那也是万万不行的。孩子天赋只有和老师的点拨有机结合起来，把这两大关键因素汇合成一股力量，孩子就有可能给家长、给学校带来某个超乎想象的惊喜。

竞赛比赛的规则决定了必须是拔尖者胜出，是一种不叫作选拔的选拔。一般参赛者更多是扮演了陪练的角色。人的天性是人人都想当主角、站C位，有谁愿意去当陪练呢？其实这种想法大可不必。因为孩子天赋发掘发展是一个渐进性的过程，任何孩子都不可能一步跨进天赋实现的境界。你的孩子可能今天陪练、明天陪练，但这不意味着后天还是陪练。反过来说，如果没有今天陪练、明天陪练，也许就根本不会有后天的拔尖。培养、发展的过程中陪练是必不可少的，让孩子做一些陪练其实并不吃亏。即使在整个中小学阶段孩子都一直在做陪练，那么这个过程对孩子的天赋发展也是非常有益的积累。

假如明天又有一个竞赛比赛机会摆到了孩子面前，家长应该持一种什么态度呢？我们说，如果适合孩子，且不说是不是陪练，就两个字：支持！

（2）**研学活动**。近年来，不少学校组织开展的由教师带领学生走出校园，走进一个全新的学习环境，共同进行研究性学习或者称为"探究式学习"的研学活动越来越多。这既是深化素质教育的客观需要，也为发现发展孩子天赋提供了新的契机和载体。对处于"拔节孕穗期"的孩子来说，研学活动的特别之处在于，它改变了老师讲授、学生听课那种习以为常的传统学习模式。而是以学生为主体，基于学生已经掌握的知识和概念，引导、激发学生主动提出问题、主动探究、主动学习，是学生以集体活动形式，主动获取知识、应用知识、解决问题的探索性学习、实践性学习、体验性学习和归纳式学习过程。研学活动有助于使学生的学习更接地气，内心和精神世界更加丰富饱满。

研学活动在理念、方法、模式上更适合现代素质教育的发展趋势，在效果上较好地实现了学校教育、社会教育和家庭教育的有机衔接。在实际操作中，一般按照自然、地理、历史、人文、科技、体验等若干类别，每次选择和确定一个研学主题。采取教、学、做贯通合一，既要求动手做、做中学，又进行科学探索、文化体验、互动交流的方式，每个孩子都有机会在这样的活动中把思维、感觉和情绪调动起来，不但增加了知识积累、拓展了眼界见识，而且提升了能力状态、展现了独特才能。

老师通过研学活动可以多角度、立体化、综合性地进一步了解和认识孩子。在研学活动中，老师和学生全面近距离接触，既有学习能力上的更深度了解，又有生活习惯的接触，还有对学生动手能力、协调能力、组织能力、沟通能力、综合思考能力等多方面的观察考察，可以看到孩子身上很多平时在学校看不到的东西。老师对孩子个性长短板、天赋潜能等都有了更深层次的认知，对孩子的天赋发展是会有帮助的。

家长要支持孩子积极参加学校组织赴研学基地、营地开展的各项活动，不能把学校组织的研学旅行看作一般旅行。要理解学校每一项研学课程的开发设计都有很强针对性，既能帮助孩子心理上减负减压和增加心理营养、带来崭新的学习体验，又能通过深度体验激发孩子的学习探索欲望、助推孩子天赋发挥，是巩固提升课堂教学效果的有益补充，具有不可替代的作用和意义。

（3）**班会、少先队活动**。班会和少先队主题会是孩子人生道路上最早接触到的正规稳定的组织会议形式，也是孩子在自己熟悉的团队可以个性化展现思维能力、语言表达和团队意识的绝佳机会。每个孩子都对这种会议充满好奇和期待。这种班会、队会的优势是形式灵活多样、内容丰富多彩，孩子是这种会议的当然参与者，也是当然的主角。

以主题队会来说，可以是大队开、中队开，也可以是小队开；可以定期举办，也可以随时召集。内容上可以围绕核心价值观、思想品德、校园文明等大题目进行讨论，也可以就校内生活、班级活动、小组小队的日常小事进行沟通交流。所以，每个孩子都可以有发言权，都可以开动脑筋、提出自己的办法和建议。随着孩子年龄的增长，孩子从小学低年级到高年级、再到中学，班会、队会的内容上会不断深化，形式也会逐步发生一些变化，但孩子的主体、主角位置始终不会变。这样，通过班会、队会促进孩子独立思考、讨论决策、共同制订行动方案、进行实践活动评价等，充分施展自己的本领，既不断提升了自我表现力，又在与同学、老师的互动交流中相互启发、回应，使天赋灵感得以更多更好地发挥和发展。

班会、队会是最有利于孩子个性张扬的场所。因为它既有仪式感，又不压抑孩子们的独立思考和创造性。孩子们可以通过班会、队会表达自己的想法看法、阐释自己的见解意见。因而班会、队会也同时是天赋张扬的场所。

家长不要觉得班会、队会是孩子自己的事就完全袖手旁观。正确的方式应该是主动了解并支持帮助孩子做好参会准备。比如，可以与孩子一起讨论应该怎么发言，与其他同学在会上怎么沟通交流，需要提出什么问题，设想问题的解决方案,还可以指导孩子设计制作一些提示发言思路的小卡片、收集整理一些相关资料等。不仅可以强化参与班会、队会的效果,而且能在这种点点滴滴中潜移默化地培养孩子养成精心对待的态度和认真做事的习惯。总之通过热情支持孩子在班会、队会上主动参与和展现,对孩子天赋发展都是一种很好的历练。

(4) 校园科技、文化、艺术节或者文艺汇演。无论是学校还是区域性或某个系统组织的各种文艺汇演,还是校内的科技节、文化节、艺术节之类的活动,都可以说既是学校教学成果和精神风貌的大检阅,又是学生科技天赋、艺术天赋、创作天赋、表演天赋、音乐天赋、语言天赋、美术天赋等各种天赋才艺的集中展示。只要学校把舞台搭起来,总能或多或少地收获到各种意外惊喜。

这种惊喜看似偶然,其实隐含着必然。因为众多孩子们的各种天赋本来早已存在,只不过平时没有机会表现而已。遇到学校组织此类活动,学生们开动脑筋积极准备,有的要进行专门创作、排练,还有的精心选择最有特点、最容易发挥的表演形式……为了在台上能有精彩的表演、在活动中能有优异表现,同学们真是八仙过海、各显神通,把看家的本事都拿出来。一次会演,能使各种小明星崭露头角:主持、演唱、舞蹈、小品表演,甚至还有小小导演。孩子们天赋展现的大好时机来了,谁都不甘落后。更别说平时就参加校园各类文化社团,比如,参加学生乐队、合唱队、小小主持人、小品兴趣活动组、朗诵达人等活动的同学了。有这种天赋的孩子一经发现,很快就会成为班上的活跃分子和骨干力量,在学校和其他各类活动中大放异彩。也为孩子以后走向社会做了很好的能力和心理铺垫。

同样都是学校组织的活动,但家长的响应度还稍有差异:对科技节,家长的支持要高一些,因为它与文化课有关。而对文化节、艺术节和文艺汇演,有个别家长还觉得是不务正业。这种认识当然是片面的。

校园文化节、艺术节和文艺汇演是很多艺术类特长生的盛宴。现在不少孩子从小就学习美术、书法、乐器、声乐、主持等,平时难得在他人面前展现,学校举办文化节、艺术节、文艺汇演,既是学习成果的展示,又是很好的相互交流、切磋机会。孩子在相应方面的天赋能力、技巧提升和心理素质,都是在这种磨炼、锻炼中前行和进步的。

校园文化节、艺术节和文艺汇演当然不排斥非艺术特长生的参与。不管有没有、有多少艺术特长，只要孩子愿意参加相关活动，家长一定要正确看待。不要觉得这是耽搁浪费学习时间、不务正业。要带着温度热情支持，不能乱泼冷水，更不能生硬阻拦。家长应该懂得，一个全面发展的孩子，决不能是除了学习什么都不会的人。否则学习成绩再好，如果与社会脱节、没有生活乐趣，也注定是一个会被社会淘汰的人。

（5）**体育活动或运动会**。虽然中小学运动会并不承担选拔优秀人才的重任，虽然这种运动会设置的竞赛项目很有限，但中小学运动会毕竟也是运动会，除了发挥激励普遍参与、普及运动观念的作用外，还具有发现发展孩子运动天赋的功能，给少年儿童参与运动、展现运动天赋提供了极好的契机。同时，中小学学校运动会在为孩子植入运动理念、激励孩子的健康追求、培养运动习惯、树立争先意识、激发拼搏精神等多方面的影响是深刻的。无论孩子具备什么样的天赋，无论孩子天赋发展面朝何种方向，这一切都是必不可少的内在支撑。

家长要高度重视孩子在学校运动会上表现出的天资特点。注意力不要放在比赛成绩上，而要重点关注孩子的表现和潜质。孩子参加学校运动会，绝大多数没有经过专门训练，更谈不上专业和系统训练。孩子在运动会上的表现，最接近他自身运动天赋的原真状态，或者说是直观地、没有任何修饰地显露了孩子的天赋底色。如果在运动会上确实显现了孩子具备某一方面突出的运动天赋，可以认为这是一种较为真实确切的信息反馈：这是否意味着发掘发展孩子相应的天赋潜质，家长已经有了明确的方向感？是否可以进行适当的引导和倾斜了？

校园体育活动或者运动会点燃的不仅是孩子们的运动激情，更激发了孩子们的生活乐趣。运动不仅直接增强孩子健康的活力，同时对孩子的学习和心理健康都具有正面影响。如果家长不想过早地让孩子走体育运动专业的路子，或者家长不愿把"宝"押在这个方面，那么至少可以鼓励孩子更多参加体育特色校本课程的培养。即使不奔着把孩子培养成世界或全国冠军，而仅仅是着眼于让孩子多一些运动能力和享受更多运动乐趣，就已经足够了。如果以此为起点，使孩子能拥有更强健的体魄，那就是给孩子最好的"储蓄"。

（6）**劳动教育和劳动实践**。对很多从小生长在城市的孩子来说，劳动几乎都成了一种"奢侈品"。机会太少、可参与的项目太少，使一些孩子小小年纪就有了一种"贵族做派"。似乎"劳动"二字天生就与自己无关。劳动的缺失，不仅使孩子缺少了对生活、人生的一大必要认知，而且降低了孩子对社会责任感的定位。太过"贵气"，反而会给孩子的天赋发展留下一种看不见的隐形障碍。

近年来国家已经将劳动教育纳入了学校教育课程，这是必要的。我们不可想象，一个从小到大与劳动不沾边的孩子究竟能成为多么优秀的人才。按照儿童身体发育成长规律，从小学中年级段开始，学校每年都应该组织学生参加一些诸如义务植树劳动、农田耕种、公共场所卫生整理等体验劳动、团队化集体劳动。在促进孩子日常劳动方面，除了在高楼上擦玻璃这种存在安全风险的以外，其他如校园卫生和教室卫生的打扫、日常擦黑板拖地，都可以按照过去值日生老传统等方式安排学生去做。有的学校还组织了劳动社团，都是很好的形式。此外还可以响应社会的要求，让孩子们参与做一些垃圾分类、垃圾捡拾、废旧物品回收等力所能及的劳动。总之，只要在确保安全的前提下，让孩子们出出力是没有问题的。

学校组织的集体劳动尤其具有特殊意义。人的社会性特征决定了无论任何活动其实都离不开"氛围"二字。集体劳动活动的特殊价值也正是体现在那种浓厚的氛围上。因为有了氛围，学生们就会情绪高涨、心情欢乐，平时并不明显的才能就会显露出来，集体性劳动实践能促进孩子天赋的迸发和展现。

家长们一定要正确看待劳动实践对于孩子天赋发展的积极意义。劳动不仅不丢人，而且对孩子心智、技能都是很好的锻炼。在促进孩子认识自然、空间感觉、动手能力、触发创作灵感等多方面都是大有益处的。在老师的带领下参加团队集体劳动实践，由于团队成员相互激励的作用，可以激发起孩子更多的热情和动力，使孩子身心健康和天赋发展双获益。

（7）**社团活动**。在素质教育日益深入人心的今天，很多家长都欣喜地看到，中小学校园活动确实变得多彩而活跃。各类校园社团活动如同雨后春笋般生长，涉及的科目、领域越来越宽泛，活动内容和形式也越来越多样、具体、深入。社团活动不仅帮助家长一举解决了学生放学和家长下班时间不对应、接送难的大难题，而且为发现发展孩子天赋创造了适宜的新契机。

校园社团活动的优势是有效地适应了孩子的兴趣和年龄身心特点，和学生的兴趣、个性特点实现了有机结合。参加不参加社团、参加什么社团都是孩子自己说了算。虽然在家里需要和家长商量，但毕竟很大程度上体现了孩子的自主自愿。因此孩子在参加社团活动时更为主动。这与在家长逼迫下或者由老师安排下被动地参加活动的精神状态是完全不同的。孩子几乎可以在没有任何压力的状态，自由自在地去发挥才能、展现以至放纵挥洒自己，为不在任何捆绑状态的天赋释放提供极好的舞台。

校园社团活动还因为形式灵活和涉及科目、项目、领域的多样化而给了孩子以多种选择的机会。在活动方式上，更多地体现了"育"而不是单纯的"教"，因而更受孩子们的欢迎和喜爱。育人、育心、育能，既有对思想品德、行为方式的引导，又有体育、艺术等方面特长的培育；既有对自然奥秘、科技创新的探索，又有心理健康、人格塑造的内容。可以满足孩子的学、玩、团队合作、集体活动等多方面的需求。在教育改革不断深化的进程中，社团活动在校园生活的作用和地位还会进一步提升。

家长要切实做到懂自己的孩子。帮助指导参加一两个适合孩子自己、有利于促进孩子天赋发展的学生社团，对家长来说可以达到一种事半功倍的效果。既可以把在外边不必要的培训班好好压缩削减一下，又可以节省出大量的时间和精力；使孩子既能得到减压和放松，又增长才干、增强自信、发展天赋。此等一举数得的好事，家长当然应该是欢迎和支持的。

3. 其他渠道途径的发现与发展

（1）通过沟通发现与发展孩子天赋。沟通是相互了解、理解的桥梁，沟通既能帮助发现孩子的某些天赋，又有助于促进孩子的天赋发展。除了平时老师与家长的必要沟通之外，老师与孩子沟通、老师之间沟通、老师与其他同学沟通都可能对孩子的天赋发现发展产生这样那样的影响。沟通好，会产生正面促进作用。沟通不好，导致心情不好、心气郁结，则可能对天赋发展产生负面抑制效果。

老师每天都在和不同的孩子进行着各种各样的沟通，每个孩子都会给老师传导着不同的个性、气质信息。老师从与孩子的沟通中，可以不断了解孩子的心思、想法、兴趣、性格、特长、长短板。这些信息积累多了，不同孩子的不同天赋才能就会在老师的脑子里画出若干个"像"。老师在沟通中了解了孩子，也基本掌握了孩子们各自的天赋特征。

老师之间的沟通也经常会给发现和发展孩子天赋创造契机。不同老师对孩子了解、观察的角度不同，可能会做出差异很大甚至完全不同的判断。老师之间经常在一起交流就会弥补这个认识差异。加之老师还有与班干部及其他同学的沟通，可以帮助老师掌握自己平时所看不到的孩子们的另一面。使老师补齐对学生认识的缺口，使老师对孩子认识变得全面、立体、丰满起来，脑子里的"画像"更加完整精确。

沟通既是老师发现学生天赋的重要渠道，也为老师寻找时机、创造条件促进孩子天赋发展提供了支持。因为老师对哪个孩子应该怎样发挥他的优势已经是心里有谱了。在学校开展各种活动、需要孩子们闪亮登场的时候，老师就能很容易地为他找到合适的位置和适当的角色。

（2）作业。对学习成绩平平的学生来说，可能最发愁、最头大的并不是考试，而是日复一日的作业。尤其是一些学校大搞题海战术，量大、题怪，学习好的学生尚且吃力，一般学生更吃不消了。说别让孩子熬夜？作业做不完啊！不熬夜又怎么办？如此一来，每天的作业就像停不下来的战车，今天熬了夜，明天还得熬，明天熬过了，后天还有做不完的作业……孩子那被超负荷和疲惫磨钝的天赋，还真的能有发展吗？

令人欣喜的是，中央"双减"政策正式出台了，国家教育部门已经出手了。新推出的一系列具体明确的规范保护孩子天赋不被这样磨钝。学校和老师通过优化学生作业管理，在学生作业的"时间、难度、效果"上进行控制和改善。学生作业将回归正常。这样，考察完成作业的能力和作业完成情况，对于孩子的天赋发现发展还是很有指标意义的。

做作业的效率反映着孩子课堂学习的效果和对课业接受、理解、吸收、消化的程度。课堂听讲效果好，该记的记住了，该懂的都领会了，孩子做起作业就会得心应手，效率很高。反之，如果孩子课堂上的问题没解决好，回家做作业时，随时都会遇到知识盲点、堵点、"拦路虎"，本来应该一个小时做完的作业，他却要花多得多的时间。做作业的效率也印证了孩子天赋发现和发展究竟处在什么样的水平。

作业质量更多反映着孩子对于学习的态度。态度认真，作业正确率高、质量就相对较好。态度敷衍，则作业会留下急赶、潦草的痕迹，而且会出现更多的差错。特别是有很多差错并不是因为孩子不会，而是不认真造成的。这说明非智力因素的正向作用还没有发挥好，对孩子天赋发展没有起到应有的助推作用。

有的孩子在作业中时不时体现一下自己的个性，在作业中闪现出一些天赋的火花。这是极为宝贵的。孩子跳跃的思维、想象力、创造性，可能就通过作业把那时那刻的瞬间灵感记录在作业本上了。有的天马行空、有的删繁就简、有的另辟蹊径、有的别开生面……家长可以经常看看孩子的作业，发现孩子作业中的亮点时，要主动和老师沟通，以求尽可能地抓住孩子天赋闪现的机会，促进向着他最好的天赋方向发展。

（3）**考试测评**。作为衡量测验学生学业水平最常见、最直接的工具和手段，人的青少年时期要经历多少次考试测评，可能没人能记得清楚。但考试测评多了，学生们对自己的学业处于什么样的水准线就心里有数了。

考试测评是对所学知识掌握情况和运用能力的检验。在中小学日常经历的期中考试、期末考试以及月考、联考，还有各种摸底测试、单元测验、模拟考，经过这种一轮又一轮的反复测评训练，绝大多数学生都具备了考试的经验，一般都可以发挥出正常水平。

尽管如此，每临中考、高考这样的大考，总还是有一些孩子发挥失常。无法达到自己的理想状态，甚至与平时的模考判若两人。这类问题似乎与天赋并没有多少直接关联，更多是由非智力因素所决定——如果孩子的心理素质不够稳定，临场精神紧张，一些考生出现审题不清、思维障碍的概率还是有的。一旦在决定孩子命运的关键性中高考时发生此类问题，那真够家长紧张一把的。

学校对降低此类现象发生的概率还是有办法的。这就是给学生以适当的压力承受耐受力。现在我们强调要给孩子减轻压力，这是对的。但孩子也不能毫无压力，没有经历压力的孩子在心理上是长不大的。只是孩子所承受的压力不能超过一定的界限，应该在合理的范围内而已。保持适当压力的方法说起来也很简单，那就是每一次模考、测试都按照中高考的模式去进行，严格标准、决不放松。经过反复的压力刺激，学生们遇到真正的大考，不但不会精神紧张，反而会感到兴奋，会把脑神经都充分调动起来，不是失常而是超常发挥，天赋才能在考试中得到良好展现。家长所想要的，就会求仁得仁。

（4）**班级文化活动**。班级文化活动是从幼儿园开始的，而且孩子年龄越小，这种活动就越是显得重要和不可或缺。实际上，幼儿园的所有活动都是从班级文化活动开始的：从组织幼儿玩耍、唱儿歌到集体游戏、诵诗画画，每一项每一件都涂满了浓厚的文化色彩。有了文化活动，班级就有了精气神，多彩而充实。

从幼儿园进入小学以后，班级文化活动从内容到形式都发生了显著改变。集体游戏不见了，教室变成了正式的课堂。唱歌、跳舞、讲故事这类表演型的文化活动在日常安排中悄然退出，班级文化活动改成了静态展示为主：诸如黑板报、班级文化墙、学生书画作品展示栏等。在语文、美术、书法等方面具有天资潜力的孩子就会由此找到感觉，有的孩子开始讨论策划、设计方案、制作美化，每当他们的成果向全班展示、特别是受到老师表扬的时候，这些同学的成就感、自豪感就会油然而生。对中小学生而言，这其实就是马斯洛需求理论中"尊重需要、审美需求和自我实现"等高层次需要的一种实现。这样，老师越是表扬、同学越是赞美，参加文化活动、展示成果的同学就越觉得自身价值受到了肯定，就越有继续参加的动力，越干越愿意表现。孩子被激励着进入了一种积极参与、倾情投入的状态，孩子的天赋潜能就会更好地激活激发出来，得以更好地发展。

（5）日常集体生活。现在社会中，很多孩子开始集体生活的年龄已经降到了2岁以内。从不到2岁就送进托管班开始一直到大学研究生乃至博士毕业，仅在接受教育阶段的集体生活前前后后要延续长达20年以上。几乎人生所有的发展蓄势都是在这20多年中积累形成，其意义和影响之重要不言而喻。

通常情况下，人某种天赋才能并不是靠摆拍、摆好Pose才闪现的。而是在日常生活中不经意间流露出来的。人的社会属性告诉我们，人进入集体生活、在集体生活的热烈氛围中更容易达到思维活跃、精神兴奋。特别是在无拘无束状态下的校内日常集体生活中，孩子们的各种天赋才能会更多地自然流露和自然抒发。比如，集体早晚自习，大多数同学都在安静学习，却偏偏有同学时不时扮个怪相，小丑一般逗得全班哄堂大笑；在学生食堂打饭，他的小鬼脸、俏皮话总惹得叔叔阿姨禁不住想给多打一些；课间操正常的音乐节奏下他却不好好做操，竟跳起了"鬼步舞"；课后活动时，他在哪里，哪里就总能聚一堆人，不管别人怎么变，他作为中心人物的位置总是不变……

也许孩子在日常生活中表现出来的某些天赋可能太生活、太过平常，很多老师和家长都没有引起多少关注和重视。所以也可能因此错失了一些孩子天赋发现发展的好时机。这是很可惜的。只要老师、家长在这方面多关注、多用心，这将是孩子天赋发现发展的一大"富矿"。

（6）**寄宿生活和小饭桌**。寄宿制学校和小饭桌越来越多，过去想都不曾想过的很多新问题来了。比如，总有那么一些孩子怎么管都管不住，时不时给制造一些让人提心吊胆的"小事故"；有的孩子说起来乖巧懂事、遵章守纪，却不知从哪儿给你来点恶作剧和"小故事"；有的孩子嘴上掐架，掐着掐着就动起手了，演变出打架斗殴的问题；还有的校园欺凌霸凌就在寄宿公寓里反复上演……加之还有手机、网络游戏、早恋等都交织在一起。凡此种种管不好都是问题，管好了就没有问题。

寄宿和小饭桌的共同特点是孩子自己的老师、家长都不在现场。不同之处在于，寄宿属于校内，而小饭桌则到了校外。寄宿不管怎么说还有学校的规章制度，宿管能加以管教。小饭桌却没有一个能有约束力的主体真能把孩子管住。这就客观上造就了一种"山中无老虎，猴子称大王"的态势，一些性格强势、调皮捣蛋的学生可能会感到有了放肆的机会，少数孩子趁机捣乱、放纵，就会影响到整个群体。

反过来想，这些现象的存在，恰恰也折射了孩子身上的某种天资能量。如果引导得当，这就是一种创新、进步的动能，也是天赋发挥的观测口。关键在于谁去引导、怎样去引导。从现实情况看，能最有效进行引导的，可能还是老师和家长。虽然老师不在现场，但在通信技术高度发达的今天，只要老师、家长与宿管、小饭桌建立随时畅通的沟通手段，就有机会、有可能把很多问题转变为正向能量。在这方面，老师、家长都要多学学陶行知先生的"四块糖果"教育、魏书生老师的"表扬肯定式"批评教育方法和经验，把寄宿、小饭桌充分利用好，使寄宿、小饭桌为孩子节省出的路途交通时间转变成为"天赋的蓄积发展时间"。

（7）**临时安排事项或者面对突发事件**。这相当于对孩子在完全没有预习、复习情况下的突击考试，最能考验孩子在面对突然出现问题时的应变能力和个人天赋。能沉着冷静、有条不紊完成好临时安排事项或者处理好突发紧急事件的孩子，一定具备良好的心理素质、很强的应变能力和过人的组织、沟通协调天赋。并很好地融合成为了一种综合能力。可以预见，这是一种能"成大事"的潜质。假如能有"天时地利人和"相助，将会成为一名处理棘手矛盾问题的高手或者优秀的领导人才。

发现孩子的天赋

学生遇到临时安排事项和突发事件的概率很小，但越是小概率就越考验人。像2008年汶川那样的地震发生时，呼叫组织学生从教室往操场跑，只有几秒钟的反应时间。除老师外，学生领头组织者同样发挥着作用。还有学校遇到突然停电、设备故障、大雨、外来侵扰、同学突发疾病以及其他意外情况时，如果恰好发生在课后活动、自习等老师不在场的时候，能带头承担起组织、协调任务的同学就显得作用关键。有的孩子在没有任何人安排指派的情况下主动挺身而出，协调组织相关同学报告情况，沉稳应对和处置，在关键时刻防止问题加重和扩大损失，不能不令人刮目相看。

学校发现孩子具备这种才能，最重要的不一定是表扬和奖励，而应该是给予针对性的关注和培养。可以有意识地安排孩子参与、承担一些力所能及的管理性任务，鼓励孩子独立去做好班上同学的组织协调工作。既发挥了孩子的积极作用，又为他的天赋发挥创造了更好条件。

 老师/家长 声音

幼儿园、学校是观察发现孩子天赋的最好场所，一些家长、家庭并没有意识到这一点。反而是让孩子入园、入校了，却并不完全信任幼儿园和学校。有的家长对老师提出的建议很是不以为然，随便听听就过去了，根本不往心里去，这是很可惜的。幼儿园、学校每天面对各种各样、来自不同家庭、性格差异很大的孩子，家长要相信老师的观察和发现是更确切可信、更值得重视和参考。多听听老师的意见建议，对发现发掘孩子天赋是很有帮助的，可以让孩子少走弯路、多走捷径。信任老师、信任学校，获益的是家长和自己的孩子。

——何滨，幼教集团董事长、高级教师

当前，一些中小学"德智体美劳"教育发展是不够平衡的。劳动教育的地位和作用被弱化、虚化，没有在课程中真正实施。为此，有必要大力加强劳动教育。切实纳入中小学课程体系，安排足够的课时，开设诸如家政、手工、园艺、非物质文化遗产等劳动实践类拓展课程，使劳动教育有目标、有内容、有标准、有成果。通过劳动教育课程，也可以发现发掘很多孩子的天赋优势，从而为以后进行针对性的培养发展奠定基础。对孩子来说，这个环节是重要的、

第九章
家庭与学校协同配合打通孩子天赋实现路径

不可或缺的。

——刘永昌，学前师范教育学院教授

我们这个社会，终归是天赋一般的普通人占了绝大多数。所以更要关注天赋优势不明显或者天赋平常的人怎样才能实现自己的发展？边界在哪里？应对方式是什么？孔子说"因材施教"，要针对学生实际情况、个体差异进行差别化的教育，事实上要求学校完全做到是存在一定困难的。因为学校毕竟是以通识性普遍教育为目标的。这就需要家庭和学校携手努力，不断尝试探索，强化对天赋一般化孩子的课艺练习，促进这类孩子更好地实现自己的成长。

——李琦华，小学党总支书记

每个孩子都有天赋，但每个孩子的成长中都不是那么完美。老师和家长在教学与生活中去深度了解孩子，就会发现孩子特有的潜质和能力。记得曾有个学习上落后的孩子，上课调皮捣蛋，学习成绩很差，口才却特别好。我们感到他语言天赋突出、脑子反应很快，需要的是加强对他注意力的引导。这都是要在日常观察、在细节中去探究的。

——王清，国际学校小学部办公室主任、一级教师

每个孩子都有闪光点，老师、家长都不能因为孩子成绩不好就否定孩子。我的班里有个孩子语文不行，但画画特别好。有个女孩，家长给报了各种兴趣班，太压抑孩子，二年级就学得很吃力。还有个孩子，一年级时还一个字都不会写。对这些孩子，我们的方法是一有进步就表扬，从不因为成绩不好否定孩子，积极鼓励、用爱浇灌。结果这些孩子都有了明显进步。

——刘孟杰，小学班主任

我当家长很茫然。儿子8岁，不知道孩子有什么天赋。开始我们也做过很多尝试，希望能找到孩子有没有天赋、有什么天赋。后来发现老师的作用非常大，因为老师每天面对很多孩子可以比较观察。老师对孩子的认可和鼓励，就能把孩子的兴趣和热情激发起来，从而促进孩子把他的潜能转化成一种特长。

——李璐，某公司会计

幼教机构和学校对孩子天赋发展的培养优势

1. 师资与经验

幼教机构和学校最宝贵的资源是拥有老师们丰富的教学经验。这种资源是任何家庭无法单独拥有的,也是任何校外培训机构所无法取代的。孩子只有在幼教机构和学校才能从这种资源收获教育的成果。无论家长在校外给孩子报了多少个班、学了多少个科目,主流教育还是必须要依赖正规的幼教机构和学校。因为这才是促进孩子天赋发现、发掘、发展的不二法门。

即使最普通的幼儿园和学校,家长也应该坚信它的专业性。在教学研究、备课、课程安排和组织、课堂教学等各个环节上,毫无疑问都是最具有规范性和科学性的。同时,幼教机构和学校教育的系统性也是无可替代的。他们严格遵循执行国家制定的各阶段教育大纲、课标,系统地落实教学目标要求,严格按照教育规律去组织实施各项教学活动。通过教学实践把专业性和系统性有机统一起来,构成了幼教机构和学校对孩子天赋培养发展的最大优势。

学校教育还具有专业结构的互补和完整性。经过师范教育、获得从教资格的老师既对所教学科知识有足够的积累厚度,又经过教育学、心理学等多方面的训练,形成搭配合理、互相支持的教师阵容。各个学科的师资结构组合上是齐备的,保证了学校教学和活动的有序进行。从不同的角度和侧面形成并汇聚了对孩子天赋的辨识发现经验、教育引导经验、发掘提升经验和促进发展经验。家长要学会充分利用好老师们的丰富经验,与幼教机构和学校形成良好互动配合,努力在发现发展孩子天赋方面赢得更多的主动。

2. 发挥设施的作用

进入新时代,我们曾经因陋就简的"将就"型幼儿园、学校都已经成为过去。幼儿园、学校越来越多的教学活动设施已经成为现代教育体系中不可或缺的重要角色。在很多幼儿园和学校中，多媒体教学设施、理化实验室、书法美术体验教室、图书馆、音乐教室、表演场地、运动场所和设施、展览厅乃至博物馆等一应俱全。加之完备的供水、供电、取暖、空调、食堂、厕卫等各种运转保障系统的软硬件设施，使我们的幼儿园、学校已经形成具备现代化教学和活动能力的教育保障支持体系。

当然，比拥有好设施更重要的是发挥好这些设施的作用。目前用得最好最多的当数多媒体教学设施。它大大增强了课堂教学的直观性、形象性，极大地拓展了学生的认知思维能力。过去一堂课都讲不清楚的一些概念、脉络、逻辑关系，现在放一下PPT或者动漫教学片一看，就像捅开了窗户纸，孩子们一点就通。有的学校还配备了激光切割、3D打印、机器人装配等更高大上的设施，大大强化了教学的实践性。教育效率和效果都大不相同了。

客观地说，教育设施在发挥效益上还确实存在不够平衡的现象。不同学校、不同学科的设施设备利用水平参差不齐，有的设备使用率过低，还没用几次就已经落伍甚至淘汰的现象也是有的。这与促进孩子天赋发掘发展的需要是不相适应的。在不少幼儿园、学校都还有很大的提升改进空间。在国家大力促进教育全面发展的大背景下，如果幼儿园、学校与家长共同努力，支持鼓励孩子加入更多的校内社团、文化体育、科技创新等活动行列，以灵活多样的活动带动校内的设施设备更多地利用起来，既能更好地发挥学校设施的使用效益，又能助推孩子的天赋发掘发展。一举两得，善莫大焉。

3. 学习力开发

开发、提升孩子的学习力，毫无疑问是幼教机构和学校最突出的优势。历史的经验证明，"用进废退"法则同样适用于天赋开发。学习力就是天赋之"用"。学习力强，无论是被动接受学习还是主动学习，都更容易助推天赋发展取得好成绩。反之，有天赋而没能与学习力有机结合起来，天赋不但不能得以好的发掘发展，难以转化为现实能力，反而会随着时间的推移而退化以至湮没。学习力之于天赋，犹如飞鸟之双翼，缺了任何一翼都无法翱翔天空。

幼教机构和学校天然地承担着开发孩子学习力的责任和使命。"德智体美劳"全面发展，哪一项都离不开学习力这个基础能力。从幼教开始，所有的教育体系都在努力促进孩子学习力，为天赋的发掘发展提供有力支持。

积极帮助孩子提升学习欲望。每一个老师都期待自己的学生能爱上学习，所以总是着力去激发学生的学习热情，促进学生建立学习信心。表扬、批评、鼓励、约束、课堂提问、交流互动，与家长沟通、促学生守纪……老师用各种方法，都只为一个目标：激励孩子自己由内而外的学习欲望。虽然这种激励的效果会有很大差异，但老师的动机是毋庸置疑的。

帮助孩子学会学习方法。学生总是会遇到各种各样的学习障碍，老师总是会用各种各样的方法去帮助学生克服和消除学习困难、清除学习上的绊脚石。学习力的打造和生成是一个复杂的过程，需要打开学生理解、接受、记忆、消化、吸收、应用和触类旁通、举一反三、综合运用、能力创新等多个环节，在老师、学生和家长共同配合下，从课前、课堂、课后、自习、作业、测评考试等逐项找出相应的方法，促进孩子学习上的更好发挥。

帮助孩子巩固学习效果。通过以复习的方式进行重复记忆、以课堂提问加深理解、以作业练习进行综合运用，强化对所学知识的掌握，一步一个脚印，努力实现知识积累和学习能力的融合，在不断巩固学习效果中提升能力水平。逐步养成主动学习、自主学习乃至终身学习的良好习惯。对孩子学习力的开发，远比任何考试拿多少分都重要得多。换一句话说，即使孩子万一高考落榜了，只要他具备了应有的学习力，那么他的能力就在，希望就在。

4. 教育氛围

氛围看似无形却极为重要。在某种特定情况下，氛围会左右事物发展的方向、深刻影响事物发展的结局，成为外部决定性因素。不同的幼儿园、学校会有不同的教育氛围，教育的质量和效果就有了很大差异。家长之所以挤破头要把孩子送进名校，当然是因为名校里名师多。但也有一个重要原因是看中了名校良好的校风和教育氛围。

教育氛围包括老师的教学氛围、学生的学习氛围、学校的保障支持氛围和家校协同氛围等几个方面。对孩子天赋发掘发展影响最直接的是教学氛围和学习氛围。

教学氛围对孩子天赋发掘发展的影响是家庭所无法替代的。那种感觉是在家庭所不具有的。在学校的教学氛围中，老师对教学业务都有一种强烈的责任感和使命感，能在竞争中相互激励、比学赶帮，在互帮互学中共同提高。学校的整体教学水平总会不断有所提升，这对老师好，对学生更好。

学校对培养孩子天赋发展的另一个优势是学生群体进步的刺激和带动作用。学生生活在群体进步的浓厚学习氛围中，更容易进步和成长。同学都争先恐后、进取向上，学习上互相影响带动、共情感染，孩子影响孩子、孩子带动孩子、孩子激励孩子。这种氛围下产生的无形感染力，会有力地刺激孩子学习进步的"心劲"，能更有效地把内在潜能调动起来、焕发活力。

这就是孩子到学校上课与孩子在家里上网课效果截然不同的奥秘所在，也是网课终究无法代替学校课堂的内在根源。2020年新冠肺炎疫情期间，很多学生都通过网课学过了全部课程，但除了个别学生外，多数同学的成绩还是大幅下降了。究其原因，就是因为缺少了师生在一起教学相长的激励氛围。没了氛围，好学生也会学得云里雾里。有了氛围，差生也能有自己的收获。氛围好了，就能收获更大。

5. 专长特长培养

义务教育的法定化普惠性质决定了其基本职能是满足普遍教育的要求，而不是在专长特长培养上有多大作为。所以它要按照国家通用课纲课标来安排教学。但这并不意味着学校就完全没有个性化的专长特长培养。事实上，专长特长培养在各学校或多或少都存在，而且还确实为以后的中学教育、专业教育发现、培养、选拔、输送了不少优秀的"苗子"。

学校的专长特长培养与家长自己安排的孩子专业特长训练不同，很少有一对一的训练，多数是以集体活动形式进行。比如，一些学校组织了乐队、舞蹈队、韵律操队、篮球队、足球队、乒乓球队、美术班、书法班等活动，有的是以社团活动的形式开展，有的则直接组队办班。但这都还是对孩子进行专长特长培养的一种方式。它以孩子的个人兴趣、特长为基础，以团队集体活动的形式，组织孩子进行学习训练。这种训练只针对具有相应专长的少数孩子，并不进行普遍化的教学。

这种以集体形式进行的专长特长培养，确实存在一些明显的不足和缺陷，主要是因为老师"一对多"，可能会有点顾不过来。有些专业的细节上可能会有所疏忽，不够细不够严，容易给孩子以后走专业的路子留下"小毛病"和不良习惯。如果家长有心让孩子以后走专长专业路子，可能就需要校内校外相结合，请更高水平的专业老师进行一对一指导。以让基本功训练更加扎实一些。但也应该看到，集体形式培养的好处也是显而易见的：这就是它更能促进孩子协同意识、角色意识、合作意识、竞争意识和团队意识的形成和提升，孩子更容易主动地把自己融入集体、团队，会有比较好的学习训练气氛，有利于激发孩子的学习训练热情。不仅有利于促进孩子的天赋发展，而且有利于孩子健康人格的培养和发展。

6. 发挥三个衔接的作用

随着中央《关于进一步减轻义务教育阶段学生作业负担和校外培训负担的意见》政策落地，各级教育部门管理措施的进一步到位，与课后服务的推出相同步，学校的教学安排、各项活动都出现了进一步向与课堂衔接、与家长接送时间衔接、与正规的青少年校外活动衔接相靠拢的趋势。

孩子天赋的发掘如果与课堂教学结合起来，就能给天赋发展插上飞翔的翅膀。实现二者有机结合的最佳平台在学校。在校园之内，不管是开展活动还是组织社团，都可以很容易地与课堂结合起来进行，使教学与活动相辅相成、相得益彰，从而有力地支持孩子的天赋得以发掘和发展。

与课堂衔接的形式可以很多。老师们可以在研学旅行、社团和校园文化、体育等多项活动中，采取嵌入课堂教学内容、与课堂教学单元组合复习等方法，既可以使各项活动内容更加饱满，又可以实现日常教学课程与实践活动的渗透和统一。

与家长上下班时间衔接，延长了小学段孩子的留校时间。既方便了家长接送，又为孩子参加校园社团活动等腾出了时间。学校可以安排更多有利于孩子天赋发展的培养和训练项目，组织更多的活动，对家庭对孩子都有利。但客观上也会增加老师们的工作负荷和强度。学校需要精心组织，适当调节。

同时，各地现在普遍建立了由教育行政部门直管的青少年校外活动中心。学校与这样的校外教育机构衔接，是将校外教育与学校教育紧密结合起来。与社会上各类经营型培训机构不同，它不是在校外打造另一个教育体系，而是作为学校教学的补充和延伸。是对学校教学中因各种原因无法自我健全的部分进行完善，与学校的教育体系完全一致。为孩子天赋培养发展开辟了新的路径，带来了更多希望。

 老师/家长 声音

    我们学校坚持"面向人人、面向未来"的教育理念，关注每一个孩子。下大力气建设了智慧课堂，班里每人都配备了平板电脑。老师提问题，每个孩子都作答，孩子们答题情况课堂电子屏瞬间显示。改变了过去一个孩子举手，替代其他40～50个学生思考的现象。智慧课堂极大地促进了学生的个性化学习，把通识教育和个性发展结合了起来，使相同的课程内容在每个孩子身上焕发出了个性的光彩。现代化教育手段的大量运用，将为"因材施教"理念的实现打开一条全新的道路。

——徐雄，中学校长、高级教师

    开展校园活动是发现发掘孩子天赋非常好的窗口。我们学校把戏曲表演引入校园，有的孩子只学了一年就在市艺术节拿了一等奖。又参加艺术节展演，对孩子学习和参加其他社团活动都有很强的激励作用。他们从艺术节活动的成功里找到了自信，又引发出更多的兴趣，参加了更多的校园文化活动。这样一来，孩子的突出天赋就会自然而然地显露出来，为家长以后对孩子的培养发展找准方向。

——樊永红，小学校长、高级教师

    青少年校外活动中心是校外教育的主阵地。我们坚持"兴趣点亮童年，才艺成就幸福"理念，让它与学校教育有机衔接、相辅相成，不是一种简单的兴趣培训。不仅是教技能，更重要的是教孩子树立好的做人品质。我们从不吝啬说4个词"肯定、尊重、支持、称赞"。通过氛围激励，把孩子的内驱力发掘出来、展现出来，使孩子的才艺培养和人格形成有机地结合起来、统一起来，就是立德树人。真正让青少年活动中心成为素质教育的"加油站"和孩子天赋实现的"充电桩"。

——潘君，青少年校外活动中心主任、高级教师我从教 20 多年，经历了近年来学校教育的变化和发展。比如，我们实行的"网上抢课"，就是在学生个人兴趣爱好的基础上，给学生提供个性潜能发展的舞台，刺激孩子自己去思考、去寻找属于他自己的天赋特长。我觉得这种探索是有意义的。

——毛健，中学一级教师

学校老师面对很多孩子，更容易发现孩子的不同和特点。因而在学校也更容易发现孩子的一些天赋潜质。有个孩子，不合群、不爱说话，但读书多，特别有思想。被同学称为"小书虫""小博士"。经常在班里测试中名列前茅。老师就鼓励这个孩子继续努力，孩子天赋被老师认可，积极性就更高了。发现孩子天赋，多发挥学校的作用，效果就会更好。

——陈娜，小学教师

我百分百拥护中央对义务教育阶段学生的"双减"政策，不赞成在校外打造另一个教育体系。一些校外培训机构大搞提前教学、题海战术，以损害孩子们的健康成长为代价，是决不可取的，当然应该严管。"双减"之后，更重视孩子的身心成长和全面发展了，也为发展健康良性的校外培训提供了契机。我们的培训是配合中国音乐学院进行音乐专业考级，属于促进孩子全面发展的项目。对校外培训机构，借这次"双减"的东风，应该依法规范，疏堵结合，既解决好恶性加大学生负担问题，又能支持有利于孩子天赋开发、促进学生全面发展的培训得以优化提升。

——赵俊锋，中国音乐学院考级培训基地主任，文化传媒公司总经理

家庭和学校应该怎么协同配合？

1. 学校与家长沟通模式如何改变？家庭与学校如何实现无缝对接？

近几年，家庭与幼儿园、学校的沟通已经默默地改变了很多。过去那种

"叫家长"、开家长会的方式至少有一多半被微信群代替了。在信息化高度发达的今天，家庭与幼儿园、学校的对接已经实现了"秒通"，有什么情况都可以立即得到答案。让家长与学校的配合达成一种新默契，已经不是问题。

问题是现在的情况比以前复杂了很多，校内校外的新问题、新挑战层出不穷。大到校园安全，小到排座顺序，稍不留心，保不齐就惹出一个什么事来。弄得不好还会招来舆情风暴，看谁会吃不了兜着走。在客观现实面前，家庭和幼儿园、学校的无缝对接已经势在必行、不可不为。

无缝对接的核心，是家长与幼儿园、学校之间建立相互信任，特别是家长对幼儿园、学校的信任。不随便猜疑，并提高对接的有效性，实现相互协同。在继续发挥好家长会、家长联系日等对接作用的基础上，还可以更好地发挥微信家长群的作用。做到：信息实时传递，给足家长信息知情权。有的幼儿园实现了家长可以连接打开孩子所在班上的实时视频监控，让家长充分放心；情况随时沟通，孩子在幼儿园、学校有什么新情况随时可以与家长取得联系；问题即时解决，有些重要的事情当时说定当即解决；误会瞬时化解，万一家长和学校产生了分歧和误会，也要当时把话说开，不积攒矛盾问题。

2. 家园共育、家校协同如何做到角色互补？扬长避短？

家庭和幼儿园、学校虽然分工与角色不同、各自承担的任务不同，但二者目标的高度一致，决定了家庭和幼儿园、学校必须相互支持对方、紧紧依靠对方，做到有分有合、家园共育、家校协同。

家庭要主动配合幼儿园、学校做好孩子习惯养成的培养，有效防止"5+2=0"怪圈的出现。"5+2=0"是不少幼儿园和学龄低段学生的老师都深感困惑的一个问题。说的是很多幼儿园和小学低年级孩子经过5天在园、在校的老师引导，刚刚把一个好的行为习惯建立起来，回家过两天周末，在家庭的娇纵之下，所有行为又重新归零了。如此循环往复，好习惯总会被这种归零所抵消，好的教育成果不断地被付之流水。所以，家长周六周日让孩子放松没错，可以让孩子玩得很嗨很放开，但该坚持的行为必须坚持，一定不能放弃，并且要时时注意检点到位。

实现家园共育、家校协同，还需要家长和幼儿园、学校在情感上相互靠近，方法上彼此呼应，更好地相互理解体谅。家长要理解老师，老师也要理解家长。彼此有做得不够好的地方，随时可以坦诚地与对方沟通。需要各自改进的事项，也可以随时协商改进的方法。

家庭的最大优势是亲情。在小学低年级阶段，家长要每天注意非常贴心地关心过问孩子当天在学校的情况，哪些做得好？做得好的要及时鼓励。老师有什么要求？回家后怎么落实？进入中高年级后，家长可以采取和孩子讨论他关心的话题，不能只盯着孩子做作业，不能把家长角色变成家庭监工和看守。总之，家长要求孩子、检点孩子，要有一种温暖感，而不能只冷冰冰。严格要求是必须的，同时在方法上、话语上的温暖也是不可缺少的。真正使家庭成为学校教育的补充和延伸，而不是两张皮。

3.怎样扭转学生作业变成家长作业？

近年来，家长代劳帮孩子做作业甚至直接替孩子做作业的现象不在少数。学生作业变成了家长作业。有个别学校和老师也佯装不知，睁一只眼闭一只眼，仿佛成了一种心照不宣的"默契"。然而，这种贻误孩子的"默契"是不可取的。

学生作业就是学生作业，决不能变成家长作业。负责任的家长和老师都应该抵制这种现象。已经这样做或者还在这样做的，都应该在落实"双减"要求中，使作业减量减压保质量，让作业回归孩子。

改变这种现象，学校与家庭都应该对自己的行为、习惯进行适当调整和矫正。对小学低年级学生，最好是一般作业不出校门，在校内利用集中自习、课后服务或统一安排作业时间来完成。中高年级阶段，确需留家庭作业的，原则上应该由孩子独立去做。如果遇到孩子确实感到困难、无从下手的问题，家长可以与孩子一同口头整理知识点、梳理解题方法，主要是在打通孩子思路上下功夫。以相互讨论的方式启发孩子自己进行复习、归纳、概括，让孩子自己表达、复述。思路清楚了，再让孩子动手做题。但切记家长不要直接动手，不能代替孩子去做题。

学校对学生作业的检查方式也可以进行适当微调。比如，是否可以留出一定时间的作业容忍期，万一孩子因特殊情况延误了完成作业的时间，老师则可以给留出适当的补充完成空间。对补充完成的，随时与家长沟通说清楚即可。只是这种弹性处理，原则上应该控制为偶然、少量，不能成为惯例和常态。

正常情况下，家长要注意督促孩子去完成作业，可以进行一些检查核对。

发现孩子做错的题，可以提示、引导孩子思考改正，但不要批改孩子作业。家长和老师各司其职才是对的。

4. 怎样做好"家长作业"？

这里所说的"家长作业"，不是要家长去做多少题。而是说家长怎样切实真正负起家长应负的责任。是"家长功课"的延续。

家长最应该做好的家长作业，是给孩子创造良好的家庭学习氛围。避免因为家庭矛盾、夫妻怄气、冷战甚至吵闹打架而干扰孩子正常学习。家长要在家给孩子做学习的榜样。孩子学习时，家长最好也能在旁边学习，各学各的，互不干扰，这就是氛围。如果有条件，家长还可以与孩子进行学习分享，实际上是对孩子无形的心理滋养。

家长要尽可能多地了解孩子的思想动态，尽可能多地掌握孩子的真实想法，给孩子学习上以精神支持，当好孩子的精神靠山。努力成为孩子的心灵成长导师、心灵抚慰师和心灵发动机。不断发现挖掘孩子身上的优点和能量。当孩子出现懈怠、偷懒、厌倦甚至抗拒情绪的时候，家长进行检点、督促，一定不能以逼迫、强制甚至凶神恶煞般的面孔出现在孩子面前。想管教好孩子，务必要先管理好自己的态度和方法，逐步在孩子心里树立起一种靠山形象。只要家长一和孩子讨论问题，孩子就会找到了思路、灵感，家长就能走进孩子的精神世界，努力做与孩子无话不谈的好朋友、好伙伴，随时能点燃孩子的希望之火。

家长理所当然地要做好对孩子的家庭管教。孩子有了不良行为和习惯要随时纠正，出现了某种跑偏要随时引导。对学校组织的研学、社团等活动要积极响应，并根据孩子的具体情况支持参加。还要配合学校做好日常管理，如果学校发现孩子具有某种特殊天赋，更要按照老师、学校的指导，及时有效跟进，做好相应天赋发掘，促进孩子天赋发展。

5. 配合支持学校做好管教

又想要孩子成才，又不想要学校管教约束孩子——天底下没有那么轻松愉快的成才模式。明智的家长从来不会为学校的正常管教而不爽，更不会因此和学校、老师过不去。响应并积极支持、配合学校进行正常管教，配合老师破解孩子"难管"难题，落实相关管教要求，既是对学校的信任和支持，也是对自己的孩子负责任的表现。

"父母之爱子，则为之计深远"。野蛮生长，长不成栋梁之材；接受管教，才是孩子成长成才的必经之路。这也是孩子进入校园需要适应的基本要求。从孩子上学的第一天开始，家长就要积极做好孩子的心理引导，指导孩子正确对待老师管教。可以经常与孩子聊聊老师管教的话题，与孩子一起分析老师管教为什么是对的？孩子自己在哪些地方需要改进？怎么改进？通过和风细雨的聊天，帮助孩子认识自己的差距和不足，消除孩子对老师管教的抵触，促进孩子从老师管教中激发进步动力。

不可否认，确实有个别老师在管教方法上存在一些瑕疵或者问题。甚至存在过度恶性惩戒、暴力打骂等严重问题。同时，有的孩子在遭遇老师训诫乃至打骂以后，也不敢回家告诉家长。家长一旦发现有了这种出格的问题，则必须果断应对解决。但方法上一定是家长对老师或者学校，是大人对大人。注意一定要避开孩子去和老师交涉或者向学校反映，不可以让孩子参与进去。如果孩子有了较重的心理负担，家长还应该积极引导化解。

家长处理学校管教问题时，注意不能一遇学校惩戒就炸锅。一定要清楚地了解惩戒的事由，分清是非与责任。自己的孩子有了错，该惩戒的就要支持老师给予惩戒，做到客观、理性对待教育惩戒。主动协同老师不是要去把孩子管住，而是通过管教把孩子引向好的发展方向，使家庭与学校的管教合力产生好的效果。

6.不助推功利主义教育行为的滋长和蔓延

国家三令五申对功利主义教育行为进入中小学说"不"，但还是有个别学校、个别老师明里暗里踩踏边线，致使各种功利性教育行为未能根本绝迹。时不时就会若隐若现、暗流涌动。这固然有管理、机制等复杂的原因，同时还有另外一个重要的助推因素不能忽视：这就是有相当一部分家长在其中推波助澜。

为了自己的孩子上名校，一些家长不惜砸大额"赞助费""择校费"，花高价上"补习班""提高班"，鼓励支持个别老师搞有偿补习。还有的不断以礼物馈赠予老师套近乎，以期在分班、排座位、安排班干部和课代表时予以倾斜，或者以教师节等名义争相给老师"表示"等，总之以各种方式去试图刺激老师、影响老师，以换取老师对自己的孩子的"偏向""照顾"。这些行为把纯净的校园一时间弄得都有些乌烟瘴气了。

需要提醒各位家长的是，孩子的天赋才能绝不是花钱可以买来的。大凡学习天赋不弱的孩子，只要接受了正常的教育课标教学，其知识积累和能力训练就已经足够适应他的成长。对于学习天赋平平的孩子，则重要的不是家长闷着头去花多少钱，而是要努力去寻找发现孩子最擅长、最突出的优势特长，挖掘他最有发展前景的、适合的学业科目、项目，以确定孩子适合的发展方向。否则，缘木求鱼是求不来的。

家长要管住自己，不要再盲目助推功利主义教育行为的滋长，不要把钱花在没有多少正面意义却有损于社会风气的追逐上。

7. 不苛求学校，不额外传导压力

我们要承认这样一个事实：绝大多数孩子都只能在普通公办小学、中学就读。家长不要因为自己的孩子在普通学校就妄自菲薄。虽然确实存在一些名校掐尖招走了高分学生，普通学校学生的文化课成绩看上去不那么惊艳亮丽，但也不意味着这些学校不出优秀人才，更不意味着这种学校的孩子就没有好出路。

身为普通学校学生的家长，更应该学会关注和支持普通学校，不把掐尖教育留给普通学校的压力再放大化。

这种情况下，家长对学校的理解、配合和支持显得格外重要。特别是那些总是想要学校安排更多补课的家长，不要总以这种方式去苛求学校。要知道，如果普通学校发挥自身优势，把本校的各项特色教育、校园活动开展起来，效果可能比单纯补课要好得多。比如，有的学校以某些体育项目见长，有的则以文化艺术类占优，还有的科技、自然、劳动等是强项，这恰恰都是发现、发掘、发展孩子天赋，对孩子进行针对性有效教育的有利条件。一些在名校里没有可能的机会，在普通学校也许就会经常遇到。一些在名校可能会被压得总抬不起头的孩子，在普通学校就恰恰有他闪亮登场的舞台，从而找到属于他的自信和力量。还是那句话："适合的教育才是最好的教育"，家长若给普通学校施加额外压力不但没有意义，反而徒增自己的烦恼和焦虑。

8. 不助长孩子进行家庭、物质攀比

我们知道，人之所以产生诸多烦恼，其源头很多都来自人与人之间无时

无刻不在的相互比较。如果孩子从小就开始与小伙伴在家庭条件、物质生活上互相攀比，不仅会使孩子过早地步入功利主义的泥淖，而且会助长嫉妒、恶意等阴暗心理的滋生和膨胀，留不下健康人格的隐患。成为走向极端个人主义死胡同、走向天赋发挥对立面的内心驱动力。

为了避免类似问题发生在自己孩子身上，家长从孩子很小就要注意，不能助长孩子把关注点引导向过度物质化的方向。无论是富裕家庭还是贫穷人家，都应该努力淡化孩子心中很容易形成的家庭条件和物质攀比概念。家长需要明白，家境优越的孩子容易自我炫耀，家境一般的孩子容易攀比争斗，家境贫寒的孩子容易嫉妒愤恨。这都是人性天生的薄弱点，同时也是不健康心理的温床，进而产生不健康人格。不健康人格可能有部分先天因素，但并不全都是与生俱来的。后天家庭、生活环境的习惯性积累和养成，才是人格得以形成的决定性影响因素。

生活中，家长可能无法阻止孩子追逐物质的念头和想法，但可以进行转移注意力的引导。如果同学在学校以家庭条件进行比较，孩子因此受到了某种诱惑和刺激，激发了孩子的物质欲望，家长不要轻易否定，但也不能当下答应。可以与孩子换个话题，适当拖后讨论，或者拖后就不再讨论。以淡化物质话题在孩子心中的色彩和分量。同时帮助孩子分析自己的优势，寻找自己的目标方向。努力把孩子注意力吸引到学习、才艺向上进步的方面来。

对孩子实在非常执着的物质要求，家长要视情况处理，留有一定的弹性。不宜简单只说"行"或者"不"。但不管怎样处理，都要和孩子事先充分沟通，讲清家长的要求，不能无条件满足。可以采取延迟满足、附条件部分满足等方式，降低孩子的期望值，并作为对孩子某种进步的一种激励，发挥其杠杆作用。同时注意，这种方式一定要少量、严控，不能使之变成习惯性选择。

9. 接受学校和老师的纠偏

绝大多数家长都没有学过教育学，不具备教育培养孩子的专业能力。在孩子天赋发现和家庭教育过程中，家长们可能会出现这样那样的偏差和失误。

当然谁都可能会有走偏的时候。在发现孩子天赋问题上，最可怕的是明明已经走偏了，家长却依然自我感觉良好，对自己的失误浑然不知。如果没人能提醒，家长很可能会一直错下去。比如，有的家长长期执念于按照自己的意愿去打造孩子的"兴趣";有的家长持续采取高压手段逼孩子去完成家长指定的任务;有的孩子已经心理压力严重过载,家长却还在继续加码……凡此种种,长期下去,不但不能发挥孩子的天赋优势,还很可能逼出一个"问题孩子"乃至"病态孩子",后果不堪设想。

每个家长都应该有一种主动接受纠偏的警觉和自觉。只要有机会,就要主动找老师进行沟通交流,随时和老师评估、研判孩子学习状况和发现发掘孩子天赋的方法与效果。始终注意把握孩子的成长发育、个性特点、兴趣爱好、优势潜能,去随时进行针对性、阶段性调整。在方法上主动向老师请教,耐心倾听老师对孩子情况的叙述、评估和建议。对学校和老师指出的问题,以及发现家长自身观念、方法上存在不妥的,要及时调整改进,防止在走偏的路子上越走越远。

10. 走出学校给孩子减负,而家长还在不断加码的怪圈

有一个社会现象令人匪夷所思:一边是学校按照国家要求给孩子减压减负,另一边是家长不断加码给孩子报班培训或者补课。甚至不顾及可能带来损害孩子健康的后果。家长这些行为,其实都源于一种共同的社会心理:总怕别人的孩子报了各种班,而自己的孩子没学,落在别人后边。于是争先恐后、不甘罢手。

然而令人无语的真相是,家长这种加码行为绝大多数是从众跟风、相互攀比、盲目竞争的结果。相应它会引发另一个结果,就是这种加码不但无益于孩子的天赋开发,反而会对孩子天赋发掘发展造成额外损耗、伤害、摧残甚至扼杀。

因为加码直接加重了孩子的课业负担和心理压力,表面看是牺牲了孩子玩耍和其他放松的时间,实则牺牲的是孩子的快乐童年乃至身心健康。毫无疑问家长的这种加码是有害的。尤其是盲从跟风加码更是有百害而无一益。家长千万不要以为你的愿望是好的结果就一定好。盲目加码的结果只能是适得其反。

家长爱孩子就要果断停止这种无谓的加码。当然,这并不是说简单地一停了之就好。停止加码,应该建立在确切寻找发现孩子天赋潜能、优势的基础上,科学而有效地做好"减法",帮助孩子进行有针对性的选择,保持孩子集中精力去进行更能发展发挥天赋潜能的学习。从而能更好地与学校做好协同配合。

既使学校给孩子减负的成果能真正显现出来，又能使孩子有更充沛的精力去在天赋发展上学习、训练、提高。

11. 学会必要的舍弃

放弃对教育"内卷"的不理性追逐。主动摒弃那种极端应试教育、应试主义模式，从自己开始做起，坚决抑制和杜绝"只要学不死、就往死里学"的"拼命学、拼时间"的做法，不被剧烈竞争的氛围和风气所裹挟，不把"拼分数、拼高考"作为唯一不变的硬指标，不做"内卷"的簇拥者和推动者。要知道所有与孩子天赋不相对路的"内卷"行为，都是对孩子生命和健康的一种残害。假如孩子到了初二或初三阶段，在语言、数学这类主课上确实学不动，无论怎样都成绩总是上不去，有的家长采取每天逼着孩子做作业到深夜以至凌晨，日复一日让孩子睡眠不足、疲劳循环，以孩子健康为代价、拿孩子宝贵生命力去换取分数的做法，从本质上讲，都属于没有正面意义，甚至只有负面意义的消耗。是不应该也是极不划算的。与其这样，就不如好好听听老师的意见，请老师帮助分析一下，深度研究孩子究竟应该怎样发展，怎样才是最切合孩子天赋的那条路子。即使家长心里有十万个不情愿，也要忍痛果断地从单一应试的路子上退出来。恰当重新定位，使孩子找到扬长避短、发挥自身天赋的发展方向。

舍弃是需要智慧和勇气的。我们说从应试的路子上退出来，并不是鼓动家长随意让孩子放弃学业。而是建议不只是以满足考试为唯一目标，不为了应考而长期超负荷"拼时间"，不以牺牲孩子健康为代价去换取分数。结合孩子的具体情况，做出有利于孩子长远发展的客观务实的选择。这样做的结果可能就意味着，孩子不再拼死拼活去冲中考的关口了，上不成普高了。从此走上了职业技术学习、凭手艺吃饭的路子。有的家长可能会为此痛心疾首。但真值得那么痛苦吗？答案是否定的。孩子走了职业技术的路子，远不等于孩子就没有出息了。有人说："人并不能靠知识活一辈子，却可以靠技艺活一辈子。"职业技术的路走好了，照样可以让孩子天赋张扬、本事尽显，找到翱翔的天空。

12. 把"人人进步、各得其所"理念变成家长和学校一致的行为选择

努力使"因材施教"作为天赋发现发展的起点，把"各得其所"作为天赋发展的归宿。

第九章
家庭与学校协同配合打通孩子天赋实现路径

"人人进步、各得其所"的理念是一所普通初级中学提出来的。作为一所承担义务教育"兜底"功能的公办学校，在过去"小升初"时被一些名校"掐尖招生"后，多数孩子都进入这样的学校。有些学生学业基础不牢固、成绩不稳定、管理难度大、提升空间小。如果单看中考成绩他们确实比名校低很多，但所付出的努力却要比名校高得多。这就如同开豪华名车与货运"面包车"去比速度，根本不在同一个量级。所以该校提出了"人人进步、各得其所"的办学理念。后来这个学校的田径、台球、篮排足球等众多项目在全市名列前茅，输出了多种专业人才。中考成绩也稳步上升，虽然升学率还比不上名校，但谁能说他们输出的各类专业人才就不是人才？谁又能说那些文化课成绩一般的孩子，就一定不会有好的未来呢？或者他的未来就一定会比那些名校"优秀生"差呢？历史的经验多次告诉我们：事实，并非如此。

如果家长和学校能为"人人进步、各得其所"共同努力、一致行动，对那些并不适合应试教育"独木桥"的孩子来说，意味着家长和学校需要根据孩子自身的天赋特点，去设计和打造适合孩子自己的教育方向和培养模式。尤其是进入初中阶段的孩子，其个人禀赋、性格爱好、特长优势的主要轮廓都已经显示出来了，不适合的路不要勉为其难。但家长们会发现，这时候站在一个十字路口，何去何从真的还是挺伤脑筋的。

老师！家长有纠结的时候，一定不要忘了老师，不要忘了和老师商量。请老师帮助分析，在众多孩子中，你家孩子哪个方面比较突出？与其他孩子相比，他哪一点天赋优势表现比较明显，具备发展潜力？老师帮你提出的方向性建议也许不是最好的，但至少可以为你的孩子实现"各得其所"提供参考、找到依据。

 老师/家长 声音

"玉不琢，不成器"。惩戒是中小学教育培养中一个不可避免的问题，也是促进孩子天赋发展的必要保障手段。教育部已经推出了《中小学教育惩戒规则》，家庭和学校应该加强沟通、相互理解、紧密配合，通过实施教育惩戒，督促和约束孩子进行自我管理，更好地发挥和展现其天赋优势。当然，老师行使教育惩戒权，应当坚持以育人为本，以学生身体健康、精神健康为前提，防范过度、越界使用。按规惩戒、把握尺度，使惩戒发挥出最好效果。

——贺三宁，中学初中部副校长、正高级教师

卡耐基说过：发现你自己，成为你自己。老师教给孩子的知识，多年以后可能会忘记的。但教给他发现自己、成为自己则会成为孩子一生取之不尽、用之不竭的宝库。有个孩子高二之前的理想是当老师，但后来听了传媒大学一次报告，她觉得找到了方向。自己报名参加培训，全周无休、动力十足，根本不需要大人检点督促。她现在在北京一所大学戏文专业上研究生。想要孩子成为自己，就要鼓励孩子先发现自己。

——刘鲜红，中学高级教师

有的家长简单地以为，上不了好学校，就没有好未来。所以总是让孩子往家长的想法上靠。家长呢，则考虑自己的各种优势资源，按照自己设计的路子去培养孩子，却没有考虑孩子的实际。我朋友有两个孩子，大的学习好，考上了名牌大学。老二爱踢足球，技术很好。但为了让学文化课把足球放弃了。现在文化课学习吃力，又想让踢足球，但起步却又晚了。可见，非要把孩子往家长的想法上靠，不一定是对的。一定要追求上好学校，也不等于就会有好未来。

——赵吉军，食品工程高级技工学校校长

我觉得自己就是找到了一个天赋发挥的职业。把孩子天赋变成发展优势，需要"先天资质+后天培养"，需要"坚持+鼓励"，那么习惯显得格外重要。如果说需要有点家长作业，确实不需要别的，最重要的是经常检点孩子养成一个写好作业的态度，养成做事认真负责的态度。如果孩子的作业写得好，人一看就很舒服，家长老师都鼓励，孩子的自信心也会提高。长期坚持下去，就会形成良性循环，孩子的成长发展就会进入一个更好的状态。

——王妍，小学分校区课程教研部长

老师在上美术课。一个孩子拿着他画的作品问老师："老师看我画得怎么样？"老师看了，让他把外边的线条改一改。但学生不改，又问"老师你看我画得怎么样？"老师又说了要求而学生还是不改。过了一会儿，第三次问老师

他画得怎么样。老师说:"你怎么这种学习态度,怎么总说总不改呢?"谁知学生反而振振有词:"美术课也算学习吗?我学美术有什么用?我不认为美术课也算学习!"这到底是孩子的认知呢?还是家长的认知?家长有了这种认知,到底是给孩子指路子,还是误导孩子?家长不要把不适当的认知传给孩子!

——马晖,小学美术教师

家长对深化教育改革有哪些新期待?

1. 幼儿教育的方向如何再定位?

经常听到有家长吐槽:"现在公办幼儿园一点文化课都不教,孩子上小学后会跟不上。""其他孩子学前阶段把拼音和100以内的加减法都学会了,还能认一两千个汉字,几百个英语单词。咱孩子没学会吃亏。"这说明幼儿园"小学化"的惯性还很大,而有一些家长的焦虑还在继续。

但这本不应该是幼儿教育正确的方向。

确切地说,幼儿教育应该在国家《3~6岁儿童学习与发展指南》的框架内进行。超出这个范围的所谓"教育",既不规范,也超越了一般儿童生长发育的规律。家长们确实需要改变幼儿教育思路,不要把着眼点放在教孩子背诗、计数计算、背单词等文化课上。而应把重点放在行为习惯的培养、体能训练、生活能力训练和思维方式的初步训练上。"文明其精神、野蛮其体魄"要从幼儿园开始。着力训练孩子兴趣、专注力、语言表达、生活辨识、基本认知、人际交流与礼仪、初步辨析和行为习惯、价值观念的养成上,回归幼儿教育的本质。

2. 是否可以为"幼小衔接"设计一种新思路?

家长们普遍关心的是,幼儿园和小学需不需要有个衔接?如果需要,应该怎样衔接?其实不少家长内心还是都有一个自己的答案,认为这个可以有。

既然如此，我们就是否应该研究，究竟怎样才能创造性地设计一种幼小衔接的新思路？

在不少家长看来，其实幼儿园的学前教育是可以分段来安排的。小班应以保教为主，主要目标是让孩子学习基本生活能力，开始适应集体生活；中班则要培养初步的合作意识，与人交往交流，参与集体活动并体验其中快乐；大班的孩子则可以通过活动、游戏等方式适当穿插学习一些简单的语文、数学等启蒙性的文化课内容了。只要不违背幼儿生长发育规律，客观看待现在幼儿身心发育普遍提前、智力和身体机能条件普遍变好的实际，让幼儿园大班适当承担起一些过去学前班的职能，这未尝不是一个现实可行的思路。

从幼儿园到小学，毕竟是孩子低龄时期的一次转折，如果能在正规的教育体系内统筹安排、有个衔接，那么从幼儿园到小学的过渡是否会更顺畅一些？效果能否更好一些？

与其堵着艰难，何如疏堵结合、水畅其流？

3. 是否可以创建每校一专长的特色教育示范学校，以利于专项优势相对集中？

现在，很多人对基础教育发展不均衡的关注多集中在校际资源的分布上。其实各校校内资源的充分利用上同样存在不够均衡的问题，具有很大的优化提升空间。只不过是过去没有引起人们的更多关注而已。比如，一些学校的音体美、劳动，手工和其他实践型课程安排，几乎是一种"点缀"型的，安排上是有，但实际效果和考核测评上，一定程度上都是象征性的。不说"边缘化"，实际是有边缘化倾向的。这些课程效果平平，老师的积极性、能动作用发挥非常有限。从开发孩子天赋的角度看，确实把现成的好资源浪费了。如果这部分资源能得以有效利用，完全可能为孩子天赋发掘发展再打开一窗门、一条路。

于是问题来了。有家长问："能不能把现有资源进行整合，让每个学校都沿着一个或几个专长形成优势发展？比如，足球、篮球、排球、音乐、书法、美术等，在每个城市、每个县都能创建一些专项优势相对集中的特色教育示范学校？"

家长的期待实际为深化教育改革提出了又一种思路和可能，也为学校基础教育进一步提供更适合每个孩子的教育、发掘发展孩子天赋提供了新的思路和可能。如果各级教育部门积极做好统筹规划，进行总体设计建设，突出专长优势，优化课程设置和校园文化活动结构，促进区域教育资源在更大意义、更高水平上实现新的平衡，也许就能够出现更值得期待的新成效。

4. 是否可以把情境教育作为教学模式新常态？

这是教学方法问题。与通常说的教育改革并不属于同一层面。它通过以实物、现场、图像、影像、活动、动作、操作、表演、语言、描述、对比、背景知识、提出问题等创设各种各样的教学情境，以课堂模拟实践、以情境强化课堂，把更多的形象、演示和应用性融合到课堂教学和学科能力训练上，大大提升了教学效果。

现在一些学校已经开始创办智慧课堂，把人工智能技术不断嵌入情境教育。这将带来教学模式新的质变。那种身临其境的体验感、触手可及的实践性、多维多元的启发性，将使孩子的主体性进一步突出，课堂的对话性和师生的协同性也会进一步增强。

孩子越小，情境教育越有必要。情境教育所创造的形象、趣味、情境以及情感浸染、情感熏陶、心灵渗透等，有利于引导孩子进入一种特定情境之中的感觉。特别容易唤醒孩子的共情感和同理心。加之情境教育把活动、兴趣、动手做和学习紧密融合，能有效地弥补低龄孩子在认知、理解能力上的局限和理智感的不足，吸引孩子集中注意力，把学习兴趣调动起来，实现快乐学习。以情境教育把孩子引向深度学习，进而促进孩子审美、创造、实践，能更好地启发孩子提出问题，引导孩子多维思考，设计情境拓展域宽，激励孩子挑战纵深。其结果必然是增强了孩子学习主动性，激发孩子天赋潜能的浮现和发挥。

5. 幼儿园、小学文化建设，怎样围绕发现发掘孩子天赋组织活动？

孩子的天赋越早发现，家长就越主动。幼儿园、小学阶段是孩子天赋发现发掘的"黄金9年"，如果能更多地围绕发现发掘孩子天赋组织校园文化活动，以文化建设引领孩子天赋发掘，对家庭、对社会都善莫大焉。

围绕发现发掘孩子天赋开展文化活动，要适应孩子天赋的多样性、复杂性和个别特殊性需求，有效激发孩子天赋的个性发挥。简单地以原有的班级去开展显然就显得不够适应了。有的还需要由学校统筹安排，打破原有的班级限制，重新进行组织。按一般经验，可以在班级内部划小活动单元，比如，可以根据同学们自己的意愿组成若干兴趣小组，实行分小组活动；也可以全校统一安排，分门别类，把天赋类型相同或者接近者组成相应专门社团、主题社团，定期开展专题活动，建立主题文化项目，使每个参与者都能有深刻的角色体验，享受相应的角色成就感。

学校还可以建立一定的激励机制。比如，可以设置专项表扬榜单，定期张榜公布各类校园"小明星"：足球等体育小明星、书法音乐等艺术小明星、科技小明星、劳动小明星、自然之友小天使等。认可和肯定，就是对孩子天赋发挥得最好激励。

同时，学校还可以对带队教师所组织的活动成果及时予以确认和鼓励，以形成更好的教学导向和向上氛围。

6. 对学生的学业考试测评，如何加入适量激励孩子天赋发挥的测评？

教育的意义在于"传道、授业、解惑"和赋能。是教孩子学会思考和提升运用知识、解决问题的能力，而不是把孩子变成如同复读机、计算器一般的学习机器。要不断训练孩子的主动思考、灵活运用、独立解决问题的能力，使主观能动发挥成为孩子学习习惯中从不缺席的一部分。

所以，对学生学业的各类考试测评，都应该进一步强化对发挥孩子天赋和主观能动性的考查评价，更加注重以理解型、应用型、综合分析型和主观发挥型考题来考核评价学生，全面考查学生对所学知识的接受、记忆、理解、消化、综合运用和创造性发挥的能力，增加其所占的比重和分量。

在这种考试测评导向下，需要大力强化孩子对知识的贯通。防止陷入读死书、死读书和死记硬背、囫囵吞枣的泥潭，防止把各门学科孤立去学、割裂去学，防止脱离实践只会在空洞的概念、定义上打转转。在整个小学、初中阶段，都要注意各学科之间既要有分际，又要互为补充、相互贯通。老师要注意在日常教学中有意识地引导学生对相关知识点的连接，一点一滴去培养孩子举一反三乃至跨学科融会贯通的能力。这样能力积累到一定程度，距离出现质的飞跃、达到孩子天赋实现就越来越近了。

7. 防止按照生产工业化产品的思路和方式安排对人的教育培养

我们反复说每个孩子都是一个精灵，每个孩子的天赋都是独特的。即使具有同一类型天赋的孩子，其各自的天赋特征、潜质也会有这样那样的差异。我们老祖宗提出的"因材施教"的教育理念的确是亘古不变的真理，永远不会过时。所以，任何时候、任何教育阶段都不能按照工业化生产产品的思路和方法去设计、安排对人的教育培养。

但是，现代教育毕竟与私塾教育有着本质的不同。现代教育的一个基本特征是按照标准化的课纲、课标组织教学。这是国民教育体系一性、完整性、系统化的标志。然而，对人的个体教育培养却是不能标准化的，教育的实施主体需要在执行标准化的课标与激发孩子个人学习潜能、激活孩子特有天赋优势上找准结合点，才能使教育的效能最优化、最大化。

除了可以在考试测评中加入主观发挥因素，重视考试指挥棒的导向作用以外，更重要的是平时教学和学校各项活动的组织，都应该更加侧重于引导学生强化自己对课堂教学内容的理解、吸收，鼓励学生进行自我发挥，支持学生在学习中张扬自己的个性。即使学生的理解是错误的，也要采取鼓励性启发引导而不是简单批评否定。培养孩子有勇气挑战既定结论，发表自己的见解。使我们的学校能孵化培养出更多的精灵学生，而不是输出类同于某种同一标准的工业化产品似的毕业生。

家长们对深化教育改革的新期待，集中体现了新时代人民对美好生活的新向往。有很多家长愿望我们无法一一在这里讨论了。比如，在"双减"实施过程中，教育部门应该怎样更主动、更有效地回应家长们对深化教育改革的新期待？如何进行教育模式和课纲课标的更新设计，改进完善校内教育的课程体系？如何深化互动式教学、形象化教学、思考型教学和融会贯通教学，促进校园文化进一步多样化、丰富化？如何提升校内教育的质量、水平和层次？中考高考模式可否进一步完善设计、提升效果？如何给那些既想充分发掘孩子天赋、又担心耽搁中高考"不敢赌""赌不起"的家长以理性选择的机会，以促进人才培养模式多元化能更广泛地被社会所接受和响应？

我们确实还可以有更多更深入的探索。

发现孩子的天赋

 老师/家长 声音

每个孩子来到这个世界，都是独一无二的个体，差异是不可避免的。真正的教育必须尊重差异。我们学校原来有个学生，从上初中就经常偷偷出去打台球，后来上高中、到国外上大学也一直这样。有一次他给美国台球比赛做服务生，一个选手生病，他转身成了替补队员参赛，结果一参赛就拿了冠军。再后来他的九球名次排到了全球前300名以内，中国前5名。这个事告诉我们，无论是家长还是老师，都要给孩子机会，让孩子更多地自我发现。让天赋这粒种子，有适当的环境、能破土而出、能茁壮成长。基于这样的理念，我们学校的育人目标确定了8个字：人人进步，各得其所。促进孩子们在唤醒各自天赋中，去实现属于自己的未来愿景；通过更富有成效的教育，成就孩子们各自的人生优势。

——周典博，中学校长、高级教师

怎样让突出人才脱颖而出？确实值得关注思考。有个女生上初中后，第一次参加运动会，第一次参加竞走比赛就拿了冠军。对于一个从未受过任何训练的孩子，我相信这就是天赋。还有一个孩子，数理化成绩一直领先，但对英语却死活不开窍。毫无疑问这就会影响他的总体成绩。这两个孩子天赋都比较明显。这就需要社会建立一种机制，给这种具有天赋异禀的孩子创造条件，进行专门培养，把发掘潜能与个人天赋结合起来。社会应该给有天赋异禀的孩子脱颖而出建立机制、留出空间。使他们能够有更多的机会实现自身的特长发展，充分发挥他们的天赋优势，取得更优的教育效益。

——胡兴正，中学副校长、高级教师

承认和尊重人的差异是教育理念的进步。比如，有的孩子田径运动出类拔萃，却天生对数学怵头，再让他补都补不起来。家长和学校就不要强他所难。我们在学校贯彻"一切为了学生、高度尊重学生、全面依靠学生"的"生本教育"理念。尊重孩子的先天差异，尊重孩子的特殊兴趣，努力挖掘孩子自身潜能。与过去强调"木桶原理"短板的视角不同，现在提倡的"扬长教育"是以

第九章
家庭与学校协同配合打通孩子天赋实现路径

学生个体的长处为核心。通过"以长促长、以长促全"的教育方法,注重因人施教。努力实现一种尽可能避开孩子某个天生的弱项、短板,培养孩子在某一方面具有突出优势、人格较为健全的教育。

——弓月爱,中学副校长、高级教师

虽然孩子的天赋是很个性化的,但天赋发现学校教育也在做。北京十一学校率先推行的"走班制"就是一种很有意义的探索。他们以素质教育为目标,在国家课程、地方课程和校本课程的基础上,把过去"课程—老师—学生"的老模式变成了"课程—学生—老师"。顺序一调,学生的主体地位显现出来了。一个学生一张课表,自选课程丰富多彩,极大地吸引了学生的学习兴趣、激发了学习热情,这更有利于天赋发现。这种改变教学模式的探索,我觉得可以有。

——薛少波,中学政教处主任

一个刚上小学二年级的孩子,学习时好动坐不住。但要是他自己画画,就可以持续很长时间。家长对如何培养他,很是有些纠结:发现了孩子的天赋兴趣,能不能让他走专门培养的路子?有没有培养前景?有多大前景?假如孩子学习不够好,又该怎么办?设想了各种可能,希望能做出一个最有利孩子发展的选择。家长最难回答的,就是面对竞争日趋激烈的社会,究竟怎样处理孩子天赋个性与高考、中考指挥棒的关系?

——阙华明,中学英语备课组长、优秀班主任

有的孩子天赋突出、适合走特长发展,但家长没那种勇气。总的来看,特长发展的路子比较窄,很辛苦,而要取得成就很不容易。家长们真的不敢赌,也赌不起。一些家长之所以让孩子上特长课,某种意义是做个备份。怕孩子文化课成绩不好,以特长做个弥补。现在,发现孩子天赋,更多的只能是在全面发展的基础上再说特长,否则家长真的会找不着北。

——王文娟,小学教导主任

我在一个农村学校支教一年,对农村学校教育短板感触很深。最突出的一

点是，感觉农村家庭教育的缺失太多。孩子放学回家后，很少有家长过问孩子的学习，放学就等于放羊了。学校教学的效果没人去加以巩固，这个现象很普遍。我觉得，要补农村学校教育的短板，需要先从补农村家庭教育的短板开始抓起，否则差距只会越拉越大。

——张茜，小学教师

从"家长群"视角看家校协同

1. 家长群：让你欢喜让你烦

高度发达的现代通信技术，给家园共育、家校协同带来了极大的便捷，也开辟了崭新的阵地。过去三番五次请家长、开家长会都说不清楚的事，现在拉一个家长群，家长在手机上就可以实时看到自己孩子在幼儿园、学校的情况。而且有图、有视频、有真相。直观看来，家长群似乎无涉孩子天赋，但它紧紧关联着家园共育、家校协同，为孩子天赋的发现、发掘、发展默默地起着保障和支持作用。

家长群多是由老师拉起来。有了家长群，确实都太方便了。通过家长群可以随时沟通情况，进行班级事务安排，就涉及孩子的事项征求家长意见，还可以把布置的作业在群里公布，以便于家长检点孩子。因此老师的要求，家长都可以一目了然。有"群"在，确实及时了，从不误事。家长从家长群收获了满满的获得感、安全感。

但家长群的烦恼也不少。有的家长感到群里的信息很多，不回不行，回又为难。可能会遇到人多嘴杂，信息混乱，干扰心情；也可能会发错信息，造成不必要的误会；至于一些不想公开的关于孩子的情况，在群里被迫公开了；一些不愿触及的小话题，也不得不应对了；还有，不明不白地不知为啥把人得罪了……家长都要学会忍耐，要逐步磨合。

2. 家长群里说什么

在家长群里说什么是个技术活。看着是在手机上发文字，实则相当于面对很多人、对公众讲话。讲对了是应该的，讲错了就可能引出各种问题，惹出不必要的麻烦。

家长群里必须说的话大致有三种情况：一是回应老师，对老师的要求、安排一定要有回应，不能无动于衷，更不能置之不理；二是沟通情况，孩子在学校、在家里的情况要随时与老师保持沟通，做到家长和老师彼此信息畅通；三是表明态度，对老师、学校工作要主动配合，积极响应，需要家长做的，不能含糊其词，更不能揣着明白装糊涂。

在家长群，要遵守"不传播谣言、不搬弄是非、不乱发广告"等所有各种群的共同守则。家长群还有一些成文或不成文的特殊群规和忌讳，家长们也应该注意不要触犯：不在群内公开孩子的成绩，不论孩子考试情况好坏，都不能在群内公布和议论；不在群里讨论孩子的问题，特别是孩子的缺点、生活习惯等属于个人私密性的话题，决不可以在群里讨论，要懂得孩子也是要面子、有尊严的，尊重孩子的秘密是家长应该守住的口德；不议论别的同学，特别是不要在群里拿孩子与同学进行相互比较议论；不讨论与老师的分歧，如果家长与老师观点不一致，可以找老师当面沟通或者私信聊，一定不要放在群里讨论，不要把分歧公开到其他家长面前。图省事的结果将会是很不省事。

3. 在群里扮演啥角色、咋表现

每个家长都应该是家长群的积极参与者和正面支持者，除此之外，别无选择。

关心重视家长群，就是关心重视自己的孩子。所以家长们除了热情支持外，更要主动参与。老师通过家长群安排的事项，都应该认真对待，能做到的一定要努力做到做好。不可敷衍应付，不能不了了之。要做到随时响应，快速反应，拖拖拉拉不行。有的老师在家长群里请家长协同检点孩子一些事情，竟然有家长过了一个星期还无反应，这显然是不够称职的表现。再忙的家长也不能忙到一个星期顾不上过问自己孩子的事。如果真有那么忙，就应该换个监护人加入家长群，不能占着群里不理事。同时，还要表现出足够的热心，要做关心群、呵护群的热心参与者。每一个在群的家长，谁都不是局外人。家长可以通过家长群，设身处地为老师、为班级、为学校着想，提出一些建设性的意见建议。毕竟，学校好了、班级好了，最终还是对自己的孩子好。

4. 回应错了咋解决

家长群是网上公共群体的社交空间。有的家长难免会在家长群弄出一些尴尬事，比如，把本该私密的话题发错了群、误发了本不该发到群里的信息，还有老师、其他家长做出的安排或者提出询问，自己的回应牛头不对马嘴等。诸如此类，无异于当着大庭广众出洋相。

学会妥当处理在各种群里的失误是网上社交的必修课。尤其是在家长群，如果在处理方式上稍有闪失，稍不注意就会影响到孩子，出现意想不到的后果。所以万一在家长群出现了信息错发、发言不当、回应失误等，一定要当成一件大事来郑重对待、慎重处理，不要任由那些不妥当言论、信息发酵蔓延。

一旦不慎在家长群里错发了信息，要在发现失误的第一时间立即更正失误信息，改发正确信息。及时诚恳承认失误，向大家赔礼道歉，请求大家理解和谅解。对可能造成负面影响的，还要及时私信老师沟通，请老师帮助妥善处置应对。还是那句话，万不可以满不在乎，大意失荆州。

5. 为了孩子别惹谁

为了自己的孩子，家长应该十分在意在群里能有个好人缘。即使做不到人气最旺，至少也要做到不去得罪谁，不惹人讨厌。

一是要做到不惹自己的孩子。如果孩子出现了什么情况，有什么问题，要控制在家里解决，决不到群里去抖，这也要讲究"内外有别"。也不要为群里其他信息所左右，不为一些无谓的事情让孩子心里郁闷，惹得他满脑子都是乱七八糟的干扰，弄得没心思学习。二是不惹老师。不是不能和老师有不同看法，也不是老师不对的地方不能提意见，而是要注意方法、找到场合，真正让老师能听进去且以不得罪老师为好。因为家长的目的不是要和老师过不去，而是要通过老师培养教育好自己的孩子。所以惹老师不高兴，既没必要，也划不来。三是不惹孩子同学。同学之间的事，让同学自己去解决，家长一定不要瞎掺和。这也有利于家长群的和谐清净。四是不惹同学家长。本来就犯不着。一般问题确实不应该在家长层面出现摩擦。万一有了摩擦，也不要在群里论高低。生活中确有同学之间有了矛盾升级和恶化，把家长卷进去，而且还闹得不可开交。那么，此类特殊问题也应该找个适当的地方，你们私下慢慢说，不要在家长群里惹大家烦。

6. 该维护时且维护

成年人在处理一些重要关系时，往往都会注意"维护"。在家长群里的"维护"，同样是不可缺少的。

这种"维护"不需要你去"打点"什么，也不需要你刻意去讨好谁。但需要学会低调：无论你是什么身份、在社会上干得多好或者多么富有，都不要觉得自己有什么了不起。进入群里，你就是一个孩子的家长，而不要把你在单位的"这长、那长"或者"这总、那总"带进群里来，你不应该有任何特殊之处，也不应该带有任何优越感。只有学会低调，你才能以平和的心态对待老师，看待别的同学家长。

需要学会尊重：当然首先要尊重老师。尊重不仅仅是嘴上的天花乱坠、甜言蜜语。而是要发自内心地真诚相待，是把老师的话听得认真、记在心里、落实到行动上。当然同时还要尊重其他同学的家长，不能事事都以自我为中心，自以为是、目空一切、抬高自己、贬损别人。

需要学会网上相处：在群里都是人不见面的隔空交流，家长在群里更要懂得并自觉遵守网上礼仪。在群里的言行要讲究基本的礼貌、保持基本的礼仪，以赢得多数人的好感和理解。交谈要有来有往，不能对方还是满腔热情，你却手机往旁边一放，不理不睬。网上相处还要注意不踩红线不出格，坚持原则把握度。

7. 被踢出去啥滋味

在群里时可能没觉得有多么宝贵，而一旦被踢出了家长群，一种失速坠落感顿时会袭上心头，那滋味确实不好受。

突然感觉孩子被欺侮了：孩子还在原来的班里，家长群却突然把自己逐出了群外。孩子在学校是啥情况，家长变成了睁眼瞎，正常的信息渠道断了，干什么都会比别人慢一拍。更重要的是，孩子会因此在班里感觉比别人低一头，这不就是一种被欺侮的感觉吗？

发现自己的智商不够用了：这还不像当面闹了个矛盾，赔个笑脸认个错，只要态度好，总有回转的余地。而被踢出群，你态度再端正没有用，想发言的机会没了，如果你抹不下面子去当面向老师认错道歉，那智商真的是不够用。

原来的好人缘不灵了：别说原来和老师处得有多好，也别说有多少孩子同学家长和自己关系不错。只要你出了家长群，你就成了外人。群里的事和你无关。你想知道孩子的情况，那就走别的渠道吧。谁让你惹出了这样的事，当然责任自负了。

失落感是肯定的，但仅有失落是没用的。被踢出群的家长一定要深刻反省并拿出行动积极改进，争取尽快重新回群，主动当个好"群员"。毕竟这时代，家园共育、家校协同，已经离不开"群"了。

8. 让家长群发挥啥作用

如今的家长群，已经成了联结家园共育、家校协同的一个必不可少的桥梁和纽带。走到今天，就已经不可能退回到没有家长群的昨天。

家长群的基本功能无外乎两点：一是日常沟通，促进随时解决学校和家庭需要对接的问题；二是增进感情，使家园共育、家校协同更加顺畅。家长要通过家长群接收、领会老师和学校的意图，需要配合的事项要及时跟进、努力做好。对孩子在家的情况，特别是有些需要注意的问题，需要请老师关心的事项也要及时向老师通报和说明。在促进家园共育、家校协同过程中，通过家长群使家长和老师、学校之间的联系日常化、常态化，也琐碎化了。彼此之间信息不对称问题大为减少，因而也有利于增加彼此的信任。而信任的提升，其他问题就相应会减少很多。家园共育、家校协同就能进入一个更好的状态。

发挥家长群的作用，还要注意家长群不是万能的。不要指望家长群可以解决与幼儿园、学校的所有沟通。家长群不能代替当面沟通，该当面去请教或者需要与老师商量的，还是一定要去当面见老师。家长也不能在群里发泄个人不良情绪，不能因为自己心情不好就去群里制造麻烦。

第九章
家庭与学校协同配合打通孩子天赋实现路径

 老师/家长 声音

  几乎每个学校、每个班级都建有班级家长微信群。主要功能为学校和老师发布通知、集体学习、分享学生学习及在校活动、交流教育孩子的方法和经验等。群内消息一般由老师或家委代表发布，对不需要家长回复的消息，切勿随意跟帖，避免刷屏，影响其他成员阅读。群成员发言及分享内容要积极、健康，有利于促进班级工作及孩子教育，切忌乱发牢骚，发布反对、指责等内容。如果有问题，可以私信老师或者家委。家长微信群里不能随意推送商业宣传及推销广告，不能分享家长个人及家庭生活内容，以免造成不必要的麻烦。

——杨康，中学一级教师

  班级群是家长和学校联系的重要桥梁，发挥着不可替代的作用。家长群的特殊性，更要求所有成员应该谈吐文明，语言谦和委婉，遇事冷静沟通，不使用过分的语言。在班级群组，要格外注意不能发送与学生学习无关的购物链接和其他链接。如遇意见分歧的事件，要自觉接受家委会成员的耐心劝解或者班主任老师的调停，不能将班级群组当成自我情绪发泄的平台。所有家长成员都要为班级群的良性发展而规范自身，共促班群的和谐，共同做好家校沟通衔接。

——郝静静，小学班主任

  孩子从幼年到童年、少年要经历幼儿园、小学、中学，我们讨论了开发孩子天赋的四个步骤。其中，天赋的发现、发掘、发展这三个步骤，都离不开这个过程中幼儿园、学校的教育培养，离不开幼年阶段家庭与幼儿园的家园共育，离不开童年、少年阶段家庭与学校的家校协同。这个过程是极为复杂的，但都是必须经过的。每一个家长都应该承担起主动协同的责任。

  我们必须承认，无论家长们怎么努力，无论学校教育多么出色，无论家长与学校的协同配合多么到位，绝大多数孩子在整个中小学阶段都是不能达到完全实现天赋的。中考、高考成功过关，也只是部分学生学习天赋的部分实现。虽然每个家长都不能在孩子高中毕业之前苛求孩子天赋实现，但又必须陪同孩子走好天赋发现、发掘、发展的全部过程。因为，只有你扎扎实实陪孩子走好了这个过程，也许就有可能从你的家庭中走出未来的钱学森、杨振宁、陈寅恪、屠呦呦、钟南山、潘建伟 、马伟明、林丹、邓亚萍、刘国梁、姚明、郎朗、郭晶晶……

  孩子的天赋实现，将不仅仅是家长的骄傲和孩子人生价值的最好兑现，更是国家的希望、民族的未来。

参考书目

［1］中华人民共和国教育部. 3～6岁儿童学习与发展指南. 北京：首都师范大学出版社，2016.

［2］幸福新童年编写组. 3～6岁儿童学习与发展指南解读. 北京：旅游教育出版社、首都师范大学出版社，2017.

［3］中华全国妇女联合会、中华人民共和国教育部. 家长家庭教育行为基本行为规范，2020.

［4］【美】霍华德·加德纳. 智能的结构. 沈致隆，译. 杭州：浙江人民出版社，2013.

［5］【苏】B.A.苏霍姆林斯基. 给教师的建议. 杜殿坤，编译. 北京：教育科学出版社，2010.

［6］【苏】B.A.苏霍姆林斯基. 把整个心灵献给孩子. 唐其慈，毕淑芝，赵玮，译. 天津：天津人民出版社，1981.

［7］【美】亚伯拉罕·马斯洛. 动机与人格. 许金声 等，译. 北京：中国人民大学出版社，2012.

［8］【加】戈登·诺伊费尔德，加博尔·马泰. 每个孩子都需要被看见. 崔燕飞，译. 北京：北京联合出版公司，2019.

［9］【美】丹尼尔·戈尔曼. 情商：为什么情商比智商更重要. 杨春晓，译. 北京：中信出版集团/中信前沿出版社，2018.

［10］【美】丹尼尔·戈尔曼. 情商（实践版）：新发现——从情商更重要到如何提高情商. 杨春晓，译. 北京：中信出版集团/中信前沿出版社，2018.

[11]【奥地利】阿尔弗雷德·阿德勒.儿童教育心理学.欧阳瑾,译.北京:台海出版社,2018.

[12]【奥地利】阿尔弗雷德·阿德勒.洞察人性.欧阳瑾,译.北京:台海出版社,2018.

[13]【美】默娜·B.舒尔,特里萨·弗伊·迪吉若尼莫.如何培养孩子的社会能力.张雪兰,译.北京:北京联合出版公司,2018.

[14]【德】卡尔·威特/【意】蒙台梭利/【美】斯托夫人.卡尔·威特的教育/蒙台梭利的教育/斯托夫人的教育.达夫 编译,南昌:江西美术出版社,2018.

[15]马少槟,张戈茵.做个放手又放心的家长.广州:南方出版传媒/广东人民出版社,2019.

[16]杨瑜君,万玲.孩子受益一生的思维力.苏州:古吴轩出版社,2019.

[17]李芷怡.儿童敏感期成长指南.北京:北京联合出版公司,2019.

[18]徐小东.陪孩子走过0~6岁敏感期.北京:中国妇女出版社,2019.

[19]董颖春.家园共育课程.上海:上海复旦大学出版社,2019.

[20]融智.情绪控制方法.北京:中国华侨出版社,2018.

[21]文德.性格决定命运.北京:中国华侨出版社,2018.

[22]罗佩.6~12岁孩子的正面管教.北京:中国妇女出版社,2019.

[23]杨雄.有机教育.北京:北京大学出版社,2019.

[24]钱诗金,钱丽.千万不要误导孩子.北京:中国少年儿童新闻出版总社/中国少年儿童出版社,2019.

[25]徐林.谁是你最好的榜样.北京:华语教学出版社,2010.

[26]【英】安迪·巴克,贝丝·伍德.成长的一万种可能.杨惜,译.北京:民主与建设出版社,2020.

[27]【日】佐佐木典士.如何养成好的习惯.金磊,译.北京:中国友谊出版公司,2019.

[28]【法】阿兰·布拉科尼耶.只想被倾听.宋瑶,译.南京:江苏凤凰文艺出版社,2018.

[29]【法】夏尔·佩潘.自信的力量.陈阳,译.南昌:江西人民出版社,

2019.

［30］【美】莉莎·费德曼·巴瑞特.情绪.周芳芳,译,黄扬名,校译.北京：中信出版集团,2019.

［31］【美】斯蒂芬·克利福德.决定上限的,是你处理情绪的能力.宋云涛,译.北京：北京联合出版公司,2019.

［32］【美】约翰·布罗克曼.心智.黄珏苹,邓园,欧阳明亮,译.杭州：浙江人民出版社,2019.

［33］【加】布赖恩·利特尔.突破天性.黄珏苹,译.杭州：浙江人民出版社,2018.

［34］王双双.听孩子说胜过对孩子说.青岛：青岛出版社,2019.

［35］王焕斌,王灵芝.儿童成长密码.北京：清华大学出版社,2016.

［36］【澳】史蒂夫·比达尔夫.养育男孩.丰俊功,宋修华,译.北京：中信出版集团,2019.

［37］【英】陈美玲.50个教育法：我把三个儿子送入了斯坦福.陈怡萍,译.上海：上海三联书店,2016.

［38］【美】弗兰克·哈多克.自控力如何掌控自己的时间和生活.盛安之,译.南昌：江西美术出版社,2017.

［39］陈红.教育因自然而美丽.北京：首都师范大学出版社,2014.

［40］谷永青,陈彧.好性格让孩子受用终生.青岛：青岛出版社,2019.

致 谢

本书从策划、访谈、写作直到成书,得到了来自社会各方面特别是教育界朋友的热情支持和大量帮助。

在众多老师、家长的踊跃支持和全力配合下,我先后约请召开了16场专题座谈会,座谈和个别访谈总人数达到了160人,访谈工作持续了数年时间。还进行了深入、广泛和反反复复的详细讨论。先后参与过相关工作的有教育学家、心理学专家,也有脑科学和儿童保健大咖;有大批本科、硕士以上学历的教坛新秀,还有执教数十年、经验丰富的名师;有校外青少年活动机构负责人和老师,也有来自社会各行各业的家长……这些值得尊敬的人,虽然他们各自的工作十分繁忙,但当我提出访谈请求的时候,都二话不说、毫无保留,对怎样开发好孩子天赋、消除家长们的焦虑纷纷挖掘各自多年的经验,发表了精彩、精辟的个人见解。比如:

著名神经内科专家、西北大学医学院院长赵钢教授,西安市教育科学研究院院长、正高级教师解慧明女士,陕西学前教育师范学院主任何善平教授和刘永昌教授,西安市儿童医院儿保科主任罗兴育主任医师,著名心灵成长导师温耀婕女士,心理咨询专家杜敏博士;

徐雄、李文耀、石峰虎、贺三宁、张瑜、马号武、周典博、胡兴正、耿春选、吴俊、杨永孝、孙晓明、弓月爱等13位中学校长、副校长;

高杨杰、陈红、刘岚、樊永红、唐玫、雷午末、杨辉、李琦华、师峰伟、张晓红、卢菲等11位小学校长、副校长;

王群、何滨、禹燕、王艳茹、江林、李华、吕宝荣、孙滋婕、郭莎、赵靖涛、刘瑛、陈满、徐洁、柳荫等14位幼教集团老总和幼儿园园长,等等。

致 谢

青少年校外活动中心主任潘君，中国音乐学院考级培训基地主任赵俊峰。

更多的是身在教学一线、经验丰富的老师。限于篇幅，恕不一一列举了。这些校长、园长和老师分布在15所中学、9所小学、12所幼儿园。既有名校名园，也有条件相对较弱的学校幼儿园；既有公办普通学校幼儿园，也有民办学校幼儿园。具有很大的覆盖面和一定的代表性。在一个在校学生高达5000人的超大型小学和某中学访谈座谈会时，都是校长、书记、副校长和近一半的中层骨干参加，座谈会持续到超过下班时间一个多小时才结束。付小俊等几位老师在座谈会后还熬通宵写出自己的建议。这些以育人为天职的老师，没有任何个人诉求，心中唯有满满的社会责任。

还有主动加入的几十位家长，或谈经验、或谈教训、或谈建议、或谈思索，切身感受、真实可鉴。

此外，中央电视台范文平老师，人民出版社张启处长，北京师范大学出版社王芳编辑，西安航天新城管委会行政审批局朱岩局长，西安经新实业集团杨成龙董事长，西安市第五保育院陈萍院长，西安市陕重社区幼儿园刘军园长，西安西汉兰花生态苑总经理杨小侠、西安赛达律师事务所执行主任徐娟娟，西安食品工程高级技工学校校长赵吉军等都提供了宝贵的帮助和支持。四川外国语大学张乔乐婧同学参与了对部分老师的访谈。

谨向以上所有对本书写作、出版提供过支持、帮助的老师、家长、朋友表达真挚的感谢！

作者

2021年11月